학문 후속 세대를 위한

나의 학문, 나의 삶 3

- 통계학, 농생명과학, 디자인학, 독일학, 의학, 행정학 -

학문 후속 세대를 위한
나의 학문, 나의 삶 3
- 통계학, 농생명과학, 디자인학, 독일학, 의학, 행정학 -

2021년 12월 25일 초판 제1쇄 인쇄
2021년 12월 30일 초판 제1쇄 발행

엮은이 서울대학교 명예교수협의회 사회봉사위원회

발행처 서울대학교 명예교수협의회
발행인 이장무
전화 02-880-9019

인쇄처 서울대학교출판문화원
전화 02-889-0727, 880-5220

ISBN 978-89-961213-3-6 03810

학문 후속 세대를 위한

나의 학문, 나의 삶 3

서울대학교 명예교수협의회 사회봉사위원회 엮음

통계학

농생명과학

디자인학

독일학

의학

행정학

서울대학교 명예교수협의회

발간사

평생을 학문 연구와 인재양성에 진력하여 학문의 지표가 된 서울대학교 명예교수님들의 진솔한 삶의 이야기를 담은 『나의 학문, 나의 삶』 제1권과 제2권이 2020년 10월과 12월에 연이어 발간되어 서울대학교와 학계 그리고 사회 각 처로부터 많은 호평을 받았습니다. 이번에 『나의 학문, 나의 삶』 제3권이 발간되는 경사를 맞이했습니다. 책자 발간을 진심으로 축하드리고 귀한 시간을 내셔서 주옥같은 원고를 집필해 주신 박성현 교수님, 김병동 교수님, 이순종 교수님, 조창섭 교수님, 김광현 교수님, 오석홍 교수님과 이 발간 사업을 총괄한 본 협의회 사회봉사위원회 이홍식 위원장님께 감사드립니다.

사단법인 서울대학교 명예교수협의회는 명예교수님들의 연구와 저술 등의 활동을 통해 축적된 지적 자산을 사회에 환원하는 다양한 활동을 지속하고 있습니다. 이번에 발간되는 『나의 학문, 나의 삶』 제3권도 지적 자산을 사회에 환원하는 사업의 일환으로 이루어졌습니다. 현재 우리 사회는 제4차 산업혁명과 극심한 기후변화, 그리고 코로나19 대유행병 등으로 엄청난 변화의 파고를 맞이하고 있습니다. 이러한 시대일수록 기본으로 돌아가 변화를 꿰뚫어 보고 도전하며, 미래를 조망하는 혜안이 필요합니다. 이 책에는 통계학, 농생명과학, 디자인학, 독일학, 의학, 행정학 분야에서 최정상의 위치에 오른 학자들이 어떠한 계기로 전공을 택하고, 각고의 노력으로 학문적인 어려움을 어떻게 극복하였는지, 학자로서 그리고 한 인간으로서 그 고뇌는 어떠했는지에 대한 다양한 이야기가 담겨 있습니다. 세상사의 기본 원칙을 다루는 학문에 일평생 정진한 석학들의 이야기에서 변화의 시대에 대응하는 혜안을 얻기 바랍니다.

이 책의 내용은 개인 석학들이 전공 분야에서 경험한 이야기를 담은 생생한 증언에 그치는 것이 아닙니다. 이분들의 학문과 삶은 "국가의 동량을 양성한다."라는 목표로 설립되어, 일제의 탄압과 6·25전쟁으로 거의 폐허가 된 우리나라를 세계적 수준의 문화 선진국으로, 과학기술 선진국으로 일으켜 세운 서울대학교의 자랑스러운 역사의 부분들입니다.

이 책은 서울대학교 총동창회의 후원으로 발간되었습니다. 후원해 주신 총동창회 이희범 회장님을 위시한 관계자 여러분께 진심으로 감사드립니다. 『나의 학문, 나의 삶』 발간 사업이 매년 계속되어 서울대학교의 학문별 역사 자료가 모이고, 석학들의 정신과 전통이 후학들에게 전승될 수 있기를 바랍니다.

2021년 11월

사단법인 서울대학교 명예교수협의회

이사장 이장무

책머리에

전공분야가 서로 다른 여섯 명의 학자들이 각자의 인생역정을 돌이켜 보는 회고담을 적어 이 책을 엮었다. 회고의 중점은 학문생활에 두었다. 여기에 참여한 집필자들은 통계학, 농생명과학, 디자인학, 독일학, 의학, 행정학 등을 각각 전공한 서울대학교 명예교수들이다.

이 책의 출간은 여러 가지 의미와 가치를 지닌 것이다. 우선 집필자 자신들의 보람과 소득이 크다. 필자들은 이 책의 출간으로 삶의 소중한 흔적을 또 하나 남기게 되었다. 자고로 호랑이는 죽어서 가죽을 남기고, 사람은 죽어서 이름을 남긴다는 말을 해왔다. 여기서 이름이란 좋은 이름이며 좋은 삶의 기록이다. 삶의 흔적을, 삶의 기록을 남기고 싶어 하는 것은 인간의 무의식적 본능이며 의식적 보람이다. 한 세상 살고 어느덧 노년에 접어들면 자기 생애의 기록을 남기고 싶은 갈망이 더욱 간절해진다. 후세에 전하고 싶은 이야기도 많다. 우리 집필자 여섯 사람은 이번에 학자의 일생에 관한 기록을 세상에 내놓을 수 있는 행운을 얻었다.

집필자들은 자기의 지난 행적을 글로 쓰는 과정에서 과거 회상에 따르는 정서적 충족도 누렸고, 반성의 시간을 가질 수 있었으며, 미래 구상의 기회를 갖기도 했다. 과거의 인연들에 대한 감사함도 새로이 깨닫고, 인생을 둘러싼 운명이라는 것도 다시 한 번 생각해 보게 되었다.

집필자들은 이 책이 모든 독자들의 환영을 받을 수 있기를 고대한다. 특히 젊은 세대, 학문 후속 세대에게 값진 읽을거리가 되기를 바라는 마음이 크다. 학문 후속 세대가 그들의 생애계획을 세우는 데 도움 되는 정보를 제공하려는 의도가 이 책을 기획하게 된 당초의 목적이기도 하다.

여기 모인 집필자들은 학자이며 교수라는 공통분모를 가지고 있지만 각자 몸담고 있는 학문분야도 다르고 삶의 환경과 궤적도 다르다. 그런 집필자들이 적어 놓은 다양한 삶과 학문세계에 대한 기록이 앞으로 창창한 미래의 진로를 고민하고 있는 젊은이들에게 폭넓은 지혜를 제공할 수 있다면 집필자들의 큰 기쁨일 것이다. 우리들의 이야기가 때로는 역할 모델로, 때로는 타산지석으로 활용될 수 있기 바란다.

이 책의 출간을 주선한 서울대학교 명예교수협의회 사회봉사위원회에 감사의 뜻을 전한다. 그리고 서울대학교출판문화원 관계자들의 노고를 치하한다.

2021년 11월

저자 일동

차례

박성현 | 통계학과 함께 이룬 나의 학문과 삶

김병동 | 나의 꿈과 희망 그리고 발견의 순간들

이순종 | 삶과 사회를 변화시키는 디자인

조창섭 | 내 삶의 편린들을 징검다리 삼아 멀고 험난해 보이는 인생과 학문을 기웃거렸다

김광현 | 두경부외과학과 세계를 향한 나의 도전

오석홍 | 학자의 생애

통계학과 함께 이룬
나의 학문과 삶

박성현

서울대학교 자연과학대학
통계학과 명예교수

I. 들어가며

나는 해방둥이(1945년생)로 이북의 황해도 옹진이라는 작은 마을에서 태어나 초등학교 입학 시절인 나이에 6·25전쟁을 만나 남쪽으로 피란생활(덕적도라는 섬에서 지냄)을 하면서 어렵게 초등학교 1~2학년 생활을 시작한 기억이 새롭다. 6·25전쟁이 끝나고 서울이 수복된 이후에 나는 서울서 초등학교 2학년부터 다시 다니게 되었는데, 소위 피란민이고 가정도 어려워 힘든 초등학교 공부를 하였다. 그러나 70년의 시련과 도전과 극복의 시간이 지나고, 이제 서울대 명예교수로 주위에서 존경을 받으면서, 서울대 명예교수협의회에서 발간하는 『나의 학문, 나의 삶』에 학문 후속 세대를 위하여 글을 쓰게 되었으니, 나의 일생은 축복받은 삶이라고 생각한다. 일생을 돌아보면서 나의 학문세계를 조감할 수 있도록 기회를 준 명예교수협의회에 감사를 드린다.

내가 대학에 입학한 1964년에는 우리나라가 막 산업화를 시작하는 시절이고, 산업인력의 수요가 많아 공과대학이 최고의 인기를 누리고 있던 시절이다. 고3 담임 선생님의 강력한 권고로 서울대 화학공학과에 입학하였으나, 공부하는 과정에서 화학공학에 크게 매력을 갖지 못하였다. 졸업하고 군대(ROTC 6기)를 마친 후에 유학을 준비하면서 화학공학과 스승님의 권유로 산업공학으로 미국 유학길(1970년)에 올랐고, 미국에서 산업공학으로 석사학위 공부를 하면서 부전공으로 택한 통계학이 너무 재미있어, 스승님과 상담하고 박사과정은 통계학으로 전공을 바꿔 공부하였다. 인생의 학문 추구의 고비 때마다 상담을 진지하게 해주시고 좋은 것을 권유해 주신 스승님들께 깊은 감사를 드리고 싶다. 학문의 일생을 살면서 좋은 스승을 만나는 것은 얼마나 큰 행운이고 축복인가.

1975년에 서울대가 관악으로 이사 오면서 자연과학대학이 생기고, 여기에 계산통계학과(Department of Computer Science and Statistics)가 설치되었다. 이 과는 전산과학과 통계학을 합쳐 만든 신설 학과이다. 이 당시에는 우리나라에 전산과학이나 통계학이 막 소개되기 시작한 초창기였다. 나는 통계학으로 박사학위를 받은 후에 미국 남부의 한 대학에서 1975년부터 조교수 생활을 시작하였다. 그다음 해에 계산통계학과에서 통계학 분야의 교수 공개채용이 있었는데, 여기에 채용되어 1977년에 귀국하게 되었다.

우리나라에서 통계학이 초창기 학문이라 사실상 교재도 거의 없었고, 사회에 통계학이 적용되는 경우도 흔치 않았다. 2010년에 서울대를 정년할 때까지 나의 통계학자로서의 사명은 후학들을 위하여 좋은 통계학 교재를 많이 만들고, 통계학을 제대로 연구할 제자들을 키우고, 사회에 통계학이 제대로 적용되도록 하는 것이었다. 돌이켜 보면 통계학 초창기 학자에게 주어진 임무가 아닌가 싶다. 결국 시대가 나에게 요구한 것들을 충실히 하려고 애쓰며 서울대에서 33년간 교수생활을 보낸 것이다.

이 글을 통하여 우리나라에서 통계학 초창기의 상황을 이해하고, 어떻게 통계학이 발전되어 왔는지, 그리고 현재의 상태는 어떠한지를 판단하는 데 도움이 되었으면 한다. 오늘날 통계학 분야의 학문 후속 세대들에게는 그들 시대에 맞는 사회의 요구사항이 있을 것이다. 이런 요구사항을 민감하게 알아차리고, 이에 순응하여 국가와 사회의 발전을 위하여 도움이 되는 통계학자 또는 통계전문가들이 되기를 바란다. 지금은 4차 산업혁명 시대이며, 이 시대의 주요 기술은 데이터 기반의 빅데이터, 인공지능, 사물인터넷 등이다. 통계학은 이들 기술들의 밑바탕을 이루는 기초 학문으로, 앞으로 더욱 큰 역할을 할 것이다. 이 글이 통계학을 전공하는 학문 후속 세대들이 큰 자부심을 가지고 통계학의 연구와 적용기술 개발에 더욱 매진할 수 있는 촉매 역할을 할 수 있다면, 저자로서 더 큰 보람이 없을 것이다.

II. 성장기

1. 어린 시절

내가 1945년 1월생이니 우리나라가 일제에서 해방되는 해에 황해도 옹진군 옹진읍이라는 작은 마을에서 평범한 가정의 차남으로 태어났다. 6·25전쟁이 일어난 1950년에 덕적도라는 서해안에 있는 한 섬으로 피란 가서 초등학교 1~2학년을 거기서 다니고, 1953년에 전쟁이 종료된 후에 서울로 와서 평생을 살게 되었다. 그러니 서울사람이라고 불러도 좋을 듯하다.

덕적도에서는 3년밖에 살지 않았지만 좋은 추억을 많이 가지고 있으며, 평생 살아가면서 고향 같은 생각이 들 때가 많다. 책가방을 둘러메고 큰 산을 넘어 매일 등하교하던 생각, 친구들과 바닷가, 개천가, 산으로 다니면서 물고기도 잡고 머루랑 다래 등을 따 먹던 생각 등의 추억이 가끔 꿈에도 나타나곤 한다. 옹진에서의 삶은 너무 어려서 거의 생각이 나지 않고, 덕적도에서는 짧은 삶의 기간이었으나 내 인생의 영원한 고향으로 남아 있다.

1953년 가을에 서울로 와서 성북구 돈암동에 살면서 돈암초등학교 2학년 학생으로 다시 입학한 후에 어렵게 초등학생 생활을 시작하였다. 덕적도에서의 초등학교 생활에서 배운 것이 너무 없기 때문에 처음에는 공부를 따라갈 수 없어 고생한 기억이 난다. 그러나 공부하고자 하는 나의 열정이 제법 있어서 4학년쯤 되었을 때에는 공부를 잘하는 그룹에 속하게 되었고, 6학년 때에는 반에서 한 손 안에 들 정도로 공부를 잘하게 되었다.

2. 중·고등학교 시절

초등학교에서 공부를 그런대로 잘하여 1958년에 서울중학교에 입학할 수 있었고, 1964년에 서울고등학교를 졸업할 때까지 좋은 추억을 가진 중·고등 6년의 생활을 할 수 있었다. 특히 고교생 시절의 몇 가지 추억을 되새겨 보고자 한다. 돈암동에 살면서 광화문 근처(정확히는 서소문 옛 경희궁터)에 있는 서울고까지의 등하교는 언제나 승객이 꽉 찬 버스로 시달리면서 하였는데, 이때 늘 함께 등하교하는 서울고 동문들과 매우 친하게 되었고, 지금도 이들과 정기적으로 자주 만나는 인생의 동반자들이 되었다. 인연은 이렇게도 만들어지는 것인가 보다.

이제 돌이켜 보면 나의 인생관, 국가관, 인성 등을 길러준 시기가 고교생 시절이 아닌가 싶다. 옛 경희궁 터 3만 8,000평의 넓은 교정에서 광화문, 덕수궁, 시청 등을 바라볼 수 있었다. 뒤로는 인왕산을 끼고 있는 교정은 고교생에게 호연지기를 기를 수 있는 국내 최고의 학교 부지였다. 도서관으로 내려가는 길목에 있는 수령이 300년이 넘는 느티나무는 우리나라 역사의 숨결을 말해 주는 듯하여 자주 쳐다보던 기억이 새롭다. 학교 교훈인 '깨끗하자, 부지런하자. 책임지키자'라는 것을 늘 마음속에 간직하면서 보낸 고교시절은 나의 인생에서 부지런하고 책임을 지키려는 자세를 길러주었다. 유감스럽게도 그 후 1980년에 서울고가 강남 서초동으로 이사 가면서 이제는 옛 모습을 찾아볼 수 없어 아쉽다. 현재 옛 서울고 자리는 경희궁이 일부 복원되어 있고 서울역사박물관이 조성되어 있다.

중3인 1960년에 4·19학생혁명을, 고1 시절인 1961년에는 5·16군사혁명을 경험하면서 돈암동 집으로 가는 버스가 다니지 않아 2시간을 걸어서 간 기억이 난다. 중고 시절에 우리나라의 격동기를 보면서, 역사 시간에 배운 우리나라 역사를 생각하게 되고, 어린 마음에 앞으로가 어떻게 될 것인가를 걱정하곤 했다.

우리 집안은 불교를 믿으면서도 굿도 하는 그런 집이었다. 중2에 있을 때 우리 집 근처에 있는 교회(신암교회)에서 매일 새벽에 울리는 종소리에 귀를 기울이게 되었고, 학교에서 세계사를 공부하면서 기독교 신앙이 세계의 역사를 선도하게 된 힘에 대해 알고 싶어졌다. 어느 날부터인지 교회를 가 보고 싶다는 생각이 들어 교회를 나가기 시작하였다. 나중에 안 일이지만 어머님이 어렸을 때 이미 세례를 받으셨음도 알게 되면서, 나는 고등학생 때에는 열심히 교회를 나가는 신도가 되었다. 지금도 꾸준히 교회에 출석하면서, 기독교 신앙이 나의 일생에서 가장 소중한 자산임을 느끼고 있다.

고교생 시절에는 공부를 잘하여 늘 반에서 수석을 하였고, 특히 수학을 좋아하여 학자가 되겠다는 꿈을 꾸게 되었다. 그러나 고3인 1963년에는 우리나라 경제가 어려웠고 먹고 살기도 어려워서, 이공계가 대학을 졸업하면 그나마 괜찮은 일자리가 있는 곳은 공장뿐이었다. 이 때문에 그 당시에는 공대가 최고의 인기 대학이었고, 특히 화학공학과(이하 화공과)가 최고의 입학선호 학과였다. 고3 담임 선생님의 강권에 못 이겨 나의 적성을 별로 생각해 보지도 않고 서울공대 화공과를 지원하면서 고3 생활을 마감하게 되었다.

3. 대학 시절

1964년 봄 서울 노원구 공릉동에 위치한 서울공대를 화공과 신입생(정원 30명)으로 등교하였을 때 우선 놀란 것은 엄청나게 큰 공대 본관 건물과 넓은 캠퍼스의 모습이었다. 〈그림 1〉에 있는 건물이 본관 건물이고, 건물 가운데 정원이 있는 '□' 자형 건물

<그림 1> 옛 서울공대 본관 다산관의 모습

구조를 하고 있으며, 자동차가 지나갈 수 있는 중앙현관과 가운데 있는 권위적인 탑이 인상적이다. 이 건물은 지금도 존재하며, 서울대가 1970년대에 종합화하면서 서울공대도 관악산으로 이사 오게 되었고, 현재는 서울과학기술대학교(서울산업대의 후신)가 이 자리를 사용하고 있다. 이 건물의 이름은 다산관이고, 그 옆에 이와 비슷한 창학관이라는 건물이 있는데, 이 두 건물이 옛 서울공대를 상징하는 쌍둥이 건물이다. 이곳은 일제강점기에 경성제국대학 이공학부가 있었고, 해방 후에 서울공대가 사용하게 된 곳이다. 학교부지가 15만 평으로 큰 대학캠퍼스이며, 경성제국대학 시절부터 심어 온 수많은 가로수와 정원수들이 터널을 이루고 있어 캠퍼스로는 잘 가꾸어진 아늑한 장소였다.

그 당시 화공과생으로 4년을 지내면서 기억이 생생한 추억감이 여러 개 있다. 이들을 간단히 소개하고 싶다. 우선 신입생 환영식을 선배들로부터 받았는데, 이 환영식이라는 것이 신입생들이 다 녹아떨어질 때까지 막걸리를 먹이고 선배들이 집까지 데려다주는 식으로 진행되었다. 지금 생각해 보면 어처구니없는 환영식이었으나, 그럼에도 불구하고 좋은 추억이다.

다음으로 그 당시에는 소위 학과들 간에 미팅(meeting)이라는 것이 유행하였다. 예를 들면, 서울대 화공과생들과 이대 영어영문과생들 간의 모임이었다. 이런 미팅을 1~2학년을 지내면서 수없이 많이 한 기억이 난다. 그 당시 젊은 시절의 낭만이라고도 볼 수 있는 모습이다. 3학년이 되면서 ROTC에 들어가게 되었다. 지금과는 다르게 그 당시에는 ROTC를 많이 지원하였는데, 3학년 공대생 800여 명 중에서 200여 명이 ROTC에 들어갈 정도로 인기가 있었다. 따라서 3학년부터 4학년 졸업할 때까지 공부하랴, ROTC 훈련 받으랴 바쁜 대학생활을 하였다.

무엇보다 기억이 남는 것은 3학년 때에 어찌어찌하여 공대 학생회장에 출마하게 되었고, 치열한 학생회장 선거를 치르면서 근소하게 학생회장에 당선된 것이었다. 이 당시에는 학생 데모도 심하여 아주 어렵게 학생회장을 지낸 기억이 난다. 학생회장을 하면서 학업에 좀 등한하게 되었고, 1~2학년에 비하여 3~4학년의 성적이 나쁘게 나온 것은 불가피한 결과였다. 4학년 졸업반이 되면서 화학공학에는 큰 재미를 못 느끼고 있던 중에 교양과목으로 기업의 생산관리, 품질관리 등에 관한 과목을 수강하였는데, 이런 과목들이 나에게는 큰 흥미를 불러일으켰다. 이런 과목들이 지금은 산업공학과 과목들이나, 그 당시에는 산업공학과가 없어서 공대 전체의 교양과목으로 열려 있었던 것으로 생각된다.

4. 군대 생활

1968년에 졸업을 하면서 ROTC는 병기병과를 받았는데, 주특기가 통역장교였다. 소위로 임관한 후에 대구 근처의 영천에 있는 육군부관 학교에서 통역장교 훈련을 3개월 받고, 원래 소속이 병기병과이므로 원주에 있는 1군 산하의 88병기 대대에 소대장으로 명받아 2년간 복무하게 되었다. 처음 1년은 소대장으로 근무하던 중, 갑자기 원주에 있었던 1군 사령부의 명령으로 근무지를 옮겨 1군 사령부 작전참모실에서 통역장교로 나머지 1년을 근무하게 되었다. 임무는 1군 사령부 근처에 있었던 주한미군사고문단(KMAG, U.S. Military Advisory Group to the Republic of Korea)과 1군 사령부에 근무하는 장교들 간에 통역을 하는 것이었다. KMAG의 멤버와 헬리콥터를 타고 서울을 자주 왕래하던 기억도 난다. 이 통역장교 생활이 내 눈을 틔어 주고, 군필 후에는 더 넓은 세상을 보기 위해 유학을 가야겠다는 소망을 갖게 한 시간이 되기도 하였다.

군 생활을 한참 하는 도중인 1969년에 졸업한 화공과 동기생들이 같이 모이기 위해 소위 미팅을 누군가가 주선하였다. 이 모임에 휴가를 내고 참석하게 되었는데, 미팅은 이대 생활미술과 학생들이었다. 이 미팅에서 내 파트너로 만난 여학생이 결국 나중에는 나의 집사람이 되는 귀한 인연을 맺게 되었다. 제대를 1년 정도 남겨 놓고, 1969년 여름에 제대 후에는 미국으로 유학을 가겠다는 마음을 먹게 되었다. 화학공학에는 내가 큰 취미가 없었고, 4학년 때 배운 일부 산업공학 과목들에 관심이 많았었다. 화공과 은사님들과 상의하니 산업공학을 전공해 보라는 권유를 받게 되었다. 특히 지금은 작고하신 이재성 교수님이 강권하셨는데, 그 이유로 서울공대에 조만간 산업공학과를 둘 계획이 있는데, 강의할 교수가 별로 없으니 산업공학을 전공해 보라고 권유하신 것이다. 내 적성에도 맞고 하여 미국 대학에 산업공학으로 여러 대학에 입학원서를 쓰게 되었다. 장학금은 나오지 않았으나 롤리(Raleigh)에 있는 북캐롤라이나주립대(North Carolina State University)의 산업공학과에서 입학 허락이 나와 1970년 6월에 제대하자마자 8월에 미국으로 유학가게 되었다.

5. 유학 생활

지금 생각해 보면, 유학 갈 준비가 제대로 되어 있지 않았는데도 무모하게 떠나지 않았나 생각된다. 전공을 바꾼 것도 어려운 상황이고, 장학금도 받지 못 하였고, 그 당시 우리 집안은 가난한 편이라 미국에서 공부할 수 있는 재정적 준비가 되어 있지 못했다. 사실상 등록금도 제대로 준비되어 있지 못한 상황이었다. 무작정 미국 가서 아르바이트하면서 공부해 보겠다는 생각으로 떠난 것이다.

개학 일주일 전에 롤리에 도착하여, 이 대학의 한국인 교수(수학과의 고광일 교수)님을 만나게 되었는데, 나의 상황을 들으시고 깜짝 놀라시면서 걱정을 많이 해 주셨다. 그다음 날 나에게 연락하시어 수학과로 와서 학과장을 면담하라는 것이었다. 수학과에 오기로 한 TA(teaching assistant)가 오지 못하게 되어 TA 자리가 하나 비어 있다는 것이다. 얼떨결에 수학과에 가서 면담을 하고, TA를 받게 되었는데, 지금 생각해 보면 하나님의 은혜가 아닌가 싶다. 수학과 TA가 아니었으면 유학생활을 순조롭게 출발할 수 없었을 것이다. 고광일 교수님께 수없이 감사한 마음을 가지고 살아가고 있다.

산업공학과에서 OR(operations research)을 전공하면서 생산관리 분야에서 저명하신 엘마그라비(Sarah Elmaghraby)란 지도교수를 모시게 되었는데, 어떻게나 깐깐하시고 요구가 많으신지 석사논문을 쓰면서 아주 혼난 기억이 난다. 미국에 유학을 가서 처음 1년은 수학과에서 TA 장학금을 받았고, 2년째는 지도교수로부터 RA(research assistant)를 받게 되어 행운이었다. RA를 하면서 혹독한 훈련을 받게 되었는데, 이로 인해 좋은 논문을 쓰는 방법을 터득하게 되었다. 이 경험은 내가 교수 생활을 하면서 후학들을 키우는 데도 많은 도움이 되었다. 지도교수의 요구로 부전공으로 통계학을 택하게 되었는데, 통계학이 내 적성에 딱 맞아서 아주 재미있게 통계학 과목을 수강하였고, OR에서 석사학위가 끝난 후에 지도교수의 승낙을 받고 통계학과로 옮겨 박사과정을 할 수 있었다. 엘마그라비 지도교수는 나의 박사학위 논문심사위원으로 계속 도와주시는 친절도 베풀어 주셨다. 결국 나는 학부에서 박사과정까지 화학공학, 산업공학, 통계학의 세 분야를 공부한 셈이 되었다.

통계학이 내 적성에 딱 맞아 각 과목들을 너무 재미있게 공부하였고, 통계학과 지도교수로 헤이더(Robert Hader) 교수를 만나 2년 반(1972. 8.~1974. 12.) 만에 박사과정을 마칠 수 있었다. 통계학과에서도 그전에 찾아보기 힘든 조기졸업이라고 얘기해 주었다. 엘마그라비 교수가 엄격하신 분이셨다면 헤이더 교수는 친절하시고 자상하셔서 나에게는 아버지와 같이 대해 주셨다. 두 분에게 깊은 감사를 드리고 싶다. 유학생활에서 훌륭하신 지도교수를 만나는 것은 얼마나 큰 행운인지.

III. 나의 삶의 중심이었던 교수 생활

1. 미국 대학 시절

1974년 12월에 박사학위 공부를 끝내고 대학에 일자리가 쉽게 생겨 미시시피주립대에 속해 있는 경영대학 비즈니스통계 데이터처리학과(Department of Business Statistics and Data Processing, Business School)에 조교수로 1975년 1월 초에 가게 되었다. 이 대학에 가서 주로 학생들에게 경영통계학을 가르치는 것이 주 임무였다. 1977년 8월에 이 대학을 떠나기까지 2년 7개월 정도의 미국대학 교수 생활은 짧은 기간이었으나 많은 추억을 남긴 기간이었다.

비즈니스통계 데이터처리학과의 학과장이셨던 무어(Charles Moore) 교수께서 내가 마음껏 연구하고 강의하도록 너무나 따뜻하게 대해 주셔서 그의 인자함이 아직도 기억에 남는다. 이 대학은 남부 시골 미시시피(Mississippi)주에 인구 5만 정도밖에 안 되는 스타크빌(Starkville)이라는 작은 도시에 있었다. 학교 내에서는 술도 못 마시게 하는 보수적이고 엄격한 대학이었다. 여기에 있는 동안 여러 편의 좋은 논문을 작성하고, 우수한 강연 교수로도 선정되고, 테니스와 배구 등 운동도 많이 하며 지내면서 아마도 내 인생에서 황금기를 보내지 않았나 생각된다. 공부하던 롤리에서 장남을 낳고, 교수 생활을 하던 스타크빌에서는 장녀를 낳아 참으로 행복한 시절을 보내게 되었다.

1976년 여름에 동아일보(이 대학 도서관에 가면 볼 수 있었음)에 난 서울대 교수 공개채용 공고에 통계학 교수를 뽑는다는 것을 보고 응모하게 되었고, 다행히 채용되어 1977년 여름에 귀국하게 되었다. 이 당시 한국에는 학생데모가 한창이었고 대학 봉급도 적고, 대학 분위기도 나빠 귀국할 것인지 말 것인지 결심이 어려워 엄청 고민한 생각이 난다. 학과장이신 무어 교수와 상의한 결과, 자상하게도 1년 휴가를 줄 터이니 한국에 나가 보고 여의치 않으면 다시 오라고까지 말씀해 주셨다. 고민 끝에 환경이 아무리 나쁘더라도 모교 교수로 가는 것이 좋겠다는 사명의식을 가지고 서울대로 오게 되었고, 지금 생각해 보면 아주 잘한 결정이었다고 생각한다.

2. 서울대 시절

1977년 8월에 귀국하여 계산통계학과에서 조교수 생활을 시작하게 되었다. 그 당시 조완규 교수님이 자연과학대학장이셨는데, 처음 인사를 드릴 때 하신 말씀이 생각난다. 자연대가 서울대에서는 처음으로 1976년에 교수공개채용을 시작하였고, 내가 이 공개채용으로 들어온 첫 교수라는 것이다. 그때 생각해 보니 나는 공대출신으로 자연대와는 인연이 없고, 그 당시 계산통계학과 내에는 아는 교수가 한 분도 안 계셔서 사실상 채용되기 어려운 상황이었다. 1975년에 계산통계학과가 탄생되면서 교내 타과에서 전산과학과 통계학에 관심이 있는 분들이 이 학과로 오셔서 초기 교수진을 구성하셨다. 자연대에서 처음으로 시작한 공개채용제도가 나에게 기회를 준 셈이다. 이런 기회를 만들어 준 서울대학교 자연대와 당시 조완규 학장님께 감사할 따름이다.

교수생활을 시작하였으나 계산통계학과가 시작된 지 얼마 되지 않아 대학원 수업도 제대로 이루어지지 않고 있고, 학생 데모로 인하여 학부 수업도 잘 안 되는 상황이었다. 최루탄가스 냄새가 연구실로 들어오기도 하고 분위기가 어수선하여 미시시피 대학 분위기와 너무나 대조되었다. 이 당시 다시 미국으로 돌아갈까 망설이던 시기도 있었다. 그러나 통계학이 우리나라에 도입되기 시작하는 시기이므로, 내가 통계학의 발전을 위해서 할 일이 너무나 많다는 사명의식이 싹트면서 미국으로 돌아갈 생각은 포기하게 되었다. 1977년 8월부터 정년한 2010년 2월까지 32년 6개월을 근무하면서 내 일생의 대부분을 서울대에서 보낸 셈이다. 2010년 2월 25일에 서울대 문화관 중강당에서 열린 교수 정년식에 참가하면서 교수생활을 마감하게 되었다. 이때 정년하는 교수들을 대표하여 총장님의 축사에 내가 답사를 하게 되었는데, 그 당시 답사하는 나의 모습이 〈그림 2〉에 있다. 사진에는 정년하는 교수님들과 그 당시 보직교수들(앞 줄 가운데 이장무 당시 총장님)이 앉아 계신 모습이다.

<그림 2> 2010년 2월 25일 교수정년식에서 정년하는 교수 대표로 답사하는 필자의 모습

3. 교육과 연구 활동

서울대에 32년 6개월을 근무하면서 이 기간 동안 내가 한 주요 활동들을 교육, 연구, 외국 방문 연구, 국내외 학술논문 발표 등으로 나누어 정리하면 다음과 같다.

1) 교육 활동

대학교수로서 가장 중요한 임무는 교육과 연구 활동이다. 통계학에서 나의 전공분야가 실험계획법(design of experiments)과 회귀분석(regression analysis)이므로, 이 두 필수 과목과 교양과목으로 통계학 개론, 통계적 품질관리, 시뮬레이션 등을 강의하였다. 귀국한 77년부터 서울대에서 강의를 시작하였는데, 그때는 내가 아직 젊어서인지(만 32세) 기억력이 좋아, 대형 강의를 제외하고, 내 수업에 들어온 학생들의 이름을 모두 외우고 학생들과 친근하게 재미있게 수업하였다. 학생들이 대견하고 귀엽기도 하고 우수하기도 하여 수업이 하나도 지루하지 않고 보람을 느끼면서 강의하였다.

시간이 흘러 2000년대가 되고 나의 나이 50이 넘어가니 기억력도 감퇴하고 수업에 들어오는 학생들의 이름을 모두 기억하는 능력도 감퇴하였다. 그러다 보니 학부에서의 수업의 재미도 옛날만 같지 않은 것도 사실이었다. 그 대신 통계학과 대학원이 커지면서 대학원 수업이 많아지고, 교수생활의 후반기에는 대학원 수업에 더 열정은 바치게 되었다. 우수한 학생들이 대학원에 많이 입학하고, 나의 지도학생들이 내 수업에 많이 있으므로, 학생들과 같이 연구하는 심정으로 대학원 수업을 진행시켰던 기억이 난다. 가끔 학생들에게 연구 과제를 주고 숙제로 하거나 수업시간에 발표하는 형식을 취하였다. 학생들도 쉽지는 않겠지만 이런 방식의 수업을 좋아하였고, 나에게도 큰 도전이 되었다.

2) 연구 활동

연구 활동은 미국 대학 생활에서 석사지도교수와 박사지도교수의 지도를 잘 받아서 훈련이 잘 되어 있는 터라 서울대에 재직하면서 많은 연구논문을 출판하였다. 석사지도교수인 엘마그라비 교수와 공동으로 발행한 논문("Scheduling jobs on a number of identical machines," *AIIE Transactions*, Vol. 6, No. 1, pp. 1-13, 1974)이 내가 연구방법을 혹독히 훈련 받은 첫 번째 논문이었다. 그다음 박사지도교수인 헤이더 교수와 공동으로 발행한 논문("Experimental designs for estimating the slope of second order polynomial response surfaces," *Institute of Statistics Mineograph Series*, No. 1969, North Carolina State University, 1974)이 연구방법을 어느 정도 터득한 후에 비교적 쉽게 발행한 두 번째 논문이었다.

미국 대학 생활에서 훈련이 잘 되었는지 미시시피대학에서의 교수생활(2년 반)과 서울대 교수생활(32년 반) 동안 수없이 많은 논문을 발표하였다. 아직까지 내가 발표한 정기학술지 논문을 세어 보니 국외 논문 68편, 국내 논문 120편으로 총 188편에 이른다. 논문 출판이 비교적 어려운 통계학 분야를 감안하면 매우 많은 논문의 수이다. 논문의 질을 평가하는 척도로 사용하는 SCI 논문 여부를 조사하니 188편 중에서 58편이 SCI 논문이었다. 내가 어떤 분야의 연구를 주로 하는지 보여 주기 위해 대표적인 국외 논문과 국내 논문을 각각 5편씩 열거하면 다음과 같다.

국외 논문

(1) Sung H. Park (1977); "Selection of polynomial terms for response surface experiments," *Biometrics*, Vol. 33, No. 1, pp. 225-230.

(2) Sung H. Park (1987); "A class of multi-factor designs for estimating the slope of response surface," *Technometrics*, Vol. 29, No. 4, pp. 449-452.

(3) Sung H. Park and Hyuk J. Kim (1992); "A measure of slope rotatability for second order response surface experimental

design," *Journal of Applied Statistics*, Vol. 19, No. 3, pp. 391-404.

(4) Sung H. Park, Celestine A. Ntuen and Eui H. Park (2009); "A new paradigm of Six Sigma; Knowledge based digital Six Sigma," *Total Quality Management & Business Excellence*, Vol. 20, No 9-10, pp. 945-952.

(5) Zhen He, Peng F. Zhu, and Sung H. Park (2012); "A robust desirability function method for multi-response surface optimization considering model uncertainty," *European Journal of Operational Research*, Vol. 221, No. 1, pp. 241-247.

국내 논문

(1) 박성현(2002); 「과학기술사업평가를 위한 인력양성지수의 개발」, 『응용통계연구』, 한국통계학회 발행, 15권 1호, pp. 165-177, 2002년 3월.

(2) Hyuck Joo Kim and Sung Hyun Park (2006); "Slope rotatability of icosahedron and dodecahedron designs," *Journal of the Korean Statistical Society*, 한국통계학회 발행, Vol. 35, No. 1, pp. 25-36, 2006년 3월.

(3) Rabindra N. Das and Sung H. Park (2008); "On efficient robust first order rotatable designs with auto-correlated error," *Journal of the Korean Statistical Society*, 한국통계학회 발행, Vol. 37, No 1, pp. 95-106.

(4) 박성현(2014); 「인류의 삶의 질을 향상시키기 위한 UN의 밀

레니엄 발전목표(MDGs)와 지속가능 발전목표(SDGs)에 관한 고찰」, *Journal of Korean Society of Quality Management*, 한국품질경영학회 발행, Vol. 42, No. 4, pp. 529-542, 2014년 12월.

(5) 박성현(2019); 「한국인의 삶의 질, 통계적 지표에 의한 현황과 개선 방향」, 『학술원 논문집』, 제58집 1호, pp. 89-109, 대한민국학술원 발행, 2019년 8월 23일.

위의 대표적인 국외 논문을 보면 나의 주 연구 분야인 반응표면분석(response surface analysis)과 관련된 논문이 4편이며, 한 편은 품질경영에서 다루는 경영에서 미래의 지식기반 디지털 식스시그마(knowledge based digital Six Sigma)를 제안한 논문이다. 대표적인 국내 논문을 보면 (2)와 (3)은 반응표면분석에서 다루는 회전성 계획(rotatable design)에 관한 전공분야 연구이고, 나머지들은 다양하게 통계학을 응용하여 사회문제를 객관적으로 풀어 가는 방안을 제시하고 있다. 나는 2010년에 정년한 이후에 주로 통계학을 응용하여 중요한 사회문제를 풀어 가는 방법들에 깊은 관심을 가지고 있다. 최근의 나의 논문들은 주로 '데이터로 보는 세상', '데이터로부터 해결의 실마리 찾기' 등 데이터로부터 정보를 얻고, 이를 이용한 해결방안 등을 제시하는 것들에 깊은 관심을 가지고 연구하고 있다.

3) 외국 방문 연구 활동

외국의 대학이나 연구기관을 방문하여 연구하는 것은 매우 흥미 있는 일로 학문 연구에 대한 자극도 되고, 같이 연구할 수 있는 동료도 사귀며, 또한 외국을 볼 수 있는 좋은 기회이므로 젊은 시절에 해 보고 싶은 활동이었다. 내가 다녀온 외국 방문 연구 활동으로 다음과 같은 것들이 있었다.

일본 오카야마(Okayama)대학 방문 연구; 1984. 1.~1984. 2.

일본 통계수리연구소 방문 연구; 1990. 6.~1990. 9.

독일 도르트문트(Dortmund)대학교 방문 연구; 1991. 1.~1991. 2.

1984년 1월에 오카야마대학의 와키모토(Kazumasa Wakimoto) 교수의 초청으로 일본을 방문한 것은 내가 서울대에 온 이후 처음으로 한 외국대학 방문으로, 한국연구재단의 지원을 받았었다. 약 한 달 반가량 일본에 머물면서 일본의 주요 국립대 7 군데를 방문하여 강연하였고, 일본 통계학자들을 많이 알게 되었다. 그 후 와키모토 교수와는 공동연구를 꾸준히 실시하였고, 그와 공저로 "Detection of an influential observation on a subset of regression parameters in multiple regression"이란 논문을 일본 통계학회 학술지인 *Journal of the Japan Statistical Society*(Vol. 17, No. 1, pp. 11-19, 1987)에 발표하기도 하였다.

1990년에 일본 통계수리연구소의 초청으로 3개월간 도쿄에 있는 이 연구소를 방문 연구한 적이 있다. 나를 초청한 이 연구소의 교수는 바바(Yasumasa Baba) 교수였다. 일본은 대학에 통계학과가 없는 대신에 이 통계수리연구소에 많은 통계학자들이 연구하며 대학원 학생도 있어 박사학위를 주고 있는 연구소이다. 바바 교수는 정부에서 작성하는 공식통계에도 조예가 깊어 그로부터 일본 정부의 공식통계 작성 현황도 듣고, 공식통계를 작성하는 기관들도 방문하는 등 통계의 실무적인 측면을 공부하는 계기가 되었다. Baba 교수와 같이 연구한 논문("A measure of rotatability for second order response surface designs")이 공저로 일본의 제일가는 통계 학술지인 *Annals of the Institute of Statistical Mathematics*(Vol. 45, 1993, pp. 655-664)에 실리기도 하였다. 일본에 3개월간 묵으면서 일본어 공부도 하고, 일본의 많은 대학들도 방문하여 지금도 깊은 추억을 가지고 있다.

1991년 1월에 타우텐부르크(Toutenburg) 교수의 초청으로 방문한 독일의 도르트문트대학 생활은 비록 짧은 한 달 반 정도의 기간이었으나, 독일의 많은 대학들(베를린, 뮌헨, 하이델베르크 등)도 방문하고, 독일을 자세히 볼 수 있는 귀중한 시간이었다. 타우텐부르크 교수는 원래 동독 출신으로 1988년에 서독으로 망명하여 통계학자로서 교수생활을 하는 귀한 분이셨다. 그와 교감하면서 동독과 서독의 상황도 많이 배우고 그와 함께 독일 여러 곳을 다니면서 좋은 추억도 쌓게 되었다. 타우텐부르크 교수와 공동 연구한 논문("Regression diagnostics for removing an observation with animating graphics")이 *Statistical Papers*(Vol. 33, 1992, pp. 227-240)에 실리기도 하였다. 타우텐부르크 교수는 2010년에 타계하셨는데, 그의 제자들이 그를 추모하는 책을 낼 때, 나도 한 편의 논문을 기고하였다. 내가 존경하는 훌륭한 학자였다.

4) 국내외 학술논문 발표 활동

1975년에 통계학에서 이학박사 학위를 받은 후 2021년 현재까지의 46년 동안 각종의 학회 모임, 연구모임, 혹은 국내외 학술단체모임에서 나의 연구 활동에 관한 논문을 수없이 발표하였다. 이들을 세어보니 국내에서 총 120회, 국외에서 총 105회로 합치면 225회가 된다. 225회를 45년으로 나누면 1년에 5회가 된다. 지금은 연구논문 발표 건수가 많이 감소하였으나 가장 왕성하던 시기는 80년대와 90년대가 될 것이다. 이 당시에는 1년에도 수차례 외국에 나가 논문을 발표하였다. 국내는 주로 통계학회, 품질관리학회 등의 학술단체이고, 외국은 주로 미국통계학회(American Statistical Association), 미국품질학회(American Society for Quality), 국제통계학회(International Statistical Institute), 국제품질아카데미(International Academy for Quality), 한중품질심포지엄 등이고, 여러 나라의 학술대회에서 초청하여 강연한 것 등이다. 대표적인 학술대회 발표를 9개만 적어 보면 다음과 같다.

1) "Multicollinearity and optimal restrictions on regression parameters for estimating responses, Proceedings of the Annual Meeting of the American Statistical Association," *Business and Economic Statistics Section*, San Diego, August 14-17, 1978.
2) "A statistical process optimization technique," 35th Annual Quality Congress Transactions, presented at the 5th Triennial Conference of International Academy for Quality, May 26-

29, 1981, San Francisco.

3) "Six Sigma: a fascinating business strategy and its contributions for quality innovation, Proceedings of Sino-Korea International Conference on Quality Science and Productivity Promotion," Zhengzhou, China, pp. 1-9, July 6-8, 2001.

4) "Knowledge-based Six Sigma and Data Technology for Management Innovation and National Competitiveness," Proceedings of the 7th International QMOD (Quality Management & Organizational Development) Conference, pp. 513-518, Monterrey, Mexico, August 4-6, 2004.

5) "Data technology: as a new discipline for industrial statistics," Proceedings of the 55th Session of ISI (International Statistical Institute), April 4-11, 2005, Sydney, Australia.

6) "Maximize the benefits of Six Sigma for your Organization," Proceedings of the 3rd Sri Lanka National Conference on Six Sigma, March 9-10, 2006, Colombo, Sri Lanka.

7) "R&D Programs for Basic and Fundamental Researches in Korea," Presented at AASA (Association of Academies of Science in Asia) Meeting, November 2-3, 2011, Nepal.

8) "Total Quality Management in Higher Education in Korea," Keynote speech at the First International Conference on Quality Management in Higher Education, Sponsored by the Kazakh Organization for Quality and Innovation Management (KOQIM), at Astana, Kazakhstan, June 6, 2013.

9) "Sustainable Development Strategies for Asia and Possible Cooperation Plans," A plenary lecture at the SCA (Science Council of Asia) Conference, June 18, 2014, Kuala Lumpur, Malaysia.

위에서 특기할 만한 초청 강연은 세 번째 있는 한중 국제대회(Sino-Korea International Conference)이다. 이 대회는 2001년에 첫 번째 회의가 열린 이후로 매년 한국과 중국을 오가면서 양국 간의 품질 관련 세미나를 가졌는데, 2019년까지 19번 열렸다. 매년 열린 이 대회는 한국연구재단과 중국자연과학기금이 지원하는 사업이다. 이 대회에 내가 특별히 애착을 갖고 있는 것은 첫 대회를 나와 중국의 차오(Chao) 교수가 공동으로 개최하였고, 매년 강연을 하기 때문이다.

네 번째 있는 QMOD 대회도 내가 2004년에 참석한 이래 아직까지 거의 매년 참석하는 국제대회로, 그동안 한국에서도 두 번(부산, 서울)이나 열렸었다. 품질경영 관련 국제대회로는 상당히 명성이 있는 대회이다. 다섯 번째 있는 국제통계학회(ISI) 대회는 통계학 분야에서는 2년에 한 번씩 열리는 가장 권위 있는 대회로, 이 대회에 2005년을 비롯하여 나는 총 8회 참석하였었다. 이 대회는 한국에서도 2001년에 열린 바 있다. 올해(2021년 7월 11~16일)에는 화상회의로 네덜란드에서 개최하였고, 나는 여기에 대한민국학술원을 대표해서 참석하였다. 돌이켜 보면 이러한 외국의 학술대회에 참가하는 것이 큰 추억이며, 많은 나라들을 볼 수 있는 기회가 되었다. 이런 학회 등으로 내가 방문한 국가의 수를 세어 보면 50개국 정도 될 것으로 생각한다.

4. 저술 활동

통계학 분야에서 나의 전공 분야를 들라면 나는 주저 없이 회귀분석(regression analysis), 실험계획법(design of experiments)과 통계적 품질관리(statistical quality control)를 든다. 이들 분야는 선형모형(linear model)을 기반으로 상호 연관이 있는 학문 분야이다. 1977년에 귀국하여 보니 통계학이 우리나라에 도입되고 있는지 초창기라 대학에서 통계학 교재로 사용할 만한 좋은 교재가 별로 없었다. 통계학개론 책은 조금 있으나 통계학 분야의 전공 서적이라 할 수 있는 책들이 별로 없어 영어로 된 원서를 사용할 수밖에 없는 실정이었다. 78년에 미국으로 다시 돌아가지 않기로 결심한 후에 우선적으로 통계학 전공 서적을 집필해야겠다는 결심을 다지고, 1979년 1월부터 나의 전공분야인 회귀분석 책을 쓰기로 마음먹었다. 이 책의 출판과 관련된 잊을 수 없는 에피소드(episode)가 있어 여기에 소개하기로 한다.

이 당시에는 컴퓨터 워드 프로세싱이 안 되어 200자 원고지에 원고를 작성해야 할 때였다. 일 년 반 정도의 각고의 노력 끝에 80년 6월에 어렵게 200자 원고지 2,500여 매에 회귀분석 책 원고를 탈고하고, 그 당시 자연과학 서적 출판으로 유명한 박영사에 연락하여 책을 출판해 달라고 부탁하였다. 박영사에서는 이 원고지를 가져간 후에 한 달 후쯤 연락하면서, 이 책을 출판할 수 없다는 답을 했다. 너무 전문적인 책이라 팔리지 않을 것이고, 그 부담을 박영사가 다 질 수는 없다는 것이었다. 나는 실망하여 원고를 연구실 한 구석에 밀어 놓아 버리고 1년 반 동안 쓸데없는 수고를 하였다고 낙담하였었다.

그런데 한 달쯤 후에 한 젊은이가 내 연구실로 찾아와 하는 말이 "박 교수님이 회귀분석 원고를 쓰신 것을 잘 알고 있습니다. 그 원고를 저에게 주시면 제가 책을 출판하겠습니다."라고 하는 것이었다. 그리고 자기소개를 하면서 자기가 박영사 신입 사원으로 회귀분석 책을 박영사에서 출판할까 말까 결정하는 회의에 참가하였었다는 것이었다. 자기는 이 책이 앞으로 팔릴 것이라고 주장하였지만 다른 선배 분들이 반대하여 박영사에서 출판하지 않는 것으로 결정되었다는 것이었다. 그러면서 자기는 곧 박영사를 그만두고 조그만 출판사(사장 김정식)를 차리고, 이 출판사의 첫 책으로 나의 회귀분석 책을 내고 싶다고 하는 것이었다. 나는 고마워서 금방 한쪽 구석에 쌓여 있는 원고 뭉텅이를 그에게 전해 주었다.

이 출판사가 나의 첫 저서 회귀분석을 출판해 준 대영사이며, 지금은 이름을 개명하여 민영사이다. 나는 고마워서 그 후에도 이 출판사에서 상당히 많은 나의 책을 출판하게 되었다. 이 회귀분석 책은 80년대에 많은 대학에 통계학과가 설치되면서 상당히 팔리게 되었고, 아직까지도 회귀분석 분야의 베스트셀러(best seller)이다. 결국 회귀분석 원고에 대한 김정식 사장의 결정은 옳았던 것이며, 나는 아직도 그의 결정에 감사하고 있다.

회귀분석 원고를 마치고 나서 나는 곧 실험계획법 책을 쓰기 시작하여 82년도에 민영사에서 '현대 실험계획법'이란 제목으로 출판하였다. 그 후 곧 품질관리에 관한 책을 쓰기 시작하여 84년도에 민영사에서 '통계적 품질관리'란 제목으로 출판하였다. 이 책들은 통계학과만이 아니라 산업공학과 학생들도 공부하는 책이고, 이외에 기업에서 품질관리 기사가 되고 싶은 엔지니어들이 필수적으로 공부해야 하는 과목이므로, 2010년대 후반까지 오랫 동안 각 분야에서 가장 인기 있는 책이었다. 이 3권의 책(회귀분석, 현대 실험계획법, 통계적 품질관리)은 나의 필생의 역작으로 생각하고 있으며, 그 기여도가 크다고 믿는다.

77년에 서울대 통계학과에 부임한 후에 2021년 7월 현재 내가 쓴 저서를 총정리하여 보니 총 91권이며, 이 중에서 단독저서가 16권, 공동저서가 75권(2인 공저 19권, 3인 이상 공저 56권)이었다. 이 중에서 국문저서 80권, 영문저서가 11권이다. 영문저서 중에는 'a book chapter(영문 단행본 중에서 하나의 장을 내가 쓴 것)'가 7편 포함되어 있다. 따라서 'a book chapter'를 제외하면 영문저서는 4권이며, 이들 4권과 국문저서 80권 중에서 대표적인 6권을 뽑아 적어 보면 다음과 같다.

영문저서

1) Sung H. Park (1996); *Robust Design and Analysis for Quality Engineering*, Chapman & Hall, London, 329p.
2) Sung H. Park and Geoffrey Vining (1999); *Statistical Process Monitoring and Optimization*, Marcel Dekker, New York, 27 papers edited, 504p.
3) Sung H. Park (2003); *Six Sigma for Quality and Productivity*

Promotion, Asian Productivity Organization, 207p, Tokyo, Japan.

4) Sung H. Park and Jiju Antony (2008), *Robust Design for Quality Engineering and Six Sigma*, World Scientific, Singapore, 545p.

국문저서(밑에서 (5)는 2인 공저이고, 나머지는 모두 단독저서임.)

1) 『회귀분석』; 민영사, 654p, 1981. 3. 5. 발행, 그 후 2회 개정(1998, 2007).
2) 『현대실험계획법』; 민영사, 746p, 1982. 3. 13. 발행, 그 후 2003년 1회 개정.
3) 『통계적 품질관리』; 민영사, 620p, 1984. 3. 5. 발행, 그 후 3회 개정(2003, 2005, 2013), 2003년 개정판부터 박영현과 공동 집필.
4) 『품질공학』; 민영사, 423p, 1993. 10. 1. 발행.
5) 『Minitab을 활용한 현대실험계획법』; 김종욱과 공저, 민영사, 2010. 2. 25. 초판, 2011. 1. 15. 개정판.
6) 『통계의 매력』; 자유아카데미, p. 276, 한국과학기술한림원 석학, 과학기술을 말하다 시리즈 13편, 2011. 12. 31. 발행.

저술활동으로 총 91권의 책을 쓴 것을 매우 보람 있게 생각하고 있다. 이런 책들이 우리나라에 통계학의 저변 확대에 기여하였을 것이다. 지금도 가끔 내가 쓴 책으로 공부하여 많은 도움을 받았다고 얘기하는 사람들을 만나게 되고, 이럴 때에 보람을 느낀다.

5. 교내 보직 활동

서울대 계산통계학과에 1977년 8월에 조교수로 온 그때에 서울대는 박정희 정권 말기에 접어들면서 각종의 학생 시위가 계속되고 있어서 상당히 뒤숭숭하였다. 여기에 계산통계학과가 탄생한지 2년밖에 되지 않아 학과도 아직 자리를 잡지 못하여 안정된 학과 분위기가 아니었다. 계산통계학과는 컴퓨터와 통계를 다루는 학과로 그 당시 본부(행정동) 2층 한 구석에 위치해 있는 전자계산소의 운영도 맡아 보고 있었다. 1978년도에 전자계산소는 전산과학을 전공하신 계산통계학과의 김영택 교수님이 소장직을 맡아 보고 계셨는데, 나에게 부소장을 맡아 달라고 요청을 하셨다. 나는 전산과학 전공이 아니어서 부소장 일을 하기가 망설여졌으나, 김영택 소장님의 강권으로 부소장직을 78년 1월부터 맡아 보게 되었다. 이 보직이 내가 서울대에서 맡게 된 최초의 교내 보직이었다. 이 보직을 두 번 중임한 후에 84년 1월에 그만두게 되었다. 그 후 2010년에 서울대를 정년할 때까지 다음과 같은 교내 보직 활동을 했다.

- 1978. 5~1979. 3.: 자연과학대학 계산통계학과 학과장
- 1987. 7.~1989. 7.: 자연과학대학 계산통계학과 학과장
- 1991. 11.~1993. 8.: 서울대학교 자연과학종합연구소 부소장
- 1993. 8.~1995. 7.: 자연과학대학 기획연구실장

- 1995. 8.~1997. 3.: 서울대학교 자연과학종합연구소 소장
- 1997. 3.~1998. 12.: 서울대학교 학생처 처장, 서울대학교 문화관 관장
- 2000. 12.~2002. 12.: 자연과학대학 학장
- 2005. 11.~2007. 10.: 서울대학교 평의원회 의장
- 2008. 10.~2010. 2.: 서울대학교 법인화위원회 위원장

계산통계학과에 1977년 8월에 부임하였으나 학과에 교수진도 부족하여 조교수로서 잠시 학과장 보직(1978. 5.~1979. 3.)을 수행하고, 부교수로서 학과장을 다시 한 번(1987년 7월부터 2년간) 맡아 보기도 하였다. 그러나 넓은 의미에서 자연대와 행정적으로 인연을 맺기 시작한 것은 1991년에 자연과학종합연구소의 부소장(당시 이인규 소장)을 맡게 되어 자연과학 전반에 관하여 관심을 가지게 되었고, 기초과학 진흥의 중요성을 깨닫게 되었다. 그 후 1993년에 이인규 선생님이 학장이 되시면서 필자는 자연대 기획연구실장(부학장급)으로 1993년 8월부터 1995년 7월까지 일하게 되었다. 이를 계기로 자연과학대학은 물론 서울대 전반의 행정에도 눈뜨게 되었다.

1995년에는 자연과학종합연구소 소장을 맡아 기초과학의 연구와 재정 지원 등에 관심을 갖게 되었다. 자연대 기획연구실장 시절에 수학과 동문이며 전주 상산고등학교 이사장이신 홍성대 박사께서 1,100평 규모의 상산수리과학관을 자연대에 지어 기증하시겠다는 의사를 밝히셨다. 이를 실행하기 위하여 부지 선정, 건축회사 선정, 수리과학관 설계 등에서 어려움이 많았지

만 난관을 극복하고 건축이 추진된 것도 기억이 난다. 결국 2008년에 상산수리과학관이 완공되었으며, 수리과학 분야라고 볼 수 있는 수학, 통계학, 이론물리 등이 여기에 공간을 확보하고 연구 및 교육 활동을 하게 된 것은 자연대로 볼 때에도 큰 행운이 아닐 수 없다. 홍성대 박사의 통 큰 기여에 감사드리고 싶다.

돌이켜 생각하면 내가 32년 반 동안 서울대에서 교수생활을 하면서 상당 기간을 보직을 맡아 보았다. 서울대를 위해 봉사한 것으로 생각하면 뿌듯한 기분이다. 보직 활동 중에서 가장 힘들었던 부분은 1997년에 선우중호 총장 시절에 맡은 학생처장 보직이다. 이 당시만 하더라고 반정부 학생 데모가 끊이지 않고 있었고, 한번은 본부의 학생과가 데모 학생들에 의해 점거되어 며칠을 집에도 못 가고 학교에서 대기하던 기억이 난다. 보직 활동 중에서 의미 있고 비교적 수월했던 일은 2005년에 맡았던 평의원회 의장직이다. 평의원회는 정부로서는 국회에 해당되는 조직으로 각종 서울대의 중요한 의사결정이나 규정 변경 등에 대하여 승인해 주는 기능을 가지고 있다. 그 당시 정운찬 총장과 평의원회가 별로 마찰을 일으킨 일이 없었기 때문에 비교적 평탄하게 보직을 수행한 기억이 난다.

2008년 10월에 정년이 2년도 안 남은 시기에 이장무 총장님의 강권으로 맡은 서울대 법인화위원회 위원장직이 지금도 기억에 새롭다. 이 위원회의 임무는 '국립대학법인 서울대학교 설립, 운영에 관한 법률' 초안을 만드는 것이었다. 서울대 법인화 문제는 구성원들(교수, 교직원(교육부 직원과 서울대 기성회 직원), 학생 등) 간에 의견이 첨예하게 대립되는 사안이었다. 법인화위원회는 구성원들의 의견을 수렴하여 모든 구성원들이 불만이 없는 법인화 안을 만드는 것이었다. 서울대 법인화에 특히 반대가 심했던 학생회와 기성회 직원들을 설득하는 것이 굉장히 힘든 임무로, 이들과 수십 차례 회의를 하면서 힘든 임무를 수행한 기억이 난다.

서울대 법인화법이 드디어 2010년 12월에 국회를 통과하면서 서울대가 법인화되었다. 이 법은 서울대의 자율성과 사회적 책무를 제고하고, 서울대의 교육 및 연구 역량을 세계 수준으로 끌어올리기 위한 목적으로 만들어진 것으로, 서울대 도약의 기틀을 만든 것으로 평가하고 싶다. 그러나 서울대 법인화 후 11년이 지나면서 그 소기의 목적을 제대로 달성해 가고 있는지 확실하지는 않다.

6. 자연대 학장 시절

1998년 12월에 학생처장직을 마치고 자연대에 평교수로 돌아와 있던 중 2000년 12월에 자연대 학장직에 출마하여 어렵게 선출되어 학장직을 2년간(2000. 12. 16.~2002. 12. 15.) 수행하게 되었다. 서울대 교수 생활 중에서 가장 기억에 남고 보람을 느낀 시절은 자연대 학장 보직 시절이 아닌가 싶다. 이 당시 학장 선출은 교수들에 의한 직선제였는데, 필자가 자연대 학장에 선출된 것은 매우 어려운 과정이었다. 필자는 자연대의 전신인 문리대 이학부 출신도 아니고, 또 통계학과가 매우 작은 학과로 다른 학부에 비교하면 교수들의 수도 매우 적었다. 사실상 선출되기 어려운 상황이었다. 그러나 필자가 학장에 출마하기로 마음을 굳힌 이유는 비록 선출되기가 어렵더라도 자연대를 개혁해 보고자 하는 마음이 강했기 때문이었다.

이 당시 자연대는 문리대 이학부의 전통을 이어받아 소위 '상아탑 정신'이 강하여 학문추구와 선비정신이 존중받았고, 교수들이 학교 밖의 사회활동에 참여하는 것을 좋아하지 않았으며, 심지어는 산학협동을 별로 시도하지도 않는 분위기였다. 필자는 공대를 졸업하고 미국에서 산업공학 석사, 통계학 박사 공부를 하면서 학문은 사회 발전을 위하여 사용되어야 한다는 생각을 가지게 되었고, 산학협동의 중요성을 인식하고, 교수들도 학문 연구 외에도 시간을 내어 사회를 위하여 봉사해야 한다는 신념을 가지고 있었다. 자연대에 이러한 분위기를 조성하기 위해서는 학장이 앞장설 수밖에 없다고 생각하고, 이른 실천하기 위하여 학장에 출마하게 된 것이다. 다행스럽게도 필자가 주장하는 '사회봉사, 산학협동, 개혁' 등의 키워드에 동조해 주는 교수님들이 계셔 선거에서 2표차라는 박빙의 승리를 한 기억이 새롭다.

어렵게 학장에 선출된 후에 학장팀으로는 김희준 교무부학장, 강사욱 학생부학장, 윤순창 기획연구실장이 같이 일해 주었고, 필자가 학장으로 2년간 시도한 3가지 중요한 사업이 있었다. 첫째는 자연대에 산학협동의 물꼬를 튼 것이고, 두 번째로는 자연대를 사회에 열기 위하여 사회인들이 참여하는 '과학 및 정책 최고연구과정'을 개설한 것이고, 세 번째로는 자연대의 '5개 학부 1개 학과(수리과학부, 통계학과, 물리천문학부, 화학부, 생명과학부,

지구환경과학부)' 구조를 완성하고, 자연대의 새로운 도약의 기틀을 마련한 것이다. 이러한 개혁적인 일들은 자연대 내부에서도 반대의 목소리가 높았으나, 이 방향이 자연대를 위하여 옳은 방향이라고 믿고 강하게 추진하였고, 지금은 올바른 길이었다고 회고하고 싶다.

산학협동을 위해서는 우리나라 최고의 산업현장 연구기관 삼성종합기술연구원(이하 종기원)과 접촉하여 2001년에 '서울대학교 자연과학대학-삼성종합기술연구원 기초과학 협력연구' 사업을 성사시킨 것이다. 이 사업에 의하여 봄에는 자연대 교수들이 종기원을 방문하여 교류하고, 가을에는 종기원 연구원들이 자연대를 방문하여 교류하고, 상호 관심사에 대하여 연구 프로젝트를 만들어 공동 연구하는 사업이다. 이 사업에 의하여 여러 팀이 공동연구를 시행하였고, 자연대에도 산학협동 연구의 중요성을 일깨워 주는 계기가 되었다.

두 번째로, 자연대 공개강좌 준비위원회를 구성하고 서울대 본부에 '과학 및 정책 최고연구과정(SPARC, Science & Policy Advanced Research Course)' 개설 승인을 받은 후에, 2002년 3월에 6개월 과정의 SPARC 제1기를 출범시킨 것이다. 이 과정에는 기업의 CEO들, 국회의원, 민간 연구기관의 연구원들, 변호사 등 다양한 사회인들이 참여하였고, 성공적으로 사회인들을 위한 자연과학 공개강좌가 이루어졌다. 초기에는 주임교수로 그 당시 자연대 기획연구실장인 윤순창 교수가, 부주임교수로는 수리과학부의 김명환 교수가 맡아 수고하여 주었다. 이 과정은 아직까지 계속되고 있으며, 첨단과학에 대한 바른 이해와 미래지향적인 과학문화 정착을 위해 사회에 기여하고 있다. 단 그 이름을 2006년에는 '과학기술혁신 최고전략과정'으로 변경하였고, 2012년에는 '과학기술산업융합 최고전략과정'으로 변경하였으나, 최초에 사용하였던 SPARC는 그대로 쓰고 있다. 2021년 6월 현재 39기가 운영되고 있다. 이 과정이 순조롭게 계속되기를 기원한다.

세 번째로, 1990년대 초부터 추진해 오던 학부제가 필자의 학장 시절에 마무리되고, BK 사업도 활발히 진행되어 자연대 대학원 교육과 연구가 본궤도에 올랐다는 것이다. 1999년에 지구환경과학부(지구시스템과학, 대기과학, 해양학, 천문학 전공)가 출범하였고, 2000년에는 기존의 생물 관련 3과(미생물학과, 분자생물학과, 생물학과)가 생명과학부로 통합되면서 '5개 학부 1개 학과' 제도가 완성되었고, 또한 통계학과의 전산과학전공이 공대 컴퓨터공학과와 통합되어 공대에서 컴퓨터공학부로 시작되었다. 그 후 2006년에 지구환경과학부에 있던 천문학전공이 지구환경과학부에서 분리되어 물리학부에 들어가면서 물리천문학부가 설립되었다. 이로 인하여 오늘날의 자연대 구조가 완성되어 발전하고 있는 것이다.

1999년에 BK21 1단계 사업이 시작되고, 2006년에 BK21 2단계 사업이 시작되었고, 2007년에 BK 연구동(500동)이 완공되었다. 필자의 학장 시절에 BK 사업이 한창 진행되어 자연대의 교육과 연구의 큰 틀이 잡혀 갔고, BK 연구동 건립에 대한 논의가 활발하게 이루어져 오늘날의 자연대 모습을 갖추게 되었다. BK 연구동 건립을 추진하면서 자연대 각 학부(과)에 어떻게 공간(space)을 배정할지에 대하여 첨예하게 의견이 대립되고 수없이 많은 회의를 한 기억이 난다. 그러나 결국 모든 학부(과)가 합의하는 결론에 도달하고 순조롭게 BK 연구동 신축이 추진되어 완공되고, 오늘날의 자연대 모습이 갖추어진 것에 대하여 보람을 느끼고 있다.

학장 시절에 전국자연대학장협의회에 회장(2001. 4.~2002. 12.)으로 선출되어, 회장 임기를 수행하면서 기초과학 육성을 위하여 정부에 연구비 증액을 요구하고, 전국의 자연대 학장들과 함께 힘을 합쳐 자연대 발전에 노력한 것도 기억이 새롭다. 이때만 하더라도 정부가 산업화와 공과대학 육성에 힘을 기울이던 시기이므로, 기초과학을 위주로 하는 자연대에는 신경을 못 쓰던 시절이었다. 전국자연대학장협의회의 노력으로 기초과학에 R&D 연구비가 조금이나마 확충되고 기초과학의 중요성을 사회와 정부가 인식을 새롭게 한데 대하여 보람을 가지고 있다. 또한 학장 시절에 과학기술부 기초과학연구사업 심의위원회 위원(2001. 10.~2003. 9.)으로, 그리고 과학기술부 과학교육발전위원회 분과위원장(2002. 1.~2004. 1.)으로 활약하면서 자연과학 연구와 교육 발전에 기여한 것도 보람으로 생각한다.

7. 국내외 외부 활동

1) 국내 외부 활동

1977년에 귀국 후에 초기에는 계산통계학과에서 강의와 연구에 매진하다가 1980년부터 외부의 통계와 관련된 일들을 보기 시작하였다. 이 당시 한국에는 정부 기관에서의 통계 업무나 산업에서의 통계 활용 등이 모두 미숙하여 도와줄 일들이 많았다. 우리 사회에 통계를 제대로 쓸 수 있도록 도와주는 일도 통계학자로서 할 일이라고 생각하여 도움을 요청한 곳에는 시간이 허용하는 범위에서 적극적으로 도와주었다. 1980년 1월부터 통계청 통계위원회의 통계위원으로 들어가 활동하기 시작하였고, 1980년 12월부터는 경제기획원 통계위원회에 전문위원으로 들어가 이들을 도와주었다. 또한 1981년 1월부터 대한통계협회의 이사로 활동하기 시작하였고, 1986년 4월부터는 서울특별시 통계조정심의회에 위원으로 들어가 서울특별시의 통계행정을 자문하기도 하였다. 1993년 5월부터는 농림부 농업정보통계심의위원회 위원으로 활동하고, 그 후 2003년 10월에는 이 위원회의 위원장을 맡아 2009년까지 봉사하여 주기도 하였다. 1995년 1월부터는 노동부 노동통계심의위원회 위원으로 노동통계의 선진화에 기여하기도 하였다. 이와 같이 여러 종류의 정부 통계 업무에 각종 위원회에 참여하여 통계 업무를 자문하여 주었으며, 정부 기관의 통계 업무 선진화에 조금이나마 기여하여 보람을 느끼고 있다.

외부 활동으로 시간을 많이 사용한 것은 산업 인력들이 통계를 업무에 제대로 사용하도록 각종 교육에 참여한 일이다. 이 당시에는 품질관리 기사 제도가 있었고, 품질관리 기사 시험 제도(한국산업인력공단에서 운영)도 있었다. 그 당시 모든 공장에는 규모에 따라 품질관리 기사를 반드시 배치하도록 법령으로 요구하였기 때문에 일선 산업에서 품질관리 기사가 되고자 하는 엔지니어들이 많았다. 이 기사 시험에 통계학 과목(통계적 품질관리, 실험계획법 등)이 들어가 있어, 엔지니어들에 대한 통계학 교육 수요가 80년대와 90년대에 상당히 많았다. 이로 인해서 나에게 직접 강의 요구가 오거나, 또는 한국표준협회(품질관리 기사 양성 과정 등을 운영하는 주요 기관)에서 강사로 초빙하는 경우가 흔하였다. 학교의 업무에 방해가 안 되는 범위 안에서 이런 요구에 응해 전국을 누비면서 통계 강의를 해 주었다. 이때 울산공단, 창원공단, 구미공단 등 엔지니어들이 있는 곳에 수없이 많은 통계 강의를 하였다. 이런 수요를 채우기 위해서 내가 저술한 책들, 예를 들면 통계적품질관리, 현대실험계획법 등이 이 당시 만들어진 책들로 아직까지도 산업에서 널리 읽히고 있다.

기업에서 품질관리, 공정관리 등을 비롯한 품질경영 활동을 장려하기 위하여 산업통상자원부에서 주최하고 한국표준협회에서 주관하는 국가품질상 제도가 있다. 이 상을 받기 위해 기업들이 신청하면, 신청한 기업들이 얼마나 잘 하는지를 현장 심사해야 한다. 이러한 국가품질상 심사위원으로 80년대와 90년대에 수없이 많이 기업을 방문하면서 데이터에 기반한 품질관리를 잘 하도록 독려한 기억이 난다. 추억이 되고 보람 있는 일이었다.

외부활동으로 상당히 시간을 사용한 것은 학회 활동이었다. 내가 주로 관여한 학회는 한국품질관리학회(현재의 한국품질경영학회)와 한국통계학회이고, 지속가능과학회는 잠시 회장을 하였었다. 이들 학회에서 주로 활동한 내용은 다음과 같다.

• 한국품질관리학회: 1980. 5.~1991. 10. 한국품질관리학회지 편

집위원장

1993. 12.~1995. 12. 한국품질경영학회 회장

1995. 10.~2003. 12. 한국품질경영학회 SPC(통계적공정관리) 연구회 회장

- 한국통계학회: 1987. 11.~1991. 11. 총무이사 그리고 사업이사

  1991. 11.~1993. 11. 부회장

  1995. 11.~1997. 11. 회장

- 한국지속가능과학회: 2011. 9.~2013. 9. 회장

2) 국외 외부 활동

통계학자와 통계전문가들의 국제적인 모임으로 국제통계학회(ISI, International Statistical Institute)라는 조직이 있다. 이 학회에 1983년 6월에 가입하고, 국제적인 활동을 하기 시작하였다. 이 학회의 산하에는 IASC(International Association for Statistical Computing, 국제통계계산학회), ISBIS(International Society for Business and Industrial Statistics, 국제비즈니스 산업통계학회)와 같은 조직들도 있다. 나는 이 두 조직에도 가입하여 국제적인 활동을 하게 되었다. 즉, 이 두 조직이 주관하는 각종 국제 학술대회에도 자주 참석하였다. 그러면서 2005년 4월에는 ISBIS의 부회장(임기 2년)으로 선출되어 한국을 대표하여 활동하기도 하였다.

2007년 5월에는 국제품질아카데미(IAQ, International Academy for Quality)의 석학회원(academician)으로 선출되어 아직까지 활동하고 있다. IAQ는 매우 까다로운 심사를 거쳐 최고의 품질 석학을 석학회원으로 선출한다. 한국에서는 현재 내가 유일한

석학회원이다. 전 세계적으로도 60여 명의 석학회원이 있다.

2010년 8월에는 미국통계학회(ASA, American Statistical Association)의 석학회원(fellow)으로 선출되었고, 2012년 6월에는 미국품질학회(ASQ, American Society for Quality)의 석학회원으로도 선출되었다. 영광스러운 일이다. 2014년 4월에는 중국의 톈진대학교(Tianjin University) 경영대학의 국제자문위원(foreign advisor)이 되어 매년 1회씩 톈진을 방문하여 자문활동을 하고 있다. 또한 최근인 2019년 11월부터는 미국 파사데나(Pasadena)에 있는 GMTO(Giant Magellan Telescope Organization)라는 조직의 이사를 맡고 있다. GMTO는 현재 칠레에 거대마젤란천문대를 건설하는 조직으로, 한국도 한국천문연구원을 통하여 GMTO에 막대한 천문대 건설비(총 건설비의 10%)를 내고 있으며, 나도 천문연구원의 박병곤 단장과 함께 GMTO의 이사로 참여하고 있다. GMTO 이사회는 매달 열리고 있다.

IV. 나의 학문과 삶의 길

1. 국내 통계학과의 설립과 통계학회의 태동

1961년에 박정희 정권의 탄생과 더불어 1962년에 시작된 제1차 경제개발 5개년 계획으로 국가경제의 토대가 확립되기 시작하였다. 이로 인해 국가경제와 관련된 통계의 중요성이 부각되었다. 정부초청으로 통계고문단(단장 패튼 박사)이 1962년에 내한하여 활동하고, 1963년에 귀국에 앞서 통계고문단이 착수했던 여러 가지 실무와 학문적인 관심에서 연구한 내용을 국내 전문가들에게 전수하고, 국내 전문가들의 경험 및 연구결과와 비교·토론하기 위해 1963년 5월 11일과 12일에 정부 주도로 한국 최초의 통계학대회가 개최되었다. 이를 통해 국내에서 통계에 대한 새로운 인식이 싹트는 계기가 마련되었고, 통계학과 설치의 필요성이 부각되었다.

60년대 당시에는 경제통계 연구가 중요하였으므로 이때 설치된 5개 대학의 통계학과들은 모두 상경계열이나 정경계열 대학에 설치되었다. 1963년에 고려대학교와 동국대학교에 통계학과가 처음으로 설치되었고, 1964년에는 성균관대학교와 중앙대학교에, 그리고 1966년에 연세대학교에는 응용통계학과라는 명칭으로 설치되었다.

60년대에 설치된 대학의 통계학과들을 중심으로 한국통계학회의 발족 필요성이 꾸준히 제기되었고, 드리어 1971년 12월 17일 연세대학교 상경대학 세미나실에서 각계 인사들이 참석한 가운데 창립되어 현재까지 우리나라의 통계학 발전의 모태가 되고 있다. 통계학회의 제1대 회장은 고려대학교 통계학과의 김준보 교수가 맡았고, 학회 사무국은 연세대학교 상경대학 응용통계학과 내 윤기중 교수 연구실에 설치되었다. 한국통계학회는 1973년 3월에 학회 학술지로 『통계학연구(*Journal of the Korean Statistical Society*)』를 발간하기 시작하여 통계학 연구의 중추적인 역할을 감당하기 시작하였다.

1975년에 서울대가 관악캠퍼스로 이전하면서 자연과학대학 안에 계산통계학과(Department of Computer Science and Statistics) 명칭으로 통계학과가 처음으로 국립대학교에 설치되었다. 계산통계학과는 전산과학과 통계학의 두 개의 학문을 같이 다루다가 두 학문이 모두 발전하면서 자연과학대학 안에 전산과학과와 통계학과로 1996년에 분리되었다. 그 후 2000년에 전산과학과가 공과대학의 컴퓨터공학과와 통합하여 공대 안에 컴퓨터공학부로 새로이 탄생되면서 우리나라 컴퓨터공학 연구의 본산지가 되었다. 1980년대 계산통계학과는 전산과학과 통계학을 연구하면서 오늘날의 '데이터 사이언스 대학원'에서 강의하는 대부분의 과목을 강의하였다. 돌이켜 생각해 보면 계산통계학과가 오늘날 빅데이터, 인공지능 등의 데이터 사이언스를 대표하는 학과라고 볼 수 있다.

〈그림 3〉은 1987년 계산통계학과 교수진이다. 총 12인으로 전산과학에 4분, 통계학에 8분이 계셨다. 왼쪽부터 조신섭(통계학), 유석인(전산과학), 전종우(통계학), 한상영(전산과학), 우치수(전산과학), 고건(전산과학), 김우철(통계학), 정한영(통계학), 박성현(통계학, 필자), 박홍래(통계학), 김재주(통계학), 송문선(통계학) 교수이다.

서울대에 계산통계학과가 설치된 것을 계기로 70년대 후반과 80년대에 대부분의 국립대학교에 통계학과가 설치되고, 사립대학교에서도 통계학과가 설치되기 시작하였다. 기록에 의하면 1981년 8월 말에 이미 전국 23개 대학에 통계학과가 설치되었다고 한다. 2021년 현재는 전국에 통계 및 통계관련학과가 대부분의 주요 대학에 설치되어 있다.

<그림 3> 계산통계학과 교수진(1987년 당시)

2. 국내 신학문인 통계학의 보급과 확산을 위하여

60년대에 이미 통계학과가 5개 사립대학교에 설치되었으나 교수요원들은 대부분 경제학, 농학, 수학 등의 타 학문의 박사학위 소지자들로 전통적인 통계학 연구에는 한계를 가지고 있었다. 즉, 통계학으로 이학박사 학위를 가진 교수들이 별로 많지 않았다. 이는 통계학이 우리나라에는 과거에 없던 신학문이기 때문이었다. 70년대만 하더라도 통계학 대학원 과정 교육이 제대로 이루어지지 않았던 시절이다. 내가 서울대 계산통계학과에 부임하던 1977년에도 서울대에는 통계학 전공의 대학원 수업이 제대로 운영되지 않고 있었고, 통계학 박사 배출이 쉽지 않은 시절이었다.

80년대 나의 학문적 삶은 통계학과에서 학생들을 위한 양질의 교육과 석·박사 후학 양성에 집중되었다. 우리말로 된 통계학의 좋은 교재가 없어 회귀분석, 실험계획법, 통계적 품질관리 등 분야의 교재 집필에 전력투구하였고, 석사와 박사 지도에 매진하였다. 2010년 정년할 때까지 내가 논문 지도하여 배출한 석사의 수가 86명, 박사의 수가 31명으로 총 117명이었다. 내가 32년 반의 교수생활을 하였으니, 1년에 평균 3.6명의 석·박사를 배출한 셈이다. 많은 수이며, 이들이 전국에 흩어져 통계학의 발전을 위하여 일한다는 것을 생각하니 흐뭇하다.

3. 한국통계학회의 발전을 위하여

나의 학문의 길과 삶에서 특별히 의미 있게 기록하고 싶은 것은, 우리나라의 통계학의 발전을 위해 한국통계학회 13대 회장직을 1995년 11월부터 97년 10월까지 2년간 정열을 가지고 수행한 것이다. 한국통계학회가 1971년 설립된 후 지난 50년을 돌아보면, 70년대는 학회 설립 기간, 80년대는 학회 발전 기간, 90년대는 학회 확장 기간, 2000년대는 학회 성숙기간으로 볼 수 있다.

90년 이전에는 학회 사무실을 회장이 있는 대학에 두어 회장이 바뀔 때마다 사무실이 이동하였으나, 1990년 1월 12일에 처음으로 고정된 넓은 학회 사무실을 현재의 과학기술회관(과학기술단체총연합회가 있는 건물)에 갖게 되었다. 이는 학회 사업의 발전과 확장에 큰 기여를 하는 계기가 되었다. 내가 회장을 지낸 90년대의 한국통계학회의 주요 역점 사업의 방향으로는 다양한 연구회 및 지회 활동 지원, 각종의 국내외 학술회의 개최, 용어집 발간 등 학회의 활동영역을 확장하고, 학회를 국제화시키고자 부단한 노력을 경주한 시기라고 평가하고 싶다. 이런 노력을 위한 구체적 사업을 3가지 들면 다음과 같다.

1) 다양한 연구회와 지회의 발족 및 활동 지원

학회의 규모가 커지면서 공동 관심분야의 회원들이 모여 연구회를 만들어 활동하는 것은 매우 바람직한 방향이며, 80년대 후반에 각종의 연구회가 발족되기 시작하였고, 90년대에도 일부 연구회가 발족되었으며, 이들 연구회 활동을 학회는 적극적으로 지원하여 주었다. 내가 회장이 되기 이전에 이미 통계계산연구회, 통계교육상담연구회, 조사통계연구회, 생물통계연구회, 공업통계연구회가 있었고, 내가 회장하는 동안에 공식통계연구회를 발족(1995. 12. 25.)하였다.

특히 공식통계연구회는 그동안 학자 중심으로 학회가 운영되던 것을 통계생산에 종사하는 통계생산기관(통계청, 한국은행 등)의 통계종사자들이 학회활동에 공동으로 참여하는 기회를 제공하였고, 학회 활동 영역을 확장하는 데 큰 도움은 주었다. 또한 지역별로 통계학자들이 모여 연구 활동과 친목도모도 바람직하며, 이들에 대한 발족 및 활동 지원을 적극적으로 하였다. 내가 회장이 되기 이전에 이미 대구·경북 지회, 부산·경남 지회, 호남·제주 지회, 강원·경기·인천 지회가 발족되어 있었고, 내가 회장하는 동안에 북미주 지회(1997. 8. 12.)가 발족되었다. 연구회와 지회가 모여 각종의 학술발표회, 기념행사, 산학 간 협력사업 등을 하는 것은 학회의 영역을 넓히는 기폭제로 작용하였다.

2) 한일공동통계학술회의의 지속적 지원과 ICSQP '95 통계국제학술대회 개최

제1차 한일공동통계학술회의는 1982년 7월 일본의 오카야마대학에서 시작되었고, 이 회의는 한국에서는 이재창 교수와 본인이 주축멤버로 참여하였고, 일본에서는 오카야마대학의 와키모토(Wakimoto) 교수와 다나카(Tanaka) 교수가 주축멤버로 참여하여 시작된 것이다. 그 후 꾸준히 일본과 한국을 번갈아 가며 개최되었으며, 90년대에는 일본의 규슈대학(1990. 7. 13.), 오카야마대학(1994. 10. 5.), 한국의 제주대학교(1997. 12. 5.~6.), 일본의 벳푸(2000. 12. 4.~5.)에 열리는 것을 마지막으로 종료되었다. 한일공동통계학술회의는 한국과 일본의 통계학자들이 상호 교류에 크게 기여하였으며, 양국의 통계학 발전에 기여하였다.

ICSQP '95 국제학술대회는 95년에 개최되었으며, 대회의 명칭은 "품질 및 생산성 향상을 위한 통계적 방법과 통계계산에 관한 국제학술회의: ICSQP(International Conference on Statistical Methods and Statistical Computing for Quality and Productivity Improvement)"로서 ISI(International Statistical Institute)가 조직하고, 한국통계학회가 주최하였으며, 참여기관으로는 IASC(International Association for Statistical Computing) 산하의 East Asian Regional(EAR) Section과 ISI 산하의 공업통계 위원회(Committee on Statistics in Industry) 등이다. 이 대회는 한국이 최초로 개최한 국제 통계 학술대회로 Swiss Grand Hotel에서 1995년 8월 17~19일 사이에 열렸고, 내가 Scientific Program Committee Chair를 맡고, 재정적 조달도 담당한 대회였다. 외국에서 100여 명의 학자가 참석

하였고, 국내에서는 300여 명이 참석한 큰 규모의 국제학술대회로, 국제적으로 저명한 과학자들인 다구치(Genichi Taguchi), 라오(C. R. Rao), 달가드(Jens Dahlgaard), 나이어(V. N. Nair) 등이 참여하여 훌륭한 논문을 발표하였으며, 총 125편의 논문이 발표되었다. 대회 경비가 많이 들어 기업들로부터 협찬을 받기 위해 동분서주하면서 1억 7,000만 원 정도의 후원금을 모금한 기억이 난다. 이 대회는 나의 학문과 삶에서 결코 잊을 수 없는 큰 대회였다.

이 대회는 ISI 산하의 조직들을 국내에 끌어들인 최초의 국제학술대회의 의미가 있으며, 차후 제53차 ISI 세계통계대회를 2001년에 한국에 유치하고, 또한 동아시아지역(EAR)을 한국이 주도적으로 이끌어 나가는 데 크게 기여한 대회였다. 또한 ISI 산하의 공업통계위원회가 국제비즈니스공업통계학회(ISBIS, International Society for Business and Industrial Statistics)로 발전하는 발판을 제공한 대회였다. 그리고 그 후 이 대회에서 발표된 원고 중에서 우수한 원고를 선별하여 1999년에 마셀 데커(Marcel Dekker) 출판사에 의해 *Statistical Process Monitoring and Optimization*이란 책이 발간되었다. 이 책은 나와 미국의 바이닝(Geoffrey Vining: 버지니아공과대학 교수)이 공동으로 편집하여 출판한 책으로, 국제적으로도 한국을 알리는 계기가 되였다.

3) 통계학 용어집 발간으로 통계용어 표준화 시도

통계학에서 사용되는 용어는 통계적 방법이 모든 분야에서 사용되고 있는 만큼 통계학의 보급과 활용을 위하여 매우 중요한 의미가 있다. 한국통계학회에서는 1988년에 처음으로 『통계용어사전』을 발간하였다. 그러나 미진한 부분이 있어 이를 보완하기 위하여 내가 회장을 하던 1997년에 한국통계학회에서 두 번째로 『통계학용어집』을 발간하였다. 이 용어집은 당시 사업이사인 허명회 교수가 책임자로서 10여 명의 통계용어위원회 위원들을 모시고 1년여의 작업 끝에 발간한 역작이었다. 통계용어와 표준화와 통계학의 발전에 크게 기여하였다고 생각한다.

돌이켜 보면 한국통계학회는 지난 50년을 자라오면서 크게 성숙하였고, 지금은 학회의 대표학술지인 *The Journal of Korean Statistical Society*(*JKSS*)가 SCI 논문으로 등재되는 등 발전하고 있다. 통계학회는 계속 발전하여 우리나라 통계학의 수준을 높이고, 통계적 방법이 사회의 모든 분야에서 활발하게 이용되도록 권장하여야 하고, 국가통계의 선진화에 기여하여 조국의 발전에 이바지하여야 한다. 통계학회의 모든 회원과 우리나라의 모든 통계인들은 이런 사명감과 자부심을 가져 주기를 이 지면을 통하여 당부하고 싶다.

4. 공업통계학의 발전을 위하여

통계학은 크게 이론통계학과 응용통계학으로 나눌 수 있다. 이론통계학에서는 각종 통계적 방법의 이론적 근거가 되는 분야를 연구하는 학문으로 수학과도 깊은 관련이 있다. 응용통계학은 통계학을 적용하는 분야에 따라 매우 다양하게 나누어진다. 보통 경제통계, 사회통계, 공업통계, 의료통계, 심리통계 등으로 나누어진다.

나는 화학공학을 학부에서 전공하고 석사과정에서 산업공학을 전공하였으므로, 자연스럽게 공업통계(혹은 산업통계, industrial statistics) 분야에 관심이 깊다.

공업통계는 특히 제조 기업에서 생산과정에서 발생하는 수많은 데이터를 보고 생산관리, 품질관리, 공정관리 등 관리의 효율성을 제고하는 데 긴요하게 사용된다. 우리나라의 제조 기업들은 80년대, 90년대의 산업화 과정을 거치면서 공업통계의 필요성을 절감하였고, 이 시기에 공업통계의 발전이 획기적으로 이루어졌다. 나도 이 시기에 공업통계의 발전을 위해 기여할 기회를 많이 가졌으며, 나는 주로 책 저술, 강연, 연구논문 작성 등으로 공업통계학의 발전에 기여하였다.

지금까지 쓴 저서 91권 중에서 약 반 정도가 공업통계에 관한 책들이다. 국외 영문저서 11권은 모두 공업통계 관련 책들이고, 국내 한글저서 80권 중에서 반 이상의 공업통계 관련 저서들이다. 대표적인 저서 10권만 적으면 다음과 같다.

- 『통계적 품질관리』(1984년 초판 이후 3회 개정, 민영사)
- 『공업통계학』(1985, 민영사)
- 『응용통계』(1985, 한국방송통신대학교, 이태림과 공동 집필)
- 『다구찌방법을 중심으로 한 응용실험계획법』(1990, 영지문화사)
- 『품질공학』(1993, 민영사)
- 『통계적 공정관리』(1997, 민영사, 박영현·이명주와 공동집필)
- 『품질경영』(1998, 한국방송통신대학교, 백재욱과 공동집필)

- 『6 시그마 이론과 실제』(1999, 한국표준협회, 이명주·정목용과 공동집필)
- 『6 시그마 설계를 위한 DFSS』(2001, 한국표준협회, 이명주·이강군과 공동집필)
- 『통계적 품질관리와 6 시그마의 이해』(2012, 민영사, 박영현·이제영과 공동집필)

공업통계학 분야는 70년대까지만 하더라도 국내에 도입이 되지 않은 상태였다. 내가 귀국하여 집중적으로 공업통계학을 연구하고 저술하고 강연하였으므로, 공업통계학은 내가 우리나라에서의 창시자라고 보아도 좋을 것이다. 이런 사실에 대하여 자부심을 가지고 있으며, 삶의 보람을 느끼고 있다.

V. 서울대 정년과 새 삶의 시작

1. 과학기술 진흥을 위한 삶의 기간

2010년에 그동안 32년 반의 인생을 같이한 서울대를 떠나게 되었다. 드디어 정년을 한 것이다. 2009년 12월에 통계학과 교수로서 모든 일을 마친 후에 한국과학기술한림원의 추천으로 2010년 1월부터 한국연구재단에 기초연구본부장을 2년간 맡게 되었다. 기초연구본부는 정부(과학기술정보통신부와 교육부)로부터 예산을 받아 우리나라의 기초연구자들에게 연구비를 지급해 주는 조직으로, 연구비 신청·평가·지원·사후 관리 등을 하는 기관이다. 기초연구본부는 매년 1조 이상의 예산을 다루므로 할 일도 많고, 우리나라의 기초과학 진흥을 위해서는 매우 중요한 역할을 하는 조직이라고 볼 수 있다. 나는 대전에 내려가 오피스텔에 기거하면서 2년간을 아주 바쁘게 기초연구본부의 일을 하였다. 이때 기초 연구비를 받는 주요 대학들을 방문하는 기회가 많았고, 보람 있게 생활하였다는 마음이 든다. 2010년 이후 아직까지의 주요 활동을 열거하여 보면 다음과 같으며, 주로 우리나라의 과학기술 진흥을 위한 삶의 기간이었다고 생각한다.

- 2010. 1.~2012. 1.: 한국연구재단 기초연구본부장
- 2010. 3.~2013. 2.: 한국과학기술한림원 정책담당 부원장
- 2012. 3.~2015. 2.: 건국대학교 경영대학 기술경영학과 석좌교수
- 2013. 3.~2016. 2.: 한국과학기술한림원 원장
- 2013. 7.~2017. 6.: 민주평화통일자문회의 자문위원
- 2013. 9.~2015. 9.: 국가과학기술자문회의 과학기술기반분과 의장
- 2016. 3.~2017. 2.: 과학기술단체총연합회 국가발전포럼 운영 위원장
- 2017. 3.~2020. 4.: 국회4차산업혁명포럼 기초과학/R&D 혁신 위원회 위원장
- 2019. 4.~현재: 국가과학기술연구회 남북과학기술협력위원회 위원장
- 2019. 11.~현재: GMTO(Giant Magellan Telescope Organiza-

tion) 이사

2010년부터 2년간 한국연구재단에 근무하면서 한국과학기술한림원 정책 담당 부원장 일을 보았다. 그리고 연구재단 근무가 끝난 후 2013년부터 3년간 한림원에서 원장직을 수행하게 되었다. 나의 일생에서 가장 보람 있는 기간을 선정하라면 서울대학장시절과 한림원 원장시절이라고 볼 수 있다. 한림원 원장 시절에 주요 선진국(미국, 독일, 프랑스, 영국, 스웨덴, 이탈리아 등)을 방문하면서 한국과의 과학기술 교류 증진을 도모하였고, 수없이 많은 과학기술포럼을 개최하여 정부에 과학기술 정책 방향을 제시하였다. 또한 '과학기술유공자 예우 및 지원에 관한 법률'을 입안하여 국회에 제안(2017년에 법률 통과)하였고, 한림원의 비전 및 전략 체계를 처음으로 만들어 한림원을 지속가능하게 발전할 수 있는 토대를 구축하였다. 이때 한림원의 비전을 '국민과 함께하는 역동적인 한림원'으로 했고, 3대 전략으로 '창의적 과학기술진흥 여건 조성', '과학기술 국제적 리더십 확립', '국민과 함께하는 과학문화 창달'로 하였다. 이러한 비전과 전략은 지금도 그대로 계승되면서 한림원의 위상과 기능을 공고히 하고 있다.

2012년 3월부터 3년간 건국대학교 기술경영학과에 석좌교수로 강의하면서 주로 과학기술 정책과 통계가 우리나라의 기술경영 선진화에 어떻게 기여하는지에 대하여 강의하였다. 나에게도 많은 공부가 되는 시기였다. 귀한 기회를 나에게 준 건국대 기술경영학과의 정선양 교수에게 감사를 표하고 싶다. 2013년 9월부터 2년간 대통령 직속 국가과학기술자문회의 자문위원을 하면서 과학기술기반분과 의장을 하였다. 이때 박근혜 당시 대통령과도 여러 번 회의가 있었고, 국가발전을 위한 과학기술 정책 방향을 건의할 수 있는 기회가 있어서 보람을 느끼고 있다.

한림원 원장을 그만두고 나서 2016년 3월부터 과총(과학기술단체총연합회)에서 주관하는 국가발전포럼의 운영위원장직을 1년간 맡아 보았다. 그 당시 과총은 이부섭 회장이 하고 계셨는데, 국가발전포럼을 조직하셔서 내가 그 운영을 적극적으로 도와준 것이다. 국가발전포럼은 우리 사회의 모든 분야(정치, 경제, 사회, 언론, 군, 문화, 과학기술 등)의 오피니언 리더들을 모아 국가발전을 위한 토론과 제안을 하는 포럼이었다. 매주 과총회관에서 모여 강연과 토론을 하면서 진행되었는데, 아주 유익한 포럼이었다고 생각한다.

2017년 3월부터는 새로 구성된 국회에서 각당의 비례대표 1번으로 들어가신 세 분의 여성 의원들(송희경, 신용현, 박경미)이 발족한 국회4차산업혁명포럼에, 나는 기초과학 및 R&D 혁신위원회 위원장으로 참여하여 활동하였다. 이 포럼은 우리나라가 4차산업혁명에서 앞서가기 위한 정책 개발, R&D 지원 등을 위하여 활동하는 모임으로 매우 보람 있고 유익한 포럼이었다.

2019년 4월부터는 국가과학기술연구회에 속해 있는 남북과학기술협력위원회 위원장을 맡아, 이 연구회에 속해 있는 25개 출연연구소들이 앞으로 어떻게 남북과학기술협력을 해 나갈 것인가를 기획하고 토론하는 위원회 일을 도와주었다. 앞으로 남북관계의 경색 국면이 완화되면 할 일이 많은 위원회라고 생각한다. 2019년 11월부터는 미국 Pasadena에 본부를 두고 있는

GMTO(Giant Magellan Telescope Organization)의 이사직을 맡게 되었다. 이 조직은 칠레에 건설 중인 거대 마젤란 망원경(GMT) 천문대를 건설하는 조직으로, 우리 정부는 GMT 건설비용의 10%를 내겠다는 약정을 하고 참여하고 있으며, 한국천문연구원이 주관부서 역할을 하고 있다. 현재는 천문연구원의 박병곤 이사와 내가 GMTO 이사회에 참여하고 있다. 나는 천문학과는 거리가 머나 한국을 대표하여 GMTO 이사로 참여하고 있는 만큼 사명감을 가지고 우리나라의 과학기술 진흥을 위해 헌신하고 있다.

2. 현재의 생활

2021년 9월 현재의 나의 생활을 살펴보면, 앞에서 언급한 국가과학기술연구회 남북과학기술협력위원회 위원장과 GMTO 이사를 하고 있는 일들 외에 내가 시간을 쓰는 일들은 다음과 같은 것들이 있다.

1) 사회적책임경영품질원 회장

2016년 3월부터 기획재정부에 등록되어 있는 사단법인 사회적책임경영품질원(Social Responsibility and Management Quality Institute, 간단히 사경원)의 회장으로, 상당히 많은 시간을 여기에 쓰고 있다. 이 법인은 기업이나 모든 조직의 사회적책임경영과 경영품질을 진흥시키기 위해 만들어진 법인으로, 사회적책임과 경영품질에 대한 강연, 시상, 심포지엄, 컨설팅, 책 출판 등을 하는 법인이다. 우리 사회의 미래지향적인 발전을 위해 기업 경영의 새로운 모습을 추구하는 단체라고 말할 수 있다.

2) 한국과학기술한림원 사업에 참여

내가 원장(2013~2016)을 지낸 한국과학기술한림원의 각종의 사업에 회원의 자격으로 참여하여 활동하고 있다. 현재로는 '청소년과학영재사사사업'에 멘터로서 참여하여 한 명의 멘티를 지도하고 있다. 또한 '한림원 석학과의 만남' 사업(한림원 석학의 강연을 요청한 고등학교에 가서 강연하기)에 강연자로 2021년도에도 두 군데(부산만덕고등학교, 광주경신여자고등학교)에서 강연을 하였다. 기타 한림원의 각종의 사업에도 시간이 나는 대로 참여하고 있다.

3) 한국시니어과학기술인협회 고문 활동

현재 한국시니어과학기술인협회(회장: 이충희) 활동에도 고문으로 참여하고 있다. 현재 이 협회에서 진행하고 있는 과제(과총에서 발주한 과제로 주제는 '인공지능과 데이터과학을 활용한 산업 스마트화 전략')에 공동연구원으로 참여하여 활동하고 있다.

4) 대한민국학술원 활동

나는 2017년에 대한민국학술원 회원으로 선출되어, 회원으로 학술원의 각종 활동에 참여하고 있다. 자연 제1분과 회원으로 제1분과 회장(2019. 9. 1.~2020. 8. 31.)직을 수행했고, 지금은 학술원 국제교류협력위원회 실무위원(2021. 5. 1.부터)으로 활동하고 있다. 그동안 학술원논문집에도 활발히 기고하여 다음의 네 편의 논문을 게재한 바도 있다. 학술원 회원은 평생회원이므로 나는 기력이 남아 있는 한 열심히 학술원 활동에 참여하고자 한다.

- 「통계학 연구의 과거·현재와 4차 산업혁명 시대의 데이터 사이언스의 역할과 비전」, 『학술원논문집』 제56집 2호, 2017, pp. 53-82.
- 「4차 산업혁명시대를 대비한 과학기술 분야의 창의적 인력양성 방안 연구」, 『학술원논문집』 제57집 2호, 2018, pp. 75-110.
- 「한국인의 삶의 질, 통계적 지표에 의한 현황과 개선 방향」, 『학술원논문집』 제58집 1호, 2019, pp. 89-109.
- 「4차 산업혁명시대를 대비하는 데이터 과학자 양성 정책 연구」, 『학술원논문집』 제58집 2호, 2019, pp. 307-400.

5) 서울대학교명예교수협의회 활동

2010년에 정년한 후에 서울대학교명예교수협의회 회원으로 가입하여 꾸준히 각종 활동에 참여하고 있다. 현재는 이 협의회의 이사로 활동하고 있으며, 각종 간행물에 기고하고 있다. 이 협의회에서 매년 발간하고 있는 『서울대학교 명예교수회보』에 자주 논설이나 칼럼을 기고한다. 정년 이후 지금까지 내가 이 회보에 기고한 논설이나 칼럼을 보면 다음과 같다. 내가 어떤 주제에 관심을 가지고 있는지 이들을 보면 알 수 있을 것이다. 앞으로도 계속 관심을 가지고 건강이 허락하는 한 명예교수협의회 활동에 참여할 생각이다.

- 「지속가능발전과 지속가능과학」, 제6호, 2010, pp. 19-29.
- 「전문이학석사제도 도입방안 연구」, 제7호, 2011, pp. 62-71.
- 「국가연구개발 사업의 트렌드 분석」, 제8호, 2012, pp. 17-23.
- 「과학기술협력으로부터 남북통일 준비하자」, 제10호, 2014, pp. 125-133.
- 「10년 후 과학기술이 바꾸어 놓을 우리 사회의 모습」, 제11호, 2015, pp. 164-172.
- 「제4차 산업혁명의 영향과 인재양성 방안」, 제12호, 2017, pp. 27-34.
- 「4차 산업혁명 시대를 맞이하여 되돌아보는 조선말기 이후 역사와 과학기술 진흥」, 제13호, 2018, pp. 30-39.
- 「통계의 오남용은 나라를 멍들게 하는 지름길」, 제14호, 2019.
- 「자연과학대학 설립과 초기 발전과정에 대한 회고」, 제15호, 2020, pp. 176-187.
- 「부상하는 데이터 경제시대, 시급한 데이터 컨트롤 타워」, 제16호, 2021, pp. 137-146.

6) 신문, 잡지 등에 기고 활동

최근의 나의 생활은 신문이나 잡지 등에 기고글을 게재하는 데 나는 많은 시간을 쓰고 있다. 우선 『미래한국』이란 잡지에 격주간으로 기고글을 쓰고 있다. 이 잡지는 일종의 보수정론지로 2002년 6월에 창간된 잡지이다. 나는 2004년 6월부터 이 잡지의 편집위원으로 참여하여 아직까지 편집위원을 하고 있으며, 격주간으로 거의 매번 글을 쓰고 있다. 최근에는 〈데이터로 보는 세상〉이란 고정 칼럼을 맡아, 주로 우리나라의 통계, 과학기술, 산업 등과 관련된 기고글을 쓰고 있다. 자유민주주의와 시장경제의 근간을 지키면서 국가발전을 바라는 마음으로 편집위원으로 참여하고 있다. 그리고 『문화일보』에 〈살며 생각하며〉라는 오피니언 기고란에 고정 칼럼니스트로 참여하여 한 달에 한 번의 글을 쓰고 있으며, 과학기술계와 사회의 원로의 한 명으로 국민에게 전달하고 싶은 글을 쓰고 있다. 다음은 2021년 7월 2일자 『문화일보』 오피니언 〈살며 생각하며〉에 실린 나의 글 "젊은이들에게서 희망을 본다"를 요약하여 소개하기로 한다. 이 글의 내용이 내가 우리 국민에게 하고 싶은 얘기이기도 하다.

얼마 전 고등학생들에게 강연할 기회가 있었는데, 강연을 진지하게 듣는 고교생들의 초롱초롱한 눈매, 호기심 많은 질문 등을 접하면서 우리나라 미래의 희망을 보았다. 이들이 우리의 미래인 것이다. 한국과학기술한림원에서는 '한림원 석학과의 만남'이라는 강연 프로그램을 가지고 있는데, 희망하는 고교에 한림원 석학을 파견하여 강연하면서 고교생들에게 과학기술에 대한 학구적 호기심과 미래에 대한 기대감을 불어넣어 주는 프로그램이다. 내가 이번에 강연한 주제는 '인공지능과 빅데이터 시대, 우리사회의 미래 변화'였고 학교는 부산에 있는 만덕고등학교였는데, 고교생들의 자유 분망하고 천진난만하면서 지식추구에 열정적인 이들을 보면서 우리의 미래를 보았다. 〈그림 4〉는 강연 후에 참가한 학생들과 함께 찍은 사진이다.

우리나라의 반만년 역사 속에서 대한민국이 이처럼 인구도 많고 잘 살던 시기는 없었다. 우리나라는 30-50 클럽(1인당 국민

<그림 4> '한림원석학과의 만남' 강연, 부산 만덕고등학교(2021. 5. 12.)
(학생들 한가운데 서 있는 필자)

소득 3만 달러 이상, 인구 5,000만 명 이상인 국가)에 가입한 7번째 국가로, 우리 앞에 가입한 나라는 미국, 일본, 독일, 프랑스, 영국과 이탈리아뿐이다. 명실공히 한국은 세계경제에서 큰 비중을 차지하는 경제대국인 셈이다. 인구는 남한 약 5,200만, 북한 약 2,500만, 그리고 외국에 나가 있는 한국인 약 700만 명을 합치면 남북한 합친 인구는 8,000만 명이 넘는다. 100년 전 기미3·1독립운동이 일어날 때 한반도의 인구가 2,000만 명에 지나지 않았던 것과 비교하면 인구에 있어서도 경이적으로 흥성하는 나라이다. 1950년대 6·25사변으로 나라가 폐허가 되었고, 1962년에 처음으로 경제개발 제1차 5개년계획을 시작할 때 1인당 국민총소득(GNI, 우리나라 국민이 국내외에서 벌어들인 총소득)은 약 80달러에 지나지 않았다. 지난 60년간 국민들이 힘을 합쳐 각고의 노력으로 300배가 넘는 3만 달러 이상의 1인당 GNI를 올렸으니 놀라운 일이다. 그리고 우리의 산업도 폐허에서 출발하여 기적적인 성장을 거듭하여 반도체, 핸드폰, 조선, 가전, 자동차 등에서 세계적인 제품이 많다. 대단히 자랑스러운 나라이다.

그러나 우리나라는 60~90년대의 산업화, 민주화 과정을 거치면서 '한강의 기적'이라는 경이적인 성장을 이루었으나, 2000년대 정보화 시대에 접어들면서 경제 성장이 많이 둔화되었다. 2006년에 처음으로 1인당 GNI가 2만 달러에 진입한 이후 무려 11년 만인 2017년에 3만 1,734달러로 3만 달러 대열에 처음으로 합류하였고, 2018년에 3만 3,564달러로 높은 성장을 보였으나, 그 후 2019년에 3만 2,204달러, 2020년에 3만 1,881달러로 도리어 최근 역주행하고 있다. 앞으로 3만 달러를 지켜내는 것도 버거워 보인다. 최근 몇 년간 일부 잘못된 국가 정책들(자유 민주주의 시장경제의 훼손, 한미일 간의 관계 경색, 잘못된 소득주도성장 정책, 탈원전 정책으로 인한 원전생태계 붕괴 등)로 인하여 경제 성장이 제자리걸음하고, 성장의 원동력인 과학기술과 산업 발전에 어려움이 발생하고 있다. 국민의 행복도가 떨어지는 현상이 발생하고 있으며, 작년부터는 코로나19로 인하여 사회 전체가 활력을 잃고 있어 심히 염려된다. 이러한 어려운 난제들이 우리 국민을 엄습하고 있고, 아직도 그 끝이 보이지 않아 국민을 불안하게 하고 있고, 일부 좌절한 국민들은 한국을 떠나는 사람들도 있는 것이 현실이다. 그러나 어두운 밤이 지나가면 새벽이 오듯, 조만간 새로운 반전이 시작될 것이며, 미래의 희망을 보게 될 것으로 생각한다. 그 미래의 희망을 나는 젊은이들에게서 실감하고 있다.

30대의 젊은 정치 지도자가 야당에서 출현한 것은 그동안 우리 사회가 정치권의 변화에 대해 얼마나 목말라 있었는지 잘 보여 주고 있다. 민심은 새로운 시대를 갈망하고 있는 것이다.

지금은 산업화, 민주화, 정보화 시대를 넘어 데이터 기반의 4차 산업혁명 기술(빅데이터, 인공지능, 사물인터넷 등)들로 대표되는 지능디지털 변혁 시대로 접어들고 있으며, 우리 국민은 어려움을 극복할 수 있는 순발력과 용기와 지혜를 가지고 있다고 믿기 때문에, 20세기에 한강의 기적을 만든 것처럼 21세기에 새로이 부흥되는 국가를 젊은이들 중심으로 만들어 갈 것으로 확신한다.

무엇보다도 애국가의 한 구절 '하느님이 보우하사'와 같이 하느님이 우리 국민에게 힘을 보태 주고 있기 때문에 다시 희망찬 밝은 미래로 나아갈 것으로 확신한다. 그 밝은 미래로 나아갈 수 있는 원동력으로 10대 젊은이들과 2030세대(혹은 MZ 세대)를 꼽고 싶다. 이들은 디지털 환경에 익숙하고 개성이 강하고 창의적이며, 노력에 비례하는 공정성을 추구하고, 지식·운동·취미 등에서 자기관리가 철저하다. 특히 10대 후반의 고교생들의 순진 난만한 밝은 미소와 학구적 호기심 등에서 우리의 미래를 본다. 이들이 우리의 미래인 것이며, 이들이 미래의 동량이 될 수 있도록 기성세대는 이들을 보듬고 좋은 환경을 조성하고 힘을 실어 주어야 할 것이다.

VI. 후학과 국민을 위한 한마디

1. 통계학 전공의 후학들에게

1) 통계학 전공 대학원생들에게

이제 32년 반을 서울대 통계학과에서 교수로 재직하고 정년한 후에 명예교수로 지낸 지 10년을 넘기면서 지난 거의 반세기 동안 통계학자로서의 삶을 돌아보게 되고, 통계학 전공의 후학들에게 무슨 말을 할까 생각하니 여러 가지 감회가 있다. 우선 나는 여러 학문을 걸쳐 공부하였다. 학부에서는 화학공학을, 대학원 석사에서는 산업공학을, 그리고 박사에서 통계학을 공부하고 나서 통계학자가 되었다. 내가 공부한 대학은 통계학으로 전통이 있는 미국 롤리(Raleigh)에 있는 북캐롤라이나대학이고, 지도교수는 이미 작고하신 헤이더 교수였다.

내 적성은 통계학이 맞는 것 같다. 화학공학은 공부하기 힘들다고 생각했고 별로 재미도 없었다. 그리고 산업공학은 재미는 있었는데 공부하기 어렵다고 생각했다. 그러나 통계학은 재미도 있었고 공부하기도 쉬웠다는 생각이 든다. 대학원 박사과정생으로서 통계학 공부는 1년 반 만에 모든 필요 과정을 수료할 수 있었고, 학위 논문을 쓰는 데 반년 정도 걸려 완성하였다. 1972년 가을학기에 통계학과에서 박사과정을 시작하였는데, 1974년 가을학기에 최종 논문종심을 끝냈으니 사실상 2년 반이 걸린 셈이다. 공식적인 이학박사 학위는 1975년 봄학기에 받았으나, 이것은 대학교의 졸업식에 맞추어 학위수여를 받았기 때문이다. 나는 1975년 1월에 이미 미국 남부에 있는 미시시피주립대학에 가서 경영대학 조교수로 강의를 시작하였다.

우선 통계학과 대학원생들인 후학들에게 조언하고 싶다. 석사과정생과 박사과정생으로 나누어 얘기하는 것이 적절할 것이다. 석사과정생은 우선적으로 통계학 공부가 재미있다고 생각하고 통계학의 진수를 맛볼 수 있도록 열심히 학문 연구에 몰두하기를 바란다. 사실상 통계학은 최근 데이터과학(data science)이 발전되면서 통계학의 영역이 매우 넓어졌다. 데이터과학은 데이터의 수집과 저장에 필요한 데이터 프로세싱 기술과 데이터 분석에 관한 지식(통계학, 데이터 마이닝, 기계학습 등)을 기반으로 다량의 데이터로부터 패턴을 찾아내고, 통계적 추정, 예측 모델링 등을 통하여 필요한 정보를 창출하고, 이를 실제로 활용하는 것을 연구하는 융합과학이다. 데이터과학과 관련이 깊은 데이터 마이닝(data mining), 빅데이터, 인공지능(AI)의 심층학습 등은 앞으로 4차 산업혁명 기술의 발전과 함께 무한히 발전할 것이고, 이런 분야의 가장 밑바탕에는 통계학이 있다. 통계학을 전공하는 것을 자랑스럽게 생각하고 자부심을 가지고 공부하여 주기를 당부하고 싶다.

통계학과 박사과정생들에게 조언하고 싶다. 박사과정에 들어왔으니 이제는 통계학자로서 훈련을 받고 있는 것이다. 연구하는 분야가 이론통계이든 응용통계이든 간에 지금은 빅데이터, 인공지능 등의 데이터과학이 발전하고 있으며, 통계학이 데이터과학의 핵심 학문이므로, 앞으로 데이터과학자로도 역할을 할 수 있도록 통계학과에서 훈련을 받게 되기를 당부하고 싶다. 그려려면 빅데이터 분석 능력도 갖추는 것이 바람직하다. 빅데이터 관련 분석 소프트웨어(Excel, R, Python 등)는 우리 주위에서 쉽게 구할 수 있다. 이들을 사용하여 데이터분석 능력을 함양해 주기를 당부하고 싶다. 사실상 나의 세대에서는 통계학을 공부할 때 SAS, SPSS 등에만 접근이 가능하였으므로, 빅데이터 분석에 대해서는 엄두를 내지도 못했고, 그럴 기회도 별로 없었다. 그러나 앞으로 유능한 통계학자는 또한 데이터과학자가 되어야 한다. 그러려면 빅데이터 분석 능력도 함양해야 할 것이다.

또한 통계학과의 박사과정생들은 데이터과학자가 다룰 수 있는 인공지능에 대해서도 알아야 한다. 인공지능의 핵심인 기계학습과 심층학습에 대해서도 실전적인 연구를 통해서 익숙해지기를 당부하고 싶다. 그래야만 통계학자가 되었을 때에도 데이터과학자로서 손색이 없을 것이다. 앞으로의 시대는 '데이터·AI 시대'라고 말한다. 박사과정생들은 이런 시대에 대비해서 사회의 필수 요원으로서 스스로를 준비해 주기를 당부한다. 통계학, 데이터과학, 인공지능 등의 관계에 대하여 내가 참여해 쓴 책들은 다음과 같은 것들이 있으며, 대학원생들에게 도움이 되었으면 한다.

- 박성현·오진호·권순선(2016); 『통계로 풀어가는 빅데이터』, 한국표준협회미디어, 2016. 9. 1. 발행.
- 박성현·박태성·이영조(2018); 『빅데이터와 데이터 과학』, 한국과학기술한림원 「석학, 과학기술을 말하다」 시리즈 30, 자유아카데미, 2018. 11. 10. 발행.

• 박성현·오진호·권순선(2021); 『데이터 사이언스의 매력』, 자유아카데미, 2021. 8. 20. 발행.

2) 재직하고 있는 통계학 교수들에게

통계학은 하나의 학문으로서 이론연구가 필요하고 학문의 정체성을 계속 유지해 나가야 하고 발전해 나가야 한다. 특히 수리통계학 분야가 여기에 속한다. 그러나 통계학은 또한 통계적 이론을 현실 사회에 응용하여 정보를 창출하는 능력을 길러주는 학문이다. 이로 인해 현실 사회의 데이터를 분석하는 통계적 방법 연구가 중요하고, 현실 세계와 접목이 계속 이루어져야 한다. 따라서 응용통계학 분야가 발전해야 하고, 이들 분야로 경제통계학, 공업통계학, 보건통계학 등이 발전하고 있다.

재직하고 있는 통계학과 교수들은 자기의 현재 연구 분야가 무엇이든지 간에, 그 분야의 연구를 계속하며 정체성을 키워나갈 필요가 있다. 그러나 여기에 추가하여 중요한 것은 통계학의 사명을 생각해 보라는 것이다. 통계학의 사명 중 가장 중요한 것은 현실 사회의 데이터로부터 통계분석을 통하여 사회에 필요한 정보를 창출하는 것이다. 따라서 교수들은 이런 사명을 인식하고 사회와 접촉하면서 정보창출 노력도 하고, 이런 노력에 필요한 연구도 대학원 학생들과 함께해야 한다. 즉, 현재 재직하고 있는 교수들은 통계분석 방법론, 사회의 데이터 분석 등에도 관심을 가지고 통계학의 기능과 역할을 확장하는 데 관심을 가져주기를 당부하고 싶다.

대학이 사회와 별개로 존재하면서 사회와 관련이 없는 학문을 계속 추구해 나가는 것은 바람직하지 않다. 통계학이 소위 '상아탑' 속에 안주하면서 스스로의 학문 연구에만 몰두하는 것은 좋지 않다. 모든 학문은 사회발전을 위해서 존재한다고 볼 수 있다. 더구나 통계학은 사회발전과 밀접한 관련이 있는 데이터 마이닝, 빅데이터, 데이터 과학 등은 앞으로 통계학이 적극적으로 추구해야 할 영역이며, 통계학자들은 사명감을 가지고 이들 분야의 발전을 이끌어야 한다. 대학에 있는 통계학자들이 이런 시대적인 사명감을 가지고 교수생활을 해 주기를 당부하고 싶다.

2. 기타 학문을 전공하는 후학들에게

통계학 이외에 다른 학문(공학, 경영학, 사회학, 자연과학 등)을 전공하는 대학원생들에게 당부하고 싶다. 이 시대를 데이터·AI 경제시대라고 말한다. 즉, 이 시대는 데이터 기반의 각종 기술(빅데이터, 인공지능, 사물인터넷, 자율주행자동차, 5G 등)이 국가 경제를 좌우하는 시대가 되었다. 이 중에 대표적인 기술이 빅데이터와 인공지능(AI)으로 이 시대를 데이터·AI 경제시대라고 부르는 것이다. 여러분 후학들이 어떤 전공분야를 공부하든 간에 앞으로 데이터·AI 경제시대에 사회의 필수 요원으로 살아가기 위해서는 빅데이터와 인공지능을 어느 정도 이해해야 하며, 그 근본 학문이 되는 통계학과 컴퓨터과학에 대해서 기본적인 소양이 있어야 한다. 데이터 과학은 통계학과 컴퓨터과학의 기본 지식을 합쳐 사회문제를 해결하려는 정보를 데이터로부터 찾아가는 새로운 학문이다.

각 학문이 어떤 분야이든지 간에 데이터·AI 경제시대에는 데이터 과학의 방법론을 그 학문의 발전을 위해서 어느 정도 도입하지 않을 수 없을 것이다. 예를 들면, 사회학에서는 데이터 과학의 방법론(주로 빅데이터, 인공지능 등)을 사용하여 사회 현상을 규명하는 데 필요한 정보창출 방법론 등이 발전할 것이다. 그리고 이런 분야가 사회학에서 유망한 발전 방향이 될 것이 확실하다.

기타 학문을 전공하는 후학들은 각자의 전공분야를 공부하는 동안 통계학, 컴퓨터 과학, 데이터 과학 분야의 중요 과목을 1~2개 정도 수강하기를 권유한다. 이런 방법론을 활용하면 자기 분야의 학문에서 학위논문이나 기타 논문을 작성할 때 많은 도움을 받을 수 있을 것이다.

3. 국민에게, 진정한 선진국으로 나아가는 길

100년 전 영국의 미래학자 웰스(Herbert Wells, 1866~1946)는 "읽고 쓰는 능력이 효율적인 시민이 되기 위한 필요 수단인 만큼 통계적 사고도 필요 수단이 되는 시기가 도래할 것이다."라고 일찍이 간파하였다. 이제 데이터·AI 경제시대가 도래하면서 이 시대의 기초지식인 통계적 사고(statistical thinking)가 필요한 시기가 되었다. 선진국 국민이 되기 위해서는 현명하게 통계적 사고를 할 수 있어야 한다. 또한 AI 시대에 대비하기 위해서 IT에 기반을 둔 컴퓨팅적 사고(computational thinking)도 필요한 시기가 되었다. 이제 원로 학자의 한 명으로서 국민에게 하고 싶은 말이 있다.

눈에 보이는 하드웨어적인 측면에서는 우리나라는 최근 선진국이 되었다. 그러나 눈에 보이지 않는 소프트웨어적인 측면에서는 아직도 우리나라는 선진국 수준에 도달하지 못했다고 생각한다. 우리나라는 최근에 선진국(developed country)이 되었다. 유엔무역개발회의(UNCTAD)는 올해(2021년) 7월 2일 한국의 지위를 개발도상국(developing country)에서 선진국으로 변경하는 안건을 통과시켰다. 그동안 한국은 아시아 아프리카 등 주로 개발도상국이 포함된 '그룹A'에 속해 있었는데, UNCTAD는 이번에 미국, 영국, 일본 등 선진국 31개국이 속해 있는 '그룹B'로 변경한 것이다. UNCTAD가 1964년에 설립된 이래 개도국에서 선진국으로 지위를 변경시킨 나라는 한국이 처음이라고 한다. 자랑스러운 일이다.

선진국은 고도의 산업 및 경제 발전을 이룬 국가로 국가의 발달 수준이나 국민의 삶의 질이 높은 국가이다. 선진국으로 분류하는 기준은 일반적으로 1인당 GDP, UN의 인간개발지수(HDI), 국제통화기금(IMF)에서 정의하는 고소득 OECD 국가군, OECD의 개발원조위원회(DAC) 멤버, 파리클럽 회원국 등이다. 우리나라의 1인당 GDP는 2017년에 이미 3만 달러를 넘어 고소득 국가가 되었다. 인간개발지수는 인간의 기본적인 삶의 질을 나타내는 기대수명지수, 소득지수, 교육지수의 기하평균으로 산출되고, 2020년도에 한국은 조사 대상국 189개국 중에서 23위를 기록해 양호한 편이다. 우리나라는 OECD 회원국 중 고소득 국가군 31개국에 속한다. 그리고 한국은 오랫동안 공적

개발원조(ODA)의 수요국이었으나 2009년부터 공여국으로 바뀌어 개발원조위원회 23개국 멤버가 되었다. 1961년 OECD 창설 이래 공적개발원조의 수요국에서 공여국으로 바뀐 유일한 국가가 한국이다. 한국은 파리클럽(전 세계 채권국 국가 모임) 회원국 22개국에 속해 세계적으로 선진국이라 인정받을 만하며, 자랑스러운 일이다. 이와 같이 눈에 보이는 하드웨어 지표들은 우리나라가 소위 '선진국'으로 손색이 없어 보인다.

그러면 우리가 진정으로 선진국에서 살고 있는가? 눈에 잘 보이지 않는 소프트웨어 지표들(부패지수, 삶의 질, 자살률, 정치 후진성, 데이터·AI 경제시대 적합성 등)을 살펴보면 그렇지도 않다. 독일 베를린에 본부를 둔 국제투명성기구(TI)가 올 1월에 발표한 '2020년 국가별 부패인식지수(CPI)'를 보면, 한국은 180개국 중 33위로 CPI 점수가 61점(100점 만점)이고, '사회가 전반적으로 투명한 상태는 아니다'로 평가받고 있다. 국제투명성기구는 한국에 공무원의 사익 목적 지위 남용, 정경유착 및 뇌물수수 등의 정치 부패 등이 개도국 수준으로 아직도 근절되지 않고 있다고 평가했다.

다음으로 삶의 질에서 우리나라는 선진국으로 분류되기는 아직 이른 것 같다. OECD가 매년 회원국들에 대해 '더 나은 삶의 질 지표(BLI, Better Life Index)'를 조사하여 발표하고 있는데, 이번에 발표한 '2020 OECD BLI'에 의하면 한국은 40개국(OECD 38개국과 러시아와 브라질 추가) 중 11개 영역(주거, 소득, 직업, 공동체, 교육, 환경, 시민 참여, 건강, 삶의 만족, 안전, 일과 삶의 균형)에서 평가해 보니 30위로 하위권에 속했다. 특히 평가가 나쁜 영역은 공동체와 환경이 최하위 40위였다. 공동체는 지원관계망의 질로, 어려움에 처했을 때 도움을 요청할 수 있는 사람이 있다는 비율이 한국이 최저인 78%로, OECD 평균 89%에 많이 미치지 못했다. 다음으로 환경은 대기오염이 주범인데, 미세먼지 농도가 한국은 심하여 27.9ug/m^{3}로 최하위이고 OECD 평균은 13.9ug/m^{3}이다. 일과 삶의 균형(work-life balance)도 37위로 나쁘고, 건강도 36위로 하위권이고 삶의 만족도도 33위로 선진국 수준이 아니다.

통계청 자료에 의하면 2019년 전체 자살자 수는 1만 3,799명으로 인구 10만 명당 26.9명(남자 38.0명, 여자 15.8명)이다. OECD 평균 11.6명(미국 14.5명, 일본 14.9명, 독일 9.5명, 영국 7.3명)에 비하면 한국이 월등히 높은 수준으로 OECD국가 중 최고다. 2000년에 한국의 자살자 수가 10만 명당 13.7명인 것과 비교하면 20년 사이에 두 배로 증가한 것이다. 자살자 수는 사회통합의 정도가 미성숙하거나 사회적인 불안정성이 클 때 높아지는 수치로, 일반적으로 선진국이 아닌 경우에 높은 수치를 갖는다.

우리나라의 정치는 아직도 '3류'라고 볼 수 있다. 국민을 위한 협력과 타협, 미래를 향한 정책 방향 제시 등보다는 정치권의 이해타산에 의해 국민을 분열시키고 갈등을 유발하거나, 과거에 집착해 적폐청산에 몰두하는 경우가 흔하다. 우리나라의 정치는 아직도 선진국형으로 발전하지 못하고 있는 것이다. 선진국들은 데이터·AI 경제시대에 대비하여 발 빠르게 준비하고 전진하고 있으나, 우리나라는 정치적 구호만 요란할 뿐 진정한 데이터·AI 경제시대에 대비하지 못하고 있다. 예를 들면, 국민들이 통계적 사고, 컴퓨팅적 사고 등을 할 수 있도록 초·중·고 교육과정이 마련되어 있지도 못하고, 아직도 국민의 의식 수준이 선진국형인 데이터·AI 경제시대에 어울리는 수준이 아니다. 이러한 측면들에서 우리나라는 진정한 선진국으로 발전하기 위해서는 개선의 여지가 많다.

우리나라가 후손에 남겨 줄 수 있는 진정한 선진국으로 발돋움하려면 눈에 잘 보이지 않는 소프트웨어 지표들(부패지수, 삶의 질 지수, 자살률, 후진적 정치, 데이터·AI 경제시대 적합성 등)을 선진국형으로 만들어 나가야 한다. 우리의 미래인 젊은이들이 진정한 대한민국 선진국에서 살아갈 수 있도록 우리 기성세대들이 선진국다운 환경 조성에 매진해야 할 것이다. 이러한 노력은 기성세대만이 아니고 신진세대들도 같이 동참할 때, 진정한 선진국으로 가는 길이 앞당겨질 것이다. 이 글을 마치면서 이제 소위 원로인 명예교수의 한 명으로, 우리 동료들과 후학들과 국민에게 당부하고 싶은 말이다.

나의 꿈과 희망 그리고 발견의 순간들

김병동
서울대학교 농업생명과학대학
식물생산과학부 명예교수

I. 들어가며

나의 학문, 나의 삶을 내 자신이 한마디로 규정한다면, 풍요롭고 화려하고 주목 받는 경력이기보다는 척박하고 볼품없고 주목을 피하는 인생, 그래서 통통한 인삼이기보다는 까칠한 산삼으로 그려질 것 같다. 그래도 자신의 숨은 가치를 믿어 끝까지 이루려고 노력한 인생으로 기억되고 싶다. 내 인생을 성장 및 학창시기, 서울대학교 학부와 대학원 시절, 유학 및 연구 수련시기, 미국 대학 교수 시기, 서울대학 교수 및 연구활동기, 그리고 정년퇴임 및 지적 탐험기로 나누어 볼 수 있겠다. 가장 무게 두어 다루기 원하는 내용은 현 시점에서 진행되는 지적 활동이다. 교수 및 연구활동기 내용은 공적 영역에 남은 논문과 기록들이 있으므로 객관화될 수 있을 것이다. 그러나 정년퇴임 이후에 재개한 지적 탐험과, 그 뿌리가 되는 꺾쇠호나선 진핵산(FBI DNA) 구조 발견의 순간들은 널리 알려지지 않았다. 학술 논문으로는 드러낼 수도 없는 진핵산 구조 신규 발견의 과정은 나의 경력으로 보아도 일상적이지 않은 우여곡절도 적지 않았다. 훗날 객관적 검토의 대상이 되는 날이 온다 하여도, 본인만이 알고 겪은 내용은 가능한 대로 소상히 밝힐 필요와 의무가 있다고 생각해 왔다. 현재 나의 학문에 이르게 한 나의 길을 성장기부터 주마등처럼 훑어보는 것으로 이야기를 시작하겠다. 뜻하는 대로만 전개되지는 않는 인생역정에서 과학적 발견의 순간들, 그 동기, 여건, 전개과정, 후일담 등을 시간의 흐름에 따라 서술해 보고자 한다. 일반 독자는 어려운 학술용어가 나오는 부분은 건너뛰더라도, 한 과학자가 직접 겪은 발견의 순간들을 그 흐름을 따라 추적하여 참고할 수 있으면 다행이겠다. 글에서 언급된 과학자와 논문의 학술적 추적에 관심이 있는 독자는 아랫글에 올린 필자의 논문 목록 안에서 인용문헌을 찾아 들어갈 수 있을 것이다. 영문 관례대로 인명의 존칭은 생략했다.

II. 성장 및 학창시기

나의 세대는 한국의 근대 수난기를 직접 몸으로 부딪치지는 않으면서도 새 시대의 변화를 따라가는 성장기를 보낸 것 같다. 내가 태어난 것은 1943년이므로 일본인이나 그들의 교육에 대한 기억은 전혀 없고 해방 후의 혼란도 모를 나이였다. 한국전쟁은 참혹했고 피란생활도 했으나 초등학교 신입생 시절이므로 생계를 책임지는 부모와 달리 철없이 지나갔다. 내가 태어나 자라난 곳은 교통의 요지인 천안역을 마주보는 이층집이었다. 부모님은 잡화도소매업을 했고 이층에는 치과의원이 세 들어 있었다. 유치원 시절 자석식 전화기를 손으로 돌려 여자 친구네에 전화를 걸어 본 기억이 있다. 천안 제1국민학교는 점심을 집에 달려와 먹고 갈 정도로 가까웠다. 이화여고에 다니는 누나들이 서울에서 내려오는 주말이면 기차역에 마중 나갔던 추억, 기차로 온양 온천에 목욕하러 다녀오고 철도호텔에서 먹는 오므라이스가 가장 맛있었던 추억도 있다. 이렇게 도시 생활에 익숙하면서도 조금만 벗어나면 농촌 풍경이 익숙해서 친구들과 헤엄치며 어울려 다녔다. 홍성군 홍북면 외할아버지의 삼형제가 모여 사시는 시골에는 잔치 때나 여름방학에 가서 참외 수박을 먹고, 천렵하여 붕어를 잡고, 가을에는 논에서 메뚜기, 우렁, 미꾸라지를 잡은 추억도 있다. 백부가 멀지 않은 직산에서 과수원을 경영하셨다. 이렇게 도시와 농촌은 동시에 나의 어릴 적 성장 무대였다. 어머니는 커서 무엇이 되겠느냐고 물어보시곤 했다. 나는 의사가 되어 가족들의 건강을 책임지겠다고 했다. 나중에는 의학박사가 되겠다고 했다. 그런 만큼 자연관찰을 재미있어 했다. 개구리나 닭 잡는 것을 유심히 관찰했다. 어머니는 내가 조용하고 혼자서 자족하는 편이어서 말썽부리지 않아 힘 안들이고 키웠다고 하셨다. 여러 형제자매의 중간에 끼었으니 눈치로 많은 것을 배우고, 해결하고, 한편 정의감도 발달했던 것 같다. 5학년 때 점심시간에 방송실에 가서 슈베르트의 자장가를 부른 적이 있다. 6학년 때는 아침 자습시간에는 역사 같은 학습 내용을 칠판에 정리해주고, 주산대회에 출전해 입상했다. 선생님이 빌려주신 링컨 자서전을 읽었다. 그 시절 배우고 유행했던 미국 포크 송, 흑인영가, 크리스마스 캐롤, 한국민요와 가곡 등을 즐겨 불렀다. 더 어렸을 때, 신문에서 모르는 한자를 아버지에게 묻는 재미가 있었고, 장난감이나 놀이가 별로 없던 시절이었으므로 형제자매들과 세계지도를 펴 놓고 지명 찾기를 했다.

서울중학교 시절에는 신문로에서 신촌역 근처 집까지 친구와 한 시간 넘게 걸어오면서 영어단어 20개씩 적은 것을 암기하고는 했다. 영어는 초등학교 4학년부터 알파벳을 익히며 좋아했고 장차 유학은 당연한 경로로 여겼다. 중학교 입학시절부터는 가계가 어려워지기 시작했는데 형제자매의 학비부담도 만만치 않아서 나도 3학년부터는 가정교사를 시작하여 용돈을 벌었고, 고등학교 이후 대학까지는 입주 가정교사 등으로 자급자족했다. 여유 자금이나 여유 시간이 없으니 친구들과 어울려 돌아다닐 시간도 없었지만 외로운 생활은 아니었다. 이때부터 홀로 판단하고 계획하고 해결하는 데 익숙해진 것 같다.

고등학교 2학년 때 4·19학생혁명이 일어났다. 이승만 대통령이 물러났고 이기붕 씨 가족이 자결하였고, 동료 학생 가족 중 고위급 공무원인 경우 해외 도피하거나 파직되는 일이 일어났다. 한편 대학생 시위대 중에는 선배 졸업생이 수혈을 다른 학생에게 양보하다가 결국 숨졌다는 기사도 나왔다. 역사의 현장인 중앙청과 광화문에 가까이 있는 서울고등학교의 학생으로서 더욱 피부에 긴박하게 느껴졌다. 나는 절친한 친구동아리와 학교 뒷동산에 모여 묵념과 추모회를 가졌다. 이듬해 고3 때에는 5·16군사혁명이 일어났다. 국가의 기둥을 뒤흔드는 많은 급격한 변화들이 일어났다. 하나의 국가나 고급 관료나 재벌도 영원히 안전한 것은 없다는 점, 대학생이 된 선배들이 나라의 장래를 걱정해 희생한 일, 어려운 나라 경제, 혼란한 사회가 우리를 긴장하게 했다. 우리도 나라를 위해 열심히 학업에 정진하여, 교가에 있는 가사처럼, 나라의 미쁜 일꾼이 되고 이름을 네 바다에 휘날릴 젊은이가 되자고 다짐했었다.

서울중고등학교는 일본인 자녀들이 다닌 경성중학교가 종전으로 폐쇄된 옛 경희궁 자리에 신설된 학교로서 평양에서 내려와 부임한 김원규 교장의 열정과 탁월한 지도력으로 명문 고등학교의 반열에 올라섰다. 세월이 지난 후 더욱 실감한 바이지만, 서울대학교를 최우수 성적으로 갓 졸업한 수재들을 적극적으로 교사로 영입한 결과 교과목 수업뿐 아니라 각 분야의 최신 개념과 지식을 자연스럽게 전수받으며 높은 이상을 추구하는 분위기가 있었다. 그 당시 그 교사들이 여러 해 후에는 서울대학교를 비롯하여 여러 대학교 교수로 옮겨 가 우수한 학자로 활동했던 것을 보면, 고등학생으로서 얼마나 고급 교사들에게서 고급 교육을 받았는지를 가늠할 만하다.

내 위에 두 누님과 바로 위 형님이 우수한 능력과는 상관없이 대학 등록금을 내지 못하여 고전하는 사정을 보면서 나는 6년제 의과대학 생각은 접을 수밖에 없었다. 당시 소련의 스푸트니크 인공위성 발사로 촉발된 우주경쟁에 자극을 받은 나는 마침 서울고등학교 뒷동산 꼭대기에 자리 잡은 국립관상대 건물을 바라보면서 천문학과에 지원할 생각을 했다. 입주가정교사를 하는 집에서 만난 다른 가정교사인 경상도 대학생 형은 나의 전공 선택을 듣더니 굳어진 얼굴로 한참 나를 쳐다보다가 "니는 4·19가 왜 일어났는지 생각해 본 적 있나?" 하고 질문을 던졌다. 나는 그것이 무슨 상관이 있느냐고 반문했고 그 대화는 끝났다. 그러나 그 질문이 여운으로 계속 남았다. 나는 내가 당면한 여건을 여러 차원에서 점검하고 현실을 직시하기로 마음먹었다. 많은 친구들이 공장도 없는 나라에서 공과대학을 지원하고 회사도 없는 나라에서 상과대학을 지원하는 것이 의아했지만 나에게는 농과대학이 적성에 맞고 편했고, 무엇보다도, 아무도 가지 않는 이곳에 누군가는 가서 일해야 되지 않겠는가라고 나 자신을 설득했다.

III. 서울대학교 학부와 대학원 시절

1. 서울대학교 농과대학 시절(1962~1966)

농과대학이 있는 수원 교정에는 오래된 본관 건물 옆으로 훨씬 웅장한 신축 건물로 대강당, 종합강의동, 3개의 기숙사와 중앙식당건물 등이 자리 잡고, 여유로운 잔디밭과 온실과 농장으로 구성되어 있었다. 농촌진흥청 쪽으로 20분 걸으면 그 옆에 '서호' 방죽길이 있었다. 학교에서 반대 방향으로 걸으면 10분 거리에 연습림이라는 잘 조림된 소나무 숲과 잔디밭이 있었다. 그곳에서 5분 거리에 있는 '푸른 가든'이라는 딸기 농장은 봄철에는 서울에서 젊은이들이 나들이로 몰려드는 유명한 곳이었다. 신입생은 1년간 의무적으로 기숙사 생활을 하게 되어 있어서 각종 만남도 많았고 모두가 가족 같은 문화가 형성됐다. 인근 농촌에 운영하는 야학교에 참여하고, '보헤미안 글리클럽'이라는 조성지 교수가 지휘하는 남성합창단에도 가입하여 4학년까지 활동했다. 소위 '미네소타 플랜'에 따라 석박사 과정을 받고 방금 귀국한 서울대학교 교수들의 강의를 새로운 교실에서 받는 우리는 새 교육의 수혜자 세대로 불릴 만했다. 그러나 교과서는 내용이 시대에 뒤지고 빈약했다는 사실을 미국 유학 시절에 뒤늦게 깨달았다.

신입생 시절에 대학 온실에 출입하고 연습림에서 야생 타래난초를 발견한 것이 계기가 되어 유달영 교수실에서 빌린 양란에 관한 영문 자료를 참조하여 '양란'이라는 제목으로 글을 쓴 것이 상록학보에 게재되었다. 도서관에서 찾아 읽은 루터 버뱅크의 업적에 매료되기도 했다. 3학년 때는 학부생들이 자체 결성한 연구회에서 최신 『사이언스(*Science*)』지에 소개된 '파이토크롬'이라는 식물의 광수용체에 관한 다소 어려운 내용을 발표하기도 했다. 학군단(ROTC) 훈련을 3, 4학년에 받고, 제4기 학군단 보병 소위로 임관되어 강원도 인제 한계령 지역에서 소대장으로 복무했다. 김신조 간첩단 침투사건이 1968년 1월 21일 터져 전군 비상에 들어가는 바람에 전역이 3개월 연기되어 중위로 제대했다. 대학원 복학도 가을 학기로 지연되었다. 이 기간의 장교생활은 이후 사회생활에서 필요한 책임의식, 조직력, 지도력, 추진력 등을 함양하는 계기가 되었다.

2. 서울대학교 대학원 시절(1968~1970)

전역하자 바로 대학원 연구를 시작하기 원하는 나에게 채소학 전공인 표현구 지도교수는 당시 인기 있던 수원 '딸기'의 단위면적당 수확량을 최대화하기 위하여 딸기 모종의 적정 식재간격을 정하기 위한 시험을 주문했다. 학문적 도전은 약하나 현실에 필요한 일이므로 이 시험을 진행했다. 틈 있을 때마다 찾는 도서관에서 신간『사이언스』지에 실린 오이 마디에 열매가 달린 사진이 눈에 띄었다. 식물에 관한 논문은 매우 드물기 때문에 이를 읽어보니 새로운 생장조절화합물인 '에스렐(ethrel, 후일에 에테폰ethephon으로 불림)'을 오이모종에 처리하면 수꽃이 암꽃으로 성전환된다는 내용이었다. 우선 수꽃이 암꽃으로 변할 수 있다는 것 자체가 신기할 뿐 아니라 화학물질이 이 변화를 유도한다는 것이 실용적으로도 흥미 있었다. 수소문 끝에 그 논문의 저자에게 그 화학물질을 요청하는 편지를 직접 타자해서 항공우편으로 보냈다. 저자의 답신이 왔다. 제조회사에 연락했으니 조만간 소식을 들을 것이라 했다. 또 한 달쯤 지나니 항공소포를 찾아가라는 전갈이 왔다. 에스렐 액체가 나무 상자 안에 충전물에 싸인 갈색병에 담겨 도착했다. 발신인은 '암켐재팬(Amchem Japan)'이었다. 이 시약을 받는 대로 바로 실험을 구상하여 오이와 호박 모종에 처리했다. 무처리구에서는 잎사귀 마디마다 수꽃이 5, 6개 달리는 자리에 에스렐 처리구에서는 오이가 암꽃으로 5, 6개 달렸다. 성공이었다. 신기했다. 그러나 오이는 암꽃이 하나씩 달리는 것이 정상적인데 너무 많이 달려 식물에 부담이 되므로 결국 다 떨어졌다. 호박은 주키니 호박과 애호박 수꽃 하나 달릴 자리에 암꽃이 하나 달렸고 잘 성장하여 수확할 수 있었다. 온실재배가 없어 이른 봄에 채소가 귀했던 그 시절에 2~4 주일 일찍 시장에 나오는 호박은 높은 값을 받을 수 있으므로 실용성이 있었다. 이 결과를 한국원예학회에서 발표하고 석사논문으로 영어로 썼고, 유학 입학원서와 장학금 신청서에 동봉하여 보냈다. 나의 학문적 관심은 그러나 유전적으로 고정된 성별이 어떻게 간단한 화학물질 처리로 뒤집힐 수 있느냐에 있었다. 많은 생물에서 일어나는 성발현 조절 현상은 오늘날에야 제대로 다룰 수 있는 후성유전학 연구의 가장 흥미로운 주제 중 하나다.

IV. 유학 및 연구 수련시기

1. 플로리다대학 식품농학원(UF IFAS, 1971~1974)

미국 유학 원서를 보낸 여러 대학 중 북부 몇 대학에서는 관심을 보여 주었으나 전액장학금을 제공하는 플로리다대학(University of Florida, IFAS, Gainesville)으로 방향을 돌렸다. 장학금을 받은 이유를 알고 보니, 내가 한국원예학회에 발표했던 같은 가을학회 시기에 미국 원예학회에서 비슷한 내용이 3편 발표되었는데, UC 데이비스와 코넬대도 있었고, 플로리다대의 같은 학과 박사과정생도 발표했으니 한국에서 석사논문으로 매우 빠른 것이었다. 플로리다에서는 오이 성발현 연구 교수는 없었다. 플로리다는 겨울에 신선 채소를 미국북부에 대규모 공급하는 산업이 있었고 에틸렌은 토마토 과일의 후숙 과정에서 자연 발생하는 식물호르몬이므로 학술적으로는 밀접히 연관되어 있었다. 한국에서는 할 수 없는 연구 분야를 찾으니 '수확후관리'였고, 한국에 언젠가는 필요할 분야였다.

나의 박사논문의 요지는, "저산소농도 저장이 호흡률을 낮춰 토마토 후숙을 지연시키므로 저장기간을 연장시킨다. 동시에 정상적인 붉은 오렌지색보다는 핑크빛 붉은색을 띠게 되는데, 카로티노이드 생합성과정의 중간산물을 모두 분리해 조성비율을 보니 노랑색 중간산물이 줄어들었기 때문이다."라는 것이었다. 토마토 후숙 과정에서 카로티노이드 색소의 중간 산물들을 생화학적으로 모두 분리하여 정량분석으로 비교한 연구는 처음 있는 일이었다. 나는 졸업 후 즉시 귀국보다는 더 많이 배울 수 있기를 원했다. 원예학이 강한 캘리포니아대학(UC Davis)이나 코넬(Cornell)대학이 바람직했다. 이 무렵 코넬대학 원예학과에 수확후관리학 전공으로 교수직 인터뷰를 다녀온 적도 있었다. 미시간주립대(MSU) 원예학과를 졸업하고 생화학이 강한 위스콘신대(U of Wisconcin)에서 박사학위를 받은 학과장 켈리(John 'Jack' F. Kelly)는 나의 진로에 결정적 영향을 끼친 은혜로운 분이다. 그는 어느 날 나를 불러 자기가 잘 아는 의대 생화학과 교수에게 나의 얘기를 해 놓았으니 그를 방문하라고 했다.

2. 플로리다대학 의대(UF Biochemistry and Molecular Biology 1975~1976)

박사후연구원으로 나를 받아들인 샌더(Eugene Sander)는 코넬대학 생화학 유기화학박사로서 항암제 요도유라실(Iodouracil, IU)이

주입 후 할로겐이 탈리되는 원리를 연구하고 있었다. 그의 생화학연구실에는 화학박사인 박사후연구원, 의대 지망 중인 생화학 박사과정생, 의예과 학부생 등 쟁쟁한 연구원들이 실험실에 붙어 있어서 수시로 의논할 수 있었다. 나의 앞에서 일하던 연구원이 떠나서 그 일을 물려받은 것이었다. 생화학 연구실 4개월 즈음, 한국 모교 선배에게서 편지가 왔다. 충남대학 원예학과에 교수 자리가 열렸음을 알리는 내용이었다. 생각해 보니 생화학 연구실에서 4개월 동안 배운 것이 지난 박사과정 4년 동안 배운 실험실 연구보다 많았고, 이제 시작에 불과했다. 귀국하면 연구는 고사하고 빈약한 교재로 강의만 하다가 끝날 수도 있었다. 나는 프로스트(Robert Frost)의 시 「가지 않은 길」을 인용하면서 아직은 배울 일이 많다며 고사했다.

생화학 연구실에서는 여러 해 동안 진행해 온 연구 내용들이 축적되어 있었는데 1년이라는 비교적 짧은 기간에 비전공자인 내가 깨끗이 마무리하게 되었다. 효소 분리 정제, 방사성동위원소 사용 실험, 효소반응 화합물의 대량 순수분리, 다양한 분석화학법 활용으로 신규 화합물 명명에 이르기까지 일련의 연구과정을 골고루 경험하는 행운을 얻은 것이었다. 이 결과는 그 당시 가장 어려운 학술지라는 *Journal of Biological Chemistry*(JBC)에 출판되었다. 플로리다주 생화학회 행사에서 구두발표도 했다. 이로써 항암치료제로 쓰이는 요도유라실(Iodouracil, IU)이 생체 주입 후 I-125가 떨어져 나오면서 결과물이 예상되는 유라실이 아니라 우리가 새로 명명한 화합물(2-amino-2-oxazoloine-5-carboxylic acid)임을 밝히는 것으로 연구가 대단원의 막을 내리게 되었다. 샌더 교수는 이를 계기로 웨스트버지니아주립대학 의과대학 생화학과 과장으로 승진하여 옮겨 가게 되었다. 연구원으로는 나 한 사람만 그와 동행하여 연구실 이전과 정착에 참여했다. 나의 아내는 UF에 남아서 학업을 계속했고, 방학 때마다 만날 수 있었다.

3. 웨스트버지니아 주립대(WVU Biochemistry 1976~1978)

WVU 의대 생화학과가 있는 의대병원 건물은 본교가 있는 모간타운(Morgantown) 도심지를 벗어나 한적한 골프장 같은 넓은 잔디밭 가운데 언덕 위에 우뚝 자리 잡고 있었다. UF 의대 생화학 분자생물학과를 떠나오면서 옮겨 온 초대형트럭 두 대 분의 연구기자재와 시약을 일일이 정리하고 배치하는 일을 맡았다. 연방정부 연구비로 구입한 기자재는 연구자와 함께 옮겨 갈 수 있는 제도가 부러웠다. 신임 학과장에게 배정된 예산으로 기자재가 추가 구입되었다. 나의 보스 샌더(Sander)는 신임 학과장이므로 각종 행정업무에 몰입하여 실험실 출입은 드물었다. 가정 일로 쉬고 있던 여자 박사가 박사후연구원으로 보충되었고 수습보조원이 들어왔지만 연구는 예전의 활기는 찾지 못하고 내가 UF에서 순수분리한 효소에 관한 후속 연구를 계속하는 수준이었다. 나의 진로에 대한 걱정이 구체화되기 시작했다. 앞으로 연구 생산성도 문제지만 생화학 박사학위를 받지 않은 내가 생화학계에서 어디까지 얼마나 버텨낼 수 있을까 걱정되었다.

모간타운에서 보낸 나의 시간은, 연구실과 주말의 교회(Calgary Baptist Church) 예배 시간은 비슷하다 해도, 독신으로 지내다 보니 여유가 생겼다. 학교 수영장을 활용하고, 독서와 사색의 시간이 늘었다. 한국인 학자들 10여 명이 매주 정기적 성경공부로 모였다. 플로리다 게인즈빌(Gainesville)에서는 웨스트사이드 침례교회(Westside Baptist Church)에서 주일학교와 주일 예배에 충실했고, 후반에는 찬양대 대원으로 참여했다. 부부가 함께 침례 세례를 받은 후에는 언약(covenant)과 중생(born again)을 늘 가슴에 간직하며 살았다. "신이 개입하지 않으면 풀리지 않을 정도의 일을 도모하라." WVU의대 생화학과의 트리피아테스(George P. Tryfiates)라는 그리스계 교수의 책상 앞 벽에 붙어 있던 표어가 마음에 들어왔다. 그는 매우 조용하고 신실한 기독교인이었다. 가끔씩 개인적 얘기도 나누곤 했다. 어느 날은 이야기를 나누다가 함께 기도하자며 그의 연구실 문을 닫고 눈을 감고 한참을 기도했다. 그 중간에 누군가 문을 열다가 기도하는 모습을 보았는지 얼른 닫고 떠났다.

나의 숙소는 대학병원 언덕 바로 아래 위치한 레지던트 기숙사에 있었다. 어느 겨울 흰 눈송이가 펄펄 쏟아져 내리는 날 밤이었다. 숙소 창밖으로 가로등에 비치는 백설의 향연을 처연한 마음으로 바라보다가 나도 모르게 이끌려 밖으로 나갔다. 흰색 십자가 첨탑이 있는 흰색 교회 건물이 가까이에 있었다. 교회 마당에 서서 대학 병원이 있는 언덕과 가로등에 비치며 쏟아져 내리는 흰 눈을 한참 동안 올려 바라보았다. 속에서 우러나는 간절한 기도에 나는 귀를 기울였다. 멀리 있는 가족을 생각했다. 나의 미래를 생각했다. 나의 남은 인생에 보람 있는 일을 이루게 해 달라고 했다. 구체적 꿈이 필요했다. “노벨상을 받게 해 달라고 했다. 하나, 아니, 둘이 필요했다. 하나는 농업에 기여한 업적으로, 다른 하나는 기초 학문 발견의 업적으로. 하나도 어려운데 둘씩이라니. 나의 욕심이 아니라 필요한 일이니, 하나님이 보시기에 합당하시면 주시기를 기원했다.” 다시 간절히 기도했다. 마음이 뿌듯하고 평안했다. 방에 돌아와서 일기장에 이 기도를 기록해 두었다. 세월이 흐르면서 이삿짐을 정리할 때마다 이 일기장이 눈에 띄면 그날을 상기하여 심기일전했다.

열심히 일하는 만큼 앞으로 나아가지는 것도 아니고, 귀국할 자리도 보이지 않았다. 모교 원예학과에 모처럼 생긴 교수직은 육종학 전공을 위한 자리였다. 미국에서 자리 잡기 위한 준비는 더욱 어려워 보였다. 미국에서 교수될 생각은 언감생심 꿈에도 없던 일이었으나 한국인이 미국에서 교수로 임용된 소식들이 간간이 보도되었다. 그 무렵, 복도 광고판에 ‘시간관리’ 프로그램 참여자 모집 광고가 눈에 띄었다. 열심히 일해도 진전이 없다고 생각하는 사람에게 시간 관리와 인생목표 관리를 상담하는 내용이었다. 심리학 전공 대학원생이 정기적으로 방문하여 진행했다. 나의 장래 희망과 목표를 구체적으로 설정하고, 5년 후 목표에 이르기 위한 연차별 목표를 정하고, 다시 월별, 일별 생활목표를 정했다. 이 목표를 우선순위 최상위에 두고, 쉽게 마음을 빼앗는 일상잡무는 최하위에 두도록 분류했다. 책상 위에 두 개의 시계를 두어 한 시계는 진행되는 일의 종류를 분류하기 위해 작업 내용이 바뀔 때마다 재설정하며 기록했다. 매일 사용한 시간의 품질을 우선순위에 따라 함께 분석하는 일을 한 학기 동안 계속하니 시간의 쓰임새가 개선되어 의욕과 집중력이 높아졌다. 나의 인생 진로와 목표를 재설정하고 점검하고, 그 의미를 성경과 책 읽기를 통해 재확인했다. 수영과 걷기, 치과진료 등으로 몸 건강도 다스리기 시작했다. 회고해 보면, 침례 세례 이후 나의 삶은 일상의 틀에서 벗어나 홀로 서고, 몸과 마음을 가다듬고, 인생설계를 재설정하는 의미 있는 과정이었다고 생각된다. 마치 서양의 중세기가 암흑기가 아니라 르네상스로 연결되는 통로이었던 것처럼. 이후 여러 번 찾아온 갈림길마다 기도하며 신중하게 길을 찾아 나갔다.

UF 생화학분자생물학과 시절에 불기 시작했던 유전공학 바람을 이곳 WVU에서도 느낄 수 있었다. 유전자조작 기술이 발전하여 유전공학 시대가 온다고 연일 뉴스에 오르내렸다. 이 유전공학 바람은 농업에도 필연적으로 올 수밖에 없다고 판단되었다. 선진 과학기술을 최대한 배워서 모교에 돌아가 농업 발전에 기여하겠다는 것이 나의 꿈이었다. 결국 생화학의 기본인 효소학 연구는 배웠으나 앞으로는 단백질보다는 진핵산(DNA)을 다루는 연구에 참여할 필요를 느꼈다. 더욱이 생쥐의 간을 분리하여 효소를 정제하는 연구보다는 농업에서 다루는 식물의 유전공학 연구가 내가 가야 할 길이었다. 식물에서 핵산을 다루는 연구는 가장 앞서가는 광합성과 질소고정 분야뿐이었다. 이 분야는 이미 고도로 전문화된 기초과학 분야여서 진입장벽이 높았다. 유전공학 연구가 가장 활발한 미생물학 분야는 더 말할 나위가 없었다. 주간지 『사이언스』의 구인란을 열심히 훑어보던 어느 날 한 자리가 눈에 띄었다. 옥수수 미토콘드리아 플라스미드와 세포질웅성불임에 관한 연구였다. UF 의대 생화학분자생물학과였다. 바로 내가 떠나온 그 학과였다. 경력의 다양성을 생각하면 다른 곳, 즉 아이비리그 대학이 바람직했겠지만, 이 자리는 식물 재료로 유전공학에 입문할 수 있는 최적의 기회로 생각되었다. 나는 지원 서류가 도착했을 즈음에 맞춰 맨스(Rusty Mans)에게 장거리 전화를 걸었다. 그는 자리에 없었다. 다음 날 다시 전화를 걸었다. 자리에 없었다. 내일 이 시간에 전화를 다시 걸겠노라는 메시지를 남겼다. 세 번째 전화에서 그와 대화를 나눴다. 처음에는 유경험자를 찾는다고 했다. 사실 그 시절 유경험자면 바로 교수로 채용될 정도로 희귀했다. 대신 나는 효소정제와 핵산 관련 연구 경험을 강조했다. 다음 달에 블랙스버그(Blacksberg, VA)에서 열리는 미국식물생리학회에 참석하느냐고 물었다. 나는 만나 준다면 가겠노라고 했다. 만나서 몇 마디 나누는 중 그는 뜬금없이 나를 채용하겠다고 말했다. 이렇게 나는 1978년에 다시 UF에 돌아가게 되었고 드디어 진핵산 연구에 입문함과 동시에 농업으로 회귀하는 길로 제대로 들어서게 되었다.

4. UF 의대 생화학분자생물학과(UF Biochemistry and Molecular Biology, 1978~1980)

눈과 얼음을 볼 수 없는 따뜻한 플로리다에 돌아온 것은 의대 생화학분자생물학과에서 진행되는 식물분자생물학 연구진에 참여하기 위함이었다. 최대한 많이 배워 장차 귀국하여 한국의 농업 발전에 첨단 유전공학으로 이바지하자는 구체적인 목표가 있었다. 나를 연구조교수로 대우하여 학과 교수회의에 참여하게 해 주었다. 연구 자체만이 아니라 교수집단 차원에서 미국인들의 사고방식, 조직문화, 일 처리 방식 등도 대화하고 관찰하며 배우는 데 도움이 되었다.

미국에서 옥수수는 주요 곡물인데 남부에서 시작된 옥수수 역병(Southern corn leaf blight)이 번지면서 20% 수확량 감소를 초래하는 심각한 상황이었다. 이 역병이 옥수수 일대잡종(F1 hybrid) 육종에 쓰이는 T형 세포질웅성불임(T type cytoplamsic male sterility, T-cms) 유전형질과 긴밀히 연관되어 분리가 안 되므로 종자회사들은 대책 마련이 시급하였다. 일리노이대학의 로난(John Laughnan)이 연구하던 S형 웅성불임계통(S-cms)은 유전적으로 불안정하여 7대째까지 여교잡(backcross)을 하면 웅성가임이 회복되어 자기 꽃가루가 부분적으로 만들어지므로 상업적 이용이 어려웠다. 세포질유전의 원천인 미토콘드리아 진핵산(mitochondria DNA, mtDNA)을 연구하던 레빙스(Sam Levings)와 프링(Daryl Pring)은 S-cms 미토콘드리아에서 진핵산에 추가로 S-1과 S-2라는 작은 플라스미드 진핵산이 있음을 발견했다. 더욱이 웅성불임에서 가임으로 전환된 회복친(revertant)에서는 이들 플라스미드가 사라졌다. 이 때문에 이 작은 진핵산 조각들이 에피좀(episome)의 일종일 것이라는 가설을 실험으로 증명할 필요성이 생겼고, 생화학자인 맨스(Rusty Mans)와 공동연구가 시작되면서 내가 합류하게 된 것이었다. 협동연구와 역할분담으로 속도가 붙었다. 웅성가임에서 사라진 S-1과 S-2 중 S-2가 mtDNA 부분에 합류했음을 나의 실험결과가 말해 주었다. 이로써 옥수수 미토콘드리아에서도 그 당시 뜨거운 감자로 떠오르는 전이현상(transposition)이 있음이 밝혀진 것이다. 더욱이 미국 연간 시장 규모가 20억 달러 규모인 옥수수의 종자 생산과 관련된 연구일 뿐 아니라 학술적으로도 참신한 현상이었다. 일리노이대학 소유로서 유서 깊은 알러톤 하우스(Allerton House)에서 열리는 옥수수유전학회(Maize Genetics Coorperation Meeting), 뉴햄프셔 지역 고등학교 시설을 여름방학 동안 활용하는 고든컨퍼런스(Gordon Conference)에 새로 추가된 식물분자생물학(Plant Molecular Biology) 분야 등에 연속 참가하면서 많은 학자들과 교류했다.

특히 1980년 1월 7~11일에 열린 마이애미 동계학술대회(Miami Winter Conference)에서는 매클린톡(Barbara McClintock) 여사가 린넨(Feodor Lynen) 메달을 수상하면서 기조연설을 했다. 그녀는 옥수수 유전학을 염색체의 광학현미경 관찰과 연계하여 조절인자(controlling element)라는 현상을 근 40년간 외롭게 설명해 왔다. 그런데 뛰는 유전자(jumping gene)라는 이름으로 흔히 알려진 이 현상이 박테리아와 고등 생물에서도 발견되었다. 진핵산 차원에서 이동성유전자(movable genetic elements)의 존재가 분자생물학적으로 설명되면서 세계적으로 연구 활동이 폭발적으로 증가하기 시작했다. 그녀가 몸담고 있던 뉴욕시 인근 롱아일랜드 소재 콜드스프링하버연구소(CSHL, Cold Spring Harbor Laboratory)에서는 매년 5월 말에 일주일간 심포지엄이 열리는데 1980년에는 바로 이동성유전인자를 주제로 열린다는 것을 그곳(CSHL)에서 식물분자생물학 그룹을 시작하는 힉스(James Hicks)를 만나 알게 되었다. 나는 맨스를 설득하여 함께 참가했다. 독일 막스플랑

크연구소의 재들러(Heinz Saedler)는 박테리아에서 전이요소(IS, Insertion Sequence Element)를 최초로 발견한 학자로서 식물분자생물학에도 관심이 많아 만나게 되면서 교류하게 되었다.

1980년 콜드스프링하버 심포지엄(CSH Symposium on Movable Genetic Elements)은 매클린톡 여사의 기조연설로 시작되었다. 이어서 바이러스, 박테리아, 효모, 초파리, 생쥐, 인간 등 모형생명체에서 발견되는 이동성유전자 관련 논문들이 발표되었다. 세계적 연구자들이 일주일간 발표하고 질문하고 협력 방안을 논의하고 발표자료를 집대성하여 출간하는 일련의 전통적 과정이 전개되었다. 나는 그 안에 흠뻑 빠져들어 새로운 지식을 배우고, 노벨상 수상자들과 교과서와 논문에서 이름을 읽은 과학자들을 직접 만나고 관찰하는 생생한 경험을 했다. 교과서에서 진리로 확정된 사실로만 배우던 내용들이 바로 이런 사람들이 이런 과정을 거쳐 만들어 내는 현실을 보면서, 나도 소속감을 느끼고 가능성을 실감할 수 있었다. 진행되는 학술 발표와 토의는 진지했지만, 개인적으로는 모두 자유롭고 평등한 접근이 가능한 분위기가 무척 마음에 들었다. 이 심포지엄이 끝나면서 귀로에 맨해튼에서 피카소 미술 특별전을 관람하는 행운도 있었다. 그해에는 이어서 옥수수유전학회, 고든컨퍼런스 등에 연속 참가했다. "옥수수 미토콘드리아 플라스미드는 이동성유전자"라는 제목으로 우리 연구집단의 논문이 1980년에 『사이언스』지에 출판되어 주목을 받았다.

1980년에 나는 새로이 자리 잡기 위해 바쁜 해였다. 미시간주립대학(MSU) 식물학연구소(PBI, Plant Biology Institute) 조교수직을 위한 인터뷰 여행도 다녀왔다. 그 대학 원예학과장인 켈리(John F. Kelly, Jr.)가 나를 반가이 맞아 그의 집에서 첫날 저녁을 함께했다. 켈리는 UF에서 학과장 시절에 나를 의대 생화학과 샌더에게 연결시켜 가 보지 않은 길로 나의 진로를 인도한 은인인데, 그의 모교에 학과장으로 돌아와 있었다. 이 학교 교수자리는 나에게 인연이 없었다. 이후 미농무성 벨츠빌(Beltsville) 연구소에 자리가 생겼고 이어서 플로리다주립대(FSU) 생물학과에 자리가 생겼다. 주정부 소재지 탈라하시(Tallahassee)에 있는 FSU는 게인즈빌(Gainesville)에 있는 또 다른 주립대학(UF)과 미식축구에서 숙적인 관계이다. 선택의 기로에서 고심 끝에, 아직 생활 근거지인 게인즈빌에서 멀지 않은 점 외에도 독자적 연구를 할 수 있다는 조건에 무게가 실려 FSU로 옮기기로 정했다.

5. 플로리다주립대학(FSU, Florida State University, Tallahassee 1980~1983)

FSU 생물학과는 다양한 생물학 주제를 다루는 전통적 생물학과였다. UF 의대 생화학분자생물학과의 구성과 행동양식과는 다른 특색을 지녀서 이 또한 경험에 도움이 되리라 생각됐다. 학과장인 디버스크(A. Gib deBusk)는 뉴로스포라(*Neurospora crassa*) 유전학자였다. 그의 대학원생들을 지도는 했지만 연구조교수로서 나의 연구를 독자적으로 수행할 수 있었다. 그에게 온 한국인 유학생 이길재는 나와 함께 진주조 미토콘드리아 진핵산 연구에 참여했다.

1) 진주조 미토콘드리아 진핵산

플로리다대학(UF) 시절에, 독자적 연구를 염두에 두며 문헌검색을 하던 중, 진주조(pearl millet)에도 옥수수처럼 세포질웅성불임이 가임으로 회복되는 현상이 있다는 논문을 찾았다. 논문저자는 버튼(Glenn W. Burton), 그리 멀지 않은 조지아주 남부 티프턴(Tifton, Georgia) 연구소 소속이었다. 여러 차례 교신 끝에 직접 운전해 가서 만나고 귀한 종자를 받아 왔다. 세포질웅성불임 계통A(Tift GeHi23, line A)와 가임 계통B(line B)의 미토콘드리아 진핵산을 비교하면 옥수수와 비슷한 현상이 나타나지 않을까 기대했다. 진주조는 남부지역에서는 종자는 새 모이로, 건초는 사료로 쓰이는 작물이나, 아프리카와 인도에서는 거의 주곡에 해당한다.

진주조 종자를 적신 종이에 말아 세워 두면 숙주나물처럼 노란 새싹이 나온다. 이 부드러운 새싹을 실험실 절구에서 갈아 즙을 짜서 20% 농도 설탕용액 위에 올린 후 원심분리하면 미토콘드리아 띠가 생기고 세포 찌꺼기는 가라앉는다. 미토콘드리아를 계면활성제로 파괴하고 이 용액에 페놀-클로로포름을 넣어 부드럽게 흔들어 주면 핵산에 결합한 단백질이 분리된다. 이 용액을 염화세슘 밀도 구배 초원심분리기로 회전시키면 3개의 띠로 미토콘드리아 진핵산(mtDNA)이 분리된다. 이들을 조심스럽게 뽑아내어 더욱 정제하여 다음 연구에 사용한다. 진주조 웅성불임계통과 가임계통에서 각각 뽑은 미토콘드리아 진핵산을 제한효소로 잘린 조각들에서 길이가 다른 점을 찾아 비교 분석하는 일이 첫 번째 과제였다. 기대와는 달리 제한효소 절편이 깨끗이 잘리지 않아 길게 끌려서 길이 구분이 어려웠다. 옥수수 진핵산이나 람다파지 진핵산이 깨끗하게 잘려서 구분되는 것과는 너무 달랐다. 진핵산 메칠화 정도를 분석하니 시토신의 20%가 메칠시토신이었다. 이것이 진핵산 구조에 영향을 미쳐 제한효소로 잘 잘리지 않을 수도 있었다. 이 진핵산을 투과전자현미경으로 관찰하기로 했다.

2) 전자현미경

플로리다대학(UF) 의대 생화학분자생물학과 연구원 시절에 진핵산을 투과전자현미경으로 관찰하기 위한 준비과정을 미생물학과의 신임 조교수인 무직즈카(Nick Muzyczka)가 연구원들에게 가르쳐 준 일이 있었다. 나는 배워 두면 쓸 일이 있을 것이라고 생각하여 참가했는데 지금이 바로 그때였다. 전자현미경 준비과정은 대략 다음과 같다. 니트로셀룰로즈 필름 만들기, 진핵산 용액 방울의 표면에서 진핵산 분자 뜨기, 진공용기 안에서 백금-팔라디움 미세입자로 그림자 만들기, 투과전자현미경에 그리드를 올리고 진공 상태에 도달하기, 투과면이 밝도록 전자빔 세기를 올리기, 그리드를 원격으로 움직이며 진핵산 이미지 찾기, 사진 찍기, 현상하기 등, 시간 소모가 컸다. 플로리다주립대학(FSU)에는 생물학과 건물에 최신 전자현미경이 있었으나 사용료를 내야 하고 사용시간도 제한되고 차례를 기다리는 불편함이 있었다. 더욱이 전문 담당자만 기기를 다루므로 실험자가 직접 다룰 수 없는 한계가 있었다. FSU에는 노벨 물리학상 수상자 디락(Paul Dirac)을 비롯하여 3명의 과학한림원(NAS) 회원이 있었다. 그중 한 사람인 테일러(J. Herb Taylor)는 생물학과에 통로로 연결된 독립건물인 생물리학연구소의 소장이었다. 그는 염색체 차원에서 진핵산 복제 과정을 심도 있게 연구한 과학자로 유명했으며 크로모조마(Chromosoma)의 편집장이었다. 그의 연구소 지하실에 위치한 투과전자현미경은 다소 구형(Philips 200)이었으나 사용하는 사람이 거의 없었으므로 사용허가를 어렵지 않게 받을 수 있었다. 다행히 다음 순서를 기다리는 사람이 없으니 내 속도대로, 때로는 밤새워 조용히 일할 수 있었다. 전자현미경의 필라멘트의 교체와 전자빔 초점 맞추기 등을 배워, 내가 직접 할 정도가 되었다. 시료 만드는 절차가 길고 까다로우며 한 번에 볼 수 있는 시료 양이 적어서 좋은 결과를 얻는 성공률이 낮은 편이다. 그러나 좋은 전자현미경 사진은 설득력 높은 가치가 있다. 논리적이고 다양한 실험 결과와 정보를 제공하는 생화학 연구로도 대신할 수 없는 시각적 증거를 제시하기도 한다.

3) 진기한 진핵산 전자현미경 사진: 발견의 시작점

제대로 된 진핵산 모양을 건지지 못하고 끝나는 날이 연속되던 어느 날 드디어 제대로 깨끗하게 보이는 시료가 나타났다. 투과전자현미경으로 보는 대장균 진핵산이나 플라스미드 진핵산은 교과서에서 보듯이 국수 가닥 같은 깨끗한 선형 또는 원형이었다. 그러나 진주조 미토콘드리아 진핵산은 아직도 단백질덩어리가 붙어 있거나 서로 엉켜 복잡한 모양들이 많이 있었다. 특히 '굵은 긴 막대', '가는 긴 막대', '붙은 으', 'ㅗ', '오' 자 모양으로 곁가지가 있는 선형 진핵산도 드물게 관찰되었다. 이런 기이한 모양은 드물지만 우발적이 아니고 자연적으로 존재하는 진핵산의 형태일 것이라는 생각이 들었으므로 보이는 대로 사진을 찍어 두었다. 그리드를 전자현미경 안에 넣고, 진공처리하며 기다리고, 전자빔을 쏘아 초점을 맞춘 후 가로 세로로 움직이며 진핵산 모양이 제대로 잡히면 사진을 찍는다. 한 자리에 오래 있으면 니트로셀룰로즈 바닥이 녹아 버리므로 부지런히 옮겨 다녀야 한다. 그러다가 필라멘트가 수명이 다하면 꺼진다. 필라멘트를 새로 갈아 넣고, 조건을 다시 맞추고, 다시 그리드를 올려 진핵산을 관찰하고 사진 찍는다. 흥미로운 진핵산 모양들이 유난히 많이 관찰되던 그날, 이른 저녁에 시작했는데 마무리하고 나서니 어느덧 새벽이었다. 자전거를 가끔은 두 손을 놓고, 차가운 새벽 공기를 가르며 집을 향해 달리면서 나는 나에게 말했다. "오늘 대단히 진기한 진핵산 모양들을 보았다. 무엇인지는 모르겠지만 매우 의미 있는 발견인 것 같다." 조용한 새벽길을 자전거로 달리면서 나는 한국가곡 「고독」(황인호 작시, 윤용하 작곡)을 나직이 불렀다.

4) FEBS Letters 논문 출판

진주조 미토콘드리아 진핵산의 전자현미경 사진의 기이한 모양들 가운데 '긴 막대 모양(long rod shape)'들만 우선 모아서 논문을 작성했다. 긴 막대 모양 중에서도 굵은 막대와 가는 막대가 있었다. 막대 한쪽 끝에는 크기가 다른 원형 고리가 있거나 없는 것들이 있었다. 굵은 막대의 경우 다른 끝에 단백질집합체로 보이는 굵고 둥근 덩어리가 붙어 있었다. 그러나 가는 막대에서는 그

단백질 덩어리가 없었다. 이 막대들을 진핵산 복제 과정의 산물로 상정한다면, 굵은 막대가 가는 막대로 갈라진 것으로 생각하게 된다. 이중나선 진핵산은 복제 과정에서 꼬인 나선이 더욱 꼬이게 되든지(plectonemic winding), 복제 산물이 뒤엉켜 나눠지기 어렵다는 문제가 학계의 난제로 남아 있었다. 이 막대 모양 진핵산 구조가 엉킴 없이 나뉘는(paranemic winding) 자연의 해법일 수도 있겠다고 생각되었다. 이 논문은 『네이처』지에 투고했으나 채택불가 판정이 나왔으므로 『펩스레터스(*FEBS Letters*)』[1]에 투고하여 1982년에 출판되었다. 세월이 지난 이제 회상하면 이 진주조 미토콘드리아 진핵산의 긴 막대 모양은 매클린토크가 광학현미경으로 관찰한 옥수수 파키틴 염색체에 대응하는 미토콘드리아 진핵산 구조일 수 있고, 소위 레플리콘(replicon)의 한 형태일 수도 있을 것이다.

5) 네가닥 진핵산

이런 진핵산 모양들은 교과서와 문헌을 뒤져보아도 없었다. 어렵게 '오'자 모양 진핵산 사진이 실린 논문을 하나 찾았다. 이 경우는 실험적으로 만들어진 모양이었다. 박테리아 진핵산에 삽입인자(IS, Insertion Sequence element)가 들어간 것을 증명하기 위하여 일부러 열을 가해 외가닥으로 만든 조각을 삽입인자가 없는

---

1 B-D. Kim, K. J. Lee, and A. Gib DeBusk, "Linear and Lasso-like Structures of Mitochondrial DNA from *Pennisetum typhoides*," *FEBS Lett*. 147(2), 231-234, 1982.

대비 조각과 섞였을 때 형성된 '기둥과 고리(stem and loop)' 모양이었다. 이 경우 고리는 외가닥, 기둥은 반복서열이 만나 형성된 두 가닥인 진핵산이었다. 그 당시 매클린톡(Barbara McClintock)이 옥수수 염색체에서 기술한 조절인자(controlling element)와 같은 현상들이 박테리아, 효모, 초파리, 심지어 인간에서도 다수 발견되어 학계가 흥분에 싸인 상태였다. 매클린톡이 1980년 "이동성유전인자(Movable Genetic Elements)"를 주제로 열린 콜드스프링하버 심포지엄에서 주제 강연을 한 이유이다. 이러한 전이인자(transposable element)들은 공통적으로 양끝에 회문(palindrome)이라는 양방향 반복서열이 존재했으므로 이 회문의 존재이유가 초미의 관심사이기도 했다. 진핵산이 이중나선이므로 회문은 십자형구조(cruciform)를 만들 것이라는 릴리(David Lilley)의 주장이 지배적이었다. 이 시기에 나는 1980년 마이애미 동계심포지엄에서 처음 만난, 콜드스프링하버 연구소의 힉스(Jim Hicks)를 FSU 생물학과에 초청연사로 불렀다. 그는 효모에서 전이인자를 연구하면서 식물 진핵산 연구도 개척하는 중견학자였다. 저녁식사 자리에서 나는 다소 진귀한 진핵산 전자현미경 사진들을 그에게 보여 주었다. 구체적인 대화내용은 기억나지 않는다. 재미있는 전자현미경 사진들이지만 실험적으로 어떻게 진전하면 좋을지 고민해야 할 것이라는 얘기를 나누었을 것이다.

내가 전자현미경으로 직접 찾은 '오'자 모양은 열처리를 하지 않은 자연적 이중나선 진핵산이었으므로 고리(loop) 부분은 두 가닥(double stranded)이어야 하고 겹쳐진 기둥(stem) 부분은 네 가닥(four-stranded)이어야 하므로 더 굵어야 함에도 불구하고 두

가닥과 동일한 굵기였으므로 상식적으로 이해되지 않았다. 진핵산의 여러 가지 구조적 가능성을 검토해도 설명이 어려웠다. 그 두 가닥 굵기의 기둥이 사실은 네 가닥이어야 한다는 당위성을 심각하게 인식하게 된 것은 이 구조를 처음 관찰한 지 2년이나 지난 어느 날이었다. 진핵산이 이중나선 구조임은 절대적 진리이므로 부분적으로나마 네 가닥 구조가 되는 가능성은 생각만 해도 흥분되었고 이는 증명해 내야 하는 과제가 되었다.

6) 호랑이 굴에 들어가다

네가닥 진핵산이 과연 가능하기나 한 것인가? 이 질문을 내가 본격적으로 핵산구조 전문가에게 제기한 것은 1982년 콜드스프링하버 심포지엄 때였다. 심포지엄 주제는 "진핵산의 구조들(Structures of DNA)"이었고 왓슨이 직접 구성했다고 했다. 유기합성기술이 발전하여 진핵산 염기서열을 원하는 염기순서대로 12개 또는 24개 길이로 합성하여 결정화할 수 있었으므로 X선 회절분석 연구 결과가 쏟아져 나오는 시절이었다. 주제 강연으로 리치(Alex Rich)가 지-진핵산(Z-DNA)에 관해 발표했다. 오른손돌기(우선회) 이중나선으로 정형화된 비-진핵산(B-DNA) 이외에도 많은 변형 진핵산 구조가 나타났고 극단적으로 왼손돌기(좌선회) 이중나선인 지-진핵산(Z-DNA) 구조가 발표되어 열띤 토론이 일어난 학술대회였다. 첫날 월요일에는 구조생물학자들이 다양한 진핵산 구조를 발표했다. 마침 진핵산 구조 모형을 두 학자가 가져와 보여 주었다. 청중석에 앉아서 나는 나의 전자현미경 사진에서 추정되는 네 가닥이 어떻게 구조적으로 가능할까를 생각하고 있었다. 두 개의 이중나선이 꽈배기처럼 감아 돌면 굵게 보이는 초나선(supercoil)일 것이다. 네 가닥이 두 가닥 굵기로 보이려면 더욱 죄어들어야 한다. 이때, 나는 진핵산의 큰홈(major groove)에 서로 끼어들 가능성이 생각났다. 잠깐의 휴식시간에 나는 앞으로 나아가 허락 받고 두 모형을 들어 큰홈에 서로 맞추어 보았다. 큰홈은 생각보다는 좁아서 두 개의 이중나선이 끼어들 수 없었다. 실망이었다.

수요일 저녁식사가 거의 끝나고 식탁에서 한담을 나누던 유럽학자들에게 나는 "혹시 네가닥 진핵산에 대해 들어 본 사람이 있는가?"라고 물었다. "들은 적 없다", "에너지 계산으로 불가능한 구조이다."라는 답이 돌아왔다. 화제가 바뀌려는 찰나, 옆 테이블에서 이 대화를 곁들은 한 학자가 나에게 다가왔다. "네가닥 진핵산에 관해 질문했는가? 관심 있는가?"라고 물었다. 그렇다고 하자 자기도 관심 있어서 얘기 나눌 수 있다고 하였다. 둘은 잔디밭으로 나가 얘기를 이어 갔다. 그는 최근 『사이언스』지에 새로운 비-진핵산(B-DNA) 구조에 관한 논문을 냈다고 했다. 왓슨의 마지막 박사학위 제자라고 했다. 그는 텍사스대학 화학과 교수 홉킨스(R. C. Hopkins)였다. 네가닥 진핵산 구조를 주장한 학자는 맥개빈(Stewart McGavin)임을 알려 주었다. 나의 생각이 너무 엉뚱하지는 않았다는 생각이 들면서, 한편 그가 어떤 논문으로 어디까지 나아갔는지 궁금했다. 그와 헤어지는 대로 나는 바로 도서관으로 갔다. 맥개빈의 네가닥 진핵산 논문들을 찾아냈다. 내친 김에, 교과서에서 유명한 왓슨과 크릭의 1953년 『네이처』 게재 논문도 찾아 복사했다. 이때 새롭게 알게 된 것은 왓슨과 크릭의 논문에 연이어서 프랭클린(Rosalind Franklin)의 논문, 윌킨스(Wilkins)의 논문도 나란히 발표된 사실이었다.

V. 미국 대학 교수 시기

1. 로드아일랜드주립대학(URI, University of Rhode Island, Kingston 1983~1987)

그동안 또 세월이 흘러, 로드아일랜드주립대학 식물학과에 조교수로 부임한 것은 1983년 9월이었다. 바이오테크놀로지 프로그램을 강화하기 위하여 학교 예산으로 연구기자재를 도입하면서 연구실도 새로 갖췄다. 포도 조직배양 기술을 확립한 크룰(William Krul)과 긴밀한 이웃으로 협력을 시작했다. 그 대학에는 옥수수 유전학을 전공하여 매클린톡과 친밀한 모틴저(John Mottinger)가 있었고 누에분자생물학을 전공하는 여성교수(Marian Goldsmith)와 함께 저널클럽을 형성하여 정기적으로 만났다.

1) CSH 심포지엄

콜드스프링하버심포지엄 1984년 주제는 '진핵산 차원의 재조합(Recombination at the DNA Level)'이었다. 이번에는 기차여행으로 참석했다. 1983년 10월 10일 매클린톡 여사가 드디어 노벨생리의학상 수상자로 발표됐으므로 콜드스프링하버연구소는 더욱 빛나는 분자생물학자의 고향 같은 곳이 되었다. 진핵산 재조합은 나의 네가닥 진핵산의 궁금증에 해결의 실마리를 제공할 다양한 연구주제에 관하여 최고 권위자들의 최신 연구 결과를 듣고 토의할 수 있는 기회였다.

2) 진핵산 공간모형 구입

나는 이제 진핵산 구조 연구의 원전의 성지에 발을 들여놓았고, 점점 더 호랑이 굴에 빨려 들어가고 있었다. 2년 전 심포지엄 때 진핵산 CPK 모형을 가져온 구조생물학자 중 하나는 예일대학의 스타이츠(Thomas Steitz)였다. 나의 로드아일랜드대학(URI, University of Rhode Island)으로 돌아가는 길에 그의 예일대학 연구실을 방문해 여러 가지 진핵산의 CPK 공간 모형들을 관찰할 수 있었다. 역시 이중나선이 네 가닥을 만들 가능성은 보이지 않았다. 나의 연구실에 돌아와 보니 책상에 쌓인 우편물 가운데 우연치 않게도 아카데미 출판사가 출시한 선전물이 눈에 들어왔다. 진핵산 모형을 만드는 새로운 플라스틱 조립식 공간모형 키트였다. 가볍고 작고 값도 저렴하고, 무엇보다도 기존 씨피케이(CPK) 모형과는 다르게 원자결합각도를 임의 조절한 다음 고정할 수 있는 장점이 있었다. 나는 연구부학장 패트릭(Earl Patric)에게 간청하여 그 조립식 모형을 구입할 수 있었다. 구조생물학은커녕 분자생물학, 생화학의 정식 학위와 훈련도 받지 않은 문외한이 겁도 없이 호랑이 굴에 발을 점점 깊이 들여놓고 있었다. 진핵산이 전자현미경 사진으로 드러내는 구조의 비밀을 알아내야 했다. 천만다행인 것은 내가 만나는 과학자들은 모두 명성 높은 전문가들이었는데, 나의 배경이나 자격을 따져 묻는 경우가 없었다. 다만 논의되는 과학적 사안에만 몰입하여 성실히 대화를 나누는 진지함이 있었다.

3) 프랭클린의 비-진핵산은 원래 네 가닥이었나?[2]

도착한 진핵산 모형은 연구실 책상에서 다루기에는 너무 커서 집 거실에서 작업했다. 사진 찍기에는 거리가 필요하여 지하실 바닥에 놓고 계단 꼭대기에서 찍어야 했다. 처음에는 비-진핵산(B-DNA)과 지-진핵산(Z-DNA)을 지정된 원자결합각도에 맞춰 조립해 보았다. 두 개의 비-진핵산을 큰홈에 맞춰 가까이 대어 보았으나 역시 좁아서 끼어들지 못함을 재확인했다. 전자현미경 사진으로 본 '오'자형 진핵산에서 겹친 기둥 부분은 분명 이중나선 부분과 같은 굵기였다. 초나선이 이중나선보다 굵은 것과는 확실히 대비되었다. 나는 자연이 보여 주는 증거물인 전자현미경 사진을 더 신뢰하기로, 여기서 포기하지 않기로 작정했다. 이제 진핵산 모형으로 무엇을 할 수 있을지 고민되었다. 우선 모형을 지탱해 주는 쇠막대 기둥을 치웠다. 모형을 눕혀 놓고 이리저리 만져 보고 비틀어 보니 큰홈(major groove)이 넓어졌다. 다른 모형도 넓혀진 큰홈을 맞대어 보니 서로 쏙 들어갔다. 두 개의 이중나선이 서로 끼어들어 하나의 이중나선과 같은 굵기가 되었다. 우선, 두 가닥 굵기의 네가닥 진핵산이 존재 가능함을 확인한 순간이었다. 원래의 비-진핵산의 직경이 2.0 nm이었다면 두

---

2 B-D. Kim, "Was the Original B-DNA Four-stranded?," *Korean J. Breed.* 18(2), 187-188, 1986.

비-진핵산이 끼어들어 만들어진 네 가닥은 직경이 2.2 nm로 계산되었다. 이는 1954년 논문에서 크릭과 왓슨의 주장이 옳았음을 확인해 주는 것이므로 안심이 되었다.

1953년 출간된 초기 논문 3편과 이후의 논문들을 재점검하면서 나는 논란의 여지가 있는 상황을 엿볼 수 있었다. 프랭클린이 제시한 진핵산 구조 두 가지 중 에이-진핵산(A-DNA)은 비-진핵산(B-DNA)이 보여 주는 X자 모양의 대칭성이 없었다. 에이-진핵산(A-DNA)과 비-진핵산(B-DNA)은 습도에 따라 상호 전환되다가 비-진핵산(B-DNA)으로 고착된다고 했다. 그녀가 쉽사리 이중나선 구조를 수긍하기 어려운 이유였다. 왓슨은 진핵산이 유전자의 역할을 가지려면 한 가닥에 있는 염기 정보가 다른 가닥에 상보적으로 복제될 수 있어야 하니 두 가닥 구조이어야 한다고 주장했음을 페루츠(Max Perutz)는 그의 2003년 회고록에서 밝힌 바 있다. 한편, 나선형태지만 운동성을 갖추려면 수소결합한 염기쌍이 수직 위아래로 배치되기보다는 약간 엇비슷 올라가는 나선 구조가 바람직하며 이 경우 직경은 2.2~2.4 nm일 것임을 크릭과 왓슨은 주장했다(1954). 이후, 윌킨스 그룹은 1960년 논문에서 비-진핵산은 왓슨 크릭의 주장대로 이중나선 구조이어야 하고, 그러려면 직경은 2.4 nm는 너무 크니 2.0 nm이어야 한다고 결론을 내림으로써 정형 비-진핵산(canonical B-DNA)이 확정되었다. 왓슨, 크릭, 윌킨스, 세 사람은 1962년 노벨상을 수상하였다. 나는 이중나선 구조의 근거로 사용되었던 프랭클린의 그 유명한 비-진핵산(B-DNA) 엑스(X)선 회절사진은 사실은 네가닥 진핵산으로 해석되었어야 했다는 내용을 정리하여 기록으로 남겼고 왓슨은 나의 이 원고를 그의 기록물(archive)에 포함했다(왓슨은 자기도 처음에 네 가닥을 생각한 적이 있다고 나와의 개인 대화에서 말했다). 그러나 네가닥 진핵산 구조로 유전자 역할을 설명하기에는 너무나 복잡했다. 네가닥 진핵산 구조를 주장하는 논문들이 초기에 여러 편 출판되었으나 어느 시점에서 논란은 종결되었음을 알게 되었다. 맥개빈(Stewart McGavin, 1971, 1977)은 네가닥 진핵산이 동형재조합을 중개할 수 있는 구조라는 이론을 제시하였으나 이 논문은 이후 별로 인용되지 않았다. 여러 해 지난 후 나는 맥개빈이 한때 윌킨스 연구실의 일원이었음을 알게 되었을 때 이 사안이 내포하는 의미가 무엇인지 의아했다.

4) 진핵산 모형으로 역위와 결실 동형재조합 실현

네가닥 진핵산이 가능함이 모형으로 확인되자 용기를 얻은 나는 바로 그다음 중요한 두 가지 질문에 도전하기로 했다.

(1) 두가닥 진핵산이 180도 꺾일 수 있나? 진핵산의 전자현미경 사진 '오'자에서 가운데 고리가 없는 'ㅗ'자는 고리 없이 180도 꺾여야 하는데, 과연 가능할까? 비-진핵산(B-DNA) 두가닥을 나선이 풀리는 쪽으로 비틀다 보면 한계에 부딪치는데 그때 모양은 아치 모양의 평행선이 되며 종이 리본처럼 쉽게 구부러졌다. 네 가닥으로 끼어들게 최대한 구부려서 고리로 접힐 수 있는 최소 염기쌍은 6 bp였다. 이때 그 최소 고리는 네 가닥의 직경 2.2 nm와 같으며 바늘끝같이 뾰족했다. 진핵산 이중나선이 바늘끝 모양으로까지 변형될 수 있음을 확인한 이 일은 외가닥

진핵산(DNA)이나 외가닥 아핵산(RNA)만 헤어핀(hairpin) 구조로 접힐 수 있다는 통념을 극복한 중요한 일이다. 즉, 이중나선 진핵산이 고리모양('오')으로 또는 뾰족하게('ㅗ') 접히면서 네 가닥으로 감길 수도 있음을 확인한 역사적 순간이었다.

(2) 네 가닥 안에서 반복서열이 만나면 상동성을 알아볼까? 진핵산 전이요소(DNA transposable element)는 공통적으로 양끝에 역반복서열(inverted repeat)이 존재한다. 반복서열이 네 가닥 수소결합 단계를 거쳐 동형재조합을 중개할 수 있다면 이야말로 반복서열의 생물학적 존재이유를 설명하는 일이 될 것이다. 나는 두 개의 비-진핵산(B-DNA) 모형을 하나로 길게 이어 '기둥과 고리(stem and loop)' 모형을 만들되 네 가닥으로 만나게 될 기둥 부분에는 역반복 서열을 배치했다. 맥개빈(McGavin, 1971)이 제시한 바와 같이 네 가닥 안의 반복서열 염기를 하나씩 바깥쪽으로 회전시키니 다른 이중나선에서 회전된 염기와 바로 수소 결합할 위치에서 만났다. 이렇게 네가닥 기둥 안에 있는 반복서열이 모두 회전되니 새로운 수소결합으로 두 개의 두가닥 진핵산을 이루었다. 이 혼성두가닥(Heteroduplexes)에서 각각의 두가닥은 원래의 오른손나선형은 아니고 왼쪽으로 비틀어져서 뻗친 모양이되 좌선회 지-진핵산(Z-DNA)의 원자결합각도는 아니었다. 혼성두가닥의 양끝에 연결된 원래 비-진핵산(B-DNA)과는 당인산쇄(sugar phosphate backbone)가 비틀어져서 한 줄씩 부딪치는 거리로 접근되었다. 이 부분에 재조합효소가 관여한다고 전제하여 한 줄을 잘라, 부딪치는 줄을 통과시킨 후 다시 이어 주었다. 양

끝에서 '끊고-보내주고-다시 잇기(cut pass and seal)'를 하니 '기둥과 고리'는 하나의 연결된 두가닥 진핵산으로 엉킴이 풀렸다. 이때 고리부분 염기서열을 검토하니 진행 방향에 뒤집힘(역위, inversion)이 일어났음을 알았다, 살모넬라 섬모 단백질의 상전이(Phase variation in *Salmonella* flagella protein)에 관한 유전학적 역위 현상에서 역반복서열(inverted repeat)이 관여한다는 보고가 있는데 이는 재조합단백질이 관여하여 일어나는 것으로 보고되어 왔다. 이 보고가 사실일지라도, 진핵산 차원에서도 반복서열이 직접 접촉하여야 상동성이 확인되어 역위가 일어남을 확인하는 역사적 순간이었다.

나는 곧이어 정반복서열(direct repeat)이 관여하는 결실(deletion) 현상도 진핵산의 물리적 접촉과 재조합반응 절차에 따라 일어남을 확인하였다. 그동안 교과서와 문헌에서 많이 논의되던 유전학적 역위와 결실 현상은 재조합에 관여하는 단백질만 관여하는 것으로 설명했다. 그러나 진핵산 분자가 역반복(inverted repeat)이나 정반복(direct repeat)이 상동성을 확인하는 데에 물리적으로 직접 관여한다는 작동원리로 설명할 수 있게 되었다. 나는 약간은 흥분된 마음으로 논문을 작성하여 『사이언스』지에 투고하면서 같은 원고를 왓슨에게도 보냈다. 며칠 후 왓슨이 공식 편지지에 답신을 보내왔다. 재미있는 원고를 보내주어 고맙다는 말과, 마침 교과서 개정작업 중인데, 재조합 부분을 담당한 로버츠(Jeffrey Roberts)에게 네가닥 진핵산의 용도를 심각하게 다루도록 부탁했다는 내용이었다. 나는 기쁜 마음으로 『사이언스』지의 답신을 기다리기로 했다. 『사이언스』지에서 답신이 왔다. 제출된 논문은 일차관문을 통과하여 심사위원들에게 발송한다는 내용이었다, 매우 고무적인 답신이었다. 그러나 『사이언스』지에서 2주일 후에 받은 결론은 '채택불가'였다.

5) 만남의 연속

나는 왓슨에게 이 사실을 알렸다. 그는 심사의견이 무엇이었냐고 묻고는, 되도록 많은 사람을 만나고 내용을 전파하라고 했다. 예일대의 플랜더스(Howard Flanders)와 대화해 보라고 했다. 그는 최근에 *PNAS*지에 실험결과는 없는 네가닥 진핵산에 관한 논문을 출판했었다. 예일대에 방문하여 플랜더스와 긴 시간을 보냈다. 직설법 대화가 아니어서 나는 그의 질문 요지를 파악하기 어려웠고 결론은 기억에 남는 것이 없다. 내 논문 원고에 대한 크릭의 답장은 짧았다. 더 이상 혼란스런 논쟁에 휘말리고 싶지 않다고 했다. 그 후 크릭은 1986년에 MIT에서 뇌과학 관련 학술회의에 참석한 적이 있었다. 그를 따로 만나서 나를 소개하니 나의 네가닥 진핵산 논문을 기억하고는, 아직도 그 내용을 믿느냐고 질문했다. 그렇다는 나의 대답을 듣고는 바쁘게 자리를 빠져나갔고 그를 더 이상 볼 수 없었다. 나는 이 논문을 나중에 『분자생물학저널(*Journal of Molecular Biology*)』에 제출했다. 채택되지 않았다는 편지에는 편집장 클루그(Aaron Klug)의 서명이 있었다. 나는 왓슨의 충고를 따라 이 주제에 관련될 만한 학자들 중 뉴잉글랜드 지역의 하버드, MIT, 예일대 교수 몇 분에게 논문원고를 보냈다. 이후 내가 방문한 교수는 하버드의 케언즈(John Cairns), MIT의 리치(Alex Rich)와 라지반다리(Uttam Lal RajBhandary), 예일의 플랜더스(Howard Flanders)였다. 리치에게는 미토콘드리아 진핵산의 전자현미경 사진들도 보여 주었다. "원자수준에서 수소결합의 존재를 보지 않는 한 나는 아무것도 믿지 않는다"는 결정구조학자다운 대답이었다. 리치 연구실의 왕(Andy Wang)은 실험실 연구원들에게도 원고를 보여 주었는데 긍정적인 반응은 없었다고 했다. 미토콘드리아를 연구하는 라지반다리는 "이 모델은 네가닥 진핵산 구조에 의한 동형재조합 설명은 재미있다. 그러나 이는 분자 내 재조합은 설명할지 몰라도 분자 간 재조합은 설명하지 못했다. 구체적 실험이 뒤따라야 할 것이다."라고 했다. 비로소 나는 남은 다른 문제가 있음을 깨달았다. 람다파지 진핵산이 박테리아 진핵산에 잠복하여 들어갈 때 일어나는 위치특이삽입(site-specific insertion)이 또 하나의 열띤 연구주제였다. 케언즈를 만났을 때 그는 손수 대형 배양액 플라스크를 들어 실험실로 옮기는 중이었다. 그는 깊은 관심을 가지고 질문하고 대화를 나눴다. 그는 1986년 여름에 스코틀랜드에서 열리는 진핵산 재조합 관련 유럽분자생물학연맹(EMBO) 워크숍에 참석하면 좋을 것이라고 했다. 당시 호주에서 살고 있는 헐리데이(Robin Holliday)에게 연락하면 안내받을 것이라고 했다.

6) 진핵산 모형으로 위치특이삽입 실현

위치특이삽입 작동원리를 나의 네가닥 진핵산 구조가 설명할 길이 있을지 궁금했다. 관련 논문들을 찾아 정독하고 나의 전자현미경 사진들을 검토하면서 네가닥 진핵산으로 설명할 근거가 조금이라도 있을지 고심했다. 몇 가지 핵심 사안으로 정리되었다.

람다 파지가 대장균 진핵산에 삽입할 때는 아무런 자리에나 끼어 들어가는 것이 아니라, 7 염기서열이 서로 정확히 맞는 경우에만 가능하다. 피(P) 파지의 경우는 6 염기서열이 정확히 맞아야 한다. 즉, 동형재조합의 요소가 존재한다는 뜻이다. 나의 전자현미경 사진들을 검토하던 중 독특한 한 장면이 눈에 띄었다. 진주조 미토콘드리아 진핵산의 길이를 측정하는 방편으로 섞어 넣은 4361 bp 길이의 pBR322 플라스미드 분자는 여러 형태로 존재했다. 그중에, 원형 진핵산에서 주삿바늘 꼭지 모양으로 삐어나온 부분이 네가닥임을 암시하는 플라스미드가 있었다. 더욱 특이한 것은, 플라스미드 원형 진핵산들이 여러 개 뭉쳐 있는 모양이 있었다. 자세히 보면, 한가운데 펼쳐진 원형 진핵산에 다른 원형진핵산들이 걸쳐 놓여 있거나 바늘 같은 네가닥 꼭지 끝이 중앙 원형 진핵산을 찌르듯이 접촉한 모양이 있었다. 실험적으로 재현할 수 있는 상황은 아니되, 원형 진핵산이 네가닥으로 접힌 꼭지 끝으로 목표 진핵산에 바늘로 찌르듯 접근할 수 있는 구조적 가능성을 본 것이었다.

비-진핵산(B-DNA)의 한 지점에서 나선을 비틀어 종이 리본 모양에 다다르면 쉽게 접힌다. 접힌 양쪽 두가닥들은 바로 네가닥 진핵산으로 감아 돌게 할 수 있다. 이때 꺾여 접히는 고리부분이 최소한 6.5 염기쌍이 되어야 하는데, 람다파지의 삽입특이점이 7 염기쌍이라는 점이 매우 신기했다. 이러한 정보를 취합해 나는 네가닥 진핵산 모형으로 위치특이삽입(site-specifIc insertion)을 실현해 보기로 했고, 만족할 만한 결과를 얻었다. 위치특이삽입의 실제 참여부분은 네가닥 부분이 아니라 고리부분에 해당하는 바늘 끝에 있는 염기서열로서 목표점의 서열에 열쇠와 자물쇠처럼 정확히 맞아야 하는 경우였다. 이제까지 나는 두가닥인 비-진핵산(B-DNA)이 네가닥으로 부분적으로나마 끼어들 수 있는가를 증명하는 데 초점을 맞추어 왔다. 그러나 이제는 두가닥 진핵산의 접힌 부분도 중요한 역할이 있음을 인식하게 되었다. 역위와 결실 중개에 관한 논문이 출판에서 막혔으므로 삽입에 관한 논문 작성이 주저되었다.

연구논의의 정확한 진전을 위해서 이 새로운 진핵산 구조의 이름을 고안할 필요를 느꼈다. 두가닥 진핵산이 급격히 꺾여 접힘을 고려해 foldback(꺾쇠)로 했다. 네가닥은 네가닥(four-stranded)으로 그대로 할 수도 있으나, 이는 상동성을 갖는 반복서열이 만나서 동형재조합을 중개한다는 뜻으로 이미 통용되고 있어 구별할 필요가 있었다. 나의 전자현미경 사진과 공간모형 경험으로 볼 때 반복서열이 아닌 일반 이중나선으로도 네가닥을 만들 수 있으므로 다른 이름이 필요했다. 또한 초나선(超螺線, supercoil)과 구별되는 이름이어야 했다. 호나선(互螺線, intercoil 즉, inter-twisted coil)으로 정했다. 그리하여 꺾쇠호나선 진핵산(foldback intercoil, FBI DNA)이라는 용어가 탄생했다. 이로써 네가닥 부분만큼 꺾쇠 고리부분 구조도 중요한 생물학적 기능을 가졌음을 강조할 수 있게 되었다. 호나선(intercoil)이라는 용어는 윌슨(John Wilson)이 1979년 논문에서 사용했음을 2007년 리뷰논문 작업 때에야 알게 되었다.

2. 귀국 결정

진핵산 공간 모형으로 구조 연구를 진행하는 동안에, 나의 모교인 서울대학교 농과대학에서 유전공학 담당 교수 자리가 신설되어 공채공고가 났다는 소식이 왔다. 1년 전에 석사학위 지도교수인 표현구 교수의 퇴임에 즈음하여 수확후관리학 교수직 공고가 난 적이 있었다. 나의 박사학위 전공에 딱 맞는 자리였다. 그러나 나는 UF 농학박사 학위를 받은 직후 같은 UF에서 의과대학 생화학과로 진출하였고 이제는 식물생명공학을 전공하고 있었으므로 수확후관리학 전공은 맞지 않았다. 은사의 뒤를 잇지 못하였으므로 모교와의 인연은 이제 단념한 상태였다. 그러나 이번 교수 자리는 유전공학 전공을 위해 새로이 마련된 것이었다. 여러 해 전부터 내가 꿈꾸고 준비해 왔던 상황이 눈앞에 펼쳐진 것이나 다름없었다. 이 자리라면 진핵산 구조 연구도 계속할 수 있을 터였다. 나는 지원 서류를 제출했다. 임용 요건에서 최근 논문 점수가 더 필요하다는 연락이 왔다. 나는 마침 『사이언스』지에 제출했다가 채택되지 않은 진핵산 구조 논문을 한국육종학회지[3]에 투고하여 신속한 출판이 1985년에 이루어졌다. 서울대 농과대학 원예학과에 유전공학 담당교수로 임용되어 1986년 가을 학기부터 시작하라는 연락이 왔다. 나의 당시 박사과정생 임용표의 연구가 막바지로 진행되고 있었다. 진핵산 구조 연구도

3 B-D. Kim, "Four-stranded DNA: An Intermediate of Homologous Recombination and Transposition," *Korean J. Breed.* 17(4), 453-466, 1985.

한창 진행되면서 여러 학회에서 발표하고 토론하는 과정이어서 마무리할 시간이 필요함을 설명하여 1년 연기를 허락받았다.

분자생물학의 핵심인 진핵산에서 새로운 구조를 제안하는 상황에서 이를 전격 중단하고 귀국한다는 것은 매우 무모한 결정일 수 있었다. 나는 다른 어느 때보다 고심에 고심을 거듭했다. 진핵산 구조 연구의 중요성은 엄중하지만 과연 연구결과가 순탄하게 받아들여지고 진행되리라는 보장은 약했다. 오랜 기간 축적된 논문들을 재점검하여 필요한 조정을 거쳐야 하는 일에, 관련된 최고위급 학자들이 순조로이 협력할 여건이 조성될지 의문이었다. 독자적 연구는 진행하더라도 너무 초보단계이므로 연구비 지원을 받기가 쉽지 않고, 공개적 협력 연구는 감당할 준비가 되어 있지 않다고 생각되었다. 어차피 장기전이 될 가능성이 큰 만큼 원래의 꿈대로 귀국하여 농업유전공학 정착에 이바지하면서 순리대로 연구를 진행할 수도 있겠다는 쪽으로 결론을 내렸다. 1987년 7월 초로 귀국 시기가 정해지니 모든 일이 마무리 수순으로 들어가며 바빠졌다. 1986년에는 네 가지 학회에서 새로운 진핵산 구조에 관해 발표했다.

3. 귀국 전 꺾쇠호나선 진핵산 구조의 연속 발표

하버드대학 케언즈의 안내로 연결된 헐리데이가 주소를 알려 주어 주최자인 시몬즈(Symonds)에게 엠보 재조합 연수회(EMBO Recombination Workshop) 참가 신청을 했고, 행사정보가 왔다. 스코틀랜드 산골 스키 리조트에서 한적한 여름(1986. 6. 30.~7. 5.)에 열리는 국제학술행사였다. 런던 히드로우 공항-글라스고우 공항-애비모어 기차역에서 마중 나온 승용차로-네티브릿지(Nethybridge) 행사장에 이어지는 여행이었다. 한국에서 경춘선 열차를 타고 춘천을 거쳐 산골 스키 리조트와 골프장이 붙어 있는 장소를 찾아가는 것 같은 환상적인 분위기였다. 철교 아래 흐르는 강에서 천렵하는 사람도 보였다. 기차 좌석에 마주 앉아 책을 읽던 중년 부인은 자기 아들은 싱가포르에서 국제금융가로 활동하고 조카는 어느 국제 잡지의 편집인이라 했다. 영국인들은 평범한 일반인으로 보이더라도 일상적 사고와 활동이 전 세계를 무대로 한다는 강한 인상을 받았고 부러웠다. 이 엠보 연수회 참가자들도 모두 논문으로 익숙했던 국제적 명망이 있는 학자들이었다. 맥개빈, 할리데이, 코짜렐리, 래딩, 플랜더스도 만났다. 백 주년을 넘긴 영국유전학회 회장도 대화 중에 알게 되었다. 동양인으로는 스위스의 노벨상 수상자 아버(Arber)의 연구실에 있는 이이다(Iida)와 나뿐이었다. 모두들 서로 궁금한 내용에 관해 자유로이 대화를 나누었다. 새로운 내용에 한해 듣겠다고 슬라이드 3장으로 제한하는 바람에 꺾쇠호나선(FBI DNA)의 구조와 역위, 결실 부분만 발표했다. 삽입 부분은 발표할 기회가 없었다. 둘째 날 중식 후에는 스키장 꼭대기에서 걸어 내려오면서 대화를 나눴다. 다른 날에는 스카치 위스키 공장 견학도 즐겼다. 돌아오는 기차에서 나눈 학술 토론을 참고하여 복귀 후 바로 실험에 적용하기도 했다. 런던역을 거쳐 케임브리지에 사는 웨스트(Stephen West)의 집에서 하루 신세 졌다. 웨스트는 예일대 플랜더스 연구실의 박사후연구원이었다. 다음 날 왓슨과 크릭의 족적을 따라

단백질과 핵산 분자모형이 가득 찬 방도 둘러보았다. 현대 생화학 분자생물학 발전의 역사가 서린 현장을 방문하니 감회가 깊었다. 실험실로 돌아와서는 진핵산 결합 단백질을 분리하여 정제하는 연구에 착수했다.

이어서 시카고대학의 코짜렐리(Nick Cozzarelli)와 하버드대학의 왕(James Wang)이 공동주관하는, 진핵산 위상학을 주제로 하는 콜드스프링하버 학술회의(Cold Spring Harbor Meeting on DNA Topology)가 1986년 9월 17~21일에 열렸다. 나는 참가하여 포스터로 발표했다. 미국 농무성(USDA) 벨츠빌(Beltsville) 연구소에서 1986년 10월 15~17일 동안 열린 뉴잉글랜드 생물학대회에 참석하여 새로운 진핵산 구조에 관해 구두 발표했다. 이 행사에서 옥수수 미토콘드리아 진핵산을 연구하는 영국 학자 론스데일(David Lonsdale)을 만났는데, 마침 멀지 않은 버지니아주 마운트 에어리(Mt. Airy)에서 곧이어 식물 미토콘드리아 학술대회가 열린다고 했다. 나도 내친 김에 그곳까지 참석하여 구면인 많은 식물분자생물학자들을 만났고 새로운 진핵산 구조를 포스터로 발표했다.

4. 뉴잉글랜드 생활 1983~1987

뉴잉글랜드 사람이라는 소리를 들으려면 3대는 살아야 한다는 말이 있다. 미 대륙에 정착하여 초기 미국 문화와 나라의 틀을 만든 역사가 스며들어 있는 독특한 지역이다. 대도시들이 지역 안에 비교적 가까운 거리에 분포되어 있어서 짧은 기간에 많은 지역에서 일어나는 행사에도 참석할 수 있었다. 아이비리그(Ivy leagues) 대학들이 밀집된 지역이기도 하다. 농학계열 대학을 포함하는 로드아일랜드주립대학(URI, University of Rhode Island)이 위치한 킹스턴(Kingston)은 보스턴(Boston)에 있는 하버드와 MIT까지 2시간 10분이면 운전하여 갈 수 있고, 뉴헤이븐(New Haven)에 있는 예일대에도 2시간 20분이면 도달하는 거리였다. 뉴욕시 근교 롱아일랜드(Long Island)에 있는 콜드스프링하버연구소(Cold Spring Harbor Laboratory)에도 운전해서 다닐 정도의 거리에 있었으므로 항공여행에 따르는 경비와 절차가 대폭 절약되었다. 무엇보다도, 필요하면 아무 때라도 갈 수 있다는 심리적 거리가 가까워서 사고방식에도 영향을 주었다고 생각한다. 하버드와 MIT 생물학과에서 주관하는 콜로키엄 수신자 명단에 내 이름을 올려놓았다. 매 학기마다 당시 최고 연구업적을 내는 학자로 선정되어 초청되는 연사와 강연 제목을 받아 볼 수 있었다. 나의 관심분야에 맞으면 운전해 가서 듣고 밤늦게 돌아오면 되는 거리였다. 이들 학교에서 활동하는 저명한 학자들을 전화나 편지로 연락한 후 방문하여 논의하는 일도 용이했다. 플로리다에서는 외지에 방문하려면 비행기를 타든지 운전해도 중간에 하룻밤을 자야 하니 아예 생각도 못하는 일이었다. 새로운 진핵산 구조의 전자현미경 관찰은 플로리다주 탈라하씨(Tallahassee)에서 했고 네가닥 진핵산의 가능성을 생각했다. 꺾쇠호나선 진핵산이라는 새로운 구조의 이론적 근거와 문헌의 수집과 종합은 단연코 뉴잉글랜드 지역에 밀집한 아이비리그 대학과 콜드스프링하버 심포지엄에서 세계적 석학들을 직접 만나고 자유로이 논의할 수 있었기에 가능한 일이었다. 1983년 노벨 생리의학상은 매클린톡이 단독 수상하였다. 그녀는 40대에 옥수수 세포유전학으로 발견한 소위 '뛰는 유전자'를, 믿지 못하겠다는 외면을 받으면서도, 평생 독신으로 살며 연구하여 지켜낸 입지전적 인물이었다. 콜드스프링하버 연구소에서 1986년 만났을 때, 귀국한다는 나의 인사에 "행운을 빈다!"고 답해 준 그녀를 기억한다.

눈 안 오고 따뜻한 남쪽 플로리다의 넓고 탁 트인 조망과는 달리 뉴잉글랜드 킹스턴은 눈 많이 오고, 춥고, 오밀조밀한 작은 도시 분위기였다. 여름에는 집 앞뒤 마당의 잔디를 깎고, 가을에는 풍성히 떨어지는 낙엽을 긁고, 겨울에는 눈을 치우는 일이 만만치 않았다. 초겨울에 참나무 장작 한 트럭분을 받아 쌓아놓고, 도끼질로 장작을 패서 그 유명한 '버몬트 캐스팅(Vermont casting)' 나무 난로에 불을 잘 유지하면 집 안이 1, 2층 모두 따뜻했다. 플로리다 게인즈빌(Gainesville)에서는 웨스트사이드침례교회(Westside Baptist Church)에 다니며 찬양대원으로 활동했는데, 킹스턴에서도 대학에서 집에 가는 길목에 있는 교회(Kingston Congregation Church)에 다녔다. 수요일 저녁과 주일 아침 예배 전에 찬양대 연습을 했다. 중년인 여자 지휘자는 파이프 오르간을 두 손과 두 발로 직접 연주하면서 합창 지휘도 했다. 찬송가 외에 고전적 성가들도 다뤘다. 초기에는 뉴잉글랜드 생활이 느리고 생산적이지 못하다는 인상을 받은 적이 있었으나 나도 모르게 그 생활 관습에 잘 적응하고 있었다. 주말이면 가까이에 있는 갈릴리(Galilee) 항구에서 싱싱한 게와 바다가재(lobster)를 사 와서 양껏 쪄먹기도 했다. 관광지로 유명한 뉴포트(New Port)도 아무 때나 방문할 거리에 있었다. 지난날을 돌이켜 보면, 이런 문화와 자연과 도시를 가까이하면서도 집은 숲으로 둘러싸인 아늑한 생활 분위기에서 독창적 아이디어가 싹트고 연구에 집중할 수 있었다고 생각되기도 한다.

VI. 서울대학교 교수 및 연구활동기

햇수로 18년의 미국 생활을 뒤로 하고 귀국한 것은 1987년 7월 4일이었다. 고향에 돌아온 낯익음과 푸근함과 반가움이 있었다. 한편 큰 나무를 이식한 것 같이 뿌리가 새 땅에 제대로 정착하는 과정은 단숨에 쉽게 되는 일은 아니었다. 한국은 암울한 제5공화국 군사독재를 마무리하기 위해 대통령 직접선거로 노태우를 선출하였고, 88 서울올림픽 개최를 계기로 세계에 개방되는 많은 변화를 겪고 있었다. 나도 귀국에 따른 새로운 환경 적응에 바쁜 나날이 계속되었다. 그런 중에도 인천 인하대에서 열린 학술행사에 발표하여 과학기술총연합회 프로시딩스[4]에 꺾쇠호나선 진핵산(FBI DNA)에 관한 글을 남겼고, 이어서 임용표의 박사

---

4 B-D. Kim, "The Foldback Intercoil DNA: An Intermediate of Intramolecular and Intermolecular Recombination," *Korean Sci. & Engin. Assoc.* 10, 123-126, 1987.

논문을 한국생화학회지에 3편의 논문[5,6,7]으로 출판했다. 대학의 다양한 체제 개선 노력에 적극 참여했다. 농업생명공학협동과정 신설과 운영; 전국국립농수의대 연구기자재도입을 위한 차관사업; 한국연구재단 연구개발심의위원; 농업과학기술지원센터 설립 작업과 초대 전문위원; 한국분자생물학회 학회지(*Molecules and Cells*) 창간호 편집위원, 부회장; 생화학회 설악컨퍼런스 준비위원장; 한국원예학회 총무간사, 편집간사, 부회장; 한국생화학회 유전체연구회 창립회원; 한국유전체학회장 등 연구실과 동떨어진 일에 시간과 정력이 소모되었으나 장기적 발전을 위한 디딤돌을 쌓는 일이었다. 발전을 위한 기반이 제대로 갖춰지지 않으면 실험실에 남아 있어도 될 일이 없었다.

실험실에서는 식물형질전환 연구와 미토콘드리아 진핵산과 효소 분리에 관한 연구를 초기부터 꾸준히 진행했으나 현실적 한계를 넘기에는 역부족이었다. 형질전환은 기술은 확보되었으나 좋은 유전자를 찾는 기술은 막혀 있었다. 진핵산 구조 연구는 기초연구실에서 진행되어야 할 내용이었다. 마침 서울대 관악교

5 Y. P. Lim and B-D. Kim, "Isolation and Characterization of a DNA-binding Protein from Pearl Millet Mitochondria," *Korean Biochem. J.* 21(4), 351-356, 1988.

6 Y. P. Lim and B-D. Kim, "A Novel Topoisomerase from Soluble Fraction of Pearl Millet Mitochondria: Its Purification and Characterization," *Korean Biochem. J.* 21(4), 357-364, 1988.

7 B-D. Kim and Y. P. Lim, "The Foldback Intercoil Structure of pBR322 DNA Induced by a Novel Pearl Millet Mitochondrial Enzyme," *Korean Biochem. J.* 22(1), 19-25, 1989.

정에 유전공학연구소가 만들어져서 나도 운영위원으로 참여했다. 연구공간을 배정받아 3명의 대학원생도 파견하여 진핵산 관련 효소분리 연구를 진행하게 했으나 처음부터 우려했던 대로 먼 거리에 떨어져 있어 발걸음이 뜸해져, 수시로 의논이 필요한 연구가 표류하기 시작했다. 그 당시 나는 수원교정에 출근하여 매 학기 학부 1과목, 대학원 1과목을 강의했다. 학부 과목은 식물생리학, 식물조직배양학이었다. 대학원 강의는 대학 공통과목으로, 분자유전학, 유전자조작론, 세포생물학특론, 식물조직배양학특론이었다. 원예학회 행정을 도맡아하면서 『원예학 세계』를 창간하며 광고 수입을 올리고, 학회행사에 기기전시를 유치하여 광고비를 받아 직원을 고용했다. 학회 업무를 전산화로 체계화했다. 세계원예학대회(Horticultural Congress 2006)를 서울로 유치하는 실무를 담당하여 성사시켰다. 설상가상으로 연구기자재 도입을 위한 차관사업 유치위원으로서 서울 광화문 옆에 있는 교육부, 과천에 있는 재무부와 경제기획원을 수시로 방문하여 담당 공무원을 설득하고 수원 학교에 와서 차관사업관련 위원회 작업에 시간을 소진했다. 대전에 있는 한국과학재단에 연구개발 심의위원으로서 경부고속도로를 운전하여 다니며 각종 마감일정을 맞춰야 하는 심사업무가 끊임없었다. 신설된 농업과학기술지원센터의 초대 전문위원 업무도 추가되었다. 과로와 운동부족은 결국 오십견 통증으로 찾아왔고, 물리치료를 받으며 출근하기에 이르렀다. 그러나 내가 관여했던 크고 어려웠던 일들은 다행히 좋은 결실을 맺고 성장되고 있어서 보람 있었다. 아쉽게도 진핵산 구조관련 연구는 연구비 신청을 중단하여 일단 휴식을 갖기로 했다. 농업에 도움이 될 현실적 연구로 방향을 조정하게 되었다.

1. 식물분자유전육종연구센터

내가 참석한 1989년 10월 1일 미국 샌디에이고 타운앤컨츄리(Town & Country)에서 열린 인간유전체 1(Human Genome I) 행사에서는 미국을 중심으로 인간유전체연구사업에 연방정부 예산 지원이 확정되어 환호성이 터졌다. 1990년 10월 시작하여 15년간 진행될 연구사업에 왓슨이 초대 사업단장으로 임명되었다. 인간유전체사업 국제협력체에 일본과 중국이 포함되었으나 한국은 인적자원도 예산도 없어 소외되었다. 일본을 중심으로 벼유전체 국제공동연구사업이 진행되고 있었다. 한국은 농촌진흥청에 신설된 농업유전공학연구소에 벼유전체사업단이 구성되어 벼 염색체 2번의 끝부분을 맡아, 일단 연구의 맥락을 따라갈 정도가 되었다. 한국의 세계화 개방에 취약한 농업을 살리기 위해 마련된 소위 '농특세 연구비' 사업이 시작되면서 나는 고추유전자지도 작성을 위한 5개년 연구를 1995년에 시작할 수 있었다. 치열한 국제경쟁을 빗겨 가면서 한국 농업에 효자 종목인 고추를 고심하여 선정했다. 훗날, 한『네이처』지 편집인이 나에게 "고추는 탁월한 선택이었다."라고 평가한 적이 있었다. 이 연구 성과가 바탕이 되어 과기부-과학재단의 우수연구센터 사업에 선정되었다. '식물분자유전육종연구센터'는 1999년 출범하여 9년간 잡무에 시달리지 않고 연구에만 집중할 수 있게 해 주었다.

2008년 우수센터가 종료되면 1년 후에 정년퇴임이므로 모든 잡무를 끊고 고추유전육종연구에 전념했다. 그 결과 국제경쟁력도 최상위로 올랐고 종자회사가 우수 계통 선발에 분자표지를 사용하는 소위 '분자육종' 시대가 자리 잡았다. 우수연구센터 사업에 함께 참여한 교수들에게서 우수한 제자들이 배출되어 현재 중견과학자 군으로 활동하고 있고 3개의 창업도 유지되고 있다. 귀국 후 초기 5년간 발표해 왔던 새로운 진핵산 구조[8] 연구는 접고, 그 이후는 고추 연구에 집중하며 발표했으므로 나는 고추 분자유전육종 학자로서, 고추 할아버지로 국내외 학계에 더 알려졌다. 꺾쇠호나선 진핵산 구조 이야기는 잊힌 일이 되었다.

2. 정년퇴임 직전 진핵산 구조 책 출간으로 기록 정리

진핵산 구조 관련 연구는 중단된 후 몇 차례 재기를 시도했으나 결국 회복하지 못했다. 두 마리 토끼를 좇기는 어려웠다. 이 연구에 관여했던 대학원생들에게는 큰 빚을 진 마음이 항상 남아 있다. 이 연구의 후계자를 키우지 못한 일은 큰 손실로 기억될 것이다. 연구여건과 주변상황이 전혀 호의적이지 않았다. 정년퇴임이 임박하여 더 이상 작은 실험도 시도할 수 없는 시점이 다가왔다. 고심하던 나는 출판하지 못한 '위치특이삽입'과 '전위' 부분의 공간모형 사진을 포함하여 꺾쇠호나선 진핵산(FBI DNA)

---

8 T-S. Moon, S-M. Kim, and B-D. Kim, "The Structure of Four-stranded DNA: A Theoretical Approach," *Mol. Cells*, 4, 289-294, 1994.

리뷰논문으로 정리하기로 했다. 내용의 중요성으로 보아 『네이처』나 『사이언스』에 게재되어야 할 것이지만, 이제까지 몇 번 거절된 경험이 있어서 자칫 시간낭비와 출판 불발의 위험도 간과할 수 없어 국내출판을 택했다. 내 경력에 남은 시간이 별로 없고, 무엇보다 중요한 것은 기록을 남기는 일이었다. 이 리뷰 논문[9]은 영어로 써서 한국과학기술한림원 리뷰학술지 2007년판에 게재하고 이 분야 각국 전문가들에게 전달했다.

이어서 한림원이 지원하는 석학 시리즈 책 집필자에 선정되어 2008년에 『아직도 풀리지 않은 이중나선의 비밀(*Foldback Intercoil DNA*)』[10]을 한글 단행본으로 출간했다. 그동안 여러 곳에 출판되었던 영문 논문도 모두 이 책 뒷부분에 포함했다. 콜드스프링하버 연구소 홈페이지 안의 "메모리 보드"에 올린 나의 영문 글들도 포함했다. 우수연구센터 2008년 종료를 위한 마무리 작업과 2009년 정년퇴임을 1년 앞둔 상황에서, 바쁜 시간을 쪼개어 집필했다. 20여 년 휴지기간에 국제학술지에 발표된 진핵산 구조, 재조합, 복제 관련 논문 수백 편을 찾아 복사하고 정선된 논문을 정독하고 소화하여 퇴임 직전에 리뷰논문과 책으로 써 낸 것은 엄청난 집중을 요하는 일이었다. 이 일이 이 시점에서 미흡하나마 정리되어 기록으로 남게 된 일은 진심으로 다행이다. 20

9 B-D. Kim, "The Foldback Intercoil DNA: Its Implication on DNA Structures and Functions," *KAST Rev. Mod. Sci. & Tech.* 3, 65-79, 2007.

10 김병동, 『아직도 풀리지 않은 이중나선의 비밀(*Foldback Intercoil DNA*)』, 자유아카데미, 336p, 2008.

여 년간 학기마다 분자유전학과 세포생물학에 관한 원서 전체를 영어로 강의하면서 나도 모르게 준비해 온 생각들이 도움이 된 것 같다. 대학원생들의 도움도 컸다. 진핵산 구조에 관한 리뷰와 단행본을 집필하면서 나는 이 주제에 관하여 초기에 내가 모르고 만든 일부 오류도 알게 되었고 더 종합적 관점에서 명확히 논점을 제시할 수 있었다. 더욱이 아직 다루지 않았던 진핵산 복제 과정도 분명 새로운 구조로 설명할 여지가 있다는 심증을 굳히게 되었다. 따라서 나는 정년퇴임 후에는 진핵산 구조와 기능에 관한 연구와 총정리에 몰입하여 큰 그림을 완성하기로 마음을 정했다. 영문 리뷰 논문(2007)과 한글 단행본(2008) 출간을 계기로 꺾쇠호나선 진핵산을 알리는 외부 발표도 재개했다.

3. 꺾쇠호나선 진핵산 구조 발표 재개

평창 휘닉스파크 리조트에서 열린, 박영우 서울대 교수가 조직한 2008년 과총 주관 심포지엄에서 꺾쇠호나선 진핵산을 발표하고 참석한 스웨덴 물리학자에게 책을 전달했다. 독일 콜론(Cologne)에서 2008년 10월 12~16일에 국제가지과작물유전체학회(SOL)가 열렸다. 그동안 해 오던 고추연구 발표에 추가하여 나는 특별히 기조연설자의 기회를 활용하여 꺾쇠호나선 진핵산에 관해 발표했다. 이 자리에는 1980년과 1984년에 CSH 심포지엄에서 만난 재들러(Heinz Saedler)도 있었다. 그는 박테리아 전이요소(Insertion Sequence element)의 최초 발견자 중 하나로서 매클린톡의 옥수수 연구에 연계해서 국제학계의 명성이 높았다. 그에게 신간을 전했다.

매년 1월 중순 미국 샌디에이고에서 열리는 식물동물유전체학회(Plant and Animal Genome Meeting)에서 고추연구 결과를 발표해 왔다. 마지막 참가가 될 2009년 1월 10~14일 회의에서는 고추연구에 추가해서 두 군데 발표장에서 꺾쇠호나선 진핵산(FBI DNA)에 관해 발표했다. 유전체연구 운영위원회(steering committee)가 미국, 영국, 프랑스 등 주요국 연구비 관리기관 대표들과 관심 있는 학자들을 별도로 초청한 회의가 소집되었다. 유전체 연구가 많이 진전된 상황에서 앞으로 10년간 새로이 집중할 국제협력연구 과제를 1년간 준비하는 위원회를 구성하고자 하니 관심 있는 사람은 자원하기 바란다고 했다. '애기장대의 후성유전학 연구'를 예로 들었다. 이번에 발표한 꺾쇠호나선 진핵산 구조를 후성유전학과 연계하여 이런 협력연구사업을 추진한다면 훌륭한 기회가 될 수도 있었을 것이다. 서울대에서도 강원도 평창에 새로운 캠퍼스를 조성하는 등 사업들이 진행되고 있었으므로 국제협력으로 연결할 좋은 발판이 될 수도 있었을 것이다. 그러나 나는 이제 곧 정년퇴임을 하는 처지여서 새로운 일을 벌이기 어렵다고 나의 상황을 설명했다. 현실적으로, 고추연구는 연구재료와 대학원생, 연구원들을 이미 후임 교수들에게 모두 인계했다. 앞으로 집중하기로 한 진핵산 구조 연구는 이제 공부를 시작해야 하는 단계여서 구체적 실험 체제가 갖추어지지 않았고 마음의 준비도 되지 않은 상태였다. 이 연구의 내용을 이해하고 협력할 제자나 후진 교수가 확보되지 않은 것이 결정적 약점이었다. 돌아가면 바로 연구실을 정리하여 비우는 일이 시급했다. 대규모 연구비 사업으로 벌이게 되면, 정년퇴임한 일개 명예교수 신분으로는 감당이 안 된다는 것이 나의 솔직한 심정이었다. 준비와 적응에 시간이 필요했다.

VII. 정년퇴임 및 지적 탐험기

나에게도 정년퇴임의 시계는 어김없이 닥쳐왔다. 식물분자유전육종연구센터 소장으로 9년간, 퇴임 1년 전까지, 연구에 전념할 수 있었던 것은 행운이었다. 고추 분자유전학 연구사업의 열매가 달리기 시작하는 무렵에 퇴임하게 되었지만, 후임교수들(강병철, 최도일)에게 대학원생, 연구원과 함께 연구 시설과 자료까지도 단절 없도록 순조롭게 인계할 수 있었던 것도 다행이었다. 다만 꺾쇠호나선 진핵산 연구를 중도 하차한 후 복귀하지 못하여 후계자를 양성하지 못한 것은 중요한 손실이었다. 그나마 퇴임 직전에 한국과학기술한림원의 후원으로 리뷰 논문과 석학저술로 미흡한 대로 정리한 것은 다행이었다. 퇴임이 임박하면서 국내와 국외 발표를 하는 동시에 연구사업의 연속 가능성에 대해 고심이 컸다. 그러나 퇴임에 임하여 마음이 정리되니, 내 인생에서 일하지 않고 쉬는 일이 한 번도 없었으니, 모두 내려놓고 있는 그대로 경험해 보는 것도 좋겠다고 생각되었다.

1. 신앙, 등산, 합창

활동성을 유지하기 위해 일찍 일어나 걸어서 갈 정도로 가까운 사랑의교회에 새벽기도에 참석하여 신앙생활을 회복했다. 차츰, 주 1회 다락방 모임에도 참석했다. 이는 성경대학 1년, 교리대학 1년, 제자훈련 1년, 사역훈련 1년으로 이어졌다. 부족했던 성경 지식과 영성이 많이 강화되었다. 무엇보다도, 내가 당면한 과학적 탐구활동의 의미를 검토하고, 약해지는 마음에 용기를 북돋울 수 있었다. 구약과 신약을 관통하여 더욱 깊고 넓게 보는 역사관, 종교관을 갖게 되었다. 나의 학문 탐구의 길에서 과거 지나온 여정과 미래 전개될 전망에 비추어 현재 통과하는 일상을 점검하는 일에 성경구절을 상기하고 기도하며 마음을 추스르는 일이 힘의 원천이 되었다.

고등학교 동기들의 등산모임에 참여하기 시작했다. 북한산, 도봉산에 오르면서 잊었던 호연지기를 회복했다. 젊은 후배들이 많은 서울고등학교 총동창회 산악반 행사에도 가끔씩 참가하여 좀 더 길고 높은 산행도 즐기게 되었다. 2013년 12월 10일에 맞는 70세 생일을 끼고 히말라야 트레킹에 참가하여 푼힐 전망대에서 안나푸르나 남봉을 바라보았다. 세월이 흐르면서 동기들의 산행이 북한산 정상 대신 청계산 매봉으로 바뀌더니 매봉도 말고 둘레길 걷기로 만족하게 되었다. 그 무렵 서울대 교수산악회에 합류하기 시작했다. 현역교수가 대부분이므로 역시 따라가기 힘들어 내가 민폐를 끼치는 일도 생겼다. 하지만 몸 단련에 도움이 되고 다양한 전공으로 구성되어 있어 재미있어서 열심히 따라 다닌 결과 뒤에 처지는 일은 없게 되었고, 자연관찰과 다양한 대화가 내용이 충실해지는 단계에 이르렀다. 약방 사업을 정리하고 양양에 집을 정한 고교동창 친구가 설악산 대청봉에 올랐었다고 했다. 귀가 번쩍 띄었다. 설악산은 군대시절에 한계령에서 추석을 맞기도 했던 산이었다. 10년간 설악컨퍼런스에 참석하면서 매년 울산바위나 금강굴을 방문했으나 대청봉은 기회가 닿지 않았었다. 양양 친구의 경험에 고무되어 다섯 명이 2018년 오색에서 대청봉에 도전하여 원점 회귀에 성공하여 노익장을 확인했다. 그때의 강렬한 인상이 「대청봉 바람」이라는 제목의 시로 맺혀 남았다. 다음 해에는 한계령에서 서북능선을 따라 중청대피소에서 일박하고, 다음 날 대청봉, 소청봉, 희운각, 천불동 계곡을 지나 설악동으로 내려올 수 있었다. 험난해 보이지만 환상적으로 눈앞에 펼쳐진 공룡능선은 다음 해에 도전할 목표가 되었다. 2020년 두 사람이 공룡능선 등반길에 올랐으나 마등령에서 신흥사로 회귀하여 절반의 성공으로 끝났다. 체력준비와 사전 준비와 산행습관을 대폭 개선해야 다음에 공룡능선을 종주할 수 있을 것이라는 중요한 교훈을 얻었다. 산행은 내 몸과 마음의 정기적 건강 검진이기도 하다. 해를 거듭할수록 보이지 않던 경치에 길눈이 트인다. 나무와 꽃을 가까이 관찰하면서 생명현상에 대하여 하나의 생태계로 입체적으로 보는 개념이 생긴다. 꽃과 나무의 형태와 성장을 보면서 분자유전학적으로 새로운 관점을 키우는 계기도 된다.

서울대학교 교수합창단에 가입한 것은 정기적으로 만나던 동료 명예교수의 권유로 가능했다. 미국에서는 교회 성가대에 참여했었으나 귀국 후에는 너무나 바쁜 일정에 매여서 엄두도 못 내었다. 교수합창단은 서울대 음대 시설에서 음대교수의 지휘로 진행되고, 음대 출신 조교들이 가까이서 함께 참여하므로 이제야 제대로 노래를 자신 있게 배우고 향상할 수 있게 되었다. 합창단에 참여하기 1년 전에 만파식적이라는 국악반 가입을 권유받아 단소를 배우고 친분을 쌓는 계기가 있었다. 그런데 중급반으로 오르려니 연습에 투입하는 시간이 절대 부족하여 동료들과 진도를 맞추지 못하는 지경에 이르렀고, 결국 중도하차했다. 한편, 합창은 정해진 시간에 열심히 참여하면 따라갈 정도는 되었다. 농생대 동문회에서 합창단을 조직한다는 소식이 들리고 나에게 단장을 맡으라는 제의가 들어왔다. 학창시절에 참여했던 '보헤미안 글리클럽'에 대한 향수가 있고, 동문회에 하나의 활력소가 될 수 있겠다는 생각으로 수락했다. 2019년 10월 창단 행사를 가졌고 농생대 동창회 신년인사회에서 공연도 했다. 정기적 연습이 진행되던 중 2020년 3월에는 2019년 11월 중국 우한에서 시작된 팬데믹으로 모든 모임행사가 중단되었는데 아직도 그 상태이다. 노래 부르는 일은 기분을 즐겁게 할 뿐 아니라 발성과 호흡의 훈련으로 건강 증진에도 도움 된다. 더욱이 노래 가사는 대부분 내면의 세계를 깊이 돌아보게 하고, 곡조는 조화로운 명상으로 이끄는 힘이 있다. 합창은 독창과 달리 화음을 만들기 위해 귀 기울이고, 기다리면서도 자기 소리는 정확하게 때를 맞춰 부르므로 사회성과 협동심 함양에도 도움이 된다.

2. 학술 단체 활동

2000년 회원으로 가입했지만 정년퇴임(2009)에 임박하여 한림원 리뷰논문(2007)과 한림석학저술(2008)을 출판한 것을 계기로 한림원 감사로 선임되었다. 정근모 원장은 나의 우수연구센터도 방문하여 발표를 들으시고, 저술과 고등학교 석학특강 활동에 관심을 가지고 응원해 주셨다. 이를 계기로 분당 미금역 인근에 있는 한국과학기술한림원의 행사에 열심히 참석하고 분당성남지부교류회를 운영하면서 학자들과 학술교류를 유지했다. 고등학교 석학 강연 프로그램을 운영하면서 꺾쇠호나선 진핵산에 관한 나의 연구를 심화하고 문헌 자료를 정리하는 기회로 삼았다. 대학원생이나 직원의 도움이 전혀 없이 홀로 하는 연구이므로 느리게 진행될 수밖에 없는 현실을 실감했다. 한편, 현직의 각종 의무를 벗어났고 석박사 대학원생의 수준에 맞추던 나의 연구 개념을 벗어났으므로 내 자신의 생각에만 더욱 집중할 수 있었다. 새로이 유발되는 기관 행정의 부담에 개입할 기회는 회피하여 자유로운 시간을 갖는 데 무게를 두었다. 과학나눔포럼, 참행복나눔운동 등 과학자들의 모임에도 참여하였으나 결국 내 생애에 남은 제한된 시간의 쓰임새를 의식하지 않을 수 없어 수동적으로 참여하면서 교류를 유지하는 데 만족해야 했다. 서울 인근에서 열리는 관련 학회 학술행사에도 가능한대로 참석하여 연구동향을 파악하고 새로 귀국한 과학자들을 만나기도 했다.

서울대학교 명예교수연구동에 자리를 잡을 수 있게 되어 서울대학교로 출근하는 날이 늘었다. 문헌탐색 활동도 늘었다. 그러나 다시 사회활동의 부담이 늘기 시작했다. 명예교수회보 편집위원을 거쳐 편집위원장을 맡았다. 한편 한국시니어과학기술인협회가 새로이 2016년 3월 9일 발족되면서 나는 매거진 편집위원장이 되어 창간호를 만드는 일에 꼬박 1년을 투입했다. 나로서는 연구논문을 찾아 읽고 정리하는 데 집중하는 일이 시급하다는 현실인식에 눈을 뜨면서 단체 활동에서 무거운 짐을 대폭 내려놓았다. 논문 검색과 연구에 집중하면서 생각이 정리되기 시작했다. 그러나 나의 의지와는 관계없이 인터뷰, 홍보, 모임 등 일에 얽혀 들어가는 일이 빈번하게 일어났다. 처음에는 호의를 가지고 대응했으나 보이지 않는 손들에 의한 외세개입이 늘어나면서 활동의 자율성과 자연스런 대인관계의 해석에 혼란을 초래하는 일이 늘었다. 설상가상으로, 서초동 우성아파트가 재건축에 들어가게 되어 4년간 전세로 이사하는 일이 벌어졌다. 도곡동으로 이사하니 주거지역에 적합한 아늑함이 있는 대신 대중교통 환승이 많아져 교통 시간이 늘어났다. 전세 아파트 구조의 변화가 생활 습관을 변질시키고 집중력을 분산시키는 역효과가 있음을 처음으로 실감했다. 2020년 3월경 본격화된 코비드19 팬데믹은 세계적인 혼란을 몰고 왔다. 결과적으로 이 기간은 생산성이 현저히 감소되며 의기소침해진 시간으로 기억된다. 신앙은 내재화된 기도와 찬양으로 버텨야 했다. 2020년 10월 본래 주소지의 재건축된 아파트에 입주한 후 주거환경이 안정되면서 나의 활동에도 긍정적인 기운이 되돌아옴을 느낀다.

정년퇴임 후 12년차에 들었다. 현직에서 물러난 이후 활동성과 효율성이 현저히 떨어지고 노력이 분산된 관계로 연구에는 의도한 만큼의 진전이 없었다. 한림원과 시니어과협 활동은 소속감과 유대감을 강화하는 순기능이 있는 반면 내가 추구하는 문제의 해결에는 구체적인 도움을 받기보다는 보이지 않는 손에 의해 지속적으로 관리되고 있다는 감을 떨쳐버릴 수 없다. 나의 목표하는 바 연구의 정리와 완성을 위해서는 역시 나 자신의 당면한 일에 더 집중할 수 있는 여건이 형성되어야 함에도 불구하고 현실은 오히려 격리시키는 방향으로 영향력이 미치고 있다. 나의 이론적 연구가 현직에 있는 주니어 연구집단에 연결되는 방향으로 활동무대가 조정되어야 마땅하다. 국제협력의 필요성에 당연히 공감하면서도 국내 연구진과 실행기반이 구성되지 않은 상황에서는 단독으로 국제 활동에 노출되는 것은 효율성이나 지속성으로 볼 때 바람직하지 않아 실현 가능성이 지극히 낮다. 국내외 연구진과 활발한 교류가 이루어지기에 적합한 여건 조성이 아쉽다.

3. 꺾쇠호나선 진핵산 발표활동

한국생화학회 춘계 학술대회(2009. 5. 12.)에 '진핵산 구조와 기능' 심포지엄을 내가 구성해서 4명의 연사가 발표했다. 설악컨퍼런스(2009. 6. 26.)에도 다시 참석하여 발표했다. 코펜하겐 대학에서 2009년 6월 15~16일 열린 "크로마틴, 복제 및 염색체 안정성"에 관한 ABCAM 주관 학술대회에 참가하여 포스터로 발표했다. 콜드스프링하버연구소의 스틸만(Bruce Stillman)이 주제 발표를 했고, 영국의 발생생물학자로 이후 노벨상을 공동수상한 거돈

(John B. Gurdon)도 참석했다. 베이징 BIT 학회(2009. 11. 19.~21.)에서도 발표했다. 한국생명공학연구소, 성균관대, 서울대 생명과학부 등 국내 여러 기관도 방문하여 발표했다. 새로운 진핵산 구조에 관심을 촉구하고 협력 연구자를 찾기 위한 노력이었다.

한국생화학분자생물학회 안에 김경규 교수와 내가 공동위원장으로 핵산구조기능분과를 신설하여 2010년 7월 6일 제1회 학술회의를 서울대에서 열었다. 서울대 김병동, 서울대 화학과 김진수, 성균관대 물리학과 박성하, 포항공대 화학과 김병현 교수 등이 발표했다. 제2회 학술회의까지 개최한 후 나는 관심의 끈을 놓고 말았다. 은퇴한 교수의 한계성에서 나도 예외는 아니었다. 박성하 교수와는 지속적으로 만나 꺾쇠호나선 진핵산의 나노 구조를 합성한 논문이 2014년[11]과 2018년[12] 공동저자로 출판되었다. 김진수 교수는 소위 '유전자가위기술'의 서막을 여는 징크핑거뉴클리에이즈(ZFN) 논문의 2011년 발표를 시작으로 국제학계의 주목을 받고 있다.

성남시 분당구 미금역 인근에 신축된 한국과학기술한림원에 감사 자격으로 출입하면서 분당성남지부 회원들과 3개월마

---

11 B. Kim, S. Jo, J. Son, J. Kim, M. H. Kim, S. U. Hwang, S. R. Dugasani, B-D. Kim, W. K. Liu, M. K. Kim, and S. H. Park, "Ternary and Senary Representations Using DNA Double-Cross-over Tiles," *Nanotechnology*, 25(10), 105601, 5p, 2014.

12 J. Son, S. Jo, Y. Song, B. H. Lee, M. K. Kim, B-D. Kim, and S. H. Park, "Construction of Foldback Intercoil DNA Nanostructures and Analysis of Their Vibrational Modes," *J. Phys. Chem. C*, 122, 2890-2896, 2018.

다 모여 학술발표와 교류를 하는 모임을 지속했다. 이 과정에서 인근 고등학교에 한림원석학강연 프로그램을 시작했다. 고등학생에게는 다소 어려운 내용이었으나 나로서는 개념 정리와 전파에 의미가 컸다. 꺾쇠호나선 진핵산의 내용을 설명하고, 이미 보고된 학술 문헌에서 꺾쇠호나선 진핵산의 개념이 적용될 수 있는 내용들을 찾아 소개했다. 음악 한류가 세계로 뻗어 나가는 이때 곧 닥칠 과학 한류도 준비하자고 강조했다. 노벨화학상 수상자 그럽스(Robert Grubbs)를 분당중앙고등학교에 초청강연으로 안내했다(2012. 7. 12.). 학생들의 반응은 뜨거웠다. 이후 이 학교의 대학교 진학 성적이 괄목하게 성장했다. 한림원 석학의 고등학교 강연은 성과와 반응이 좋아 여러 학교로 확대되었고 이후 정부 예산이 배정되어 전국 소외지역 중고등학교를 대상으로 확대되었다. 멘토-멘티 프로그램에도 참여했다. 한림원 행사를 통해 국제석학을 만나는 기회도 많이 생겼다.

스틸만(Bruce Stillman)은 콜드스프링하버연구소 소장이며 진핵산 복제분야의 대가이다. 세계세포생물학대회가 2008년 서울에서 열렸을 때 서울대학교에서 만나 나의 신간을 전달했다. 콜드스프링하버 2009년 심포지엄 때 왔슨을 그의 사무실에서 접견하고 나의 신간을 전달했다. 그는 그의 아내가 편찬한 연구소 경관 소개 책을 선물로 맞교환했다. 콘버그(Roger Kornberg)는 노벨상수상자로서 한국에 여러 번 초청되었다. 한국생물물리학회(2011. 5. 19.)에서 내가 꺾쇠호나선 진핵산에 관하여 발표한 바로 다음 순서로 기조연설을 했다. 그는 나의 발표가 대단히 흥미롭다고 말했다. 항공일정 때문에 충분한 대화를 나눌 시간은 없었지만 나의 책자를 전달했다. 알버츠(Bruce Alberts)는 세포생물학 교과서 저자이며 미국과학한림원(National Academy of Sciences) 원장이었다. 한국한림원에 2004년 회의차 방한했을 때 공항에서 영접하여 나의 학교 연구실을 다녀간 적이 있다. 그와는 미국과 한국에서 여러 번 만났고 2015년에는 작성한 논문 원고를 그에게 보내기도 했다.

브레너(Sydney Brenner)는 노벨상수상자로서 한국에 여러 차례 초청되었는데, 그때 나의 책을 전달했다. 그의 2012년 서울 방문 시 잠시 만나 대화를 나눴다. 나는 2003년 런던 왕립학회(Royal Society of London)에서 진핵산 이중나선구조 발견 50주년 기념행사를 했을 때 참석하여 여러 차례 발표자들에게 궁금한 점을 질문했다. 이 행사는 왓슨이 알려 주어 참석할 수 있었다. 2002년 10월 코넬대학교에서 우리 우수연구센터와 공동심포지엄 행사를 마친 후 귀국길에 왓슨의 연구실을 방문했기 때문이다. 그때, 지금은 고추 분자유전육종을 연구하지만 꺾쇠호나선 진핵산에 관한 관심을 접은 것은 아니라는 뜻을 나의 파워포인트 사진과 자료를 보여 주며 설명했다. 그 2003년 런던 행사에 왓슨, 스틸만과 함께 참석한 브레너는 출판에 도움을 줄 수 있으니 마음 편히 연락하라고 나에게 말했었는데, 그의 말을 서울 행사장에서 상기시켰다. 그의 도움이 필요하다는 말을 나는 했으나 그 후 나도 그도 직접적인 연락은 하지 않았다.

4. 진핵산 전이 작동원리 꺾쇠호나선 구조로 설명

다만 세월이 흘러 한국유전학회 회장 김남수의 주관으로 식물유동성인자 특별심포지엄이 국립생물자원관에서 2013년 2월 18일 열렸다. 나는 "염색체, 이동성 유전자, 그리고 FBI DNA"라는 주제로 기조연설을 했다. 특강 내용은 정리되어 다른 발표자들의 글과 함께 특집으로 2014년 Genome and Informatics에 출판되었다. 이 종설 논문의 주제는 '꺾쇠호나선 진핵산과 진핵산 전이의 작동원리'[13]였다. 이 내용은 2008년 책자에서 진핵산 공간모형 사진으로 설명했지만 영문으로 독립된 리뷰 형식으로는 발표되지 않았음을 깨달아 별도 논문으로 쓰게 된 것이었다. 이동성인자 분야 연구자들의 축적된 논문을 종합 검토한 후, 꺾쇠호나선 진핵산 구조모형과 전자현미경 사진 정보를 사용하여 새로운 관점에서 이동성인자 전이과정의 작동원리를 구체적으로 제안했다. 진핵산 이동성인자 전이의 경우에는 꺾쇠호나선 구조의 반복서열이 자리하는 기둥구간이나 뾰족한 끝으로 보이는 고리구간을 사용하지 않고, 네 가닥 꼬임이 끝나면서 두 개의 두 가닥(duplex)으로 벌어지는 바닥 지점을 사용한다. 이 부분이 진핵산 표적 부분에 접촉하여 '엇박자 자르기와 잇기(staggered cut and paste)'로 발생하는 5~7 염기 외가닥 부분을 '진핵산수선복제(DNA repair replication)'로 채우면 '표적진핵산 부분의 정방향반

13 B-D. Kim, "Foldback Intercoil DNA and the Mechanism of DNA Transposition," *Genomics Inform.* 12(3), 80-86, 2014.

복(direct target duplication)'이 생기는 이유가 바로 설명된다. 진핵산전이인자 양끝의 반복서열은 네가닥으로 모아져야 하고 전이 직전에 '두가닥 잘림(DSB, double strand break)'을 거친다는 것이 기존 논문들과 합치함은 물론, 표적에 옮겨 들어가는 과정은 반복서열 부분을 쓰지 않고 '비상동말단결합(NHEJ, nonhomologous end joining)' 방법이 쓰임을 확인했다.

이로써 초기에 제안했던 진핵산의 역위, 결실, 삽입 작동원리에 이어 전위 작동원리에 관해서도 제대로 정리하는 계기가 되었다. 결국 꺾쇠호나선 진핵산 구조는 생체 상황에서는 네가닥인 기둥 부분, 고리 부분, 바닥 부분, 이들 세 부분을 상황에 따라 적절히 활용함을 확인했다. 즉, 꺾쇠호나선 진핵산 구조는 반복서열이 큰홈에서 만나는 상동재조합을 중개함과 동시에 꺾어진 고리 부분에서 작은홈(minor groove)이 접근하면서 두가닥 자르기(double strand break)로 연결하기도 하며, 바닥 부분에서 두가닥 자르기와 비상동말단결합(NHEJ)을 중개하기도 함을 종합적으로 제시하였다.

5. 긴반복서열의 존재 이유 설명

꺾쇠호나선 진핵산 공간모형을 사용하여 진핵산 가닥을 편집하는 작동원리를 위에서와 같이 설명할 수 있었다. 한편, 이 과정을 거치면서 아직도 해결해야 할 몇 가지 남은 과제가 분명히 드러났다. 그중 첫째는 긴반복서열(long repeats)의 구조와 기능에 관한 설명이다. 이제까지 꺾쇠호나선 진핵산 구조로 설명한 작동원리는 비교적 짧은 반복서열(oligo-repeat)을 이용했다. 이 짧은 반복서열은 인간유전체에 무수히 많지만, 현행 생물정보학 프로그램으로는 해상도와 정밀도의 한계를 벗어나 집계되지 않는 문제를 안고 있다. 한편, 인간유전체에서 46.6%를 차지하는 긴 반복서열의 역할에 대한 진핵산 차원의 구조적 기능적 설명은 부족하다.

따라서 긴반복염기서열(long repeats) 문제에 집중할 필요가 생겼다. 진주조 미토콘드리아 진핵산의 전자현미경 사진 중에서 관찰된 긴막대모양 진핵산의 구조와 기능이 관련될 수 있겠다고 생각되었다. 꺾쇠호나선 진핵산에서 혼성두가닥 진핵산으로 전환되면 우회전나선 구조에서 약간 좌회전하면서 뻗정다리 모양이 되고 전체 직경은 굵어진 상태가 된다. 나는 1983년 논문에서 굵고 가는 두 가지 긴막대모양이 진핵산 복제에서 엉킴 없는 분리(paranemic separation)의 중간산물일 수 있음을 지적한 바 있다. 막대모양 진핵산은 흐물흐물한 두 가닥 진핵산보다는 분명 두꺼운, 네 가닥 이상으로서 호나선, 혼성두가닥, 또는 그 위에 복제가 이루어지는 중간산물 구조일 수 있다. 레트로바이러스의 공통요소인 긴말단반복(LTR, long terminal repeat)도 꺾쇠호나선을 이루거나 혼성네가닥을 이루거나 복제가 진행되면 분명 긴막대모양이 될 것이다. 이러한 내용을 종합 정리한 논문을 『사이언스』지에 투고하고자 준비했다. 노벨상 급 전문가 세 사람에게 사전 협의하라는 투고요령에 따라 왓슨, 브레너, 콘버그에게 원고를 보냈다. 일주일 이상 기다려도 아무런 회답이 없으므로 나는 『사이언스』지에 2015년 11월에 원고를 온라인으로 제출했다. 예상을 벗어나지 않게 채택되지 않았다. 그 후 오랜 혼란스러운 기간을 1년 이상 지나자 국내 학술지에 동일한 원고를 투고했으나 적절한 설명이나 절차 없이 채택되지 않았다. 또다시 고민스러운 1년을 지나며 한국분자세포생물학회 소식지 논단에 투고요청을 받았다. 논단은 한글로 출판되므로 영어논문을 한글로 번역하기 위해 또 다른 많은 노력과 시간을 보냈다. 이번에는 채택되어 2017년에 한글판[14]으로 출판되었다. 역사에 기록으로 남기는 일이 중요했다.

6. 남은 과제

아직도 해답을 기다리는 문제들이 있다. 첫째는, 진핵산 복제와 전사의 작동원리이다. 진핵산(DNA) 복제와 아핵산(RNA) 전사는 이제까지 별개의 사안으로 인식되어 다른 전문가 집단이 거의 배타적으로 구분되어 연구해 왔으나, 작동원리에는 구별점과 함께 공통점도 있다고 생각한다. 나의 1982년 논문과 방대한 이 분야 문헌을 심층 분석하면서, 꺾쇠호나선 진핵산 구조에 입각하여 재조명하면 통일된 작동원리가 드러날 것이고, 이에 따라 생물학적으로 궁금했던 현상들도 설명될 것으로 기대된다.

둘째는, 크로마틴(Chromatin)과 염색체(Chromosome) 차원의 고차원 구조와 기능이다. 오늘날 연구의 주류는 유전체 염기서

---

14 김병동, 「꺾쇠호나선 진핵산(FBI DNA)은 유전학과 후성유전학의 스위치」, 『분자세포생물학 뉴스레터』 1-8, 2019.

열에 기반한 후성유전학(Epigenetics)으로 옮겨지고 있다. 후성유전학은 '줄 위의 구슬(beads-on-string)' 구조에 기반하여, 유전자 발현과 세포분화를 진핵산의 메칠화, 히스톤 단백질의 메칠화와 아세칠화 조절로 설명한다. 상당한 연구 진전이 보고되고 있다. 그러나 이것에 의한 후성유전학 설명만으로는 한계가 있다. 새로운 꺾쇠호나선 진핵산의 구조와 기능이 제시하는 역동성을 충분히 이해하여 기존개념의 정의와 연구 접근 방법을 재해석한다면 총체적 생물학에 더욱 자연스러운 해석으로 접근할 수 있을 것이다. 아직까지 그 존재를 인식하지 못했던 '긴 막대모양 진핵산'과 그 변형 구조의 존재를 인식하여 인간유전체의 46.6%를 점하는 긴 반복서열에 연계하여 체계적으로 종합적으로 설명할 대형연구 과제가 수행된다면 세포분화와 생체발달 현상을 더욱 구체적이고 현상에 맞게 이해할 수 있게 될 것이다. 생명과학 연구에 강력한 도구로 등장한 유전자가위 기술은 꺾쇠호나선 진핵산 구조의 생물학적 기능을 연구하는 데 적절한 도구로 활용될 것이다.

셋째는, 세포분화, 성장과 발달, 노화, 질병, 진화 등 고차원 생명현상의 해석이다. 진핵산이 이중나선임은 충분히 증명되었다. 그러나 이중나선이라는 일직선형 개념만으로는 설명이 궁색한 생명현상들이 있다. 진핵산 구조는 더 나아가 매우 역동적이고 다차원적 특성을 가졌음을 전제하여 재해석하는 노력이 필요하다.

넷째는, 꺾쇠호나선 진핵산 구조 자체의 구조생물학적 생화학적 증명이다. 현존 분석기법들의 해상도나 시료 준비방법으로는 직접 증명이 어렵지만, 문헌조사에 의하면 간접적 증거가 산재해 있다. 이를 종합하면 설득력 있는 결론에 도달할 것이다. 새로운 분석법과 연구기법을 개발하기 위해 각 분야 전문가들이 참여하는 대형연구비사업이 동원되면 가능할 것이다.

7. 꺾쇠호나선 진핵산이 생명과학에서 갖는 의의

1) 이중나선 진핵산 출현의 시대적 배경

왓슨-크릭의 이중나선 진핵산 구조는 제2차 세계대전 후 꽃피운 경제와 과학의 시대적 산물이기도 했다. 미국과 유럽에서는 다양한 대사산물의 생합성경로를 추적하는 연구가 유행이었다. 비타민, 호르몬, 영양학이 발전하면서 대사물생합성경로 각 단계마다 관여하는 전담효소를 분리 정제하여 특성을 연구하는 생화학이 함께 발전했다. 유전학이 발전하면서 각 효소마다 특정한 유전자가 정해져 있다는 것이 중요한 이론으로 대두되었다. 이러한 시대적 상황에서 그 유전자를 지정하는 유전정보가 진핵산의 염기서열로 결정된다는 것을 밝혔으니 대단히 큰 물꼬를 튼 셈이었다. 이어서 유전자 복제 효소가 발견되었다. 이것의 고도의 정밀성이 밝혀지자 이것이 돌연변이 확률을 백만분의 일 수준으로 유지하는 비결이고, 따라서 조상에게서 물려받은 유전자는 거의 고정불변이라는 유전학 개념이 자리 잡았다. 생장과 분화에 따르는 다양한 생명 현상들은 생리학의 범주로 구분했다.

구조생물학자가 아닌 왓슨이 진핵산 구조에 관심을 갖게 된 것은 유전자의 실체가 단백질이 아니라 핵산이라는 최신 연구 발표를 콜드스프링하버 심포지엄에서 직접 들었기 때문이었다. 그 중요한 답을 진핵산 구조에서 찾고자 함이었다. 왓슨과 크릭의 진핵산 이중나선 구조 발견은 20세기 후반 최대의 과학사적 발견으로 평가된다. 신의 영역이던 유전현상을 인간이 유전자를 꺼내어 시험관에서 연구하고 조작하는 일이 현실이 됐기 때문이다. 모든 생명현상을 단백질과 대사산물로만 이해하고 설명하려고 했던 시대는 비행기가 없었던 세상을 상상하는 것과 비견할 만하다. 유전자의 분자생물학이 폭발적으로 발전하면서 급기야 인간을 비롯한 많은 생물을 유전체 차원에서 연구하고 치료하고 개량하는 시대에 우리는 살고 있다.

이중나선 진핵산은 그러나 설명하지 못하는 두 가지, 소문나지 않은, 태생적 한계가 있었다. 첫째는, 델브뤽(Max Delbrueck)이 초기에 제기한, 진핵산 복제 시 꼬이는 가닥을 푸는 문제와, 두 배로 복제된 가닥들의 분리 문제다. 교과서에서는 해결된 것처럼 우회하여 설명했지만, 진핵산 복제와 수선 분야 전문가들은 이 문제 해결에 60여 년을 매달렸으나 혼돈 상태에 있다. 둘째는, 생명체 정보의 총합인 유전체(genome)의 대부분은 의미를 모르는 '쓰레기'로 분류되었고, 유전자는 유전체(genome)의 2% 정도로 작은 일부분이라는 점이다. 각종 유전체 편집(역위, 결실, 삽입, 전위 등)과 유전체 차원에서 진핵산의 입체적이고 역동적인 작동원리는 단백질의 아미노산 순서를 결정하는 유전자(gene) 역할과는 별도의 설명이 필요했다. 생명체 전체를 유전체(genome)와 염색체(chromosome) 차원에서 다루는 오늘날, 일직

선으로 나열된 유전자(gene) 개념만으로는 설명하기 어려운 일들이 많이 나타났다. 박테리아와 박테리오파지 등 원핵생물(prokaryote) 수준에서 크게 발전했던 분자생물학 초기의 내용들이 진핵생물(eukaryote) 이상의 고등 생물에서는 더욱 복잡해지면서 설명하기 어려운 예외 현상들이 나타나기 시작했다.

확실히 전제할 일은, 왓슨-크릭의 이중나선 진핵산 구조의 발견이 "유전자의 분자생물학"의 폭발적 발전으로 이어졌음은 여전히 진리이다. 그동안 다양한 진핵산 구조들이 대안으로 제시되어 왔다. 그 대안들은 사안에 따른 설명은 가능할지 몰라도 생명현상에 일관적으로 적용하는 데는 한계를 보였다. 진핵산의 대안 구조들이 끊임없이 제시된 데는 분명 이유가 있었다. 이중나선만으로는 설명이 막히는 현상과 연구결과가 여기 저기 나타났기 때문이었다. 정답은 가까이에 있었지만 아직 실체를 드러내지 않은 상태였다.

2) 꺾쇠호나선 진핵산의 발견 과정의 의미

꺾쇠호나선 진핵산은 이중나선 구조에 바탕을 두면서도, 전자현미경으로 관찰된 진핵산의 자연적 입체구조와 역동적인 변형을 설명함으로써 이들 다양한 대안 구조가 시도했던 설명들을 아울러 종합하는 효과가 있다. 진핵산 구조는 역동적으로 변형될 수 있고, 꺾쇠호나선이라는 입체적 변형을 통해 유전체 차원에서 편집, 재배열, 유전자 발현 조절의 스위치 기능을 수행하는 작동원리를 통일적으로 설명한 것이다. 이를 수긍하면 후성유전학(epigenetics) 등 궁금했던 여러 가지 생명현상들이 설명되기 시작한다.

꺾쇠호나선 진핵산은 왜 구조생물학자에게서 발견되지 않았는가? 순수대량분리가 어려운 이 구조의 속성 때문이었다. 꺾쇠호나선의 존재는 전혀 우연한 일에서 분자생물학의 초보인 문외한에 의해 발견되었다. 실험 처리되지 않은 자연 상태의 진핵산 시료에서 희귀하지만 자연스럽게 존재하는 형태들을 전자현미경으로 관찰한 일이 발단이 되었다. 진핵산의 전자현미경 관찰 과정은 전문기사에 의해 다루어지는 것이 관행이었다. 시료준비 과정에서 생기는 인공구조(artifact)라고 상식적으로 판단하여 무시하고 외면했으면 영영 빛을 보지 못했을 것이다. 어차피 생화학 심화 연구가 불가능한 재료였다. 또한 고도의 전문성이 요구되는 학문세계에서 벽을 뛰어넘는 일은 영역침범일 수 있었다. 그러나 해결에 실험적 접근이 어렵더라도 논리적 호기심에 발동이 걸렸다. 문제의 핵심에 접근해 들어가지 않았으면 기회는 오지 않았을 것이다. 오히려 강도 높은 전공 훈련으로 형성된 선입견이 없었고, 여러 분야의 보이지 않는 장벽에 구애받지 않은 직관과 논리의 비약도 유용했던 것 같다. 더욱 강조할 일은, 본인 자신의 분자생물학적 실험 자료는 없더라도, 이미 심도 있게 진전된 연구 논문들에 기초를 두고 종합하면서 새 개념을 대입하여 종합하니 사안별로 하나씩 길이 보이기 시작했다는 것이다. 실험에 의한 직접 증명이 현실적으로 어려울 뿐 아니라, 전자현미경 사진에 대한 해석 자체도 처음에는 막혀 있다가 여러 해가 지난 후에야 조금씩 이해되기 시작하는 매우 느린 과정을 겪었다. 이해할 만한 전문가들과 소통을 하지 않은 것은 아니나 진위를 단번에 가릴 내용이 아니므로 시원한 결론에 도달하지 못했다. 부정적 견해에 영향 받아 스스로 포기할 가능성이 더 두려워서 활발한 교류는 자제되었다. 이미 확고한 검증을 거친 수많은 관련 연구논문들을 근거로 하여, 새로운 관점에 비추어 검토하고 종합했으므로 터무니없는 상상에 기댄 것은 아니었다. 결과적으로는 수많은 논문들이 다양한 각도에서 접근했던 구조 정보가 미세한 구조적 반전으로 가려진 꺾쇠호나선에 숨겨져 있었던 것이다.

3) 꺾쇠호나선 진핵산의 과학사적 의미

꺾쇠호나선 진핵산의 발견은 어떠한 과학사적 의미가 있는가? 앞으로 어떤 일을 기대할 수 있는가? 꺾쇠호나선 진핵산 구조는 그동안 찾아왔던 핵심 구조이다. 생명현상에서 궁금해하던 여러 문제들에 이 구조를 적용하면 해결의 실마리를 찾을 수 있기 때문이다. 아직 검증되지도 않은 일인데 너무 앞서가는 것으로 보일 수 있다. 그러나 꺾쇠호나선 진핵산 구조는 무시하고 비껴 갈수록 미로를 벗어날 수 없는 핵심 개념이다. 이중나선 구조에 바탕을 둔 연구에서 축적된 방대한 자료를 재점검함으로써 한 차원 도약이 가능해지는, 21세기 전반부의 가장 중요한 생명과학 중심축이 될 정도로 중요한 사안이다. 이렇게 시대를 가르는 중대사인데 어찌하여 공론화되지 않고 있는가? 식물 연구에 기반을 두었던 멘델이나 매클린톡의 연구는 막중한 과학사적 가치에도 불구하고 오랜 세월 묻혀 있었다. 이에서 여러 가지 교훈을 찾아 볼 수 있을 것이지만 중요한 일은 앞으로 어떻게 발전을 도

모할 수 있을 것인가이다.

사실상 오늘날 확장일로에 있는 유전자편집기술은 꺾쇠호나선 진핵산 구조의 개념을 효과적으로 연구할 수 있는 도구이다. 초기에 진핵산 접근용으로 개발된 징크핑거뉴클리에즈(ZFN)와 탈렌(TALEN)은 작용은 하지만 성공 효율이 낮았다. 나중에 개발된 크리스퍼카스나인(CRISPR-Cas9)이 아핵산을 이용함으로써 사용이 용이하고 효율성이 높아 널리 보급되고 있다. 현재는 질병치료나 품질개량 등 실용성 위주의 연구가 주류를 이루고 있다. 다음 단계에서는 기초연구에 크게 이용될 것이다.

유전체편집기술은 1980년대 유전자조작 기술이 발전한 경로와 유사하지만 한 차원 높이, 더 큰 규모로 21세기 생명과학의 발전을 견인할 것이다. 1980년대 유전공학은 인간 인슐린을 대장균에서 대량생산하고 제초제저항성 등을 함유한 유전자조작식물(LMO)을 대량재배해서 경제적 실용화에 성공을 보였다. 한편 기초연구에 투입된 유전자조작기술은 훨씬 더 근본적으로 생명과학의 발전에 공헌했다. 유전자조작기술은 각종 생물에서 유용유전자를 분리하는 목적에 동원됨으로써 유전자은행 연구로, 다음에는 유전자지도작성사업으로, 그 후에는 유전체사업으로 연결되어 대단원의 막을 내렸다. 다음 세대인 2010년대 유전체편집기술은 유전병 치료, 유전자치료, 동식물개량에 적용되어, 이전에 불가능했던 한계를 뛰어넘어, 훨씬 방대한 실용적 효과를 거둘 것이다. 더욱이 유전체편집기술의 기초연구 적용은 꺾쇠호나선 진핵산 개념을 도입할 때, 대사생합성경로 관련 유전자지도의 완성은 물론, 세포분화경로 완성, 발달과 분화 관련 후성유전학 체계의 완성, 질병과 노화의 이해, 뇌과학과의 연계 발전, 종 분화와 진화론의 체계적 연구 등 대규모 생명과학 기초연구의 추진체계로 활용될 것이다. 이러한 사업은 1980년대 유전공학 연구 호황기, 1990년대 인간유전체 연구 호황기에 필적하는 국제협력 사업으로 추진될 수 있는 역사적 사건으로 기록될 것이다. 이러한, 시대를 가르는(epoch making) 과학사적 사건의 성공적 출범을 위해서는 최적의 혁신의 방법을 찾아 함께 노력하는 지혜가 절실히 요구된다.

VIII. 맺음말

나의 학문, 나의 삶을 주마등처럼 일별하였다. 인생 전반부는 꿈을 따라 아련히 앞만 바라보고 배우며 살아온 기간이었다면, 후반부는 학문연구와 교육의 세계에 푹 빠져 바쁘게 열심히 살아온 보람 있는 기간이었다. 특히 노년기인 현재 시점에서는 가족과 함께 안정된 주거환경에서 건강하게 사는 것 자체가 감사할 일이다. 훌륭한 동료 선배 후배들과 정기적으로 교류하면서 현대문명을 누리면서 노후의 인생을 즐겁게 지내는 일도 감사할 일이다. 이 글을 쓰면서, 부족한 대로 열심히 살아온 나 자신을 대견하게 생각하기로 했다. 인생황금기라고 할 남은 인생 동안 내가 남겨야 할 미완성 교향곡을 최대한 완성도 높은 단계까지 끌어올려 놓아야 할 터이니까. 칭찬과 격려는 나의 깊은 내면에서 울려 샘솟아 나오는 것이 가장 힘 있고 믿을 만하지 않은가?

이 글을 쓰면서 지나온 과정 고비마다 만났던 얼굴들, 함께 일했던 사람들, 감격스러웠던 순간들, 방문했던 장소들이 생각났다. 제자들을 생각하며 자랑스러운 일도 많았지만, 아쉬웠던 일들, 더 잘했으면 좋았을 일들도 떠올랐다. 내 인생의 틀을 정하는 결정적인 순간에 직접 간접으로 도움의 손길을 준 고마우신 분들도 회상하는 시간을 가지게 되어 고마웠다. 보이지 않는 손길로 알게 모르게 나를 이끌고 안내한 분들에게 감사함을 느낀다. 은혜의 빗물처럼 내리는 나에게 주어진 기회들을 알면서 또는 모르고서 받아내지 못한 일들이 뒤돌아보니 드러난다. 선의의 도움을 선뜻 받았으면 크게 발전할 수 있었을 흘러간 기회들과 이 때문에 무척 실망했을 귀한 분들의 마음도 이제야 떠오른다. 후회스럽기도 하고, 한편으로는 가지 않은 길이 있었기에 지금의 길로 인도되었음을 믿고 감사한다.

학문의 가닥 한쪽 끝을 잡고 따라 들어가는, 외롭지만 가슴 설레는 진리 탐구의 시간을 허락받았음을 감사하는 마음이다. 탐구하고, 기록하고, 전수하여, 주어진 소명을 완수하는 날까지 몸과 마음과 영혼이 평안하기를 소원한다.

삶과 사회를 변화시키는 디자인

이순종

서울대학교 미술대학
디자인학부 명예교수

I. 들어가는 말

필자는 한국디자인의 여명기와 발전기에 디자인을 배우고 교수생활을 하였다. 본 글 '삶과 사회를 변화시키는 디자인'은 필자가 수학시절부터 정년까지 근 45년간 펼쳐 온 디자인교육, 연구와 사회봉사활동의 주요한 단상들을 엮은 글이다. 필자에게 초중고 시절의 미술은 꿈의 표출이었고, 대학에서는 디자인이 인간 삶과 사회를 바꾸어 가는 중요한 매개가 될 수 있다고 믿었다. IIT 유학을 통해 배운 비전과 문제해결, 비가시적 문제와 전체적 사고, 팀워크 중시의 새로운 디자인사고와 방법론은 그 후 필자의 디자인교육, 연구, 사회활동관이나 전문활동의 방향타가 되었던 것 같다. 그리하여 국민대와 서울대의 교육내용과 방법에서는 창의, 통합-다학제, 사이버, 콘텐츠, 그린, 산학의 주제들을 강조하여 왔다. 국책과제와 서울대의 한국디자인연구센터를 통한 연구활동에서는 디자인트렌드, 미래디자인개념 및 전략, 디자인아이덴티티, 아시아디자인문화, 디자인벤처, 융합디자인 등 문화와 다학제 기반의 미래탐구에 비중을 두었다. 사회활동에서는 한국산업디자이너협회, 한국디자인학회, 세계디자인

학회, 한국디자인단체 총연합회, 학장협의회, 평창문화포럼 등에 참여하면서 서울디자인선언, 디자인인증제, 세계디자인학회 설립, 아트코리아사업, 21세기 디자인정책, 평창문화페스티발과 같이 한국과 세계의 디자인을 발전시키고 디자인을 인간 삶과 사회, 그리고 국가에 침투시키기 위하여 노력하였다. 본 글은 이러한 주제들과 관련된 한국디자인의 발전기에 겪은 필자의 수학과 교육, 연구와 사회활동 등의 경험과 생각들을 정리한 글이다.

II. 디자인으로의 입문

1. 공업디자인전공의 시작

1) 미래 인생을 결정하는 멘토

필자는 인천의 논현초등학교 3학년 즈음에 아버님이 사 주신 크레파스와 스케치북이 계기가 되어 그림을 그리게 되었고, 중고등학교 시기에 필자는 특별활동으로 미술부는 꾸준하게 하였지만, 미술대학을 갈 생각은 하지 않았다. 사실 고교(인천고)재학 시에는 농과대학을 의중에 두어 이과 반을 택하였다. 그 당시 면에서 출장소 직원으로 계시던 아버님이 퇴직하시고, 밭과 논농사를 같이 지으셨는데, 이른 봄에서 늦은 가을까지 새벽에서 밤늦게까지 온 집안 식구들이 함께 고생한 것에 비해 수익이 적어 보였다. 그래서 고등학교 1학년까지는 농과대학을 들어가서 농업경영을 배워 농사를 잘해 보고 싶었다. 그러나 당시 서울대학교 미술대학 응용미술과를 졸업하고 인천고등학교의 미술교사로 계셨던 이윤성 선생님이 이러한 나의 생각을 알고 "너는 미술에 재주가 있고 공부도 잘해, 서울미대를 갈 수 있을 터인데 왜 하필 농대냐? 난 현재 교사로 있지만, 앞으로 미술대학의 응용미술학과는 전망이 밝아 사회적으로 할 일이 많을 것이니 거기를 목표로 하여라."며 미술대학을 권하셨다. 이러한 미술 선생님의 조언이 내가 평소에 좋아하던 미술로 진로를 바꾸는 계기가 되었다. 초등학교 때 담임 선생님의 칭찬과 격려, 필자가 좋아하는 것을 묵묵히 바라보고 지원해 주신 아버님, 그리고 고등학교 미술선생님의 미래비전을 제시하신 세 분의 멘토링은, 내가 좋아하는 미술을 발판으로 디자인을 평생 직업으로 선택하게 된 계기가 되었다.

고등학교 3학년 담임 선생님은 입시 실기를 준비할 수 있도록 여러 가지 배려를 해 주셨다. 덕분에 입시준비를 위해 매일 연수동 집에서 인천시내의 학교까지 20리(8km) 거리를 수인선으로 통학하며, 오전은 학교수업, 오후와 저녁 늦게까지 화실에서 실기과목 실습, 그리고 밤에는 집으로 돌아와 학과목 입시 준비를 하였다. 당시에는 집에 돌아오면 피곤하여 책상 앞에 앉으면 곧 이불 속으로 들어가고 싶은 마음을 억제하기 위해 허리띠로 몸과 의자를 묶어 가며 학과목 공부를 하였던 기억이 난다. 이러한 노력에다 학교와 화실 선생님들의 정성이 더해져 인천에서는 오랜만에 재수를 하지 않고, 서울미대의 응용미술학과에 합격하는 영광을 누릴 수 있었다.

2) 종합적인 디자인교육

서울대학교 미술대학 응용미술과는 1960년대에는 전공구분 없이, 상업미술, 공예미술, 실내장치, 건축미술의 범주로 교과목이 운영되었다. 필자가 입학한 1970년대에는 시각디자인과 공업디자인으로 전공이 구분되기 시작하였지만, 당시 디자인 교육은 매우 종합적으로 이루어졌다. 공업디자인 관련 교과목에서 실물 제작에 기반한 교육과 함께, 시각디자인 관련 교과목에서 배웠던 레터링, 레코드 재킷, 패키지 등에서 사물의 소통과 관련된 기본적 원리와 표현방법을 배울 수 있어, 지금도 그래픽이나 편집을 고려하여 디자인 기획을 할 때 큰 도움이 된다. 디자인을 그래픽이나 제품, 공간 등으로 나누는 것은 큰 의미가 없어 전체의 통합된 상품이라는 관점으로, 디자인 대상이 가진 문제를 종합적으로 바라보아야 한다. 디자인 주제의 선택에서, 디자인 콘셉트의 발굴, 개발과 홍보 등 실재적으로 진행되는 전체 과정을 실행할 수 있는 능력을 배양하는 것이 중요하다. 서울대학교의 특성은 종합적 전인 교육에 있으며, 인문과 사회적 관점, 그리고 예술을 종합적으로 아우르며 디자인을 이해하고자 하는 분위기가 있었다. 당시, 1학년에 4학년까지 배운 과목들을 살펴보면, 소묘, 정밀묘사, 레터링, 렌더링, 해부학, 미학, 미술사, 디자인사, 평면디자인, 입체디자인, 기초공업디자인, 기초시각디자인, 공업디자인, 환경디자인 등 다양한 기초와 전공지식을 포함하고 있다. 종합대학교의 미술대학이라는 울타리는 디자인 문제를 시각, 제품, 환경의 종합적인 시각으로 바라보고 해결할 수 있는 태도를 형성하게 해 주었다.

3) 공업디자인전공의 시작

3학년이 되던 1972년에 응용미술과는 공업디자인전공과 시각디자인전공을 공식적으로 나누어, 전문성 있는 디자인 교육 프로그램으로 개편되게 되었다. 당시, 응용미술전공 학생 30명 중 10명가량이 공업디자인을 택하였다. 공업디자인이 딱딱하고 어렵게 느껴졌지만, 좀 더 생활과 밀착되어 진지하고 생산적이며 기술과 시장 등을 포괄하여 종합적 학문인 느낌이 들어 공업디자인전공을 택하였다. 남학생은 전체가 4명이었는데 필자를 포함하여 현재 이노디자인의 김영세 대표가 공업디자인전공을 택하였다. 당시 전공이 구분되면서 공업디자인전공에서는 민철홍, 부수언 교수님이 전임으로 공업디자인 관련과목들을 가르치셨고, 안종문 교수님이 출강하시면서 환경디자인분야를 지도하셨다. 전공 실기실은 교수님들의 열성과 함께, 학생들도 새로 생긴 전공에 대한 자부심과 전공을 개척해 나가자고 하는 열기와 분위기가 항상 맴돌았다. 특히 1972년도에 공업디자인, 시각디자인전공의 대학원 석사과정이 개설되어 이러한 분위기가 디자인학과 내에 팽배되어 있었다. 그리하여, 교실에서건 방과 후 술집에서건, 학생들의 대화의 주제는 언제나 공업디자인이었고, 논의의 단골메뉴는 디자인의 역할과 미래, 그리고 우리들의 사명들이 주를 이루었다. 그 당시의 꿈꾸던 디자인비전과 소명의식이, 필자가 주도한 2001 서울세계디자인대회, 2005 광주디자인비엔날레, 21세기 디자인정책포럼, Art Korea 등 국가의 디자인 선진화 운동의 원동력이 되었는지도 모르겠다.

4) 디자이너의 등용문, 상공미술전람회

1965년 9월 청와대 수출확대회의에 의해 '수출상품의 디자인과 포장을 종합적으로 연구 개발하여 품위·미려·위생·안전성·생산성을 향상시킴으로써 국가시책인 산업발전과 수출증대에 기여한다'는 목적으로 서울대학교 부설연구소로 한국공예디자인연구소가 설립과 함께, 대한민국상공미술전람회(현 대한민국산업디자인전)가 시작되었다. 상공미술전람회는 유능한 디자인인재의 등용문 역할을 하였으며, 초기의 수상자들은 대개 교수로 진출하였다. 당시, 상공미술전람회는 모든 디자이너들과 학생들의 관심사였고, 많은 학생들과 디자이너들은 1년 중 4~5개월은 상공미술전람회 준비로 시간을 보내었다. 필자는 1972년 대학교 3학년 때 처음으로 상공미술전람회에 조형성을 살린 조명디자인을 출품하여 특선을 하였다. 전시회 출품을 위하여 실물모형에 전시패널까지 제작하여야 하고, 모형제작 과정에서 몇 번씩 수정작업이 발생하여 나중에는 며칠 밤을 꼬박 세워야 했고, 제작비가 떨어져 친구 어머님의 반지를 전당포에 맡기기도 하고, 학교에서 밤샘 작업이 안 되어 선배 하숙집으로 작업하러 가다 통금에 걸려 고초를 겪기도 하였다. 이어서 1975년에는 필자가 인천 5해역사 소형 경비정의 부함장으로 근무하면서 산업디자인전에 출품하고 싶은 욕구로 비근무일 때 배 안에서 조명기구를 주제로 아이디어를 잡고 함정을 수리하는 공작창에서 선반과 프레스를 이용하여 모형을 제작한 기억이 새롭다(〈그림 1〉). 지금은 다양한 국제디자인 공모전이 등장하여, 상대적으로 수상 시 홍보효과가 적은 대한민국산업디자인전에 대한 관심은 많이 줄어

<그림 1> 조명-상공미전(현 산업디자인전)출품작(특선, 1972)

들고 시들해졌다. 하지만, 1970년대와 80년대는 모든 젊은 디자인전공자들에게 상공미술전람회는 사회에 진출하기 위한 일종의 사법시험과 같은 역할로서, 추천작가가 되는 것은 출세의 관문과도 같았다. 나는 1977년 전역 후에도 포터블 오디오세트, 유리테이블세트, 병원환자용 보조기기 등으로 수상하여 1980년에 마침내 추천작가가 되었다.

5) 대학원시험: 커피잔과 받침디자인

1970년에서 1974년까지 필자는 4년간 대학을 다니면서 ROTC 훈련, 인천-서울 통학, 화실 아르바이트에 시간을 빼앗기는 등 공부를 마음껏 못해 본 것이 아쉬워, 대학을 졸업하면서 대학원에 지원하였다. 당시 시험은 전공실기와 이론 두 과목으로 진행되었다. 실기시험은 4시간 동안 '커피잔과 받침'을 주제로 4절지

2장에 디자인 콘셉트를 설명할 수 있는 렌더링과 도면으로 디자인하는 것이었다. 나는 새로운 유형의 창의적인 커피잔과 받침을 제안하기 위하여 마시기 편한 경사진 형태의 단순한 콘셉트로 디자인하였던 기억이 난다. 이론시험으로는 우연히도 1시간 동안 '바우하우스의 교육에 대하여 논하라'가 출제되어, 4학년 때 '조형학보'에 필자가 기고하였던 연구논문을 바탕으로 바우하우스의 통합적·체험적 디자인교육 철학과 각 시기별 교육 프로그램의 특징을 작성하여 제출하였다. 덕분에 높은 경쟁률을 뚫고 1974년 대학원에 합격할 수 있었다.

6) 왜 디자인은 마케팅의 지시를 받아야 하나

필자는 1974년 4월부터 1977년 8월까지 40개월의 해군복무기간을 마치고(해군 OCS 중위 제대), 대학원에 복학하였다. 그리고 경제적인 문제도 해결하고 실무도 경험하기 위하여 논문지도 교수인 민철홍 교수의 허락을 받은 뒤 금호전자 디자인실에 제품디자이너로 취업을 하였다. 일주일에 두 번은 대학원에 다닐 수 있는 좋은 조건이었다. 당시에 금호전자는 대한전선을 인수한 가전기업으로 디자인실 규모가 7~8명에 이르러 금성사(현 LG 전자) 다음일 만큼 규모가 큰 회사였다. 입사를 하자마자 나에게는 냉장고핸들 디자인을 비롯하여, 카세트 라디오, 칼라 TV 등 다양한 가전제품을 디자인할 기회가 주어졌다. 디자인 과정에서 디자인제품 명칭, 규격, 재료, 시장 등을 알려 주는 조건 즉, 디자인의 사양(Specification)은 디자인실 상위부서인 마케팅부를 통하여 디자인실에 전달되었다. 디자인 기간은 대개 3~4개월 정도가 주어졌고 디자인과정은 선진외국의 디자인을 참조하면서 나름대로 새롭고 차별화된 디자인콘셉트를 개발하고, 도면과 모형제작과정을 진행하였다. 그러나 디자인을 결정하는 과정에서 거의 매번 마케팅부서와 논쟁이 벌어지곤 하였다. 마케팅부서는 언제나 시장요구 등을 이유로 일방적으로 디자인 안의 변경을 요구하였고 디자인실은 번번이 디자인을 다시 해야 했다. 나는 디자이너가 형태를 잘 다듬는 것도 중요하지만 시장이나 경영의 논리에 대처할 수 있는 체계적인 디자인논리를 개발할 필요를 느꼈고, 심각하게 유학을 생각하게 되었다.

2. 일리노이공과대학(IIT) 뉴바우하우스에서의 수학

1) 새로운 디자인교육의 필요성과 뉴바우하우스, The Institute of Design

금호전자에 재직하면서 시작된 선진화된 디자인 지식과 디자인논리 개발의 필요성에 대한 문제의식은 유학준비로 이어지게 되었다. 하지만 경제적 여건이 넉넉지 않아, 당시에는 예술분야를 위한 유학 장학금은 미국 국무성에서 제공하는 풀브라이트 장학금이 거의 유일하여 이를 준비할 수밖에 없었다. 풀브라이트 장학금은 유학 중 등록금과 생활비 전액을 제공하여 동일계열은 물론 타 분야와의 경쟁도 치열하였다. 당시 장학금신청서의 유학목적란에 "국가의 미래를 위하여 디자인분야의 중요성과 함께 새로운 디자인교육 및 디자인방법론의 필요성"을 몇 번이나 고쳐서 작성했던 기억이 난다. 또한, 필자가 잘할 수 있는 포트

폴리오준비에 정성을 쏟았고, 1차 서류 통과 후 2차 영어면접 시에는 예상답변을 거의 외우다시피 준비하였다. 마침 풀브라이트 장학금 준비에 당시 디자인전공 김정자 교수(서울미대 명예교수)의 자문을 받았는데, 영어 면접 준비에 많은 도움을 주셔서 외운 대로 또박또박하게 영어답변을 할 수 있었다. 그 결과 예술분야에서 유일하게 장학생으로 선정되어 유학길에 오르게 되었다. 그리고 1937년 10월 라슬로 모호이너지(László Moholy-Nagy)가 시카고에 설립한 뉴 바우하우스에서 시작하여, 1952년 'The Institute of Design'으로 개칭하고 대학으로 승격된, 미국 일리노이공과대학 대학원에 제품디자인전공으로 1981년 입학하였다.

2) 체계적 디자인방법과 프로세스

필자는 1981년 4월에 오스틴의 텍사스주립대학교에서 세계 각지에서 모인 풀브라이트 장학생들과 함께 영어와 미국의 문화를 익히고, 6월에 시카고 The Institute of Design 학부로 옮겨 정식으로 입학하여 수업을 시작하였다. IIT의 디자인학부는 뉴 바우하우스의 학장이었던 미스 반 데어 로에(Mies van der Rohe)가 설계한 크라운홀(S. R. Crown Hall)에서 건축과 사진을 포함한 디자인 학부가 운영되고 있었다. IIT의 디자인프로그램은 체계적 디자인방법론으로 유명한 찰스 오웬이 제품디자인프로그램의 학과장으로 있었으며, 제품과 서비스, 신기술과 조형, 과학과 예술이 융합된 통합적이고 체계적인 디자인교육 프로그램이 선도적인 대학이었다. 당시 수강한 과목들은 디자인역사 철학 등 다양

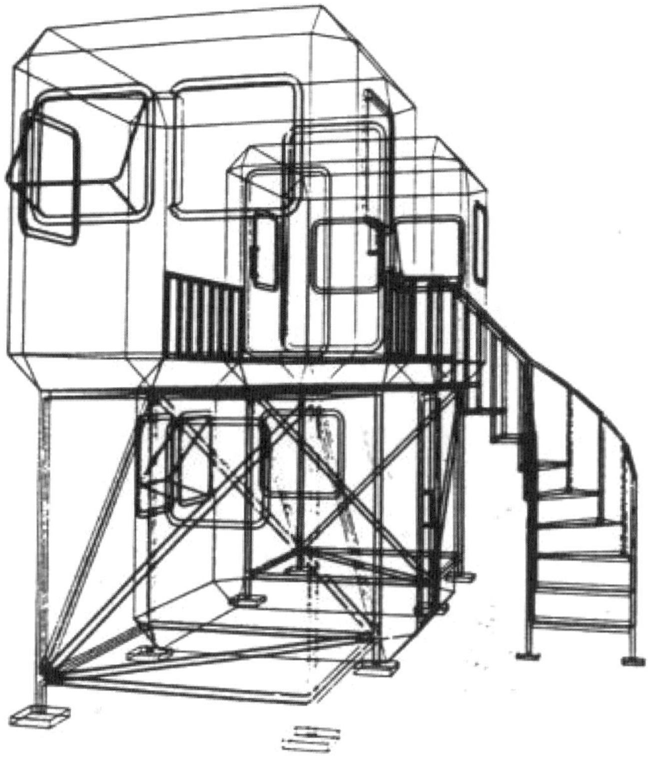

<그림 2> IIT CAD수업 라인드로잉연습

한 디자인의 이슈를 다루는 '디자인론', 각 국가·기업의 디자인 철학과 문화를 배우는 '디자인세미나', 문제해결의 각종 기법들을 배우는 '디자인방법론', 인간공학, 회로와 칩을 활용하여 생활용품을 새롭게 제안하는 '콘트롤 테크놀로지', '컴퓨터 애이디드 디자인', 제품과 서비스 등 대상의 전체를 함께 디자인하는 '시스템디자인', 합리적인 생산공정을 다루는 '오퍼레이션 리서치' 등 실로 다양하였다. 수업들은 다소 과학적이기는 하였지만,

기술·인간·사회·예술을 디자인으로 종합하고자 하는 교육의 목표를 학습할 수 있었다.

3) 시스템기반 토탈디자인 사고

IIT에서 배운 과목 중 가장 인상에 남는 과목은 지도교수인 찰스 오웬이 가르친 시스템디자인이다. 이 과목은 미래의 삶, 미래의 오피스 등과 같이 인간과 사회적 삶에 관련된 미래지향적인 주제를 다루었다. 그리고 수업은 시스템디자인 방법론 같은 이론수업을 병행하며 1) 인간행동관찰기반 리서치 및 문제 이해, 2) 경험과 브레인스토밍 등 토론을 통한 해결 방안의 도출, 3) 문제/해결방향의 체계적 구조화, 4) 컴퓨터와 툴을 이용한 프로토타이핑과 프레젠테이션 등 수업 과정이 매우 체계적이고 종합적이었다. 행동관찰 및 토론 > 문제 및 해결 인사이트 도출 > 문제 및 해결안 종합 > 프로토타이핑 및 프레젠테이션에 이르는 '시스템디자인 방법론'은 인간과 환경, 문화와 기술, 제품과 서비스를 포괄하는 인간 삶을 중심으로 미래 지향적이고 혁신적인 토탈디자인 해결안을 제시하는 그 당시로서는 매우 획기적인 디자인방법이었다. 이와 같이 복잡한 문제를 종합적 관점으로 해결하려는 당시 시스템디자인 시간을 통해 나온 결과물들은 미국을 위시한 전 세계의 디자인공모전의 대상을 휩쓸었다. 이 수업을 통하여 조사와 연구방법, 디자인 기획 및 보고서 작성방법, 디자인 프레젠테이션 방법 등 다양한 디자인 조사 및 표현기술 들을 배울 수 있었다.

4) 깊이 있는 종합적 생각을 하게 하는 팀워크 교육

시스템디자인과목의 특징은 광범위한 주제를 체계적인 방법론과 함께 팀으로 접근하는 것이다. 예를 들면 미래의 주택을 디자인한다면 처음의 관찰과 문헌연구의 단계는 개별적으로 진행하다가, 주택의 미래영역이 에너지, 교육, 정보, 휴식, 운동 등으로 세분화되면, 이 부분을 팀으로 나누어 관찰 > 문제 > 아이디에이션 > 해결 > 종합의 단계를 팀워크로 진행한다. 이러한 방법은 문제를 다양한 시각에서 바라보고 협력을 통해 보다 현실성 있고 심도 있는 해결안 제시를 가능하게 하였다. 특히, 관찰단계에서는 문제관찰의 영역을 대상(Object), 행동(Activity), 환경(Environment) 등으로 구분하고, 심도 있게 분석하여, 포괄적인 문제 인식과 해결을 위한 영감을 얻게 한다. 그리고 이를 토대로 문제해결의 목표와 그 밑에서 해결해야 할 이슈들을 새롭게 설정하고, 각 문제들에 대한 다양한 아이디어를 함께 내며, 토론을 통하여 해결을 종합하여 나간다. 이와 같이 팀워크와 시스템적 디자인 접근은 학생들이 복잡한 문제를 종합적으로 깊이 있게 해결할 수 있는 능력을 함양시켜 준다.

5) 학생과 동고동락하는 교수

IIT에서 수학할 당시 대부분의 학생들은 과제가 많아 밤 12시가 넘도록 학교에 머무는 일이 허다하였다. 특히 오웬(Charles Owen) 교수가 가르치는 시스템디자인은 한 학기 내내 조사와 토론, 아이디에이션, 프로토타이핑, 모델촬영, 프레젠테이션 보드 만들기 등으로 분주하였고, 특히 학기 말에는 만든 스케일모델을 실제 상황과 같이 보이도록 조명연출 등 촬영하는 데 며칠 밤을 새우기 일쑤였다. 오웬 교수는 항상 밤늦게까지 학생들과 함께해 촬영하는 것을 도와주었다. 하루는 다음 날까지 공모전에 촬영 사진을 마감해야 하는 상황에서 밤 12시가 넘어서 우리 팀이 모델을 촬영하다 카메라가 고장이 났다. 우리 팀원들은 고민 끝에 오웬 교수에게 전화를 걸어 상황을 설명하고 SOS를 청했다. 마침 학교 근처에 살고 있었던 오웬 교수는 늦은 밤임에도 흔쾌히 새 카메라를 가져와 새벽녘까지 촬영을 도와주셔서 마침내 공모전에 출품할 수 있었다. 교수가 학생을 대하는 태도를 몸소 보여 준 이 사건은 큰 감명을 주었고, 인생의 귀감이 되어, 항상 스스로에게 질문을 하게 하였다. 나는 찰스 오웬 교수같이 하는가? 흥미로운 것은 발터 그로피우스가 설계한 데사우 바우하우스 교사도 학교와 교수 기숙사의 거리가 걸어서 20분 거리 정도에 위치하여 교수와 학생간의 소통의 원활함을 중요시하고 있다. 바우하우스를 계승한 울름조형대학(Hochschule Fur Gestaltung)도 학생과 교수 간의 유기적 소통을 강조하였다. 바우하우스와 울름조형대학 모두 단순한 학교가 아니었다. 미래의 모습을 상상하여 디자인하고, 실천적으로 만들어 나가는 하나의 이념이자 삶의 태도였던 것이다. 그리고 실천과 삶의 태도의 중심에 학생과 교수의 끈끈한 연대가 있었던 것이다.

6) 논문지도와 사도

당시 IIT 대학원 디자인석사 프로그램은 논문심사 통과가 어려워 보통 3년 이상 걸린다고 학생들 간에 소문이 나 있어서, 필자는 유학 두 번째 학기부터 논문준비를 시작하였다. 이미 많은 학생들이 졸업을 못하고 적체되어 있었던 상황이었다. 논문주제는 디자인방법과 프로세스를 더 연구하고 싶었기 때문에, 디자인을 평가하는 방법론을 쓰기로 지도 교수인 찰스 오웬과 상의하였다. 평가방법의 기본모델로 디자이너와 대중이 쉽게 평가할 수 있는 방법을 모색한 끝에, 그 당시 수학분야에서 새로운 언어적 평가이론으로 등장한 퍼지세트 이론(Fussy Set Theory)을 채용하였다. 즉 평가대상을 기능, 사용성, 조형성 등의 주요평가요인으로 세분화하여 '좋다', '매우 좋다', '그저 그렇다' 등의 방식으로 언어적으로 편하게 평가하면 이를 다시 수학적 가치로 전환하여 대상의 가치를 평가하여 주는 개념이었다. 1차 논문요지 발표가 통과되고 난 후, 한 달에 한 번 정도 한 챕터씩 지도교수인 오웬 교수에게 논문을 제출하며 지도를 받았다. 놀랍게도 지도교수는 세 번이나 같은 챕터를 수정하여 주었다. 첫 번째는 개념에 대한 수정이고, 두 번째는 논리와 내용의 보완, 그리고 세 번째는 문장 자체에 대한 것이었다. 지도교수의 이와 같은 꼼꼼한 논문지도와 배려로 입학 후 최단기간에 졸업할 수 있었고, 학위 논문은 HP기업에서 주는 우수논문에 선정되어 장학금도 받게 되었다. 무엇보다도 찰스 오웬의 성실한 가르침을 통하여 사도(師道)가 무엇인지를 배우고 마음속에 새기게 되었다.

III. 신 디자인교육시스템의 실험

1. 콘텐츠, 팀, 산학중시 교육의 시작(국민대학교)

1) 비가시적 디자인, 팀, 산학협동 수업의 시도

IIT에서 석사학위를 마치던 1984년 가을에 국민대학교 조형대학 공업디자인학과에 전임강사로 임용되면서 본격적인 디자인 교육자의 길을 걷게 되었다. 표현기법과 입체디자인, 공업디자인 등의 과목을 가르치게 되었는데, '주제를 정하고, 개선안을 상상하여 스케치하고, 모델을 만드는' 물리적 제품 제작이 중심이었던 실기 위주의 전형적 공업디자인 수업에서 벗어나고자 많은 고민을 하였다. 새로운 디자인 교육의 방향성을 제시하고자, 보이지 않는 개념을 파악하여 디자인의 존재 이유를 체계적으로 생각할 수 있는 디자인 과정을 수업에 반영하였다. '사전 사용환경조사 및 문제인식, 문제 세부조사 및 분석, 문제정의 및 해결목적과 목표 정립, 가능한 아이디어 탐색 및 종합, 프로토타이핑'의 디자인과정을 기반으로, 문제의 인식과 정의를 통해 보이지 않았던 문제를 개념화하고 다양하고 창의적인 문제 해결의 가능성을 탐색할 수 있는 소프트한 디자인교육에 비중을 두었다. 이를 위해 수업에서는 학생들에게 사전조사와 같은 리서치 과정을 통하여, 문제인식과 해결 목표 정립 등의 보이지 않는 디자인 사고과정에 좀 더 시간을 할애하게 하였다. 이러한 교육을 통하여 학생들에게 해결하여야 할 문제와 디자인의 목표를 좀 더 전체적이고 사용자 중심의 관점에서 생각하게 되어, 체계적이고 설득력 있는 디자인 제시가 가능하도록 하였다.

필자는 국민대에 재직할 때부터 3학년과 4학년 공업디자인과 졸업전시 수업을 팀협동수업으로 진행하였다. '창조는 협력에서 일어난다'는 HP의 피오리나(Carly Fiorina) 말처럼 특히 복잡한 디자인 문제는 팀협동수업이 효과적이라는 믿음 때문이었다. 팀협동수업은 복잡한 문제를 팀원이 나누어 접근할 수 있어 생산적이며, 머리를 맞대고 토론을 통해 서로 제안하여 각 개인으로는 부족한 아이디어를 풍성하게 할 수 있고, 함께 의사를 결정할 수 있어 합리적이다. 또한 팀협동수업은 팀원 간에 대화하며 협력하는 과정을 통하여 팀원 간의 소통능력을 증진시키고, 의견을 조정하고 과제를 이끌어 가는 경험을 통하여 창조적 리더십을 배양한다.

또한 당시 3학년과 4학년 학생들의 공업디자인 실기과목은 가급적 산학협동과제로 이끌어 갔다. 산학협력수업은 주제의 설정, 진행프로세스 및 진행 방법, 프리젠테이션 방법 등 세부적인 사항을 산학과제 기획서를 통하여 기업 측에 제안하여 진행하였다. 과제의 주제는 기업의 사업영역과 관련된 미래지향적 내용으로 주로 선정하였고, 학생들은 기업이 제공한 다양한 자료들을 기반으로 다양한 아이디어를 제안하고, 산학과제 참여기업은 학생들의 디자인을 멘토링하며 학생들의 잠재력을 계발할 수 있도록 하였다. 그리하여, 학생들은 디자인 전체 프로세스를 수행하면서, 기업 요구와 환경 등 산업 현장을 간접적으로 체험하는 등의 이점이 있고, 기업은 학계의 새로운 디자인과정과 방법, 그리고 학생들의 때 묻지 않은 신선한 아이디어를 발굴하는 이점이 있었다. 기억나는 사례로 1997년 대우통신과 '2000년의 정보통신기기'를 주제로 하여 4학년 공업디자인 졸업전을 산학협동 수업으로 진행하여, '나만의 컴퓨터'와 같은 흥미로운 결과물을 제안한 적이 있었다. 9개월 동안 학생들은 기업을 수없이 오가며 디자인문제제기에서 해결안 모색, 프로토타이핑에 이르는 과정을 팀원 간에 역할을 분담하며 진행하였다. 최종 프리젠테이션 시에는 각 기업의 디자인책임자가 수업을 참관하여 학생들과 함께 디자인 결과물을 평가하였다. 같은 해에 공업디자인 학과에서는 일본의 NEC와 국제 디자인 산학을 실시하여 우수한 결과를 내어 NEC로부터 극찬을 받았다.

체계적인 디자인교육의 결과는 공모전 수상의 성과로 나타나게 되었다. 당시, 필자는 학생들에게 공모전 참여를 권장하였고, 학생들은 수업에서 배운 대로 사전조사를 통하여 의미 있는 문제를 발굴하고, 인간의 요구조사를 통하여 해결의 목표와 방향을 깊이 있게 종합적으로 생각하고, 높은 수준의 디자인해결을 제시하였다. 그 결과로 87년, 89년 금성(현 LG) 국제 산업디자인 공모전, 오리엔트 시계디자인 공모전 등에서 수상하는 등 당시 유명했던 공모전에서 좋은 성과를 낼 수 있었다.

2) 시대를 선도한 조형전과 콘텐츠디자인교육

한편, 국민대학교 조형대학은 1975년도 설립 이후 짧은 교육의 역사에도 불구하고 디자인교육계에서 돌풍을 일으킨 우수한 교육의 모델이었다. 그 배경에는 우수한 교수진과 새로운 디자인 교육프로그램이 있었다. 특히 조형전은 교수와 학생들의 에너지가 총집결된 교육의 결과로 학계와 산업계의 큰 관심을 불러일으켰다. 거의 매년 개최되었던 조형전의 주요 주제들은 '제1회(1976) 한국인의 손', '제6회(1987) 조형2000', '제7회(1990) 디자인시대정신–하이테크 디자인과 로우테크디자인', '제8회(1995) Green 21', '제9회(1998) CYDEX 98' 등으로, 그 시대의 주요한 이슈들을 디자인으로 해결해 보고자 하는 소명의식의 반영이었다. 1995년에 실시한 'Green 21'전은 특별히 기억에 남는 조형전 중 하나이다. 당시 학장이었던 윤호섭 교수에 의해 발의된 이 주제는 조형대학의 건축, 공업, 시각, 의상, 공예 5개 학과 내 모든 학년들의 공동주제가 되었다. 그리고 녹색사회의 구현을 위한 방대한 리서치와 해결안이 1,200여 명의 학생들에 의해 진행되고 조형전에서 제안되었다. 윤호섭 학장은 전시회 이후로 녹색사회를 위한 실천적 삶을 사는 것으로 알고 있다. 그는 집에서 전기절약을 위해 냉장고를 쓰지 않고, 물과 자원을 절약하기 위해 군대식 식판을 사용하고, 자가용을 타는 대신 걸어 다닌다고 한다. 필자 또한 조형전을 치른 후에 녹색가치를 디자인의 기본가치로 생각하며 학생들을 가르치고 있다. 국민대학교 조형대학은 '그린디자인' 조형전을 계기로 후에 테크노대학원에 그린디자인전공을 개설하며 우리나라 그린디자인교육의 효시로서 이 분야의 교육을 선도하고 있다. 1998년 국민대학교의 조형전 주제는 사이버디자인이었다. 그 당시는 제도, 렌더링, 서체와 편집디자인이 컴퓨터로 급격하게 넘어가는 시기로서, 대학에서도 이러한 추이에 맞추어 컴퓨터 응용 디자인교육이 시작되고 있었다. 국민대학교는 조형전을 계기로 컴퓨터모델링, 컴퓨터애니메이션, 웹 등 활용 가능한 모든 컴퓨터기술을 조형전의 연구 및 표현방법의 대상으로 삼고 실험하였다. 그리고 국내대학 최초로 조형전에 참가한 모든 학생들의 작품을 온라인으로 전시하는 사이버디자인전(CYDEX, Cyber Design Exhibition)을 데이컴의 협조로 시도하여 타 디자인대학들은 물론 디자인사회에 신선한 충격을 주었다.

한편 1998년 가을에 교육부에서는 대학원교육을 강화하기 위한 정책의 일환으로 BK21을 계획하였다. 국민대학교에서는 경쟁력이 있는 조형대학이 디자인영상부문에 제안서를 내는 것으로 방침을 정하였다. 준비팀 단장은 당시 조형대학장이었던 김인철 교수가 맡았고, 필자는 실무책임을, 그리고 각과의 교수 1명 및 대학원생들이 조교로 참여하였다. 조형대학 1층에는 아예 BK21 기획실을 만들고, 매일 기획과 진도회의를 하며 전쟁게임을 하듯이 기획서 준비에 만전을 기하였다. 신설대학원 명칭은 테크노기술과 디자인의 결합이라는 의미의 '테크노디자인대학원'으로 정하고, 디지털미디어학과, 퓨전디자인학과, 스페이스·건축디자인학과, 생활문화디자인학과 등을 신설하는 것으로 기획하였다. 퓨전은 기존 산업제품디자인 간의 융합을 의미하고, 생활문화는 패션, 공예 등의 영역을 의미하였다. 특히 디지털미디어디자인학과는 미래 디지털과 소프트가치가 중시되는 시대를 대비하기 위한 교육프로그램으로 그 당시로는 매우 새로운 콘텐츠디자인이라는 신개념의 전공을 계획하였다. 참여 교수들조차도 1999년 당시에는 콘텐츠디자인이 무엇을 하는 거냐고 물을 정도로 생소한 개념이었지만, 필자는 미래에 보이지 않는 가치의 내용과 의미를 디자인하는 콘텐츠디자인교육의 중차대성을 강조하여 신설학과로 추진하였다. 새로운 기술과 디자인교육을 융합하는 새로운 교육시스템의 완성도 있는 제안으로 국민대학교 조형대학은 전국에서 1개교를 뽑는 디자인부분에 선정되는 영예를 안았다. 기획서를 제출하고 서울대로 이직하게 되어 실제 사업참여는 못하였지만, 시대를 앞서 20년 전에 제안한 콘텐츠디자인전공은 지금까지도 건재하고 있다.

2. 아트비전 2020 수립(서울대학교)

1) 서울대학교 디자인학부 5개년 발전 계획

필자는 1999년 2학기에 서울대학교 미술대학 디자인학부로 교직자리를 옮겼다. 옮기자마자 대학교육협의회(이하 대교협)에서 전국의 디자인대학과 학과를 평가한다는 계획이 내려왔다. 평가는 2000년으로 예정이 되어 있었고, 필자가 평가 준비의 책임을 맡아 학과의 발전 계획을 기획하게 되었다. 준비를 위하여 교수업적, 학생성과, 교육프로그램, 국제화, 교육시설 등의 관련 현황을 진단하고, 개선내용과 향후 발전방향 등을 계획하였다. 대교협의 평가지침에 따라 자체 진단과 평가를 해 보니 교수와 학생, 교육프로그램 부분 등은 괜찮았지만 문제는 교육의 시설이 낙후된 것이었다. 이에, 디자인학부 5개년 발전 계획(2001~2005)을 급히 준비하여 당시 이기준 총장에게 보고를 하였고, 본부로부터 교육용 컴퓨터 등 장비구입비 명목으로 1억여 원을 지원받았다. 그리고 디자인 실습용 가구, 모형제작 장비, AV교육 기자재 등 부족한 교육 장비를 보완하기 위하여 동문과 관계기업의 대표들에게 지원을 요청하여, 낙후되었던 시설들의 주요 부분을 개선할 수 있었다. 이러한 노력으로 전국 120여 개 학교 중에서 1위로 평가되었다. 이러한 결실에는 본부의 지원과 디자인학부 교수들의 협력, 동문 기업들의 배려와 함께 최성호 현 한양사이버대학 교수 등 당시 조교들의 헌신적인 노력이 있었다.

2) 창조교육의 핵심은 디자인: '창조와 디자인' 교양교과의 출발

서울대학교 기초교육원(이하 교육원)은 사회대학의 강명구 교수가 원장으로 재임하면서 학생들의 창의력 증진을 위하여 교양교육과정에 융합창의교육프로그램을 강화하고자 노력하였다. 이를 위하여 교육원은 2007년에 인문, 공학, 자연, 예술계 교수들로 융합창의 교양교육프로그램 기획연구위원회를 구성하였고, 위원회에서는 건축, 음악, 체육, 디자인 분야에 걸쳐 8개의 교과목을 개발하였다. 평소 필자는 서울대학교 학생들의 창조성 배양을 위해 디자인교육이 기초과목이 되어야 한다고 생각하던 차에 융합창의 교양교과목으로 '창조와 디자인' 과목을 개설할 수 있었다. 이 교과목은 인간 삶과 관련된 다양한 주제를 학생들이 선정하여 문제를 발견하고 해결안을 도출하여 시각적으로 완성하는 실기과목으로 실제 실기를 통하여 창조프로세스를 체험해 보는 것이다. 수업을 진행해 오면서 놀랐던 것은 디자인 실기 경험이 전혀 없던 학생들이 처음에는 두려워하였지만, 수업이 진행됨에 따라 창조적인 아이디어의 제안과 조형작업 등 문제해결의 전 과정을 디자인 전공학생 못지않게 잘 해내는 것이었다.

2009년 시작한 '창조와 디자인'이 기초교육원의 교양으로 개설된 이후 이 과목은 많은 학생들에게 실기를 통해 창조성을 경험하고 터득하게 하며 디자인에 대한 올바른 인식을 잡아 주는 인기 교양과목으로 운영되고 있다.

3) 지속가능한 사회와 환경을 위한 디자인 교육: 예술·디자인과 녹색사회 교과개설

2008년에 서울대학교에서는 지속가능한 환경과 사회구현을 위한 연구와 교육활동을 목적으로 환경부의 지원을 받아 '아시아에너지환경 지속가능연구원(AIEES)'을 설립하였다. '녹색사회를 만들어 가기 위해서는 예술과 디자인을 통한 감성적인 문제해결방법의 체험이 중요'하다 생각하여, 당시 환경대학원의 김기호 교수 등이 이끄는 연구소 준비과정에 참여했다. 그리고 그린리더의 양성을 목적으로 한 그린리더십 교육프로그램에 '예술디자인과 녹색사회' 과목을 제안하였다. 수업의 내용은 예술·디자인 사고와 표현방법을 통하여 녹색사회를 구현하기 위한 인간 삶의 유무형적 주제를 연구하고 대안을 제시하는 것으로 구성하였다. 2009년 이후 지속된 이 과목은 최병원, 왕종두 등의 경험 있는 전문 강사의 기획 아래 다양한 그린예술, 디자인 사례들이 특강 형식으로 소개되었고, 녹색사회를 위한 다양한 주제들이 실기로 완성되어, 전시를 통하여 발표되었다. 지금까지 이 프로그램은 창작과 실기의 비중이 높아 부담이 됨에도 불구하고 선호도가 높은 것을 보면 학생들이 환경문제 관련 예술과 디자인적 관점과 해결에 대한 관심이 크다는 것을 새삼 느끼게 한다.

4) 융합 창조디자인교육 인프라: 통합창의디자인 연계전공 설립

창조관련 이론가들에 의하면 창조는 무에서 유를 만들어 내는 것이 아니라 존재하는 두 개 이상의 가치들의 융합에 의해 만들어진다고 한다. 따라서 창조교육을 위해서는 융합교육이 선결되어야 한다고 필자는 평소 생각하여 왔다. 때마침 2005년도에 한국연구재단의 지원으로 '창조교육을 위한 다학제교육 프로그램'을 채승진 교수(연세대학교 디자인예술학부)와 주우진 교수(서울대학교 경영학과), 김종원 교수(서울대학교 기계공학부)와 공동으로 연구할 기회가 있었다. 이 연구에서는 미국 스탠퍼드대학교의 디스쿨 d-school, 일리노이공대의 디자인경영 프로그램 등 다양한 해외 다학제 디자인교육프로그램의 분석을 토대로 한국형 디자인기반 다학제 교육프로그램의 방향이 정립되었다. 이를 토대로 2009년 미술대학 디자인학부, 공과대학 기계항공공학부, 경영대학 경영학과가 참여하는 연계전공 '통합창의디자인' 프로그램을 신설하였다(〈그림 3〉). '통합창의디자인' 연계전공은 디자인 기반의 학제간 융합교육을 통하여 학생들의 창의적, 혁신적 문제해결 능력과 창조적 리더십, 기업가정신을 함양하는 데 목표가 있다. 이를 위해 이 프로그램은 다학제 팀워크로 이루어지는 실기수업, 산학협력을 통한 실무형 프로젝트수업, 다양한 분야의 전문가들이 참여하는 창의리더십 세미나 수업 등을 강조한다. 특히 2009년 지식경제부와 한국디자인진흥원이 추진하는 '융합형 디자인대학 육성사업'에 디자인학부를 중심으로 한 서울대의 '글로벌통합디자인교육사업단'이 선정되면서, 통합창의디자인 연계전공에서는 국내외 인턴십 및 연수 프로그램, 워크숍 개

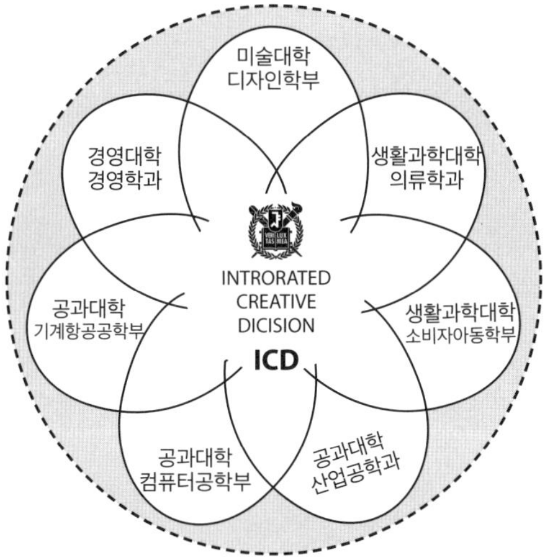

<그림 3> 통합창의디자인 프로그램 구조

최, 장학금 지급 등 연계전공 학생들을 위한 다양한 혜택을 제공할 수 있었다. 서울대학교의 많은 연계전공 중에서 모범사례가 된 이 교육프로그램은 창의융합교육의 본보기 역할을 수행하고 있으며, 이 프로그램을 전공한 공대, 경영대 졸업생들은 디자인 기반의 벤처 기업을 창업하여 성공적으로 운영하여 사회적으로 주목받고 있다.

5) 미술대학교육의 종합적 마스터플랜: 아트비전 2020 수립

필자는 2011년 5월 미술대학 학장에 부임하면서, 이용덕 부학장 및 미대 교수들과 함께 미술대학의 교육, 연구, 환경, 국제 부문의 중·단기적 개선을 위한 미술대학 발전계획 '아트비전 2020'을 계획하였다. 비전의 중심 아이디어는 교수와 학생들의 연구와 교육환경과 활동의 프로그램을 21세기 창의시대에 걸맞게 계획하여 세계적인 수준의 미술대학이 되기 위한 기반을 구축하는 것이었다. 이 계획의 일환으로 연구부분에서는 학생들의 연구 활동을 장려하기 위하여 우수연구·창작 및 전시 계획을 선정하여 지원하였고, 소실되기 쉬운 명예교수들의 아카이브를 구술채록하면서 동시에 아카이브전시회를 각 학과별로 추진하였다. 교육환경부문에서는 연구처의 지원으로 3D프린터 등 교육시설을 강화하고, 장수홍 전임학장이 추진하던 복합예술연구동의 완성에 힘을 기울였다. 또한 국제·대외협력 개선부문에서는 대외협력실을 신설하여 발전위원회 구성, 발전기금조성 전시회 개최, 미대소식지 '미대소식' 창간 등을 진행함으로써 미대동문과 학부모, 기타 외부 관계자들과의 소통을 증진하고 발전기금 조성의 틀을 구축하였다. 국제화 부문에서는 대외협력실의 신설로 해외대학과의 교류를 확대시키고, 해외학생들과의 만남의 장인 ICRC 페스티벌 개최 등 국제교류를 체계화하였다. 또한 사회봉사의 일환으로 관악창의미술학교를 관악구의 지원으로 개소하고, 양주군과 함께 양주도자연구소를 개원하는 등 미술대학과 지역사회와의 협력과 봉사활동을 증진시키기 위한 노력을 기울였다. 한 가지 아쉬웠던 점은 교육부문에서 대학원에 융합디자인교육을 강화하기 위하여 여러 노력을 기울였지만 자체 학생 인원 확보의 어려움과 교수들 간 이견으로 결과를 보지 못한 것이다.

6) 미술대학 지식의 기록 및 계승: 명예교수 아카이빙 작업

필자는 학장 취임 후에 한국 미술디자인교육의 선구자인 미술대학 명예교수들의 아카이브 구축을 위하여, 단계적으로 명예교수들의 교육과 연구 활동의 궤적을 구술채록하여 아카이브화하고 전시회를 개최하도록 지원하였다. 2013년도에는 디자인전공에서 박영목, 김수정 교수의 기획과 윤혜경 대표의 전시기획으로 민철홍, 김정자, 부수언, 조영제, 양승춘 교수의 재임 시 교육과 연구의 흔적들이 구술채록되고 전시회로 이어졌다. 서울대 미술관의 전시회 오픈에는 권명광 전 홍익대 총장, 장윤호 한국디자인단체총연합회 전임회장, 유명식 전 한국디자인단체총연합회 회장, 이영혜 월간디자인지 대표 등 한국디자인계의 원로들이 대거 모여 디자인아카이브의 중요성을 얘기하며 구술채록과 전시의 의미를 되새겼다. 이어 2014년도에는 동양화학과에서 김형숙 교수의 기획으로 이종상, 신영상 교수의 아카이브구술채록과 전시회가 이루어졌다. 본교 아카이브구술채록과 전시회의 시작은 서울대학교의 타 단과대학은 물론 타 미술대학에 커다란 반향을 불러일으켰고, 아카이브의 중요성을 되새기는 계기를 마련해 주었다.

7) 한국 현대미술의 발자취 돌아보기: 발전기금 모금전시

미술대학은 전통적으로 자체 재정과 발전기금이 열악한 상태여서, 대학의 발전을 위해서는 발전기금 확보가 절실하였다. 특히 필자가 학장으로 있던 2012년에는 전임 장수홍 학장, 윤동천 부학장의 노력으로 확보된 국비 130억 원으로 3,000평에 이르는 복합예술연구동이 착공되면서 미대는 시설과 장비구축비 등을 위한 자체발전기금의 확보가 시급하였다. 이에 미술대학에서는 동문대표 및 대외 인사들로 2012년 발전위원회를 구축하고, 우선사업으로 발전기금조성전을 그해에 계획하였다. '한국미술의 궤적'이란 제목으로 2012년 5월에 서울대미술관 MoA에서 개최된 기금전에는 미대의 명예교수들, 재임 교수들, 동문작가들이 활발하게 동참하였다. 또한 발전기금 조성에 경험이 풍부한 발전기금재단과의 긴밀한 협력 속에 동문 및 기업 CEO, 총장과 각 단과대학의 학장들이 지원구매를 하는 등 판매에 큰 힘을 보태었다. 이러한 노력으로 발전기금조성전은 당시 미술시장이 어려운 상황임에도 4억 원이 넘는 기금이 확보되는 등 성공리에 마무리되고 동문들의 후원운동으로 이어져 복합예술연구동의 완성에 크게 기여하였다. 발전기금재단에서는 이 조성전의 진행이 단과대학과 재단 간의 성공적인 발전기금조성 협력프로그램이었다고 본부 학사위원회 학장회의에서 결과를 소개하기도 하였다. 학장들은 "학장실에 작품을 걸어놓으니 학장의 품격이 달라지는 것 같아 기쁘다"며 발전기금조성전의 의의를 높이 평가하였다. 많은 학장과 교수들이 작품구매로 미대발전기금 조성에 힘을 실어 주는 것도 고마웠지만, 전시회를 통하여 대학의 많은 구성원들이 미술을 이해하고 미술대학을 사랑하는 계기가 된 것이 무엇보다도 반가웠다.

8) 창의사회에서 예술·디자인교육의 중요성: 학장회의 특강

필자가 미대학장 재임 시 정기적인 임무 중 하나는 2~3주에 한 번씩 학장회의에 참석하여 대학교 차원의 교육, 연구, 입시, 인사, 예산과 관련된 사안들을 심의하는 일이다. 한 1년쯤 학장회의에 참여하면서 느낀 점은 서울대학교가 인문, 사회, 자연, 공학, 의학 등 대형 단과대학을 중심으로 운영된다는 것이었다. 연구비지원의 예를 들면 인문과 자연계의 논문과 실험연구는 지원이 되지만 예술계열의 창작과 전시발표는 연구비 지원이 안 되거나 매우 미미한 실정이었다. 또한 인문, 자연, 공학을 위한 노벨상급 교수특채 특별지원은 있으나, 세계적인 음악가나 미술가를 초빙하는 교수채용 지원프로그램은 없는 것이다. 이러한 편향된 지원제도의 배경에는 한국교육의 현실이 지나치게 지능, 학력 중심의 좌뇌식 교육에 기반을 두고 있고, 대학의 운영도 이 틀을 벗어나지 못하는 데 연유한다고 본다. 이러한 예술 경시의 대학교육의 관점을 조금이라도 개선하기 위하여 필자는 당시 오연천 총장에게 학장회의에서 '대학에서 예술교육의 중요성'에 대한 특강을 하겠다고 제안하여, 2013년 10월 강의 시, 창조성과 예술의 밀접한 관계성과 창의성을 위한 예술경험교육의 중요성 등을 강조하였다. 그리고 하버드, 스탠퍼드, 예일 등 주요대학의 교양과정에서 예술실기교육 비중이 21.6%로 높은 점과, 졸업 전까지 예술을 필수과목으로 이수하는 것을 사례로 들며. 서울대 교양과정에 예술실기를 필수과목으로 지정하고 서울대학교 전체입시에서 예술교육과 체험을 반영하도록 제안을 하였다. 한국이 그토록 열망하는 노벨과학상을 받기 위해서는 전인교육과 이를 위한 예술교육이 강화되어야 한다. 특강 이후 서울대학교에서는 미술이나 예술이 단지 취미활동이 아닌 창조·감성교육을 위한 중요한 교육 분야로 인식하는 계기가 되었다.

9) 예술과 디자인대학의 올바른 평가: 전국미대학장협의회 건의

한편, 필자가 학장이었던 2011년 봄, 국민대, 이화여대, 숙명여대, 서울대, 홍익대 등 전국적으로 30개교가 넘는 미술·디자인계열 대학의 학장들이 의기투합하여 미술·디자인계열대학 학장협의회를 결성하였다. 그 목적의 하나는 당시 교육부에서 추진하고 있었던 대학구조조정과 관련된 불합리한 미술대학의 취업률 문제를 함께 해결하고자 하는 것이었다. 학장협의회에서는 미술대학 졸업생들의 작가 활동을 취업이라는 기준으로 인정하지 않는 것은 경제논리로 문화를 말살시키려는 시대착오적인 정책임을 교육부와 국회에 강력히 건의하여 결국 예술계열은 취업률을 대학평가의 지표로 적용하지 않도록 조정하였다. 하지만 그 후에도 정부에서는 프라임사업 등을 통하여 예술과 디자인 관련 전문 인력이 너무 많다는 단순한 통계지표로 공대로의 통폐합을 유도되거나 퇴출의 대상으로 바라보고 있다. 21세기 예술 디자인이 중시되는 창조시대에 예술과 디자인은 창조경제와 인간 삶의 품격을 높이는 핵심으로서 삶과 산업, 사회, 국가의 곳곳에서 눈에 보이지 않은 중요한 역할을 한다는 것을 보지 못하는 안타까운 현실이다.

10) 예술·디자인의 연구기반 확립: 한국연구재단에 Art Korea 연구부문 신설

특히 21세기 창의시대는 창조산업이 산업과 경제를 이끌어 가는 시대이다. 창조산업의 중심에는 디자인, 건축, 미술, 음악, 연극, 영화, 게임 등 흔히 예술과 디자인분야가 있다. 그리하여 영국, 독일 등 선진국들은 창의시대를 맞아 예술과 디자인분야의 활성화를 위하여 많은 노력을 기울이고 있다. 우리나라도 창의시대를 맞아 산업과 경제발전을 지속가능하게 하기 위해서는 예술·디자인의 창작활동을 다른 학문분야들과 마찬가지로 연구의 개념으로 생각하고 지원하여야 한다. 다행히 최근에 교육부의 지원으로 필자는 예술·디자인분야의 연구 활성화를 위한 방안을 미술·디자인·음악·공연 등 전 예술분야가 참여하여 연구할 수 있었다. 또한, 이 연구를 기반으로 미술·디자인계열대학 학장협의회에서는 예술분야를 독립적인 연구 분야로 분류해야 하는 필요성을 설득하여, 한국연구재단에 'Art Korea 연구부문' 지원 신설을 교육부에 건의하였다(2014년). 교육부와 한국연구재단에서는 규모는 작지만 인문사회·융복합연구부문에 ASK(Art and Sports Korea)영역을 신설하고 예산을 책정하였고, 이를 계기로 예술분야의 독자적인 지원프로그램이 마침내 탄생되었다.

11) 디지털시대의 예술교육 프로그램: 아트유니온 운영

21세기는 창의성이 중시되는 창조의 시대이다. 그리하여 이 시대를 신개념 창조가 중시되는 예술의 시대라고 말한다. 새로운 예술과 개념을 창조해 나가기 위해서는 기존 대학에서의 예술교육 확산과 함께 디지털시대에 다양한 예술창작을 진작시킬 수 있는 새로운 교육환경의 모색이 요구된다. 2015년에 서울대학교 미술대학과 현대차가 공동으로 발족한 아트유니온(Art-Uni-On)은 유능한 젊은 예술가를 대학에서 선발하여 온라인상에서 다양한 예술현장의 전문가들이 멘토링을 통하여 작품세계를 발전시켜 나가는 국제적인 오픈 창작네트워크이다. 아트유니온은 소통과 협력을 통하여 대학예술교육을 보완하여 미래의 예술인을 양성하는 데 있다. 국제적인 온라인멘토링, 오픈크리틱, 장학금, 전시, 워크숍, 세미나 등의 활동을 하고 있고, 배병우, 승효상, 이우환, 파올라 안토넬리 등의 자문위원과 배상민, 최성민, 전형, 공성훈, 이대형, 이용백, 신보슬, 서진석, 유근택, 데이비드 브룩스, 일레인 등이 멘토로 참여하여 15명의 우수한 젊은 예술가들을 세계각국에서 선정하여 미래를 이끌 예술가의 탄생을 지원하여 왔다. 그러나 디지털커뮤니케이션과 운영상의 어려움 등으로 결실을 맺지 못한 것이 못내 아쉽다.

IV. 미래디자인연구기반의 구축

1. 체계적 디자인연구의 시작

1) 체계적 디자인연구 방법의 실험

유학을 다녀온 후 국민대 재직 초기인 1987년도에 대우전자 디자인실의 송복희 과장(전 한국기술교육대 교수)과 함께 미래의 AV 시스템을 주제로 산학협력과제를 진행하였다. 이 과제는 IIT에서 수학한 체계적인 디자인프로세스와 방법을 산업현장에 처음으로 적용할 수 있는 좋은 기회였다. 이 과제를 전통적인 방법이 아닌 좀 더 통합적이고 체계적인 관점에서 진행하기 위하여, 프로젝트의 배경-목적, 조사내용과 방법, 진행프로세스, 기대효과

등 당시로서는 새로운 프로젝트 기획 체계를 만들어 대우전자와 사전에 논의하였다. 약 6개월간 진행된 이 과제에서는 AV시스템의 통합적 이미지 제안을 통하여 대우전자의 새로운 디자인이미지를 정립하려고 노력하였다. 또한 대우전자의 새로운 조형적 아이덴티티를 이끌어 내기 위하여, 당시에는 새로운 개념인 '어의 차별적 이미지 추출방법(Semantic Differential Method)'을 적용하여, 단순 간결하면서도 AV의 의미가 담긴 신조형언어를 모형으로 제시하였다. 이 모형은 지금도 현대적으로 느껴질 정도로 당시로서는 의미 있는 시도였다.

2) 경찰제복 개선 디자인: 리서치와 디자인학제 간 협력 연구

국민대 재직시절 이색적으로 경험했던 디자인은 대한민국 경찰제복에 대한 연구였다. 1993년 경찰청의 제의로 당시 의상학과의 이재정 교수를 책임연구원으로, 강병석 교수(현 홍익대 명예교수)와 함께 진행한 경찰제복 연구는 교통경찰을 포함하여 전국 경찰의 춘하추동계절기의 근무복과 정복을 포함하여 전체 복제를 새롭게 디자인하는 것이었다. 국가를 상징하는 경찰제복이라 의미가 있어 필자는 공동연구원으로 참여하여, 디자인 프로세스의 기획과 현황조사 및 디자인 방향을 정립하고 제안하는 일을 주로 담당하였다. 시민과 경찰의 경찰복 개선점에 대한 요구조사와 함께 영국, 이태리, 프랑스, 독일, 벨기에, 일본 등의 선진국 디자인을 경찰과 함께 현지에 가서 살펴보기도 하였다. 조사·분석을 거쳐 대한민국의 경찰제복 디자인의 방향성으로 좀 더 강하고, 품격 있고, 산뜻하며, 고급스러운 이미지가 요구되었다. 따

<그림 4> 경찰제복 개선디자인 샘플착용 모습들

라서 실제 디자인에서는 근무 시 넥타이 착용, 청색 와이셔츠 등이 최종안으로 채택되었다. 필자가 참여했던 경찰제복디자인은 경찰과 시민의 요구 등 철저한 조사연구를 기반으로 디자인을 제안 채택되어 오랜 기간 착용되었고, 패션디자인과 제품디자인 협업의 바람직한 선례를 남겼다.

3) 한국디자인의 특성과 세계성 연구: 전체성·변화성·조화성

한국디자인의 특징에 대한 본격적인 연구는 1997년에 산업부와 한국산업디자인진흥원에서 한국디자인의 원형을 찾기 위한 목적의 '한국전통디자인의 초형체계에 관한 연구' 과제에 공동연구자로 참여하면서 시작되었다. 민경우 교수를 총괄책임연구원으로 하여, 시각디자인의 안상수 교수, 의상디자인의 강병석 교수와 함께 2년 동안 근대 조형의 흐름과 특성, 주요 선진국과 동아시아의 조형 특성, 한국전통조형의 배경과 조형 특성 등을 종합적으로 연구하였다. 이 과제는 디자인분야의 대형·장기과제로, 김철호 당시 LG디자인센터소장, 정국현 당시 삼성전자 디자인센터소장 등 다양한 디자인 분야 전문가들이 연구에 참여하여 협력하였다. 연구에는 동서양디자인의 역사, 동양디자인의 원리, 한국디자인의 이론 및 사례연구, 한국디자인의 특성 및 체계 등이 종합되었다. 연구의 결과로 전체성, 변화성, 조화성의 3가지 주요 한국전통디자인의 원리가 규명되고, 한국디자인의 특성으로는 건강성, 초월성, 의미성, 최소성, 조화성, 함축성, 해학성의 7가지가 추출되었다. 한국디자인의 아이덴티티를 정립하고자 한 이러한 한국전통디자인의 정신과 특성들은 CD로 제작되어 디자인지식을 공유하도록 하였다.

한편, 1800년대 말에 출발한 서구나 1900년대 초에 출발한 일본디자인교육에 비하여 1960대에 시작된 우리나라의 근대적 디자인의 교육은 100년에서 수십 년은 뒤쳐져 있다고 보인다. 자연스럽게 지금까지 한국의 디자인 교육은 서구의 것을 배우는 방식이었다. 그런 디자인 추종자의 상황에서 우리나라의 디자인능력은 최근 들어 큰 발전을 해 왔다. 이러한 발전은 최근 국제디자인공모전에서의 한국 디자이너들의 우수한 수상실적이나 세계 디자인관련인사들의 한국디자인 발전에 대한 찬사를 통해서도 엿볼 수 있다. '한국디자인 50선'은 2014년 문화체육관광부의 지원을 받아, 1945년 해방 이후 근현대에 각 디자인 영역에서 우리나라를 대표할 수 있는 디자인을 선정하여 그 특징과 우수성을 분석하여 발전된 우리의 디자인을 국내외에 소개하고 공유하기 위해 수행한 연구이다. 전문가와 시민들의 의견을 조사하여 뽀로로, 카카오톡, 갤럭시폰 등 현대 한국의 디자인 발전을 엿볼 수 있는 디자인뿐만 아니라, 진로BI, 88올림픽 휘장, 공간사옥, 안상수체 등 한국인의 삶 속에서 함께 성장해 온 디자인 등을 선정하였다. 본 연구를 통해 선정된 50선은 한국의 산업과 문화의 발전에 따라 한국인의 삶과 창조적 정신을 바탕으로 세계적인 혁신을 일구어 낸 결과물로서 가치가 있다. 이 연구는 가까운 기간 안에 최근 급격하게 주목을 받고 있는 우리나라 디자인의 혁신성을 국내외에 공유하기 위해 가칭 '메이드인 코리아'라는 저서로 출판하기 위하여 동료들과 함께 준비 중이다.

4) 디자인 비즈니스와 벤처 창업방법의 연구

1999년 서울대로 이직한 후 산업자원부와 한국디자인진흥원의 지원과제 중 2000부터 2년간 진행했던 '디자인벤처 비즈니스의 디자인혁신 기술 및 경영전략에 관한 연구'는 큰 의미를 지니고 있다. 당시는 벤처나 벤처기업에 대한 인식이 지금과 같이 확산되기 이전이었고, 국내에서 디자인 전문기업들은 주로 기업들의 디자인을 대행해 주는 용역으로서 디자인 비즈니스가 전부였다. 하지만, 디자인 비즈니스가 국가경제에 크게 이바지하고, 좋은 디자인가치를 통하여 사회를 혁신시키기 위해서는 디자이너들이 기획하고 개발한 고유 디자인브랜드들이 산업과 사회 속에 확산되어야 하고, 이는 디자인 벤처생태계의 조성으로 가능하다고 생각하였다. 그만큼 벤처디자인의 개념 확산과 실행방법의 연구가 디자인계를 위하여 요구되는 상황이었다. 벤처디자인은 '디자인기술을 기반으로 독자적인 브랜드를 개발하고 유통시키는 것'이다. 사례를 통하여 디자인벤처의 유형을 제품, 개발프로세스, 디자인 방법 등의 3가지로 구분하였으며, 각각의 사례가 갖는 디자인벤처를 성공시키는 요인과 방법을 분석하여 제시하였다. 또한 디자인벤처 비즈니스 창업 및 경영 교육프로그램을 제안하였다. 경영실무, 사업계획수립, 사업타당성 검토 그리고 사업전략 수립으로 이어지는 실제 디자인벤처의 창업중심 종합 교육안도 마련하였다. 되돌아보면 2012년경부터 창조경제의 핵심으로 강조되어 온 청년창업과 디자인에 대한 교육과 경영 프로그램의 필요성을 이미 절감하고 있었던 것이다. 현재 창업교육 역시 디자인을 부수적인 수단으로 여기는 만큼, 디자인벤처의 창업을 위한 교육프로그램이 마련되고 정착할 수 있어야 할 것이다.

2. 디자인연구의 산실 KDRI

1) 왜 디자인연구여야 하는가: 디자인연구 인프라 구축

평소에 필자는 대학은 대학원의 연구기능이 활성화되어 연구의 과정이나 결과가 자연스럽게 대학생들에게 산 교육으로 전수되어야 한다고 생각하였다. 또한 디자인이 다른 공학이나 인문 분야와 같이 학문적으로 인식되고 사회에 기여하기 위해서는 디자인학문과 산업, 경제, 사회를 연결하는 본격적인 디자인연구 활동과 연구소가 대학에 절실하다고 생각하였다. 마침 2002년도부터 산업자원부(현 산업통상자원부)에서는 디자인 분야의 연구와 혁신의 활성화를 위하여 각 지역의 거점대학에 DIC(Design Innovaton Center)를 설치하고 있었다. 필자는 당시 산업자원부에 서울 지역에도 DIC가 필요함을 설득하였고, 서울대학교 디자인

학부에 미래지향적인 신 디자인콘셉트와 전략, 산업을 본격적으로 연구하기 위한 한국디자인산업연구센터 KDRI(Korean Design Research Institute)를 제안하여 3년에 걸쳐 21억 원을 지원받을 수 있었다. 대학본부에는 디자인연구 활동을 할 수 있는 공간증설을 위한 매칭 펀드를 요청하여, 디자인연구동에 센터연구실, 대학원실, 도서자료실, 벤처실, 국제회의실, 세미나실 등 300여 평을 새로 개축하고, 리노베이션할 수 있는 6억 원의 자금을 지원받았다. 또한 전시공간인 삼원S&D홀이 인테리어 업체 삼원S&D의 후원으로 확보되었다. 이렇게 2003년 한국디자인산업연구센터가 설립되고, 2004년 정식 개소를 하게 됨으로써 49동 디자인연구동은 본격적인 디자인연구활동을 위한 인프라 구축과 함께 교육환경이 한층 현대화될 수 있었다(〈그림 5〉).

필자는 한국디자인산업연구센터를 통하여 그 당시까지 국내외 디자인대학 내에서 소홀히 여겨 왔던, 산업과 교육계의 경계를 여는 디자인연구활동을 본격적으로 하고자 하였다. 그리고 디자인연구의 핵심이 되는 미래창조 방법론 연구의 구심점이 되고자 하였다. 그리하여 KDRI는 미래창조를 디자인연구활동의 목표로 하고, 효과적 가치창조를 위하여 다학제적 융합연구를, 효율적인 가치의 확산을 위하여 연구, 교육, 정보활동을 통합적으로 수행하는 것을 전략으로 하였다. KDRI의 연구는 2003년 설립 이래 미래트렌드 탐색, 신 디자인가치 개발, 아이덴티티 전략 등 인간의 미래 라이프스타일과 미래 디자인의 컨셉 및 전략 연구로 특화되어 있다. KDRI는 2003년 설립 이래 연구조직으로 상임연구원 3~5명, 석사생 연구원 5~8명의 컴팩트한 조직이

<그림 5> 한국디자인산업연구센터(KDRI) 개소식 장면

지만, 통합적·융합적·실제적인 디자인연구활동을 통하여 국내외에 디자인연구활동의 중요성과 운용의 방향성을 제시하여 왔다. KDRI의 연구방향은 특히 디자인연구의 지역적 확장과 학제적 확장 측면에서 그 의의를 찾을 수 있다. KDRI는 아시아 디자인연구, 특히 한중일 디자인연구에 중심을 두었는데 지역적 확장의 일례로 MCR(Mobile Communication Researh) Network 프로젝트를 들 수 있다. 또한 KDRI는 디자인 분야의 학제적 융합을 강조하여, 디자인 분야를 넘어 경영, 사회과학, 공학 등 학제적 확장을 꾀하였다. KDRI의 연구 결과물들은 연구서적으로 출간되거나 DMI, IASDR, DRS 등 국제학술대회에서 수차례 발표되었고, IF나 Reddot 등 국제 디자인 어워드에서 수상하는 등

큰 성과를 거두었다.

2) 미래 제품 및 디자인컨셉, 기업정체성 전략 연구

KDRI는 2000년대 초반 이후 삼성, LG, 현대차, 엘지하우시스, KT, 포스코, 삼성건설 등 대기업들과 특히 미래의 디자인개념을 모색하기 위한 디자인전략 연구를 다양하게 수행하였다. 주된 연구의 특징은 사회변화 트렌드추이와 미래의 주요가치 변화예측연구를 바탕으로, 미래학·전문가·소비자의 입장에서 미래의 생활과 제품가치를 종합하여 기업이 나가야 할 미래 디자인 전략을 제안하는 것이다. 또한 이와 같은 거시적 미래디자인 전략가치의 제안 방법은 상당한 현실성을 보여 주었다.

한편, KDRI에서는 삼성, LG, KT 등 다양한 기업들과 기업디자인의 차별적인 가치 즉 정체성(아이덴티티)의 전략 연구를 의뢰받아 수행할 기회가 있었다. 기업의 아이덴티티는 이념, 행동, 이미지 등 다차원적인 요소로 형성된다. KDRI는 이와 같은 철학-이념, 콘셉트-내용, 이미지-형식의 일치라는 통합적인 관점에서 아이덴티티 전략을 강조하였다(〈그림 6〉). 2009년 KT와 수행한 '디자인 아이덴티티 연구'에서는 어울림, 멋과 흥, 살핌과 배려를 통한 조화로운 홈 라이프의 창조를 강조하였다. 2011년 삼성전자와 수행한 '삼성 디자인 아이덴티티 매니지먼트 시스템 연구'에서는 편리, 조화, 자연을 통한 의미 있는 미래를 디자인하기를 강조하였다. 2012년 LG전자의 HA사업부와 진행한 '디자인 아이덴티티 가이드개발 연구'는 본질과 품격과 놀라움과 자연스러움을 통하여 스토리를 디자인하기를 제안하였다. 기업

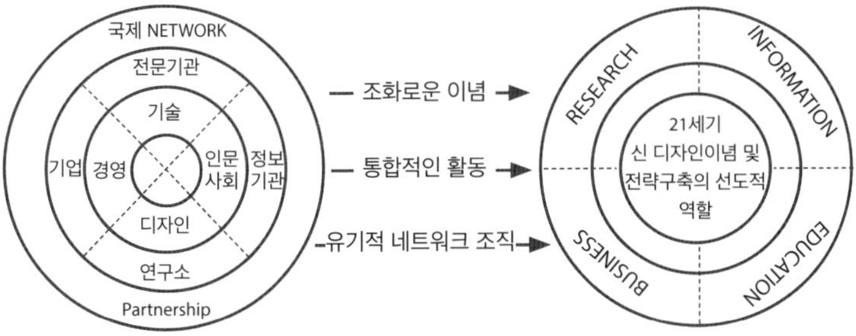

<그림 6> KDRI 비전 및 활동

들이 이를 기반으로 기업의 고유한 디자인 아이덴티티를 형성하는 배경철학과 원리로 활용하였다.

3) 에코디자인가이드 시스템 연구

2006년 초 삼성디자인센터의 전략팀에서 연락이 와 미팅을 해보니 '이제 시대가 녹색사회에 준비를 해야 하고 삼성제품에 녹색가치를 반영하기 위해서는 디자이너들의 태도를 이끌어 갈 에코기반의 디자인지침이 필요할 것 같다'는 프로젝트의 제안이었다. 녹색사회를 위한 에코·그린디자인의 필요성을 절감하고 있던 터라, '삼성 생활가전을 위한 에코디자인지침(Guidence system for Eco- Design Samsung)' 연구를 이동연, 배상민 교수 등 대학원 석박사과정생과 학부생 등 약 25명이 참여한 가운데 에코디자인 기반이론, 사례연구, 에코디자인 가이드라인, 미래 에코디자인 콘셉트를 진행하였다. 연구팀에서는 새로운 에코디자인 방법의 특징으로 첫 번째 최소의 에너지와 자연에의 충격(Less, Low)과 함께하고, 두 번째 최대의 사용과 수명(Long, Last)을 목표로 16개의 전략적 키워드를 제시하였다. 이를 위한 세부 에코디자인

원리로 기존 기술, 생산, 사용 과정에서 환경친화적 재료 사용이나 물리적 유용성 증진의 25가지 원리들을 제시하였다. 나아가 미래의 에코 디자인에서 더욱 중시될 심리적 감성적 측면에서 에코친화적 생활 태도와 의식을 심어 주는 25가지의 원리 등 총 50가지의 통합적인 에코디자인 원리를 제시하였다. 이러한 원리를 기반으로 백색가전에서의 에코디자인 실현가능성과 아이디어도출 방향을 모색하고 실무에 활용할 수 있는 영감을 제공하기 위하여 에코디자인 콘셉트를 제안하였다.

4) 예술과 디자인 기반 융합·창조 원리 연구

창조는 개념, 기능, 조형 요소를 연결하고 융합하여 새로운 가치를 만들어 내는 것이다. 한국연구재단의 지원으로 진행된 '예술·디자인 분야의 융합창조를 위한 방법'(2013년)에서는 미술, 공예-디자인, 음악, 무용 등 우수한 예술 분야의 융합창조 사례연구를 통하여 성공적인 예술융합의 방법을 연구하였다. 관찰과 상상, 융합과 시각화는 예술과 디자인 기반 창조의 기본 원리이다. 융합적 디자인창조를 위해서는 우선 사물을 예리하게 관찰하여 지식을 축적시키는 것이 필요하다. 그리고 문제를 해결하기 위하여 미래의 가치를 내다보는 통찰력이 필요하다. 미래가치의 구현을 위하여 다양한 기존가치들의 융합이 필요하다. 디자인가치의 융합은 동양과 서양과 같은 서로 다른 지역적 융합, 전통과 현대와 같은 시간의 융합 등 시간, 공간, 문화의 융합에 의하여 가능하다. 특히 예술·디자인기반 융합연구의 강력한 힘은 단순한 기술과 재료를 인간적 의미, 경험, 스토리, 품질 등과 같이 감성적 가치를 부여함으로써 인간이 내재한 욕구에 부응한다는 점이다.

5) 참여기반 미래 예측 시스템: urtrend.net

KDRI에서는 또 한 차례의 도약을 위해 2009년부터 그간의 경험을 바탕으로 독자적인 미래가치 예측 방법론 개발에 착수하였다. 3년간 산업부의 지원을 받아 집단지성을 이용한 웹기반 미래트렌드 창조 시스템인 urtrend.net을 개발하였다. urtrend.net은 지금까지 디자이너의 주관이나 직관에 의존하던 미래디자인의 가치제안의 방법을 좀 더 거시적·사회적 맥락의 가치 흐름 속에서 미래예측가, 디자인전문가, 사용자의 견해를 융합하여 미래디자인가치를 제안하는 통합적인 방법론을 기초로 개발된 웹기반 미래 디자인 예측 시스템이다. 이 시스템을 기반으로, 서울시의 추가 지원을 받아 거시적 맥락의 미래 거시환경 예측 모델인 Future Zodiac과 미래 사용자 예측 모델인 Future Minds를 2012년에 개발 완료하여 현대자동차, 삼성전자, LG전자, 삼성물산, 포스코 등 국내 기업들의 기술+의미 혁신을 위한 미래 디자인 전략 수립과 미래 생활 시나리오 개발하였다. 그리고 urtrend.net은 디자인에서는 유일하게 2008년에 산업부에서 선정하는 10대 우수연구과제로 선정되기도 하였다.

6) 디자인 석학들의 논의의 장, IDCC·DCW·Design Talk

한편, 2003년부터 KDRI에서는 국제적인 디자인논의의 장으로서 '디자인과 문화를 좀 더 거시적인 측면에서 함께 바라보며 미래의 삶과 디자인 가치를 조망하기 위한' 국제 디자인 문화 컨퍼런스(IDCC, International Design Culture Conference)를 시작하였다. 디자인의 시야 확장을 위하여 다학제 컨퍼런스로 진행된 IDCC는 2003년 이래 2016년까지 디자인문화, 스마트디자인, 아이덴티티, 융합 등을 주제로 10여 년 간 매년 개최하여 국내외적으로 디자인관련 첨단이슈를 다루는 장이 되어 왔다. 빌 모그리지, 에치오 만치니, 에쿠안 겐지와 같이 세계적으로 저명한 디자이너뿐 아니라, 나오토 후카사와, 프란체스코 모라체, 안테나 디자인 등 국내에 생소했던 해외 디자이너들을 소개하였고 국내 디자이너 및 공학, 경영학, 농학 등 타 분야와의 교류를 통해 디자인 사고를 확장하는 기회를 가졌다. 또한 IDCC와 동시에 그 주제와 관련된 좀 더 깊은 체험교육을 위하여 Design Creative Workshop(DCW)을 실시하여 현장의 디자이너들을 대상으로 하는 재교육의 역할로 큰 성과를 얻었다. 2003년 이래 개최한 Design Talk 또한 총 100여 건에 달하여 최신 디자인정보를 공유하는 장으로 자리매김하였다.

7) 아시아적 디자인가치의 발신: 아시아디자인 저널

나아가 필자는 20세기 물질과 기술기반 디자인의 가치와 중심이 서양이었다면, 21세기의 정신과 자연 인간이 조화되는 디자인가치의 발현을 위해서는 아시아의 철학과 사고를 필요로 한다고 생각하여 왔다. 또한 지금까지의 디자인 저널은 디자인학회에서 발간하는 학술위주의 논문집이거나 아니면 작품을 소개하는 책자들이어서 디자인의 담론을 다루는 저널은 부재했다. KDRI에서 발간하는 『아시아디자인 저널(*Asia Deisgn Journal*)』은 디자인 관련 주제를 동서양의 균형 잡힌 시각으로 보고 새로운 디자인담론을 펼쳐 나가기 위한 최초의 저널이었다. 매회 특정 주제를 다룸으로써 담론의 깊이와 다양성을 더할 수 있게 하였고 해당하는 주제에 적합한 전문적인 필진으로 구성된 Invited Paper 섹션과 관련 주제에 해당하는 논문을 공모하는 Call for Paper 섹션으로 구성하였다. 2004년 이래 발간된 『아시아디자인 저널』은 Convergence, Identity, New Mobility, Creative Convergence, Social Innovation, Smart Asia 등 매년 새로운 디자인 이슈를 발굴하여 총 6권을 발간해 왔으며 한국어와 영문으로 동시 발간하여 전 세계 디자이너와 지식을 공유하는 매체의 역할을 하였다. 저널의 자문위원, 편집위원으로는 일리노이공대의 찰스 오웬, 일본 GK Design의 에쿠안 겐지, 디자인 컨티늄의 잔프랑코 자카이, 밀라노 폴리테크닉의 에치오 만치니, 뉴욕현대미술관의 파올라 안토넬리, 인도 공학대학의 유다이 아타반카, 중국 청화대학의 카이준, 핀란드 알토대학교의 유리오 소타마 등이 참여하여 큰 도움을 주었다.

8) 프로젝트 아이오닉 랩

디자인의 역할 중 하나는 미래 인간 삶의 상상이다. 그리고 디자인은 인문과 사회, 기술과 예술을 융합하여 상상한 삶을 구체적으로 그리며 가시적으로 종합한다. 판교 스타트업캠퍼스에서 경기도의 협력과 현대차의 지원으로 2016년 7월에 출범한 프로젝트 아이오닉 랩(Project Ionic Lab)은 바로 현대차의 기술력을 바탕으로 디자인의 예민한 관찰력과 풍부한 상상력을 융합하여 미래 모빌리티의 기회요소를 예측하고 실험하는 융합연구소이다. 필자를 비롯하여 디자인전문 연구 인력이 기획하고 운영하는 랩은 미래·사회·공학·예술 등 각 부문의 석학 10명으로 자문단을 구성하여, 디자인, 미래학, 기술, 사용자가 함께하는 오픈 이노베이션의 개념으로 새로운 모빌리티 라이프를 연구하고 미래를 창조해 나가고 있다. 프로젝트 아이오닉 랩은 특히 인간의 감성과 기술이 사회 및 도시와 융합되는 미래 모빌리티의 신개념연구의 장이 되고, 국내외 디자인주도 미래연구의 좋은 선례로서 2021년까지 판교에서 활동하여 왔다.

V. 사회에 빛을 비추는 디자인

1. 2001 ICSID 서울총회와 2005 광주디자인비엔날레

1) 21세기를 여는 2001 ICSID 서울총회: Oullim ICSID 2001 Seoul

세계산업디자인단체협의회(ICSID, International Council of Societies of Industrial Design)는 국제적인 산업디자인의 활동증진을 통하여 국제사회에 디자인이 기여하기 위하여 1953년도에 설립된 국제산업디자인 기구이다. 2001년 당시 53개국 151개 산업디자인 관련단체가 회원으로 가입되어 있었다. 우리나라에서는 한국디자인진흥원과 한국산업디자인단체가 가입되어 있었다. ICSID의 주된 활동 중 하나는 2년 주기로 세계산업디자인대회를 개최하는 것이었고, 이 대회 유치를 위한 각국의 경쟁은 치열하였다. 이미 일본은 1973년과 1989년에 도쿄와 나고야에서, 대만도 1995년 타이페이 대회를 유치한 바 있어, 한국도 당시 대회 유치에 많은 노력을 기울였고, 마침내 1997년 캐나다 토론토에서 개최된 ICSID 대회에서 한국디자인진흥원(KIDP)과 한국산업디자인협회(KAID)가 공동 기획한 2001년 ICSID 서울대회 유치 제안이 여러 나라와 경쟁하여 선정되는 영예를 안았다.

그리고 2000년 ICOGRADA와 2001년 ICSID 대회를 거의 동시에 초빙하게 된 한국에서는 이 양대 대회를 잘 치르기 위하여 1998년에 실무위원회를 조직하였다. 한국산업디자인협회(KAID)에서는 필자가, 한국시각디자인협회(KSVD)에서는 안상수 교수, 한국디자인진흥원(KIDP)에서는 이순인 본부장 등이 실무기획위원으로 참여하였다. 21세기를 열어 가는 양대 서울대회 개최의 의미를 살리기 위한 공동협력방안을 논의하고, 대회 목적 및 방향을 '새로운 21세기에 세계를 이끌 디자인 화두를 동아시아적 관점에서 제안'하기로 하였다. 슬로건은 동아시아의 궁극의 미의 가치인 인간, 사물, 자연 간의 '큰 조화(Great Harmony)'를 의미하는 '어울림(Oullim)'으로 정하였다.

또한 Oullim ICSID 2001 Seoul 대회에서 필자는 당시 한국산업디자인협회의 부회장 자격으로 행사의 프로그램 등 총괄기획을 담당하여, 총체적 프로그램의 비전과 내용을 이건표 당시 KAIST 교수, 채승진 연세대교수 교수 등과 함께 기획하였다(〈그림 7〉). 대회의 주제는 '21세기의 새로운 디자인 패러다임의 탐구: 어울림'으로 하고, 프로그램은 어울림 정신의 추구, 한국

<그림 7> ICSID2001 Soeul 포스터

적 아이덴티티 반영, 21세기 가치 탐색 등 3가지의 축으로 구축하였다. 컨퍼런스의 강연에는 미래학자 랄프 젠슨 외 세계적인 디자이너 및 디자인학자 등 총 68명이 초청되었다. 2001년 10월 7~11일에 개최된 행사에는 해외 1,000여 명, 국내 2,000여 명이 참여하여 서울이 21세기 디자인의 비전을 공유하고, 세계 속에 한국디자인위상을 높이는 계기가 되었다.

2) 21세기 디자인헌장

한편, 2001 ICSID 서울대회에서의 의미 있는 작업 중 하나는 '서울디자인헌장'을 연구하고 제정한 것이었다. 21세기 디자인의 새벽을 열고 새로운 디자인 비전을 공유하기 위한 '21세기 디자인헌장'의 연구에는 준비위원장에는 필자, 실무위원장으로 고영란(현 한성대 명예교수), 실무위원으로 문찬(현 한성대교수), 오창섭(현 건국대 교수) 등이 참여하였다. 1, 2차의 국제워크숍 등을 포함하여 6개월여의 기간을 거치면서, 21세기 새 시대를 위한 디자인정의, 철학, 실천방향 등 주요한 디자인 이슈들이 성안되었다. 이 내용은 후에 ICSID이사회의 동의를 얻어, 서울대회 개회식에서 '2001 서울디자인선언'의 형식으로 발표되었다. 그리고 새롭게 이전한 분당의 한국디자인진흥원의 ICSID 서울 기념탑에 '서울디자인헌장'이란 명칭으로 전문이 실려 있다. 이 헌장은 서구보다 늦게 출발한 한국의 디자인 사회가 다가올 21세기의 세계 디자인 발전을 위해 디자이너들이 공유해야 할 가치 체계를 제시하였다는 데 그 의의가 있다. 디자인헌장은 도전, 사명, 새로운 소명으로 구성되어 있다. 서울디자인선언에서는 산업디자이너들의 오늘의 선택이 내일의 방향을 변화시킬 수 있는 책임 있는 행위임을 인식해야 함을 강조하고 있다.

3) Light into Life: 2005 광주디자인비엔날레

2005년 1월에 같은 해 10월 개최 예정인 국제디자인비엔날레 디자인 총감독 공모를 하였다. 당시 국제 규모의 디자인비엔날레는 프랑스의 작은 도시, 생티엔느(Saint-Etienne) 비엔날레가 유일하여, 신설되는 광주디자인비엔날레는 전체 예산이 약 60억여 원 규모로 국제적 비엔날레로 성장할 잠재력이 있었다. 따라서 7~8개월가량 짧은 기간의 준비 부담감도 컸지만, 한국이 디자인의 미래 발신기지로 자리매김하기 위한 틀을 마련하는 1회의 중요성을 감안하여 공모에 참여하였고, 2월 5일 총감독으로 선임되었다. 새로운 비엔날레의 비전은 '21세기 디자인가치를 세계적으로 탐색 조망하여 미래 디자인 발신지 역할'로 하고, 목표는 '21세기 미래 삶과 디자인 방향 제시로 세계 디자인 가치 선도', '아시아디자인의 발신기지 역할', 그리고 '한국디자인산업의 육

<그림 8> 2005 광주디자인비엔날레 각 전시 책자들

성'으로 세우고, 구체적인 내용은 전시, 컨퍼런스, 워크숍, 이벤트 등 총 23개의 행사로 구성하여 비엔날레의 미래성과 세계성을 중요한 콘셉트로 제안하였다(〈그림 8〉).

단기간에 성공적 실천계획을 수립하기 위해, 뜻을 같이하는 디자인계의 민경우, 박인석, 이건표, 박영목, 이주명, 김상규 교수 등을 중심으로 기획팀을 구성하고, 3월에는 비엔날레의 큰 틀을 마련하였다. 테마는 'Light into LIfe-삶을 비추는 디자인'으로 하고, 프로그램의 내용은 '전시: 디자인의 미래를 보고-See', '컨퍼런스: 디자인의 미래를 논의하며-Talk', '체험 워크숍: 디자인의 가치를 체험하고 - Experience', '즐기는 - Enjoy' 것으로 구성하였다. 비엔날레 가치시스템으로는 '가치: 통합적 디자인 개념 - Integrate', '시간: 현재보다는 미래 삶 실험 - Future', '관객: 일반인보다는 전문가를 대상으로 - Professional', '지역: 한국보다는 세계를 중심으로 - International'로 정립하였다. 4월에 들어서는 전시 7개, 국제회의 2개, 워크숍 3개, 기타 오프닝 행사 3개 등 주요 프로그램을 기획하고, 각 프로그램별로 큐레이터를 임명할 수 있었다. 그리고 10월 18일에 개최하여 17일 동안의 총 관람객 수는 30만 이상으로 집계되어 예상인원을 초과하는 대성황을 이루었다. 관람객은 전문가에서 일반인, 광주는 물론 전국과 해외에 이르기까지 다양한 분포로 관람하였다. 특히 비엔날레에는 초·중·고교의 단체 관람이 많아 학생들에게 디자인을 인식시키는 데 큰 역할을 하였다. 특히 광주디자인비엔날레에서는 동과 서, 산과 학, 그리고 신과 구의 디자이너들이 조화를 이루는 기획을 통하여 미래에 빛을 비추는 디자인의 가능성을 보여주고자 하였다. 예로, 은병수(현 비움카운실 대표) 큐레이터가 기획한 '아시아디자인전'은 아시아의 고유한 자연친화적인 공예정신과 독자적인 브랜드 개발 등 아시아 디자인의 세계적 가능성을 조명하여 서양 중심에서 탈피하고자 하였다. 주제전 '미래의 삶' 전은 큐레이터였던 이주명 교수(연세대 교수)와 이유종 국장은 6개월이란 짧은 기간 동안 세계 33개국에서 1,300여 점의 작품을 선정하고 초대, 전시하는 실로 불가능해 보이는 일을 성공적으로 해내었다.

4) 디자이너 명예의 전당과 세계디자인도시 전시

또한 필자는 디자인 분야는 물론 국제사회에 디자인의 중요성을 널리 알리기 위하여 20세기의 대표적 '디자이너 명예의 전당' 선정과 특별전시를 제안하였다. 한성여대의 고영란 교수가 기획한 이 프로그램은 당시 ICSID 회장 피터 체크, 폰 페게작(Alexander Von Vegesack), 페니 스파크, 가시와기 히로시(柏木博), 우드햄(Jonathan M. Woodham), 민영백, 그리고 필자가 선정위원회에 참여한 가운데 제1회 명예디자이너전당의 수상자로 20세기 가구디자인의 거장 임스(Charles Eames)를 만장일치로 선정하였다. 그의 수상을 기념하는 전시가 찰스 임스 디자인재단의 협조로 국내 최초로 전시되었고, 수상식에는 찰스 임스의 조카가 참석하였다. 제1회 광주디자인비엔날레의 의미 있는 프로그램 중 하나는 세계의 디자인중심 도시들의 특징을 총체적으로 바라보고 논의하기 위하여 '세계디자인도시전'을 기획하고, 광주를 비롯하여, 그 당시 디자인도시를 지향하던 헬싱키, 밀라노, 바로셀로나, 나고야, 홍콩 등을 초대하여 각 도시의 디자인정책과 도시 디자인들을 전시한 것이다. 그리고 참여 도시의 시장과 디자인정책 담당자가 참여하는 세계 최초의 디자인도시정상회의를 개최하여 각 디자인도시의 정책과 활동을 소개하고, 디자인도시 간에 공동발전을 위하여 디자인도시 네트워크 구축 등 미래를 향한 협력방안을 논의하였다. 이 세계디자인도시전은 2009년부터 시작된 ICSID의 '세계디자인도시(World Design Capital, WDC)' 인증제도의 탄생에 기여하였다.

5) 기원과 국제디자인컨퍼런스

한편, 광주디자인비엔날레의 목표 중 하나는 광주를 세계가 주목하는 디자인도시로 만드는 것이었고, 이를 위해 비엔날레를 개최할 때마다 세계적 디자인조형물을 설치하여, 시간이 흐르면 도시 전체가 아름다운 디자인조형물로 가득하게 하여 광주를 꼭 방문해야 할 세계적 디자인도시로 만들어 나가는 것이었다. 2005년의 상징조형물은 구성회 큐레이터와 멘디니(Alessandro Mendini)가 협업을 하여 광주청사 자리에 인류의 행복과 평화를 염원하는 의미의 '기원(Prayer)'을 디자인하였다. 기원은 비엔날레 전야제 개막식 직전에 완성되어, 거대한 조형물이 아름다운 음향과 함께 움직이며, 참석자들을 열광하게 하고 광주청사를 축제의 분위기로 몰고 갔다.

또한, 개막식 다음날부터 개최된 사흘 간의 국제디자인컨퍼런스는 1) 미래: 미래의 삶과 디자인, 2) 아시아: 아시아 디자인, 3) 도시: 디자인도시 서밋, 4) 수상: 21세기 명예의 전당, 5) 교육: 미래사회와 디자인교육 등 21세기를 맞이하면서 미래디자인에 대한 비전과 역할을 통합적으로 다루는 세계적인 규모의 국제 통합디자인 컨퍼런스였다. 당시 KAIST의 이건표 교수가 기획한 컨퍼런스의 강연자는 대부분 광주디자인비엔날레에 출품한 50여 명의 세계적인 디자이너들로 구성되어, 전시와 컨퍼런스가 연결되고 보다 실질적인 미래디자인의 방향을 논하는 장이 될 수 있었다.

2. 한국디자인의 비전수립: 21세기 디자인포럼

1) 디자인학회의 세계화: 세계디자인학회의 출범

한편, 필자는 2004년부터 2005년까지 한국디자인학회(KSDS, Korean Society of Design Science)의 제6대 회장직을 수행하게 되었다. 당시 매년 봄과 가을에 학술대회를 개최하였고, 겨울에는 특별 세미나를 진행하였다. 2004년 가을에 건국대에서 개최한 국제학술대회는 특별히 창립 10주년 기념행사에서는 영국의 디자인리서치학회(DRS), 일본산업디자인학회(JIID), 대만디자인학회(CID)의 회장단을 초빙하여 한국디자인학회의 주도로 세계디자인학회 창설에 동의하는 역사적인 MOU의 장을 마련하였다. 그 후 2007년 홍콩학회에서 세계디자인학회(IASDR, The International Association of Societies of Design Research)가 창립되어, 초기회장으로 나아젤 크로스(Nigel Cross) 사무총장에는 이건표 교수, 필자가 재무이사로 선출되어 세계최초의 디자인학회가 출범하게 되었다

2) 한국디자인의 비전과 정책 논의: 21세기 디자인포럼

필자가 디자인관련 사회활동 중 중요하게 생각한 이슈는 국가적 차원의 장단기적인 디자인정책을 연구하고 실행에 옮기는 것이다. 마침 박영순 교수(현 연세대 명예교수)는 한국디자인단체 총연합회의 회장 재임 시(2007~2010)에 민간 차원의 국가디자인정책 연구의 필요성을 산자부에 설득하여 '21세기 디자인포럼'을 창설하였다. 그리고 '21세기 한국디자인 비전'을 주제로 한 첫 번

째 포럼연구 총괄책임을 필자가 맡고, 박인석, 이주명 교수 등이 연구에 참여하여 한국디자인의 교육, 연구, 산업, 문화부문을 망라한 총체적인 현황과 정책방향을 연구하였다. 연구의 주요 결과는 2007년 12월 말에 '미래 한국과 21세기 대한민국 디자인 선언'으로 공표되었다. 이 선언에서는 전문을 통하여 21세기에 즈음한 새로운 디자인개념, 디자인문화, 디자인산업, 디자인교육의 방향이 제시되었다. 또한, 21세기 창의 한국을 이루기 위하여, 구체적인 정책으로 ① 디자인 중심 국가 경영, ② 국가디자인위원회 발족, ③ 국립아시아디자인박물관 설립, ④ 국립디자인사료관 설립 및 디자인 전문 미디어 육성, ⑤ 디자인연구지원 확대, ⑥ 디자인 산업의 차세대 성장동력산업 지정, ⑦ 디자이너 및 디자인 기업 전문성 인증제도, 그리고 마지막 제4장 '디자인 교육 개혁'의 ⑧디자인 교육 프로그램 인증제 시행, ⑨ 한국고등디자인연구원 설립 등 9개의 의제를 제안하였다.

필자가 연구총괄을 맡은 2007년 '21세기 디자인포럼'은, 2009년 '한국디자인 인증시스템 제안', 2010년 '디자인산업의 질적 성장 전략', 2012 'K-Design 포럼-국가디자인정책' 또한 필자가 회장을 맡았던(2013~2014) 2013 '디자인융합포럼'으로 이어지며, 한국디자인의 질적 성장을 위한 주요한 정책연구가 지속되었다. 특히, 디자인 발전을 위한 관련법 개정과 함께 한국디자인의 질적 성장을 위한 인증제도는 시행의 틀도 수립되었으나 후속 조치의 미흡으로 추진이 되지 않은 점은 아쉬움으로 남는다. 무엇보다, 디자인의 산업, 연구, 문화 발전과 관련되어 연구 제안된 디자인 진흥정책이 추진되기 위해서는 대통령 직속 등 정부의 상급에 위치한 통합적인 기구가 필요할 것이다.

3) 좋은 삶, 사회혁신을 위한 디자인: (사)자문밖문화포럼

최근에 사회혁신의 디자인기능이 대두되고 있다. 사회혁신 디자인은 디자인이 단지 조형적 개선을 통하여 판매증진의 역할을 넘어, 제품과 사회시스템을 대상으로 콘텐츠와 서비스의 신가치창조를 통하여 인간의 삶과 사회를 혁신시켜 나가는 역할을 말한다. 환경과 자원문제, 지역사회문제들은 도전에 직면하고 있고 이들 문제들은 디자이너들의 관심에 의해 많은 부분이 해결될 수 있다. 이를 위해서는 디자이너들은 '사회혁신을 위한 디자인'주제에 관심을 기울여야 할 때이다. 필자는 국민대 시절 조형전 '그린디자인' 이후 환경문제에 관심을 가져왔고, 특히 매일 먹는 식사는 생명의 기본으로 인간의 건강과 자연자원 등과 직결되어 매우 중요한 주제라고 생각하여 왔다. 그래서 식기세트를 사회혁신을 위한 개발주제로 설정하고 2016년 봄학기부터 수업시간에 학생들과 함께 짬짬이 디자인을 진행하여 왔다. 제안하는 식기세트 디자인은 그릇 숫자가 적고, 양이 적은 수저를 포함한 식기세트와 함께, 식단도 함께 제안하여 건강하면서도 음식쓰레기와 세척물을 줄이는 등의 장점을 통하여 식생활과 생활습관을 바꾸어 사회혁신을 도모하고자 하는 시도이다. 건강한 식단의 구성은 식품영양학과의 윤지현교수와, 식기제작은 김덕호 작가와 협업을 하였다. 이 프로젝트가 결실을 맺어 건강한 식생활과 환경지향적인 삶을 만들어 가는 데 기여하였으면 한다.

한편 필자는 최근 10년이 넘게 지역사회 문제를 예술과 디자인을 통하여 해결하려는 노력을 기울여 왔다. 특히 국민대에 근무하던 1984년 이후 살아 왔던 평창동 일대는 북한산 등 수려한 자연과 함께, 예술분야에서 활약하는 150명 이상의 예술인들과 60여 곳이 넘는 갤러리와 미술관 등 예술자원이 집적되어 있는 예술의 요람이다. 필자가 참여하는 (사)자문밖문화포럼에서는 이러한 우수한 예술자원들을 활용하여 평창동을 서울을 대표하는 세계적인 창의예술마을로 만들고, 예술을 통하여 마을에 창조성이 스며들고, 경제가 발달하고, 주민들이 행복한 마을을 만드는 것을 목적으로 하여 평창동 창의예술마을 기본계획을 수립하고, 종로구와 민관협의회를 구성하여 세계적인 예술마을 조성사업을 공동추진하고 있다. 그간 평창문화축제, 작가미술관유치 사업, 창의예술학교, 문화거리 조성, 자문밖으뜸업소 선정, 자문밖아트레지던트 운영, 문화지도 및 자문밖이야기 발간 등 예술자원을 지역사회에 연결시키고 지역주민들의 삶에 예술을 침투시키기 위한 다각적인 사업을 진행하여 왔다. 또한 최근 평창동 문화로에 약 1,200평 규모의 미술문화복합시설(서울시립미술관 분관)이 준공예정이어서, 지역사회의 예술발전과 행복 마을 조성에 견인 역할을 할 것으로 기대하고 있다.

VI. 맺는 말

필자의 콘텐츠, 산학, 팀웍, 융합을 중시하는 디자인교육에 대한 사고는 1980년대 중반 유학했던 미국 일리노이공대(IIT)의 뉴바우하우스의 교육방법이 기반이 되었다. 이를 기반으로 귀국 후 국민대학교와 서울대학교 재직 시 디자인방법론이나 고학년의 실습과제 진행 시 디자인전략이나 팀워크 위주의 산학을 강조하였다. 또한 필자는 창조성과 문제해결의 기본으로서 디자인의 기능은 모든 인간의 삶과 대상에 필요함을 강조하여, 대학교에 디자인을 교양으로 정착시켰고, 통합창의, 녹색사회와 예술디자인 등의 융합프로그램의 개발을 주도하였다. 나아가 교육과 연구에서 디자인의 내용은 거시적 맥락에 근거한 미래가치 제시를 강조하였고, 필자가 주도한 한국미래연구센터를 기반으로 국책과 산학연구를 통하여 거시적 맥락에 근거한 다양한 미래전략을 제안하기도 하였다.

그리고 디자인의 기능을 사회와 국가로 확산시키고 디자인국가를 계획하기 위하여 21세기 디자인정책포럼과 국가, 세계디자인정책 포럼을 주관하고, (사)자문밖문화포럼사업을 추진하고 있다.

특히 최근에는 사회혁신의 디자인기능이 대두되고 있다. 사회혁신 디자인은 디자인이 단지 조형적 개선을 통한 판매증진의 역할을 넘어, 제품과 사회시스템을 대상으로 콘텐츠와 서비스의 신 가치창조를 통하여 인간의 삶과 사회를 혁신시켜 나가는 역할을 말한다. 노인, 교육, 행정, 안전, 환경 등 도전에 직면하고 있는 이 시대의 많은 문제들은 디자이너들의 관심에 의해 해결할 수 있다. 이를 위해서는 디자이너들은 '사회혁신을 위한 디자인' 주제에 관심을 기울여야 한다. 이제 디자인은 단지 제품을 혁신시키는 역할을 넘어 산업과 지역사회와 국가를 혁신시키는 역할을 하여야 한다. 또한 디자인의 창의적 사고와 방법이 모든 지역사회와 국가에 적용될 때 지역사회와 국가가 창조적으로 바뀌며, 문화적으로 발전되며, 행복한 사회를 이룰 수 있다.

내 삶의 편린들을 징검다리 삼아 멀고 험난해 보이는 인생과 학문을 기웃거렸다

조창섭

서울대학교 사범대학
독어교육과 명예교수

I. 들어가는 말

나에게 학문은 달성하고자 하는 목표가 아니라, 그저 무심코 내디딘 삶의 여정에 불과하였다. 상급학교 진학 때마다 나에게 다가온 삶의 현장은 나의 의지와는 무관하게 학문하는 방향으로 길이 이어져 있었다.

지금 나는 팔순(八旬)이 넘었는데도 우연히 서울대학교 명예교수협의회의 학술위원장직을 맡게 되어 21세기 지식·정보 사회에서 폭증하는 데이트를 수집 분류하여 유용한 지식과 정보를 효과적으로 활용할 수 있는 능력을 함양하도록 하는 '데이터 리터러시' 교육과 함께 '융·복합적 사고 능력'을 개발하여 자신의 지적 능력을 확장하는 교육을 시도할 수 있게 할 뿐만 아니라, 여기에 인성교육을 연계하여 '자유주의적 시민성 함양'을 병행하도록 하는 교양기초교육의 교과과정을 설계하려고 학문적 논리를 확립하는 중이다. 이것 또한 우연히 맡게 된 직책이 마련해준 삶의 여정의 한 부분이다.

삶의 여정 속에서 우연히 떠맡게 된 과제가 앞에 놓이게 되면 대학진학을 위해 공부하던 청소년 시절의 젊은 열정으로 그

과제를 해결하기 위해 있는 힘을 다하는 버릇이 생겼다. 그래서 내 앞에 과제가 제시되면 나는 젊어지는 것이다. 그래서 난 다음과 같이 말할 수 있게 되었다. “내 삶의 여정은 언제나 청춘이다.”

1. 내 삶의 여정은 언제나 청춘이다

나에게 ‘청춘’은 나이로 계산되는 시간의 개념이 아니고, 삶의 여정에서 주어지는 과제를 충실히 해결해 보려는 마음의 활기를 의미한다. 그렇다. 나는 마음도 육체도 아직 청춘이다. 새날이 밝으면 내 앞에 신나는 삶의 여정이 펼쳐지고, 펼쳐지는 여정 속에서 우연히 나에게 과제가 맡겨진다. 과제를 해결하는 일상적 삶이 때로는 희망과 뒤범벅이 되어 열정을 부추기고, 때론 과제를 못다 이룬 회한이 새날을 기다리는 소망이 되어 내일을 향한 반가운 미소가 된다.

청춘의 열정과 활기로 신나게 달려온 삶의 여정에도 나의 발걸음을 주춤거리게 만든 장애물이 등장하곤 하였다.

그 첫 번째가 일본에서 태어나 2차세계대전 후 한국으로 귀국하였을 때 우리 말을 모르는 언어장벽으로 인해 1년을 쉬고 8살에 초등학교에 입학하는 늦둥이가 된 것이다.

엎친 데 덮친 격으로 지리산 근처의 학교는 1948년 ‘여수순천 반란 사건’으로 시작된 전쟁이 곧바로 ‘6·25동족상쟁’으로 이어지면서 초등학교를 거의 다니지 못하고 졸업을 한 것이다. 언어 장벽은 나의 기초 지식을 얄팍하게 만들어 나에게 ‘어중잡이' 삶의 여정을 내딛게 하였다. 그래서 난 다음과 같은 학습 방법을 미래세대에게 추천한다. "기초를 튼튼히 하라!"

2. 기초를 튼튼히 하라!

그 두 번째는 중·고등학교 6년간을 외가에서 간섭이라곤 받지 아니하고 살면서 공부를 등한히 하였고, 벼락공부로 대학에 진학하고 난 후에는 군사독재에 대한 데모로 정상적인 수업이 이루어지지 않아 어떤 과목은 서문을 읽고 한 학기가 끝나는 경우가 있을 정도로 부실한 공부를 하였던 것이다. 대학원에서도 마찬가지였다. 누적된 부실한 공부는 후일 힘겨운 노력으로도 만회하기 어려워 '어중잡이'로 남게 되었다.

우연히 받게 된 '독일학술재단 장학금'인 DAAD라는 독일 장학금 덕에 독일 베를린 자유대학에서 독일학(Germanistik)을 공부하게 되었다.

이때 제도권 학교 전 과정을 통하여 부실하였던 공부와 새롭게 마주치게 된 언어 장벽과 문화 장벽은 청춘을 불사르지 않으면 안 될 정도의 극복하기 어려운 장애물 중의 장애물이었다. 이 장애물은 대학교수 생활을 끝내고 퇴임할 때까지 나를 따라다녔다. 이때의 어려움으로 인해 기초를 튼튼히 해야 한다는 교훈을 얻었다. 나에게 주어진 과제를 해결하기 위해서 죽어서 다시 태어나는 마음으로 삶을 태워야 한다.

3. 삶을 불사르라! 그리고 죽어서 다시 태어나라!

세 번째는 정년퇴임 후 선대 할아버지 남명(南冥) 조식(曺植, 1501~1572) 선생의 학문과 사상을 연구하여 조상을 현창해야 하는 '한국선비문화원'의 연구원으로 겪게 된 한자 독해라는 언어 장벽이다. 유교라는 전통문화는 생활규범화된 것이 많아서 유학의 이념을 확정하고 그 이념이 표방하는 가치를 구현하기 위하여 마음을 다스리고 통제하는 '심성수양'에 관한 논리를 이해하기는 어렵지 않았으나 그것을 논증하기 위한 출처를 찾아 읽는 것은 눈이 멀 정도로 너무 힘든 것이었다.

독일에서는 학문을 전개하며 자신의 이론을 확립하는 박사과정에 들어가면 반드시 전통문화를 접할 수 있는 도구인 라틴어를 공부하게 하는데 우리도 현재를 과거와 통합하는 역사 전통과 문화 가치를 이해하고 수용하려면 반드시 '한자'를 배워야 할 것이다.

4. 역사의식을 가진 시민이 되기 위해 한자를 익히자!

네 번째는 나의 의지와는 무관하게 우연히 선택하게 된 학문의 길이다. 확고한 목표도 없이 학문의 길을 걷게 된 데에는 다음과 같은 어린 시절의 경험이 자리하고 있다.

중학교 1학년 때 가정환경 조사를 실시하는데, 교단에 서신 담임선생께서 우리를 향해 질문을 하면 해당될 때 손을 드는 것이었다. 60명 급우가 바라보는 가운데서 담임선생님이 "부모가 초등학교를 다니지 않은 학생 손들어 봐" 할 때 손을 들어야만 했던 것이 부끄럽고 자존심 상하였다. 내 자식은 부모가 무학이라는 데에 손을 들지 않고, 최고위 과정인 대학원을 졸업한 사람 손들어 할 때 손을 들 수 있도록 해 줘야겠다고 생각하여 대학을 졸업할 때 목표도 없이 대학원에 진학하였다. 대학원은 학문의 길로 나가는 초입이어서 우연한 동기가 아니라, 의지와 맞물린 뚜렷한 목표를 가지고 진학하는 것이 옳다고 생각된다.

그러나 목표는 설정하였다고 이루어지는 것이 아니고, 목표를 달성하기 위한 방법이 얼마나 유용한 것인지에 따라 목표 달성의 의지는 자동적으로 생겨나 수월하게 목표를 달성할 수 있게 되는 것이다. 따라서 나는 다음과 같은 경험을 공유하고 싶다. "목표 달성은 방법에 달렸다."

5. 방법을 먼저 터득하자!

이렇게 우연히 내딛게 된 학문의 길과 학문과 엮어지는 내 삶의 여정은 언제나 언어 장벽과 문화 장벽 그리고 의도하지 않은 학문연구 등으로 주춤거리지 않을 수 없었으며 오늘날까지도 내게 어려움을 준다. 이 어려움은 청춘의 열정으로 신나게 밀고 나가는 나의 인생 여정에 방해꾼이 되어 나에겐 한 가지 과제에 매달리지 못하는 정신 상태를 생겨나게 하여 그저 이것저것에 관심을 쏟다가 결과도 없이 그만두는 '어중잡이'가 되었다.

특히 난 중학교 1학년 때부터 거의 매일 진주 남강 백사장에 나가서 태권도라는 무술을 외사촌 형님으로부터 배우는 특혜를 누렸다. 그러나 전통 무술인 태권도에서 익힌 기술로 싸움 한 번 하지 않아 주먹으로 명성을 얻지도 못하였고, 체구가 장대하였으면 세계만방에 태권도를 보급하였을 텐데 165cm의 작은 키가 태권도에 매달리지 못하는 이유라고 하면서 무술의 '어중잡이'가 되었다. '어중잡이'였기에 나의 관심이 바뀔 때마다 '세상사를 결정하는 것은 무엇일까?' 하는 철학적 사유가 나를 만들었다.

6. 철학적 사유가 나를 만들다

'세상사를 결정하는 것은 무엇일까?' 하는 철학적 사유가 그 답을 찾아보려고 기웃거리는 나를 만들었다. 1970년대의 독일 유학 시절에 모든 학문 연구의 기저에 사회학을 두는 독일의 학문 경향으로 헤겔(Georg Wilhelm Friedrich Hegel, 1770~1831)과 마르크스(Karl Marx, 1818~1883)를 읽지 않으면 안 되었다. 이 시기에 세상사를 결정하는 것이 정신이라는 헤겔의 주장에 경도되었다가 세상사를 결정하는 것이 물질이라는 마르크스의 주장에 경도되기도 하였다. 퇴임 후에는 '세상사를 결정하는 것은 마음'이라는 유학의 원리에 찬의를 표하고 있다.

'세상사를 결정하는 것이 이것이다.'라고 하는 주장들은 철학적 체계를 형성하여 이념을 잉태시키고 이념은 가치를 표방하는 것이 보통이다. 가치를 표방하고 있는 이념은 상호 간에 갈등을 일으키기도 하면서 세계역사를 만드는 원동력이 되었다는 것은 마르크스의 유물론이 이념 갈등을 빚게 만들어 남한과 북한이라는 분단국가를 생겨나게 하였고 피비린내 나는 전쟁을 통해서도 갈등을 해결할 수 없다는 현실을 목격한 것이 현대사의 우리민족이다.

나는 학자로서 이념 갈등을 종식시키는 해결사가 되어 보겠다는 노력은 하지 않고 매사에 순응하는 도피적 소시민으로서 '어중잡이'의 전형이 되어 이념 갈등에 대해 해설만 하는 사람이 되어 있는 것이다.

'어중잡이'로서 나의 관심은 언제나 이념의 생성 역사를 알기 위해 특정 시대의 정치, 문화, 사회, 경제를 그 시대의 사람들이 사용하는 언어로 적어 놓은 흔적을 찾아보아야겠다는 것에 기울어졌다. 그것이 문학이었다.

7. 문학은 세상사를 담고 있는 보고

문학은 세상사를 담고 있는 보고로서 과거의 묻혀진 역사를 살아 있는 역사로 소환하여 역사를 창조한 이념의 형성 계기와 영향이 미학교육과 결합되어 문화의 보고가 되어 있는 것이다. 따라서 문학은 관심을 쏟아 볼 만한 대상이었다.

독일에서는 이러한 내용을 탐구하는 학문을 독일학(Germanistik)이라고 명명하여 이 학과를 철학부에 귀속시켜 두고 있었다. 본인은 히틀러가 이끈 독일 제3제국의 이데올로기와 이 이데올로기에 매료되거나 혹은 거부하였던 세대의 실상을 정리하여 박사학위를 취득하였는데, 독일 유학을 마치고 귀국하였을 때 한국에서는 이러한 학문을 '문학 사회학'이라고 명명하고 있음을 알게 되었다.

동서양을 막론하고 특정 공동체는 그 공동체를 유지하고 지배하는 정신적 힘인 이념이 자리하고 있으며, 공동체의 구성원은 이념이 표방하는 가치를 구현하기 위하여 모든 노력을 쏟으며 때로는 희생까지도 감수하는 것이다.

이러한 관점에서 세계역사는 정착된 이념이 표방하는 가치를 실천하는 삶의 과정이라고 할 수 있다. 이념은 점차적으로 시대정신으로 화하여 시대정신이 표방하는 가치가 인간의 정신과 행동을 규정하는 잣대가 된다.

우리나라의 조선 시대에는 유학 경전에서 이념을 추출하여 통치이념으로 정착시켰으며, 지배계층뿐만 아니라 무지한 백성까지도 유학 이념이 표방하는 가치를 충실히 이행하는 것을 가장 바람직한 삶의 방식으로 생각하였다. 유학이 표방한 가치 중에서 으뜸 가치는 '명분'이었고, '명분'을 떠받치는 하위 가치로는 '의리', '지조', '기개' '청렴' 등이었다. 이러한 가치는 공동체 구성원의 삶을 지배하며, 주로 '마음가짐'에서 '행동'으로 나아가는 행위규범과 맞물려 있었다. 그러므로 만인의 이상적인 삶은 마음과 행동이 일치하는 지행합일(知行合一)에 도달하는 것이었다. 지행합일은 새로운 것을 배우고 옛것을 되새겨 가지게 된 지식과 학문을 현실 세계에서 실천하는 것을 의미하면서 거대한 역사를 창조하는 원동력이 되었다.

8. 역사 창조의 원동력은 지행합일이다!

서양의 이념 체계는 고대 철학에서 이미 발현되어 있었다. 이 체계가 흐르는 역사와 함께 많은 변화를 겪기는 하였으나 오늘날에도 유럽인의 행위규범을 결정하는 요인이 되고 있다.

고대 히브리 철학의 이념이 표방하는 으뜸 가치는 '명예'이었으며, 명예를 떠받치는 하위 가치는 '정의', '공정', '인내심', '용기'였다. 로마제국이 기독교를 국교로 삼으면서 히브리 철학의 가치에 기독교의 가치인 '믿음', '소망', '사랑'이 첨가되어 이 모두가 서양의 전통 가치를 이루고 있다.

서양에서는 봉건군주제하에서 이미 시민 계층이 형성되기 시작하였다. 시민계층은 자신의 이익을 관철하기 위하여 혁명을 주도하기도 하고 동조하기도 하면서 정치, 경제, 문화 등 사회의 각 분야에서 자신의 이익을 수렴하는 이념인 '자유주의'를 표방하여 시대를 지배하는 이념으로 정착시켰다. 이 이념이 표방하는 가치가 오늘날에는 전 세계의 역사를 좌우하는 시대정신이 되었다. 도도하게 흐르는 세계역사 속에서 '자유주의'라는 이념이 표방하는 가치들 중에서 중심 가치는 '자유'이다. '자유'라는 가치는 역사를 창조하는 거대한 힘이 되어 자유를 추구하는 큰 영역을 이루었으니 이를 불러 '자유주의'라고 한다.

'자유주의'는 개인과 공동체가 독립적인 존재라고 간주하는 개인주의를 기반으로 하고 있다. 따라서 개인의 존엄성을 존중하여 자아실현의 기회를 부여하고 자아실현의 과정에서 자유와 자율성을 보장하는 것이다. 이 모든 것이 개인의 기본적 권리로 응축된다. 국가라 할지라도 개인의 기본적 권리를 훼손할 수 없으며, 개인의 자유와 자율성을 억압할 수 없는 것이다.

개인주의를 기반으로 하고 있는 자유주의가 표방하는 가치는 '자유'[1]를 근간으로 하여 '평등'[2], '정의'[3], '존중'[4], '관용'[5], '분별'[6], '의회정치'[7] 등이다.

---

1 자유는 다른 사람의 권리를 침해하지 않는 범위 내에서 공동체와 다른 사람으로부터 간섭을 받지 않고 자신의 삶을 자율적으로 선택하고 추구하는 권리를 가지는 것을 의미한다.

2 평등은 공동체의 전통이나 관습에 의한 차별을 거부하고 모든 사람이 법 앞에 평등하여 사회적 약자가 없도록 하는 것을 의미한다.

3 정의는 의무와 권리를 행사함에 있어서 개인에게 불이익이 주어지지 않도록 공정하고 불편부당한 법의 집행과 권력 행사를 요구할 수 있는 가치이다. 정의는 개인주의와 분배주의에 기초하고 있다.

4 존중은 개인과 개인 관계에서, 개인과 사회관계에서, 개인과 국가 관계에서 자기 자신의 이익과 권리를 우선시하는 개인주의를 존중받기 위하여 타인의 이익과 권리를 존중하는, 즉 공존을 위해 타인을 존중하는 것을 의미한다.

5 관용은 개인의 이익과 권리를 추구하다 보면 서로의 이해관계가 충돌하여 갈등을 일으키게 된 때에 또는 공동체 간에 배타적 갈등을 일으켜 전쟁으로 치닫게 되는 때가 있다. 이러한 갈등을 예방하고 극복하기 위해 너그럽게 용서하는 것을 의미한다.

6 분별은 세상사에 대하여 바른 생각을 가지는 신중함과, 세상사를 결정할 때 우선순위에 따라 합리적으로 결정하는 지혜를 의미한다. 그러므로 개인의 목적 설정과 달성이라는 행동 전개는 분별에 의존하게 된다.

7 정부는 개인의 생명과 재산을 지켜 줄 보루(堡壘)로서, 악을 징벌하고 선을 추구하여야 한다. 그러나 공적 영역보다 사적 영역을 중시하는 자유주의에서는 악은 제거되어야 할 사회 문제로 규정하고 있지만 척결에는 미흡하고, 선을 제시하는 데에는 적극적이지만 관철하는 데에는 소극적이다. 이러한 환경에서 불법과 자신의 영달만을 추구할 수 있는 대의제 정부를 선호한다는 것을 의미한다.

이러한 가치를 추구하는 자유주의자들은 인간은 태어날 때부터 자유롭고 평등한 존재라고 생각한다. 밀(Mill)의 「자유론」에는 "모든 제약은 제약이기 때문에 악이다. … 다른 조건이 동일하다면 사람들을 내버려두는 것이 통제하는 것보다 낫다."[8]라고 적고 있다. 그는 타인에게 해악을 끼치는 행위를 제외하고는 어떤 것이든지 할 수 있다고 주장한다.

이러한 관점에서 개인의 자유와 자율을 중시하는 대다수의 자유주의자들은 개인주의가 이기주의로 변질되어 절제되지 않은 방종의 경지에 이르렀다고 한다. 이기주의와 결합된 자유주의는 자신이 주인이 되는 것이 아니라 정욕과 탐욕이 자신의 주인이 되어 정욕과 탐욕의 노예가 되는 경지에 이르게 된다.

미국의 사회학자 토크빌은 자기의 저서『미국의 민주주의』에서 개인주의는 민주주의를 그 기원으로 하고 있으며 사회 평등에 비례하여 확산되고 있다고 전제하고, 개인주의가 이기주의에 기초하고 있기 때문에 이기주의가 자유주의의 모든 덕성을 망가뜨리고 있다고 지적한다.[9]

그가 지적하는 다음과 같은 덕성 훼손의 사례는 산업화 과정에서 겪었던 우리의 도시집중 현상 뒤에 겪는 덕성 파괴와 일맥상통하고 있다.

① 물질만능주의 ② 경쟁 지상주의

③ 권위에 대한 도전 ④ 나약한 정신자세

---

8 J. S. Mill, *On Liberty* (New York: Norton 1975), p. 88.

9 A. 토크빌,『미국의 민주주의 II』(파주: 한길사, 2015), 667-669쪽.

⑤ 소외와 고독　　　　⑥ 삶의 의미 상실

⑦ 가족의 해체　　　　⑧ 폭력의 난무

⑨ 공적인 삶과 사적인 삶의 분리

⑪ 일시적인 인간 관계의 설정

⑫ 공동체와 고향에 대한 애착 상실

이기주의가 팽배하여 자유주의의 모순이 잉태되어 삶의 방식을 바꾸는 현실에서 '세상사를 결정하는 것이 무엇일까?' 하는 의문을 제기해 본다.

'세상사를 결정하는 것이 무엇일까?'

이 질문은 내 삶의 여정이자 학문 방법이다.

'어중잡이'에 불과하였지만

'내 삶의 여정은 언제나 청춘'이었고 학문은 삶의 열정이었으며 이기주의의 배제는 전 생애의 과제이었다.

이러한 기억들의 편린과 내가 일군 과제들을 하나하나를 짜맞추어 '나의 삶, 나의 학문'이라는 추상적 윤곽을 완성해 보려고 한다. 구체적으로 문학 작품 해설이라는 세 편의 글에 나의 이러한 의도를 담아 놓았다.

II. 나의 삶

1. 초중고 시절

오후반인 것으로 알고 집을 나서서 학교로 가다가 학교를 파하고 집으로 돌아오는 같은 반 학생과 마주쳤다. 오전반이라는 것을 못 알아듣고 학교에 빠진 것을 안타까워했던 기억이 학교와 관련된 어린 시절의 첫 번째 기억이다.

지리산의 동편 발치에 자리한 덕산초등학교는 당시에 학생 수가 너무 많아서 오전반과 오후반으로 나누어 공부를 하는데 일본에서 태어나 살다가 귀국하여 우리말을 못 알아들어 오전반 오후반을 구별하지 못해 이러한 실수를 저지른 것이다.

어머니께서 일본에서 가져온 천으로 손수 옷을 지어 주셨기 때문에 맑은 피부에 시골에서 볼 수 없는 깨끗한 옷을 입고 다니는 나를 급우들이 부러워하는 눈치였고 담임 선생님도 나를 좋아하시는 것 같았다.

어느 날 교문을 들어서는 순간 누군가가 뒤에서 두 손으로 나의 눈을 가리며 "누군지 맞추어 봐." 하고 나직이 말하였다. "바쁜데 이 자식 누구야!" 하고 획 돌아서 보니 담임 선생님이셨다. '이 자식'이라고 쌍말을 한 것이 몹시 부끄러웠지만 선생님께서 나를 귀여워해 주신다고 확신하게 되었다. 이것이 말을 제대로 못 알아듣고 공부는 뒤처졌지만 학교를 열심히 다니는 이유였다.

그 시절에는 9월에 새 학기가 시작되었다. 내가 2학년이 된

1948년에 '여수반란 사건'이 일어나 소탕되지 않은 반란군이 지리산으로 들어가자 이들을 마저 소탕하기 위하여 지리산 동쪽 발치에 자리 잡은 덕산초등학교에 토벌군 3연대가 진주하여 본부로 사용하게 되어 휴교령이 내려졌다.

학교 뒷산 쪽에서 들려오는 총소리는 사람 죽이는 총소리라는 소문이 퍼져 총소리만 들어도 섬뜩했다. 이 부대의 백두산 호랑이라는 별명을 가진 김종원이라는 헌병 대장은 아침에 총을 쏴 사람을 죽이지 않으면 밥맛이 나지 않는 사람이라는 소문도 함께 퍼졌다. 이렇게 공포를 몰고 온 무서운 3연대가 철수하고 민폐를 주지 않는 5연대가 교대하여 진주하였다. 군인들이 학교에 주둔하고 난 후부터 밤이면 빨치산과 격렬한 전투를 벌였다. 처음 한두 달은 이불을 뒤집어쓰고 벌벌 떨었으나 시간이 지나면서 이제 전투 장면을 구경하는 구경꾼이 되어 있었다.

낮이 되면 우리도 어른들의 전투를 모방해 인접 마을끼리 돌싸움을 하며 놀게 되었다. 내가 살던 덕산의 '못안'이라는 마을은 농사를 짓기 위해 물을 가두어 두는 작은 저수지인 못의 옆에 마을이 어우러져 있어서 이 마을을 '못안'이라고 불렀고, 돌싸움의 상대 마을은 '못안'의 서쪽에 위치해 있어서 '서촌'이라고 불렀다. 돌싸움에서는 높은 곳을 차지하는 것이 유리하므로 돌싸움이 격렬해진 어느 날 뒷산의 상봉으로 치달으면서 돌싸움을 하였다. 덕산 지서에서 산에 사람이 급히 움직이는 것을 보고 여수의 반란군이 나타났다고 착각을 하여 박격포를 장진하여 쏘려는 순간 방위대장이신 집안 형님뻘 되는 조명환 씨가 살펴보고 난 후에 공격하자고 하여 우리는 포탄 세례를 면할 수 있었고 잡혀 간 우리들은 어른들로부터 호되게 꾸지람을 듣고 어린 시절의 돌싸움 놀이도 이렇게 끝이 났다.

당시 인근의 젊은이들은 빨치산을 소탕하기 위해 창설한 방위대원으로 전투에 참가하고 있었고, 밤에 먹을 것을 구하러 산에서 내려온 빨치산에게 양식을 강제로 빼앗겼거나 부역을 한 사람은 낮이 되면 빨치산 협력자로 분류되어 곤욕을 겪게 되어 모르는 사이에 편이 갈려 생사를 달리하는 전쟁이 덕산을 뒤덮고 있었다.

일본에서 귀국한 후 2년이란 세월이 흘러 내가 3학년이 될 때까지 학교나 학교 공부에 대한 기억은 하나도 남아 있지 않고 오로지 한 가지 기억만이 강렬하게 남아 있다. 구구단을 배울 때인데 구구단을 외우지 못해 외운 아이들은 집으로 돌아가는 데 집에 가지 못하고 학교에 남아 구구단을 외웠던 기억이다. 아무리 외우려고 노력해도 너무 긴장되고 떨려서 구구단을 도저히 외울 수가 없었다. 끝내 외우지 못한 채 깜깜한 밤이 되어서야 집으로 돌아갔다. 이것이 나의 학교 공부에 대한 첫 번째 기억이자 어린 시절에 대한 두 번째 기억이다.

'여수 순천 반란 사건'의 후유증이 치유되기도 전에 발발한 '6·25전쟁'으로 4학년이던 때에 또다시 학교가 문을 닫았다. 1952년 봄 휴전협정이 진행되고 있을 무렵 공산 치하에서 수복된 덕산(경남 산청군 시천면과 삼장면을 합쳐 덕산이라고 부름)초등학교는 다시 문을 열었다.

'6·25동족상쟁'을 겪으며 '덕산초등학교'의 건물은 불에 타 없어지고 전쟁에서 피해를 면한 덕산 지서 근처의 양철로 된 창고에서 공부를 하게 되었다. 2년을 쉬고 난 후 등교한 첫날 나이 들어 보이는 학생을 따로 모아 1km는 1,000m, 조선을 건국한 사람은 이성계, 대한민국의 대통령은 이승만 등을 한 시간 정도 배우고 시험을 치게 하였다. 시험을 본 점수에 따라 선생님이 정해 준 대로 지정된 학년이 되었다. 나는 6학년에 들어갔다. 나를 포함하여 16명이 6학년이 되었는데 대부분 나보다 두세 살 위였다.

개학 후에 새 학년 시작의 달도 9월에서 3월로 바뀐 것을 알게 되었다. 1년간 6학년으로 공부를 하고 1953년 초 진학 시험을 보러 군청 소재지인 산청으로 갔다. 당시에는 국가고사이었으며 시소재지나 군청소재지에서 시험을 보았다. 산골 마을에서 진주나 산청 같은 도회지로 가려면 지리산에서 나무를 잘라 장작으로 내다 팔며 후생사업을 하는 군용 차량을 이용할 수밖에 없었다.

여선생님이 13명 수험생을 인솔하여 수험장인 산청으로 가다가 차가 전복되었으나 다친 사람은 없었다. 그 후 어떻게 산청에 도착하게 되었는지는 기억나지 않는다. 13명 중에서 내가 1등을 하였다. 온 가족과 마을 어른들이 칭찬해 주었다. 공부를 별로 해 본 기억이 없는 나는 당황스럽기까지 하였다. 이렇게 하여 당시 진주에서는 가장 좋은 인문학교인 진주중학교에 입학하였고, 이어서 진주고등학교에 진학하였다.

아버지는 조선 중기 이후의 학문과 사상에 지대한 영향을 끼친 남명(南冥) 조식(曺植)의 11대 자손이었다. 할아버지는 남인의 영수인 허목이 지은 남명 조식의 '신도비'가 남명을 폄하하는 내용을 담고 있다고 하여 1923년 허목의 비를 송시열의 신도비로 교체하는 주역을 맡은 한학자이셨다. 그러한 한학자의 후손인 아버지께서 처남 강두석의 권유로 어떻게 일본에 건너가게 되었는지 나는 그 이유를 알지 못한다.

일본 오사카에서 노동운동가로 이름을 얻은 외삼촌은 해방 직후 귀국하여 진주에 정착하셨다. 당시 진주의 제일가는 부자인 김봉구 씨가 마련해 준 집에 무상으로 살고 계셨다. 넉넉하지 못한 살림을 꾸려 가는 외갓집에서 나는 진주중학교 입학 때부터 진주고등학교를 졸업할 때까지 6년간 거주하였다.

진주 남강의 모래사장은 내가 뛰어놀기에 아주 좋은 곳이었다. 공부하라는 사람도 없고, 소 먹이러 가라는 사람도 없어 고삐 풀린 망아지처럼 뛰어놀았다. 그 시절엔 권투가 유행이어서 처음엔 톱밥을 넣고 샌드백을 치며 정권을 단련하다가 그다음은 톱밥을 모래와 섞어서 단련을 하고 그다음은 모래만으로 단련하고 그다음은 모래와 자갈을 넣고 단련하였다. 이런 과정을 거치며 훈련된 내 손도 울퉁불퉁해져 샌드백 치는 자의 자만심이 새겨지게 되었다.

나의 외사촌 형님은 진주농과대학을 다니는 대학생으로 진주에서 최초로 태권도를 배워 진주 지역에 전승시키고 있는 젊은이였다. 순하고 마음씨 착한 그는 대련의 상대역을 맡도록 나를 잠에서 깨워 아침 일찍 남강 백사장으로 데려 나갔다. 난 아침잠을 설치기 일쑤였다. 운동이나 하며 내 하고 싶은 것을 하고 지내는 외갓집에서의 생활은 평생을 통틀어 제일 자유로운 시기이었다.

일본에서 귀국할 때 아버지께서 함께 귀국하기를 마다하셔서 8남매를 데리고 혼자 귀국하여 생활을 엮어 가는 어머니는 경우가 바른 미녀였으나 자녀에게는 너무 엄하셨다. 혹시 밥투정을 부리면 밥을 걷어다가 소에게 갖다 주어 버리는 교육 원칙을 지키는 강한 주부이셨다. 그래서 나는 방학 때도 주로 외가에서 지냈기 때문에 남명 조식 선생의 후예로서 유가의 전통을 이어 가는 집안과는 담을 쌓고 살았다.

하얀 살결에 아령과 역기 평행봉 태권도로 단련된 나의 몸매를 보는 이는 멋있다고 부러워하였다. 이러한 몸매는 씩씩한 직업 군인이 되기에 적합한 것이라고 생각하고 육군사관학교에 진학하려고 고2 말부터 공부에 열중하였다.

그런데 적록 색약이어서 사관학교에 진학할 수 없고 의과대학에도 진학할 수 없다는 판정을 받았다. 실망은 이루 말할 수 없었으며 난 제칠일안식일예수재림교회에 다니며 진주의 담임목사 주상규 목사님의 지도로 성경 공부에 매진하는 것으로 마음을 추스렸다. 1959년 3월 다른 친구들은 서울에 있는 대학교에 진학한다고 가버리고 없을 때 난 남강 백사장에서 구슬픈 유행가로 마음을 달래고 있었던 것이 기억 속에 생생하게 아로새겨져 있다.

'이럴 때가 아니다. 나도 진학을 해야겠다.'라고 생각하고 후기인 삼육신학교에 입학하기 위하여 급히 서울로 올라와 시험을 치렀다. 신학교 진학을 반대하는 자형 백명확 장군으로 인해 1961년 서울대학교 사범대학 독어교육과에 입학할 때까지 나는 종교적 방황을 거듭하였다.

2. 대학 시절

1961년 서울대 사범대학 독어과는 지원생이 많아 53 대 1이라는 경이적인 입학 경쟁 비율을 보였지만 운이 좋아 입학하게 되었다. 독일과의 국교가 친밀해져 독일어의 쓰임새가 많아질 것이라는 게 이렇게 경쟁 비율을 높여 놓은 원인이었다. 그렇지만 독일어의 기초를 다지지 않고 대학에서 독일 문학과 독일 어학을 배우게 되니 전공에 대한 공부가 부실하여 다른 것에 관심을 쏟게 되었다.

당시에는 중학교 입학시험의 경쟁이 심할 때라 교사가 될 사범대학 학생은 가정교사 자리를 쉽게 구할 수 있었다. 시간 빼앗기는 것을 아까워하지 않고 가정교사로 돈을 벌어 풍족한 생활을 하였다. 3학년 때에는 체육학과의 경쟁자를 물리치고 사범대학 태권도부의 부장직을 맡았으며, 3학년 2학기부터 1년간 사범대학 학생회 부회장직을 맡게 되었다. 서울 일류고등학교 출신과 경상도 출신이 러닝메이트가 되면 당선될 확률이 높다고 하여 얼떨결에 부회장이 된 것이다. 잡다한 일들로 전공 공부가 미진하였던 나였지만 대학을 졸업할 때 자식에게 아버지가 최고의 학력을 가졌다는 자부심을 갖도록 해야겠다는 어린 시절의 다짐을 떠올리며 공부한 결과 대학원에 진학하였다. 이때 후배들이 나를 만나려면 도서관에 가면 된다고 말할 정도였다.

졸업과 함께 대학원 시험에 합격하여 등록금을 납입하고, 동시에 ROTC 출신 육군 소위에 임관되었다. ROTC를 지원한 데에는 특별한 이유가 있었다. 1962년에 진주 외갓집으로 나의 신체검사 통지서가 발부되어 나왔는데 외삼촌께서 집안에 장군이 있으니 받지 않아도 아무 문제가 없을 것이라고 하여 난 신체검사를 받지 않아 기피자 신세가 되어 있었다.

당시 내 나이 또래는 보충역으로 편입된다는 소문이 나돌았으나 나는 기피자의 신분을 면하기 위해 ROTC에 지원하였던 것이다. 소위에 임관되어 통역장교가 되었다. 대학원을 가기 위해 공부한 타임지에서 시험 문제가 출제되어 문리대 영문과와 사대 영어과 출신의 기라성 같은 인재를 물리치고 통역장교에 1등으로 합격하였던 것이다.

3. 학위와 학자로 입문

1968년 모교 사범대학 강사와 단국대학교의 강사를 거쳐, 1969년에는 단국대학교 전임강사 발령을 받았다. 너무 빨리 대학에 자리를 얻어 군에 갔다 온 동기생이 나의 강의를 듣기도 하였다.

1971년에 독일의 DAAD 장학금을 얻어 1976년 3월 10일 베를린 자유대학에서 문학사회학을 전공하여 철학박사 학위를 받았다. 부전공이었던 교육학 분야에서도 학위를 얻을 요량으로 '특수교육(독서능력개발)'에 대한 연구를 위하여 2년간 강좌를 이수하며 논문을 작성하였으나 철학부에 속한 세부 학과는 철학박사 학위 하나만을 인정하고 수여한다는 규정 때문에 작성한 논문은 인정을 받았으나 소득 없이 1978년에 귀국하였다. 이때부터 나는 나의 노력에 비하여 후한 결과를 얻게 되어 나는 신(神)의 각별한 축복을 받고 있는 사람이라고 생각하게 되었다.

철학부에서 완성한 박사학위 논문 제목은 “볼프강 보르헤르트에 대한 유물론적 해석의 시도: 나치즘과 서독 전후사회와 특별한 연관 속에서”이었다.

학위를 받았음에도 나는 내가 수행하는 학문의 목적을 설정하지 못했다. 혹 현실 참여적인 목적을 설정하였다가도 수시로 변화를 겪기 때문에 학문의 목적을 설정하지 않은 것과 마찬가지였다. 그러나 나의 학문 방법은 나의 삶과 엮여 있는 삶의 편린이어서 바뀌지 않았다.

그 첫째가 대학원 졸업 논문으로 ‘괴테연구’에서 다룬 방법론이다. 문학을 포함한 예술 일반은 동시대의 정치, 문화, 사회의 연관관계를 규명한 후에 그 바탕에서 논평이 가능하다는 입장이다. 문학을 미학교육을 통해서 연구하는 순수문학 차원의 학문 방법이다.

그 두 번째는, ‘여수 순천 반란사건’과 ‘6·25 동족상잔’이 보여 준 이데올로기의 대립 참상을 세상사와 연결시키는 참여문학적 방법이다. 이 시절의 체험은 독일문학을 유물론적으로 해석해 보는 동기가 되어 보르헤르트 연구 때에 연구 방법론이 되었다.

세월은 무심코 흘러 정년퇴임을 맞았고, 2001년 내가 사범대학 학장직을 맡고 있을 때 ‘남명학회’를 창립한 것이 동기가 되어 내 고향 덕산에 설립한 남명 조식을 연구하고 현창하는 ‘한국선비문화연구원’의 부원장직을 맡으면서 사서삼경을 위시하여 할아버지의 철학과 학문을 연구하게 되었다.

나의 남명학 연구의 방법론은 내가 채택한 세 번째의 학문 방법으로서, 내가 젊은 시절에 제칠일안식일예수재림교의 신학교인 삼육대학에 입학하려고 하면서 종교적 방황을 겪었을 때 세상사를 결정하는 것이 마음이라는 생각을 굳혔을 때 생성된 학문 방법이다. 마음에 동기가 부여되어 행동으로 옮겨질 때 가치가 행동 기준이 되며 가치는 이념의 산물로서 한 시대를 풍미하는 시대정신이라는 전제에서 학문연구를 수행하는 학문 방법이다.

난 이 방법론으로 심성론, 수양론 그리고 경세론이라는 성리학의 3가지 영역 중에서 남명 선생이 천착하였던 수양론을 학문 대상으로 삼아 수양의 대상인 마음을 도식화해 놓은 남명 조식 선생의「신명사도」를 해석해 보려고 한다.

나의 삶의 여정과 관계를 맺고 있는 앞의 3가지 학문 방법론으로 작성한 글 3가지를 'III. 나의 학문' 편에 소개하여 목표를 달성하기 위해서는 목표로 나아가는 방법론이 중요하다는 것을 이 글을 읽는 독자에게 전달해 주려고 한다.

III. 나의 학문

1. 순수문학 연구 방법의 예: 독일 예술 시대의 문학 개관

독일 고전주의와 낭만주의 예술은 독일 문학을 국경을 넘어서서 세계적인 일류 문학의 반열에 올려놓았다. 이 시대의 대표 작가는 괴테(Johann Wolfgang vpn Goethe, 1749~1832)와 실러(Friedrich von Schiller, 1759~1805)이며, 이 시대의 문학을 풍요롭게 만든 많은 다른 작가들도 독일 문학의 위상을 높이는 데 일조하였다.

이들이 활동한 시대의 정치, 경제, 사회, 문화 면의 특성을 제시하여 순수문학의 방법론의 길을 여는 예(例)로 제시한다.

18세기에 이르러 유럽은 상비군을 창설하고 중앙집권적 관료 체제를 확립하였던 절대주의가 붕괴되기 시작하였다. 1776년 아메리카에서 미합중국이 영국으로부터 독립을 쟁취하여 세계 역사상 최초로 국가와 국민 간의 계약인 헌법을 선포하고 인간의 자연권은 어떠한 권력에 의해서도 침해받지 않는다는 것을 분명히 하면서부터 절대주의의 붕괴는 진척되기 시작하였다. 같은 해 제정된 '버지니아 권리 헌정(Virginia Bill of Rights)'은 자유민주 체제를 채택한 나라들의 모범이 되었으며 독일 연방 공화국 헌법의 기초가 되었다.

1789년의 프랑스 시민 혁명은 프랑스 절대주의를 붕괴시켜 귀족과 성직자들의 특권은 상실되고 자유와 평등에 기초한 새로운 정치체제가 대두되었다. 그러나 혁명에 의해 쟁취된 자유민주 체제는 혁명의 혼돈 속으로 빠져들어 로베스피에르(Robespierre)와 나폴레옹(Napoleon) 같은 독재자를 불러왔다. 프랑스 시민 혁명으로 인해 새로운 정치질서가 태동되었으나 시민 혁명에 대한 반작용으로 왕정복고의 기운이 크게 일자 왕정복고 쪽으로 기울다가 1830년 7월 혁명으로 정치 현실은 또다시 반전되었다.

이렇게 혁명과 왕정복고 사이에서 동요하는 유럽의 정치적인 변혁은 인접국들의 정치 사회 분야에 지대한 영향을 끼쳤으며 군사적 대결도 야기시켰다. 폴란드 분할, 동맹 전쟁, 나폴레옹

전쟁, 독일 해방전쟁이 터졌으며 사회적으로도 농민 해방이 시작되고 초기 산업화가 이루어지기 시작하였다.

미합중국과 서유럽 강대국들이 정치 변혁과 혁명을 통해 국가가 사회 발전의 주역을 담당하기 시작하던 때에 독일은 아직도 300여 개의 군소영방(群小領邦)으로 나누어져 정치적으로 몹시 낙후되어 있었다.

그러나 독일에서는 정신 혁명이 일어나 철학은 물론이고 특히 예술 분야에 괄목할 만한 발전을 보여 독일 문학은 국민 문학의 절정기에 도달하게 되었다. 이로써 예술은 삶보다 더 중요한 의미를 지니게 되었으며 예술과 예술인이 우대받는 시대가 되었다. 이 시기를 '예술 시대'라고 한다.

철학 분야에서는 칸트(Immanuel Kant)가 『실천 이성 비판』을 집필하여 신인문주의(neuer Hemanismus)를 철학적으로 논증하였다. 칸트는 인간은 이성으로 사물의 성질을 파악할 수는 없지만 올바른 행동 규범인 '도덕 법칙(Sittengesetz)'은 인지할 수 있다고 하여 도덕에 기초한 독일 이상주의를 태동시켜 피히테(Fichte), 셸링(Schelling), 헤겔(Hegel)에 이르는 독일 관념론의 계보를 만들게 되어 예술 시대의 사상적 배경을 이루었다.

문학 분야에서 예술 시대를 주도해 나간 작가는 괴테(Goethe)와 실러(Shiller)이다. 괴테의 『젊은 베르테르의 슬픔』은 이러한 구절로 시작되고 있다.

Best Freund, was ist das Herz des Menschen!!

친애하는 벗이여, 인간의 감정이란 무엇일까!

18세 약관의 나이로 『군도(群盜)』를 발표하여 필명을 날리기 시작한 실러는 『군도』에서 자유를 갈구하며 사회의 폐해에 대항한다. 세상에 횡행(橫行)하는 악(惡)에 대한 분노 때문에 『군도』의 주인공 칼 무어(Karl Moor)는 도적 떼의 두목이 되어 다음과 같이 절규한다.

Räuber und Mörder!-So wahr Meine Seele lebt,
ich bin euer Hauptmann! ...
Mein Geist dürstet nach Tatten,
Mein Atem nach Freiheit!
강도와 살인자들아! 틀림없이.
난 너희들의 두목이다!…
나의 마음은 행동하길 갈망하며,
나의 숨결은 자유를 갈구하고 있다.

폭풍노도기의 위의 두 작품이 보여 주고 있듯이 괴테와 실러는 전통에 도전하며 감정 해방을 부르짖고 자유를 절규하다가 천재를 예찬하는 예술 시대의 싹을 틔워 예술 시대를 이끌어 나갔다. 그러므로 본격적인 예술 시대는 고전주의라는 문예 사조와 함께 시작되어 낭만주의를 거쳐 사실주의로의 이행기인 1830년대까지 계속된다.

독일 고전주의는 괴테와 실러에 의해 주도되었으며, 고대 그리스와 로마예술에 나타났던 '고상한 단순성(edle Einfalt)'과 '조용한 위대성(stole Größe)'을 모범으로 삼아 내용과 형식의 통일을 이루어 균형과 조화가 있는 예술을 창작하려는 것이 고전주의 문학 경향이었다.

괴테의 『파우스트』는 그의 대표 작품이자 독일 고전주의의 진수에 속하는 작품이다. 주인공 파우스트는 끝없는 탐구 정신의 소유자로 미지의 세계에 대한 탐구를 위해 자기에게 행복과 권력을 보장해 주겠다는 악마와 영혼을 걸고 계약을 맺어 죄를 짓고 시행착오를 거치지만 그는 악마의 의도대로 파멸에 이르지 않고 다음과 같은 천사의 말과 함께 천국으로 인도된다.

Wer immer strebend sich bemüht,
Den können wir erlösen.
항상 노력하며 애쓰는 자를
우리는 구제할 것이리라.

『파우스트』와 더불어 『타우리 섬의 이피게니에』는 고전주의 인도주의적 이상(理想)이 가장 잘 표현되어 있는 작품이다. 주인공인 여사제 이피게니에는 고결한 정신으로 토아스 왕의 마음을 움직여 저주가 붙은 자기 가문을 구하고 고통과 죄악에서 구제되며 다음과 같은 구절로 끝을 맺고 있는 것이다.

Alle menschlichen Gebrechen süehnet reine Menshlickeit.
순수한 인간애가 인간의 모든 결함을 덮어 준다.

실러는 이상 세계를 삶 자체에 옮겨 놓으려는 노력 속에서 이상 세계와 현실 세계 사이에서 생겨난 갈등을 작품의 주제로 다루었다. 『빌헬름 텔』은 실러의 이러한 정신세계를 반영하고 있는 전형적인 작품이다. 또한 이 작품은 자유와 인간의 존엄을 쟁취하려고 투쟁하는 실러의 고백적 기록물이다. 『돈 카를로스』에서도 포자(Posa)는 폭정을 일삼는 왕에게 빼앗긴 인권을 찾기 위해 희생을 각오하고 다음과 같이 말하고 있다.

> Geben Sie, was Sie uns nahmen wieder!
> …
> Geben Sie Gedankenfreiheit!
> 우리에게서 빼앗아 간 것을 돌려주십시오!
> …
> 사상의 자유를 주십시오!

미학 교육을 통해 인간성을 함양하려는 고전주의는 교양인을 대상으로 하는 특수임무에 충실하여 이에 반대되는 통속 문학을 유발시켰다.

자유사상을 노골적으로 표현하지 못하는 진보적인 작가들은 기행문이나 일기문과 같은 사실 기록을 통해 표현했으며 이들 중에서 심중을 드러내어 솔직한 표현을 하는 작가들은 자코뱅파라고 매도당하기도 하였다.

낭만주의 이념은 고전주의 이념과 서로 얽혀 있음에도 불구하고 여러 가지 관점에서 서로 대립되고 있다. 고전주의가 고대 그리스와 로마의 맑음(Klarheit)과 조화(Harmonie)를 숭상하고 있는 반면에 낭만주의는 감정(Gefühl), 환상(Phantasie), 밤(Nacht)을 칭송하고 중세의 문화와 민중 문학에 경도되어 있었다.

또한 고전주의자들은 작품을 완결된 형태로 제시하려 하였고 낭만주의자들은 작품을 끊임없이 움직이고 있는 미완성 상태로 제시하려 하였다. 그러므로 고전주의 문학 작품의 자매 예술이 조각이었다면 낭만주의의 자매 예술은 음악이었다. 따라서 낭만주의 문학에서는 서정시가 애호되었다. 루트히비 티크(Ludwig Tieck)의 「밤노래」는 마(魔)적인 분위기가 감돌고 있는 전형적인 낭만주의 서정시이다.

Mondbeglänzte Zaubrnacht,
Die den Sinn gefangen hält,
Wundervolle Märchenwert.
Steigt auf in der alten Pracht!
달빛 유유히 흐르는 마적인 밤이,
이 마음을 사로잡으면,
경이로운 동화의 세계가,
옛날의 화사한 모습이 떠오른다.

그림(Grimn) 형제는 「아동 동화와 가정 동화」를 집필하여 민족 고유의 전래 동화와 창작동화를 엮어 누구나 쉽게 읽을 수 있게 하였을 뿐만 아니라 중세 독일어를 연구하여 독어독문학(Germanistik)의 학문적 토대를 마련하였다.

낭만주의자들은 자국의 고유문학을 발굴할 뿐만 아니라 이

민족의 문학을 번역하여 소개하기도 하였다. 낭만주의 이념은 나폴레옹의 지배를 받으며 애국심과 통일에 대한 열망으로 나타났으며 빨치산 요원으로 활동하거나 독일 해방 전쟁을 지원하는 적극적인 행동을 펼쳐 나가게도 하였다.

불행한 삶을 영위하였던 크라이스트(Kleist)와 횔더린(Hölderlin)은 당대에 별로 주목을 받지 못하고 금세기에 와서야 재평가를 받은 작가들이다. 정치적인 이유에서였건 개인적인 개성 때문이었던 간에 그의 괴로웠던 삶의 족적은 횔더린의 다음 시구에 잘 나타나 있다.

> …dunkler wirds und einsam
> Unter dem Himmel wie immer bin ich.
> 점점 더 어두워진다.
> 예나 지금이나 이 하늘 밑에서 나는 고독하구나.

오스트리아는 19세기 전환기에 이르러 예술 시대에서 사실주의로 이행해 가는 작가들을 배출하여 낙후된 오스트리아 문학을 만회하기 시작하였다. 그릴파르처(Grillpazer)와 라이문트(Raimund) 그리고 네스트로이(Nestroy)는 빈(Wien) 민중문학 전통을 계승 발전시켰다.

예술 시대에 독일 철학과 문학만이 절정기를 맞이한 것이 아니라 음악도 황금기를 맞이하였다. 음악의 중심지는 빈(Wien)이었다.

바로크 음악의 대가인 바흐(Johann Sebastian Bach, 1685~1750)

의 유산과 헨델(Georg Friedrich Händel, 1685~1759)의 유산을 이어받고 특히 이탈리아의 팔레스트리나(Palestrina), 몬테베르디(Monteverdi), 스카르라티(Scarlatti), 비발디(Vivaldi) 등의 음악 대가들의 영향을 받아 독일의 고전주의 음악은 음악의 정상에 도달하였다.

하이든(Franz Joseph Haydn, 1732~1809)은 빈을 중심으로 발전한 고전주의 음악의 아버지로 손꼽힌다. 고전주의 소나타 4중주곡과 심포니는 그가 만든 음악 형식이다. 그는 100개가 넘는 심포니를 창작하였으며 오라토리오 『춘하추동(*Jahreszeiten*)』과 『창조(*Die Shöpfung*)』를 작곡하였다 이 두 작품을 감상하노라면 마치 잃어버린 실낙원(失樂園)을 되돌려 받는 듯한 감동에 빠져든다.

모차르트(Wolfgang Amadeus Mozart, 1756~1791)도 세계적인 명성을 획득한 고전주의 음악가이다. 신동(神童)으로 음악에 입문한 그는 뮌헨, 빈, 파리, 런던, 나폴리, 마일란드 등지를 순회하며 갈채를 받았으나 가난과 고독에 시달리며 젊은 나이에 빈에서 숨을 거두었다. 모차르트의 음악에는 그의 스승이자 친구였던 하이든의 음악에서처럼 경쾌하면서도 조화로운 선율이 흘러 넘친다. 그러나 그의 후기 작품에는 슬픔과 우수가 드리워져 있다. 그의 작품 『돈 조반니(*Don Giovanni*)』는 음악 분야의 '파우스트'라고 일컬어진다.

베토벤(Ludwig van Beethoven, 1770~1827)은 고전주의 음악가 중에서 가장 비극적인 인물이다. 그는 본에서 찢어지게 가난한 집안에서 태어나 젊은 나이에 빈으로 옮겨 가 성공을 거두지만 청각 장애로 귀머거리가 되어 음악가로서는 견딜 수 없는 비극을 겪게 된다.

베토벤은 예술가가 예술 애호가인 귀족들의 종노릇을 하고 있는 현실에 반기를 들고 예술가들이 귀족에게 예속되지 않고 자유롭게 예술 활동을 할 수 있는 상황을 갈구하였다. 순조로운 대화조차 불가능해진 그에게 가해지는 신분상의 부당한 대우는 참을 수 없는 것이었음을 다음의 구절이 잘 말해 주고 있다.

> O ihr Mensch, die ihr mich für feindselig, störrisch, oder misanthropisch haltet, ... Wie unrecht tut ihr mir... Wie hart wurde ich... zurückgestßen, und doch war mir's noch nicht möglich, den Menschen zu sagen: sprecht lauter, schreit, denn ich bin taub.
>
> 오 사람들아 나를 적개심에 차 있고, 고집쟁이며 염세적이라고 생각하는 사람들아, … 그대들 나를 얼마나 부당하게 대했으며 … 밀어부쳤는가 … 난 사람들과 대화조차 할 수 없지 않은가: 더 큰 소리로 말해, 고함을 질러, 나는 귀가 먹었어.

그는 심혈을 기울여 창작에 몰두하였으며 전혀 들을 수 없는 상태에서 심포니 3번을 작곡하면서 실러의 송가(頌歌)는 「환희에 부쳐(An die Freude)」로 끝을 맺고 있다. 그의 창작에 대한 열정이나 험난한 인생 여정은 쉴러와 너무 흡사하다.

낭만주의 음악가로는 슈베르트(Franz Peter Schubert, 1797~1828)를 들 수 있다. 독일 가곡(歌曲: Lied)을 작곡함에 있어 그보다 뛰어난 작곡가는 없을 것이다. 슈베르트는 괴테의 시나 낭만주의자들의 시에 곡을 붙여 독일 가곡 발전에 결정적인 계기를 마련하였다. 그러나 짧았던 그의 생애는 그를 가곡의 창작에서 다른 것으로 눈을 돌릴 기회를 주지 않았다. 그의 가곡 「겨울 여행(Die Winterreise)」에는 낭만주의의 우수가 깔려 있으며 죽음의 그림자가 드리워져 있다.

Einen Weiser se'h ich stehen
unverrückt vor meninem Blick,
eine Straße muB ich gehen,
die noch keiner ging zurück.
안내자가 서 있는 것이 보이네
꼼짝않고 나의 면전에
난 그 길을 걸어가야 해
아무도 되돌아온 일이 없는 그 길을

슈만(Rovert A. S. Schumann, 1810~1856)도 낭만주의 가곡을 작곡한 서정적 음악가로 음악의 전 분야에 걸쳐 작곡을 하였으나 피아노 독주곡에 뛰어난 재능을 보였다.

베버(Karl Maria von Wegner, 1786~1826)는 낭만주의의 가극(歌劇)의 창시자이다.

바그너(Wilhelm Richard Wagner, 1818~1883)는 베버의 가극을 완성한 작곡가이다, 바그너는 혁명가로 또는 망명가로 파란만장한 삶을 영위하다가 바이에른(Bayern)주의 국왕 루트비히 2세의 초청을 받아 뮌헨으로 갔으나 적대자가 많아 1년 남짓 그곳에 머물렀다. 그를 기리는 사람들이 바이로이트(Bayreuth)에 축제 공연장을 세워 오늘날에도 바그너의 가극들, 특히 『탄호이저(*Tanhäuser*)』, 『트리스탄(*Tristan*)』, 『니벨룽엔의 반지(*Der Ring der Nibelungen*)』 등을 무대에 자주 올리고 있다. 그는 중세 전설과 신화를 소재로 하여 죄, 고뇌, 구원, 사랑, 죽음 등을 가극의 주제로 삼았다.

예술 시대의 독일 음악가들은 19세기와 20세기의 모든 음악인들이 배워야 하는 전 세계 음악인들의 스승이 되었으며 괴테가 활동하였던 시절에 상호 영향을 끼치고 받으며 예술의 한 영역을 맡아 예술사에 이름을 남겼다.

예술은 길고 인생은 짧은데 자신을 후세에 남기는 것은 부패하기 쉬운 정치도 아니고 탐욕에 빠지기 쉬운 사업도 아니며, 오로지 미학교육을 통해 삶을 고상하고도 풍요롭게 만드는 데에 있다. 이러한 문학 연구의 목표를 미학 교육적 방법론으로 수행하는 실예를 제시하여 공유하고자 하였다.

2. 보르헤르트(1921~1948)의 독일 전후 사회에 호소하는 반전(反戰) 선언을 담고 있는 작품 해석의 예

1) 작품에 대한 유물론적 해석의 시도

보르헤르트(Wolfgang Borchert)는 제2차세계대전 직후에 독일 문단에 혜성처럼 나타나 인기를 누린 전후(戰後) 작가이다. 그는 시(詩), 소설, 드라마 등을 창작하면서 파쇼 통치와 제2차 세계대전에서 겪은 자신의 체험과 그리고 전후에 목격한 전쟁의 참상을 형상화하고 있다. 그가 창작한 작품들의 주제는 미학적으로 다루어지기보다는 체험한 현실을 보고하는 체험 문학 형식을 빌려 다루어진다. 그러므로 시(詩)라는 장르는 참상 앞에 내지르는 절규(絕叫)나 모든 것을 잃어버렸다고 생각하는 참전 세대의 상실감과 허탈감을 표출하기에는 부적합하여 그는 주로 산문과 드라마를 창작하여 귀향병(歸鄕兵) 세대를 대변하였다.

무릇 전쟁이란 문명과 도덕에 적대적인 요인을 포함하고 있기 때문에 전쟁 직후의 독일 작가들은 온몸으로 체험한 전율을 예술 작품으로 승화시키기보다는 전쟁 체험을 짧게 집약하여 강렬하게 표현하고자 하는 경향을 지니고 있었다. 그러므로 이러한 내용 전달에 적합한 문학 형식인 짧은 산문 작품들, 특히 단편 소설을 많이 창작하였는데, 많이 창작되어 나온 작품 중에서 '반전적 선언'을 담고 있는 작품을 골라 해석해 보고자 한다.

보르헤르트는 정신적으로 육체적으로 곤경에 처한 귀향병들이 전후 사회에 편승되기를 원한다. 그러나 전후 사회는 전승국의 통치하에 있으므로 적법성이 결여되어 있는 사회이며, 사회 구성원의 무관심이 팽배해 있는 사회이고, 어떠한 형태로 발전할 것인가가 불확실한 사회이었다.

이러한 상황에서 보르헤르트는 귀향병들로 하여금 사회 변화에 대한 의식을 각성시켜, 방향을 상실한 사회 발전에 대하여 집단행동으로 저항하도록 호소하고 있다. 그의 이러한 의도가 각인되어 있는 작품은 단편 서사 작품인

「이것이 우리의 선언문이다(Das ist unser Manifest)」,

「그땐 한 가지 대답밖에 없다(Dann gibt es nur eins)」,
「독본 이야기(Lesebuchgeschichten)」

등이다. 보르헤르트는 그의 작품 「이것이 우리의 선언문이다」에서 독일이 제2차 세계 대전에서 패배하였다는 것을 한 번 더 직접적으로 언급하고 있다.

> 녹슨 철모를 벗어라. 우리는 패전하였다.[10](308)

그러고 난 다음 귀향병들이 전후 사회에 편승하는 것을 저해하는 요인들인 배고픔, 추위, 고독, 그리고 두려움 등을 열거한다. 이러한 전쟁 후유증이 독일 전후 사회의 일반적인 모습임을 다음과 같이 묘사하고 있다.

> 여윈 아이들이 지금은 바닥이 얕은 접시에 우유를 담아 온다. 치즈를 만드느라 기름기를 뺀 멀건 우유를. 아이들은 추워서 자줏빛이다. 그리고 우유는 기름기를 뺀 멀건 우유라서 자줏빛이다.(308)

배고픔을 위시하여 사회 편승을 저해하는 요인들이 일반화된 전후 사회에선 다른 사람과 함께 걸어가야 한다는 나치 시대

10 Wolfgang Borchert, "Das ist unser Manifest," in: *Das Gesamtwerk*. S. 308.

의 강요는 없어지고 각자가 혼자 걸어가야 한다는 것이 부각 된다. "지금부터 각자는 혼자서 걸어가는 것이다. 이것은 멋있는 일이다. 이것은 어렵기도 한 일이다."[11](309) 혼자라는 것이 집단 행동을 하도록 강요받았던 군인 생활에서 벗어났다는 의미에서는 멋있는 일이겠으나, "얼음처럼 차갑고 거대한"(311) 고독으로 변한다는 것은 또한 어려운 일이기도 한 것이다.

두려움 역시 고독과 마찬가지로 형태를 달리하여 귀향병들을 엄습한다. 귀향병들은 두려움을 정신적으로 극복하려고 하며 다음과 같은 마음의 다짐을 하는 것이다.

> 우리는 이제 두려워서 모래밭 속으로 파고들어 이빨에 모래가 끼게 하는 일은 없을 것이다.[12](308)

그러한 노력 속에서 귀향병들의 두려움은 그들의 분주한 생활로, 환락으로, 감상적인 생각으로, 그리고 노래로 변이되어 나타난다. 마치 화산 폭발 시의 불꽃을 위험한 것이 아니라 아름다운 것이라고 호도하는 것처럼 귀향병들은 두려움을 이렇게 호소하고 있는 것이다.

> 우리들이 소리치는 군대 행진 때의 구령과 우리들의 음악은 우리

---

11 보르헤르트의 작품 인용은 전집에서 취하는 것이므로 괄호 속에 페이지만을 적도록 한다.

12 a.a.O., S. 308.

를 향해 입을 떡 벌리고 있는 심연(深淵)을 향한 춤이다.[13](309)

보르헤르트는 귀향병들의 사회 편승을 저해하는 요인들을 사회 편승을 강요하는 요인으로 작용하게 만든다. 이제 귀향병들은 부정(否定)하였던 사람에서 긍정하는 사람으로 바뀐다.

> 우리는 아니오라고 말하는 부정자(否定者)이다. 그러나 우리가 절망 때문에 아니오라고 말하는 것은 아니다. 우리의 부정은 저항이다. 우리 허무주의자들, 우리는 입맞춤을 할 때도 평온한 기분으로 하지 못한다. 왜냐하면 우리는 무(無)라는 바탕 위에 그렇습니다라고 하는 긍정을 다시 구축해야만 하기 때문이다.[14](313)

보르헤르트는 사회 변화를 새로운 사회 구축의 강령으로 제시하며 "우리의 도덕은 진리이고"(313), "사랑은 우리의 선언문이다."(314)라고 하면서 사랑을 통한 사회 변화를 요구한다.

두려워하고, 역경에 처해 있으며, 겸허한 사람들, 그들이 아무리 불쌍한 처지에 있다 할지라도 우리는 그들을 사랑하고자 한다. 기독교 교인들이 예수를 사랑하듯이 우리는 그들을 사랑하고자 한다. 그들의 고뇌까지도. 그들이 곧 독일이기 때문이다. 그리고 독일은 바로 우리 자신이다. 이 독일을 우리는 다시 일으켜 세워야 한다. 무(無)의 상태에서 심연(深淵)의 골짜기에서 빠

13 a.a.O., S. 308.

14 a.a.O., S. 313.

져 나와, 역경을 딛고 일어서서 사랑으로 독일을 일으켜 세워야 한다.(314)

보르헤르트는 사회 변화를 가능하게 하는 사랑의 주체가 자기 자신이라는 것을 지적하면서, '풀이 무성한 도랑과 타르를 입힌 지붕 위에 떠오르는 태양도 그대 자신 속에서 나오는 것이다."라고 하여 삼라만상을 인식하는 것도 주체인 개인의 의식 속에 있다는 것을 지적하고 있다. 따라서 부정에서 긍정으로 나아가는 것도 주체인 개인의 의식 전환을 통하여 이루어지는 것이며 사랑 역시 개인의 의식의 변화에서 생겨나는 것이다.

인식의 주체와 관련한 논리 전개에서 보르헤르트는 그의 드라마 「문 밖에서」와 단편 서사 작품 「길고 긴 길을 따라」에서 수행하였던 종교 비판을 종결짓는다. 보르헤르트는 이 작품에서 신(神)은 자신의 모습을 투영하고 있는 이상상이라는 종교관을 피력하여 신학을 인류학에 접근시켰다. 그의 종교관은 포이어바하(Ludwig Feuerbach)의 철학에 대한 엥겔스의 입장[15]과 동일한 것이다.

> 그대가 신(神)이라고 부르는 것 뒤에는 항상 그대 자신이 자리하고 있고, 강과 별, 밤, 거울 혹은 우주, 그리고 힐데와 에벨린이라고 부르는 것들 뒤에도, 그 뒤에는 항상 그대 자신이 자리하고 있는 것이다. …

---

15 Vgl. Friedrich Engels, "Ludwig Feuerbach und der Ausgang der klassischen Philosophie," in: *MEW*, 12, Berlin, 1972, S. 285f.

그대의 사랑 뒤에는 그대 자신이 있고, 그대의 두려움 뒤에도 그대 자신이 있고, 그대의 희망 뒤에도 그대 자신이 자리하고 있는 것이다.[16](311)

이러한 견해를 통하여 보르헤르트는 드라마 「문 밖에서」의 범신론을 뛰어넘고 있다. 보르헤르트에게 기독교의 신은 범신론적 종교관을 반영하고 있으면서 인간의 모습을 투영하고 있는 인류학적 신으로 파악되고 있다. 포이어바하는 신에 대한 부정을 다음과 같이 진술하고 있다.

나 자신에 대하여 한 마디 말도 하지 않으면서 내가 무신론자라고 알고 있는 사람은, 나 자신에 대하여 말하면서 나 자신에 대하여 아는 것이라곤 하나도 없는 사람이다. 신이 있느냐 없느냐 하는 질문은 17세기와 18세기 때의 질문에 속한다. 나는 신을 부정한다. 신을 부정한다는 것은 나에게 있어서 인간 부정을 부정하는 것을 의미한다. 하늘 나라에 거하게 되는 데에는 현실 생활에서 인간 부정이 필연적인 것인데, 나는 인간이 차지할 공상적이고 환상적인 하늘나라의 거할 곳 대신에 감각적이고 현실적인 그러므로 필연적인 것일 수밖에 없는 정치적·사회적 지위를 위치시키려고 한다.[17]

---

16 Wolfgang Borchert: a.a.O., S. 311.

17 Ludwig Feuerbach, "zitiert: Ernst Bloch," *Das Prinzip Hoffnung*, Frankfurt/a.M., 1959, S. 1519.

포이어바하가 주장하고 있는 신(神)의 부정에는 특정한 인간상이 전제되어 있는데, 이러한 인간상을 하늘나라에서 구현하고 있다고 생각되는 것이 곧 신(神)인 것이다. 신의 모습을 구현하고 있는 바람직한 인간상과 관련하여 블로흐(Ernst Bloch)는 그의 저서 『희망의 원리』에서 포이어바하는 자본가와 부르주아를 바람직한 인간상으로 절대화하고 있다고 적어 놓았다.[18]

이 점에서 보르헤르트와 포어바하와의 견해 차이가 드러난다. 보르헤르트가 모범으로 삼고 있는 사람은 유산 계층에 속한 사람이 아니고, 농촌의 프롤레타리아 계층의 사람인 것이다. 보르헤르트는 농촌 사람들을 소박하며 소외감이 없고 이웃 사람들과 평화롭게 살아가는 사람으로 생각한다.

> 우리는 거칠고 프롤레타리아적이고자 한다. 그리고 담배와 토마토를 재배하고자 한다.

그러나 보르헤르트는 바람직한 인간상을 농촌 환경에서만 찾을 수 있다고 생각하지는 않는다. 그는 「오월에, 오월에 뻐꾸기는 울어 옛다」에서 새로운 사회를 도시로 묘사하고 있기 때문이다. 이 도시에는 거짓이 없고, 배고픔이 없으며, 군대가 없고, 전쟁이 없으며, 그리고 현실을 낭만적으로 미화하는 작가가 없는 곳으로 묘사되어 있다. 이러한 표상에 의하여 마침내 소외감을 느

---

18 Vgl. Ernst Bloch: a.a.O., S. 1517f.

끼지 않으면서 함께 살아갈 수 있는 계급 없는 사회가 생겨난다.

도시의 환경을 배경으로 새로운 사회를 설정하느냐 농촌 환경을 배경으로 새로운 사회를 설정하느냐 하는 보르헤르트의 갈등은 동일한 대상에 대한 반대 감정의 양립에 기인하고 있다. 즉 그의 소시민적인 반대 감정의 양립에 기인하고 있는 것이다. 그의 소시민적 반대 감정의 양립은 자본주의 사회가 이룩되기 이전의 사회와 유토피아적이고 사회주의적인 사회 사이에서 동요하고 있다.

이러한 그의 반대 감정의 양립의 생성에는 부모의 영향도 커다란 역할을 하였다. 륌코르프는 보르헤르트의 어머니가 대도시인 함부르크로 이사를 와서 정착하였으나, 그녀는 도시 생활에 적응하지 못하였고, 함부르크에서 고향과 같은 아늑함을 느끼지 못하였다고 말한다. 그러므로 그녀는 "추억이라는 자기만의 나라로 빠져들기를 좋아하였다. 고향을 그리워하는 그녀의 감상적인 생각은 후일 그녀의 짧은 단편(短篇)들 속에 기록된다. 이 단편 작품들에는 대도시에서 시골 생활을 포기해야 하는 단절된 생활을 우스울 정도로 가볍게 취급하려는 노력이 나타나고 있다."[19] 그녀의 이러한 태도를 륌코르프는 "문학적으로 승화시킨 도시 도피증"[20]이라고 하였다. 어머니에게서 받은 이러한 영향이 새로운 사회에 대한 그의 표상에 표출되어 있는 것으로 보

19 Peter Rühmkorf, "Wolfgang Borchert in Selbstzeugnissen und Bilddokumenten," a.a.O., S. 7.

20 Peter Rühmkorf: a.a.O., S. 7.

인다.

보르헤르트는 단편 서사 작품 「독본 이야기」에서 다른 형태의 공동생활을 요구하게 된 이유를 제시하고 있다. 그는 이 작품에서 자본주의적인 대중 소비 사회를 미래 사회로 묘사하고 있다. 그에 따르면 대중 소비 사회에서는 번영과 복지를 누릴 수 있지만 이기주의가 팽배하고, 비이성적인 행동과, 그리고 공격적인 행동이 난무하게 될 것이라고 한다. 기업가들은 이렇게 번영한 복지 사회에서 상품을 판매할 길이 없어서, 탈출구를 찾기 위하여 전쟁을 일으키는 것이다. 기업가의 조언자로 도움을 주는 것은 군인과 학자이다.

> 모든 사람들이 재봉틀, 라디오, 냉장고, 그리고 전화를 가지고 있다.
> 이제 우리는 무엇을 할까? 공장 소유주가 말한다.
> 폭탄을 만들죠. 발명가가 말한다.
> 전쟁을 일으킵시다. 장군이 말한다.
> 다른 방도가 전혀 없다면, 그렇게 하죠. 공장 소유주가 말한다.[21]

이러한 묘사는 보르헤르트가 자본주의 사회의 특성을 잘 인식하고 있었다는 것을 말해 주는 것이다. 버날(John Desmond Bernal)은 이러한 현상을 독점 산업 발달에 따른 특징적인 결과라고 일컫고 있다. 독점 산업 체제에서는 학문 연구가 정치권력에 의

---

21 Wolfgang Borchert, "Lebensgeschichten," in: *Das Gesamtwerk*, a.a.O., S. 315.

하여 심하게 통제되어 있으며, 방위 산업체화되어 있고, 그리고 국가가 대기업에게 자금 지원을 해 준다.[22] 보르헤르트는 이 작품에서 자본주의 국가에서 작금의 학문이 얼마나 군수품 생산에 얽매어 있는지를 묘사하고 있다.

> 하얀 가운을 입은 그 남자는 서류에 숫자를 썼다.
> 그 남자는 숫자 뒤에 작을 글씨를 살짝 덧붙여 놓았다. …
> 서류에는 숫자가 적혀 있었다. 그것에 따르면 반 그램으로 2시간만에 1,000명을 죽일 수 있다는 것이다.[23]

과학 영역에서 이루어지고 있는 대량 살상무기 개발의 위험성을 경고하는 보르헤르트처럼 버날(Bernal)도 "명목상 대학에 부속되어 있지만 실제로는 독점 기업과 국가의 지시를 받으며 군사적으로 가치가 있다고 생각되는 프로젝트를 다루는 연구소들에서 학문을 방위 산업에 전념하게 하는 체제는 매우 심각한 위험을 의미한다."[24]라고 지적하면서 이러한 연구소에서 학자들이 살상 무기를 개발하게 되면 "새로 일어나게 될 전쟁은 문명을 말살시키지는 못하겠지만, 수년 전의 문명으로 후퇴시켜 놓을 것이다. 수억 명의 생활은 비탄에 빠질 것이며, 고뇌와 질병

---

22 Vgl. John Desmond Bernal, a.a.O., S. 1158.

23 Wolfgang Borchert, a.a.O., S. 315.

24 John Desmond Bernal, a.a.O., S. 1158.

이 엄청나게 불어날 것이다."[25]라고 새로운 전쟁의 후유증을 진단하고 있다.

보르헤르트는 귀향병이 편승한 전후 사회에서도 젊은이를 혹하게 만드는 이데올로기가 옛날과 다름없이 횡행(橫行)하고 있으며, 정치인들의 정치 행태 역시 변한 것은 하나도 없이 예전과 똑같다는 것을 다음과 같이 적고 있다.

> 두 남자가 서로 이야기를 나누었다.
> 이런, 검은 양복을 입으셨군요, 선생님. 누가 상을 당하셨나요?
> 아닙니다, 그렇지가 않습니다. 축하연을 베풀었지요. 젊은이들이 전선으로 떠나거든요. 짤막한 연설을 하였습니다. 스파르타를 상기시켰죠.
> 클라우제비츠(Clausewitz, 1780~1831. 프로이센의 장군으로 전쟁론을 씀)를 인용하였습니다. 명예와 조국과 같은 몇몇 개념을 일러주었지요.
> 횔더린을 읽어 보라고 하였습니다. 랑에마르크를 생각해 보았죠.
> 감동적인 축하연이었습니다. 매우 감동적이었죠. '무쇠를 불어나게 하는 주님'이라는 노래를 젊은이들은 불렀습니다. 눈이 번쩍거렸습니다.
> 감동적이었죠, 매우 감동적이었습니다.(316)

---

25 ebenda.

대중 소비 사회에서는 지배 세력이 소비가 미덕이라는 이데올로기를 유포시키고, 군수 물자를 소비하기 위하여 인간의 공격성을 촉발시켜 전쟁을 일으킨다. 보르헤르트는 전쟁이 끝났는데도 공격성을 발산하며 전쟁 예행연습을 하는 각료들의 모습을 다음과 같이 묘사하고 있다.

> 평화 회담이 끝나고 각료들이 시내를 돌아다녔다. 그때 이들은 사격장을 지나가게 되었다. 손님, 한 번 쏴 보시지요? 하고 입술을 빨갛게 칠한 아가씨가 큰 소리로 말했다. 그러자 장관들은 각자 총을 집어서 마분지로 만든 키 작은 남자를 쏘았다.

보르헤르트는 대중 소비 사회의 구성원이 대중 소비 사회의 이데올로기에 감염되어 공격성을 자신의 생활 태도로 정착시키고 있음을 다음과 같이 묘사하고 있다.

> 언젠가 두 사람이 있었다.
> 2세 때 그들은 손으로 서로를 때렸다.
> 12세 때 그들은 막대기로 서로를 때리며 돌을 던졌다.
> 22세 때 그들은 총으로 서로를 쐈다.
> 42세 때 그들은 폭탄을 투척했다.
> 62세 때 그들은 세균을 살포했다.
> 82세 때 그들은, 그때 그들은 죽었다. 그들은 나란히 묻혔다.

그러므로 보르헤르트는 죽기 직전에 집필된 마지막 단편 서사 작품 「그땐 한 가지 대답밖에 없다」에서 무기 생산과 군복무(軍服務)를 거부하도록 호소하면서 평화주의를 제창하는 것이다. 그는 맨 먼저 노동자에게 이것을 호소하며, 그다음에 기업가, 과학자, 그리고 어머니들에게 호소하고 있다. 그는 무장을 하라고 명령이 떨어지면 혹은 소집 영장이 배달되면 "그럴 수 없습니다!(Nein)"라고 거절하라고 이들에게 요구하고 있다.

> 그대, 기계 옆에서 일하는 남자와 공장에서 일하는 남자여.
> 그들이 내일 만약 수도관과 냄비를 더 이상 만들지 말고 철모와 기관총을 만들라고 명령을 내리면, 그땐 한 가지 대답밖에 없다.
> "그럴 수 없습니다!"라고 말하라.[26]

"그럴 수 없습니다!"라고 말하지 않았을 때 다음번 전쟁에서 생겨날 파국적 결과에 대하여 보르헤르트는 성경에 기록된 묵시록의 세계 종말에 대한 예언처럼 다음과 같이 경고하고 있다.

> 어머니들이 "그럴 수 없습니다!"라고 말하지 않으면, 어머니들이 "그럴 수 없습니다!"라고 말하지 않으면, 어머니들이여, 그땐,
> 그땐:
> …
> 그땐 마지막 남은 사람이 찢겨진 창자와 페스트에 걸린 폐를 안

26 Wolfgang Borchert, "Dann gibt es nur eins!," in: *Das Gesamtwerk*, a.a.O., S. 318.

고 독을 내뿜는 작렬하는 태양과 흔들거리는 하늘 아래서 듣는 이도 없는 외로운 곳에서 헤맬 것이다. 끝없이 펼쳐져 있는 공동묘지와 통나무처럼 콘크리트 더미가 뒹구는 거대하고 황량한 도시 사이를 헤맬 것이다. 도시는 우상같이 냉정한 모습으로 서 있을 것이다.
마지막 남은 사람은 피골이 상접하고, 정신이상에 걸려, 신에게 욕설을 퍼부으며, 탄식을 — 굉장한 탄식을 늘어놓을 것이다.
어째 이런 일이?라는 탄식의 소리는 듣는 이 없이 황야에 흩어지고, 부서진 돌더미 사이로 흩날릴 것이며, 무너진 교회의 잔해 속으로 새어나갈 것이고, 높이 쌓아올린 벙커에 부딪히며, 피를 토하는 웃음소리 속으로 꺼져 버릴 것이다. 듣는 이 없고, 대답하는 이 없는 마지막 남은 짐승 같은 인간의 짐승 소리 같은 '외침' 뒤에.
이 모든 일들이 벌어질 것이다. 내일, 어쩌면 내일, 어쩌면 벌써 오늘 밤에, 어쩌면 오늘밤에, 만약 — 만약 —
만약 그대들이 '그럴 수 없다'고 말하지 않으면 말이다.[27]

3. 보르헤르트에 대한 유물론적 평가

보르헤르트는 전쟁의 피해자이면서도 공범자일 수밖에 없는 귀향병들의 정신적 갈등을 묘사하고 있는 작품들을 통하여 전후 사회의 여러 현상을 분석적으로 포착하는 데 성공하고 있다.

---

27 Wolfgang Borchert, a.a.O., S. 320f.

이러한 분석을 통하여 보르헤르트는 바람직한 사회 발전과 휴머니즘적인 인간관계가 조성된 인간답게 살 수 있는 사회 건설을 위하여 나치즘과 외세에 의해 조종당하는 전후 사회의 성립에 반대하고 있는 것이 분명하다.

그러나 그가 노동자 계급과의 접촉이 거의 없었고 정치·경제적 지식이 부족하여 자본주의 사회 구조를 깊숙이 들여다보는 통찰력에는 한계가 있었다. 그러므로 그는 자본주의 사회의 적대적 모순을 문제 삼지 않았고, 계급 구분을 하지 않았고, 따라서 지배 계급을 질타하지도 않았으며, 그리고 새로 자리 잡기 시작하는 독일 전후 사회에 대한 대안을 제시하지도 않았다.

그는 종교 비판을 하고 있지만 자신의 이상주의적 관점을 떨쳐버리지 못하고 있다. 이러한 종교관과 함께 그의 이상주의는 단지 비자본주의적인 새로운 사회 요구에 그치고 있을 뿐 대안을 제시하지 못하고 있다. 이것은 또한 그의 전쟁 원인 규명에도 영향을 끼친다. 그는 오늘날과 같은 자본주의 사회에서 전쟁을 일으키는 진정한 이유가 무엇인지를 열거하면서도, 인간들의 타고난 공격성이 전쟁의 원인이라고 못 박고 있다.

그는 자본주의 사회가 인간의 미래 사회로서는 비관적인 사회라고 인식하면서도 자본주의가 사회주의나 그 어떤 체제에 의하여 지양될 수 있다는 것을 제시하지 않았다. 또한 이러한 사회 변화가 의식 변화를 통해서 이루어지는 것이 아니라, 자본주의 사회에서의 지배층인 부르주아에 대한 저항에서 이루어진다는 것도 진술하지 않았다. 보르헤르트는 개개인의 의식 변화를 통하여 사회 변화가 가능하다고 생각하고 있지만, 그것은 불가능한 것이다. 보르헤르트의 사회 변화에 대한 구상은 역사 유물론적 관점에서 질타당할 수 있는 소지를 안고 있다. 마르크스는 "인간의 의식을 결정하는 것은 인간의 의식, 즉 인간의 본질이 아니라, 반대로 인간이 생활하는 사회적 본질이다."[28]라고 하면서 인간의 생각을 바꾸어 놓는 것은 물질이라는 조건과 관련되어 있는 생활 과정이라고 다음과 같이 적고 있다.

> 인간의 뇌 속에 형성되는 희미한 상(像) 역시 인간의 물질적인 생활 과정에서 얻어지는 필연적인 승화물(昇華物)이고, 경험적으로 확인할 수 있으며, 그리고 물질적인 조건들에 연루되어 있는 생활 과정에서 얻어지는 필연적인 승화물이다. 그러므로 도덕, 종교, 형이상학, 그 밖의 이데올로기와 이들에 상응하여 형성되는 의식 형태는 외관상 독립성을 지니지 못하는 것이다. 이들은 역사가 없고, 발전이 없다. 이들의 물질적 산물과 물질적 교류를 발전시키는 인간이 이들의 이러한 현실을 기반으로 인간의 생각과 생각의 산물을 변화시킨다.[29]

개개인의 의식 변화를 통하여 사회를 변화시킬 수 있다는 보르헤르트의 제안은 이상주의에 대한 다음과 같은 마르크스의 비판을 통해 허구임이 드러난다. 왜냐하면 마르크스는 폭력에 의한 사회 변화 가능성을 시사하고 있기 때문이다.

---

28 Karl Marx, "Vorwort, Zur Kritik der politischen Ökonomie," a.a.O., S. 7.

29 Karl Marx und Friedrich Engels, "Die deutsche Ideologie," a.a.O., S. 26f.

> 사람들의 의지만으로 기존의 상황을 변화시킬 수 있다는 것은 오래된 환상에 불과하다.[30]

> 의식을 변화시키려는 요구는 기존의 것을 달리 해석하라는 요구를 넘어서서, 말하자면 달리 해석하는 것을 인정하는 빌미를 제공하는 것이다.[31]

> 이념은 옛 사회 상황을 넘어설 수가 없으며, 옛 사회 상황의 이념과 함께 하기 마련이다. 이념은 절대로 성취될 수 없는 것이다. 이념을 성취시키기 위해선 실제적인 폭력을 행사하는 인간이 필요한 것이다.[32]

자본주의적 생산 체제를 가진 사회에서 일어나는 전쟁의 근본 원인은 그 사회 속에 살고 있는 사람들의 공격성 때문이 아니라, 이윤을 극대화하려는 지배 계급의 노력 때문인 것이다.

전쟁을 통해 지배 계급은 물질적인 자산과 생산력을 획득하게 된다. 생산력이란 노동력과 같은 노동 수단을 의미한다. 노예 소유자는 노예 전쟁을 일으키고, 봉건 군주들은 잘 알려진 바와 같이 노예와 함께 토지와 땅을 획득하기 위하여 전쟁을 일으키며, 현

---

30 ebenda, S. 363.

31 ebenda, S. 20.

32 Karl Marx, "Die heilige Familie," in: *MEW* 2, Berlin, 1972, S. 126.

대사가 알려 주듯이 자본가들은 원료 공급지와 판매 시장, 그리고 자본 투자 지역을 확보하고 유지하기 위하여 전쟁을 일으킨다. 독점 자본주의의 단계에서 자본주의 국가들은 불평등한 발전을 하게 되며, 이러한 단계에 직면한 제국주의 전쟁은 이미 이전에 분할하였던 세계를 그때 그때의 현실에 맞추어 다시금 분할하는 데 이용된다.[33]

새로운 사회에 대한 보르헤르트의 생각은 사회의 발전 방향 때문에 비관주의에 깊이 빠져들고 있다. 이러한 비관주의는 자본주의 사회의 비도덕성에 대한 인식의 결과로 나온 것이며, 불공평한 소유 상황에 대한 인식의 결과로 나온 것이고, 인간을 겨냥한 첨단 무기의 개발에 대한 인식의 결과로 나온 것이며, 인간 소외를 인식한 결과로 나온 것이며, 그리고 현존하는 군국주의에 대한 인식의 결과에서 나온 것이다. 그런데 보르헤르트는 이러한 비관주의에 전투적 낙관주의를 대립시키지 않았다. 즉 그는 사회 상황의 변화를 위하여 대중 운동을 역설하며 새로운 사회로 나아가는 길을 찾지도 않는 것이다. 그는 개개인의 의식 변화를 통하여 새로운 사회를 만들자고 제안하고 있는데, 그러한 제안은 마르크스적 관점에서는 실현될 수 없는 환상에 불과하다. 그도 자신의 이러한 결점을 느낀 것 같다. 그가 새로운 사회에 대하여 글을 쓸 때면 행동을 자극하는 문학적 수단을 이용하

---

33 Walter Hollitscher, "Sigmund Freuds Menschenbild," in: *Maxismus Digest*, 1973. 4., Frankfurt/a.M., S. 33.

기보다는 격정적 진술을 이용하고 있기 때문이다. 이러한 그의 태도를 보여 주는 대표적인 경우가 드라마 「문 밖에서」의 베크만의 다음과 같은 진술이다.

> 그래서 나는 항상 전진하기보다는 후진하고 있다고 생각하였다. 올라간다는 것에 대해서는 전혀 언급할 수조차 없다.

그의 마지막 단편 서사 작품 「그땐 한 가지 대답밖에 없다」에 남긴 다음과 같은 그의 마지막 말이 「문 밖에서」의 주인공 베크만처럼 시민 사회를 또다시 부정하고 있다는 것은 주목할 만하다.

> 그대들이 그럴 수 없습니다, 라고 말하지 않는다면?[34]

그러나 보르헤르트는 짧은 창작 기간에도 불구하고 히틀러의 파쇼 정권이 무너지고 난 다음에 전개되는 독일 발전의 특성에 대하여 올바른 평가를 내리고 있다. 전후의 독일에서 대두되는 반동적 경향이 민주주의의 탈을 쓰고 있다는 것을 간파하고 이것에 대하여 강력하게 경고하고 나선 것은 보르헤르트의 문학적 업적이자 정치적 업적이기도 하다. 왜냐하면 전후의 독일 발전과 관련하여 작가들은 3가지의 기본적인 행동 가능성이 있었

---

34 Wolfgang Borchert, "Dann gibt nur eins," in: *Das Gesamtwerk*, a.a.O., S. 320.

기 때문이다.

> 첫 번째는 전후 사회를 전적인 새로운 사회로 받아들이면서 비판 없이 학적으로 변호하는 태도
> 두 번째는 사회가 발전해 나아가는 길을 인식하고 체념하거나 혹은 현실로부터 도피하는 태도
> 세 번째는 문학 활동을 통해서이긴 하지만 이러한 현실과 투쟁하려는 태도

보르헤르트는 작가들의 기본적인 행동 가능성 중에서 세 번째를 택하였다.

히틀러의 파쇼 정권은 독일을 파국으로 몰아넣었다. 패전한 독일은 승전국에 의하여 점령당했다. 서독 지역에서는 실질적인 서방 승전국인 미국이 봉쇄 정책의 범주 내에서 자본주의 사회를 지속할 수 있도록 조처해 주었다. 이러한 정책 수행 과정에서 나치즘과 파쇼적인 침략 전쟁에 대하여 책임이 있는 부르주아는 서독에서 그들의 지위가 거의 약화되지 않고 그대로 유지되었고, 예외적인 경우에만 문책을 당하였다. 점차적으로 첨예화되는 동·서양 진영의 체제 갈등으로 이러한 경향은 더욱 두드러지게 되었다. 사람들은 종전 후의 이러한 상황을 경험하고 실의에 빠졌다. 그러면서도 그들은 새롭게 시작할 수 있기를 희망하였다. 그들은 선택의 기로에 서 있음을 인식하였다. 이들에겐 사회 변화는 피할 수 없는 시대 요청으로 인식되었고, 또한 가능할 것으로 생각되었다. 이러한 낙관주의에서 이 시기의 사회에 대한

논쟁이 벌어졌다.

보르헤르트는 종전 직후 이러한 의식이 팽배해 있을 때 작품을 창작하였다. 그는 제2차 세계대전의 혼돈을 형상화하고, 전후에 다수 대중이 헐벗고 굶주리는데 파쇼 정권에서 상층부에 속해 있었던 사람들은 전후에도 여전히 상층부에 자리하고 있으면서 잘 먹고 잘 살고 있는 혼돈스런 전후 사회를 형상화하였다. 그의 작품은 이렇게 대중이 겪었던 체험들을 형상화한 것이어서 독자들에게 강한 일체감을 심어 주었다. 그의 작품이 이 시기에 커다란 반향을 불러일으킨 것은 이 때문이다.

보르헤르트의 작품에 나타나는 고결한 도덕성은 무엇보다 귀향병들의 일체감을 일깨워 주었다. 그는 귀향병들이 내놓고 항변할 수 없는 것들과 그들의 반항적 태도를 가차 없이 기술하였던 것이다. 그는 파쇼 군대의 병사로서 파쇼에 저항하는 글을 씀으로써 '그들 중의 한 사람'이 되었다. 동시에 그는 외국에 망명하였다가 돌아온 반파쇼 세력과 국내에 머물면서 반파쇼적 인문주의 성향의 작품을 창작한 작가들과의 사이에 가교역할을 하였다. 그도 물론 반파쇼적 인문주의 성향의 작가에 속한다.

보르헤르트는 전후 사회가 당시의 발전 방향대로 계속 나아가게 되면, 이 사회가 어떠한 길을 걷게 될 것인가를 명확하게 알고 있었다. 그렇기 때문에 그는 이러한 사회를 청산하고 새로운 사회를 건설하도록 지칠 줄 모르고 요구하였던 것이다. 그는 성경에 나오는 미래에 대한 계시록의 종말론적 예언으로 이러한 사회의 청산을 요구하였다. 이러한 관점에서 보르헤르트는 미국식의 자본주의적인 생산 관계에 반대하는 반파쇼적인 작가에 속하게 되었다. 그는 모든 사람들이 소박하게 소외되지 않고 평화롭게, 그리고 이성적으로 더불어 살아가는 사회를 희구하였다.

4. 전통문학 연구 방법론의 예시로서 남명 조식 선생의 「신명사도(神明舍圖)」 해석: 지행합일을 지향하는 전통 가치 함양의 구현

본인은 남명 선생의 신명사도 해석을 통해 성리학의 수양론과 나아가 유학의 이념과 이념이 표방하는 가치를 탐구하는 학문 방법론을 제시하고자 한다.

'세상에 대한 인간의 태도를 결정하는 것이 마음(心)'이라는 유학의 핵심 사상에 근거하여 남명(南冥) 조식(曺植, 1501~1572) 선생은 심성수양의 단초인 마음을 그림으로 그린 「신명사도(神明舍圖)」라는 도식을 그려 군주가 통치하는 전제국가의 체제를 원용하여 마음의 존재 양식과 그 기능에 대하여 설명함으로써 퇴계(退溪) 이황(李滉, 1501~1571) 선생과 함께 조선 중기 이후의 학문과 사상에 지대한 영향을 끼쳤다.

남명 선생 생존 당시에 성리학은 배타적이고 교조적인 학문의 성격을 지니고 있어서 타 학문을 배척하였다. 심지어 성리학이라 할지라도 주희의 이론과 궤를 달리하면 '사문난적(斯文亂賊)'으로 치부하였다.

남명 선생은 고문(古文)을 즐겨 읽으면서 사서(四書)와 삼경(三經) 등 유학의 경전을 탐독하여 이들의 의미를 마음에 아로새겼을 뿐만 아니라, 더 나아가 천문(天文)·지리(地理)·음양(陰陽)·

병진(兵陣)·법가(法家)·의방(醫方)·우주(宇宙) 등에 관한 책도 두루 섭렵하여 폭넓은 지식을 가지고 있었으며, 불교와 도교에도 정통하여 모든 학문과 종교를 아우르는 개방적인 학문 경향을 지닌 박학한 학자[35]이었다.

당시의 순정주자학자들은 남명의 열려진 학문 경향과 광범위하고 깊이 있는 연구에 대하여 존경은 표하면서도 성리학의 교조적 학문 경향에서 벗어난 용어 사용이나 학설 인용을 못마땅하게 생각하여 그의 글을 '사문난적(斯文亂賊)'으로 간주하는 이가 있었다. 심지어 퇴계 선생도 남명 선생의 학문이 노장사상에 근거하고 있음을 경계하였다.

특히 당시의 순정주자학자들은 "우주가 내 마음이요 내 마음이 곧 우주라고 하는 남명 선생의 주관적 관념론에 대하여 왕양명(王陽明)의 양지(良知)와 육상산(陸象山)의 본심(本心)과 일맥상통하는 것"[36]이라고 하면서 '사문난적(斯文亂賊)'이라고 치부하였다.

"경(敬)과 의(義)가 서로 결합되어야 한다는 남명 선생의 주장은 왕양명의 지행합일(知行合一)설과 비슷하다."[37]라고 간주하고, "그의 수양론은 지나치게 마음공부에 치중하는 경향이 있어

---

35 『南冥集』, 卷5, 「行狀」, "又嘗言, 釋氏上達處, 吳儒一般, 至於陰陽. 地理. 醫學. 道流之言, 無不涉其梗槪 以及弓馬陣之法, 關防鎭戍之處, 靡不留意究知, 盖其才高志疆, 而無所不學也."

36 李成茂, 『남명 조식 선생의 생애와 사상』, 「남명 조식의 생애와 사상」, 남명학회 제1회 국제 학술대회, 19쪽, 2001년 11월 16일 참조.

37 같은 곳, 같은 쪽 참조.

서 이러한 경향은 도교와 불교 그리고 양명학에 경도된 것을 보여 주는 것"[38]이라고 평가하였다. 이러한 평가의 결과로 남명 선생은 양명학을 신봉하는 학자라고 하여 문묘 배향에서 제외되었다.[39]

이에 맞서서 남명 선생의 제자 내암(來庵) 정인홍(鄭仁弘)은 차자(箚子)를 올려 남명 선생을 문묘에 배향하고 퇴계(退溪) 이황(李滉) 선생과 회재(晦齋) 이언적(李彦迪) 선생을 문묘 배향에서 삭제함이 마땅하다는 회퇴변척(晦退辨斥)을 올려 두 학파 간에 커다란 갈등이 빚어지기도 하였다.

남명 선생은 마음에 대한 형이상학적 연구를 수행하는 심성론, 선하고 사악한 것을 분별하는 능력 함양을 위해 마음을 단련하고 통제하는 수양론 그리고 백성의 마음을 새롭게 하여 희망을 갖고 살 수 있도록 어지러운 세상을 구하는 경세론이라는 성리학의 3가지 영역에 통달하고 있었다. 그는 이 중에서 특별히 수양론에 천착하여 심성 수양의 단계별 절차를 제시하였다. 그 첫 번째 단계가 보존(保存)이다. 보존이란 본성을 지키는 것을 의미한다. 그 두 번째 단계가 존양(存養)이다. 존양은 명상과 같은 정(靜)적인 정신활동을 통하여 마음을 기르는 것을 의미한다. 그 세 번째 단계가 성찰(省察)이다. 성찰은 외부 세계를 접촉하는 동(動)적인 활동에서 자신을 점검하는 것을 의미한다. 마지막 단계

38 같은 곳, 같은 쪽 참조.

39 김충렬, 「남명학과 21세기 유교의 부흥」, 남명선생 탄신 500주년 기념 학술대회 기조논문, 2001. 8. 16.

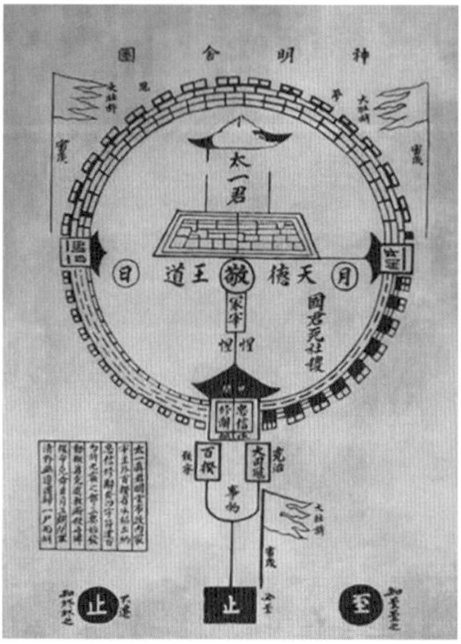

<그림 4>
전통적인 「신명사도」 연구에서는 「신명사도」를 마음을 간명하고도 알기 쉬운 도식으로 설명하고 있으면서 마음의 역할과 기능을 곁들이고 있어서 성리학의 진수를 담아내고 있다고 칭송한다.
그럼에도 불구하고 순정성리학자들 중에는 「신명사도」가 "끝 간 데 없이 넓고 아득한" 설(說)이어서 이해하기 힘든 점이 있다고 한다. 퇴계가 이에 해당되는 분으로, 그는 「신명사도」의 해설인 「신명사명」을 읽고 다음과 같은 글을 남겼다.
"계부당명(鷄伏堂銘)[40]을 베껴 보여 주신 것에 깊이 감사드립니다. 그런데 그 설이 끝 간 데 없이 넓고 아득하여 비록 노장(老莊)의 글에서도 볼 수 없을 만한 것입니다. 아직 거기에 대하여 공부한 바가 없으니 어찌 함부로 말할 수 있겠습니까? 그분이 본래 예사롭지 아니하고, 그 학문은 역시 배우기 어렵습니다."라고 하였다.

는 극기(克己)이다. 극기는 자기의 감정이나 욕심 그리고 충동 따위를 이성적 의지로 눌러 이기는 것을 의미한다.

남명 선생은 이러한 심성수양의 요체를 「신명사도(神明舍圖)」라는 도식(圖式)으로 그려 놓았다. 그의 수양에 대한 학문적 결실

---

40 남명 선생이 48세 이후 토동에 계부당을 짓고 살 때 이 명(銘)을 지었으므로 퇴계 선생이 계부당명이라고 부른 것이다.

인 「신명사도」를 인지론에서의 인지 요소인 지각(知覺), 기억(記憶), 상상(想像), 개념(概念), 판단(判斷), 추리(推理) 등에 귀속시켜 그 역할과 기능을 설명해 보고자 한다. 먼저 「신명사도」의 도식을 제시하고, 대학자들도 이해에 어려움을 겪었다는 것을 즉시한다.

「신명사도」에는 구조물, 벼슬이름, 개념어 등이 그림으로 그려져 있다. 이들을 인지적 요소에 귀속시켜 각각의 기능을 설명하여 독자로 하여금 전통문학 해석의 방법론을 접할 수 있도록 하려고 한다.

「신명사도」의 구조물

① 성곽 안에는 성곽(城郭)과 신명사(神明舍)가 있다.

② 성곽에는 3개의 문, 즉 구관(口關), 이관(耳關), 목관(目關)이 있고, 구관에 승추(承樞)가 있다.

③ 성곽 밖에는 사물의 세계가 있다.

벼슬 이름

① 명당(明堂)의 태일군(太一君)이 있다.

② 총재(冢宰)가 있다.

③ 승추(承樞)의 백규(百揆)가 있다.

④ 승추(承樞)의 대사구(大司寇)가 있다

개념어

① 총재 위, 성곽 안 중심에 경(敬)을 두고 경 왼쪽에 왕도(王

道)와 일(日)을 두고, 오른쪽에 천덕(天德)과 월(月)을 두고 있다. 그리고 총재 아래에 성성(惺惺)을 두고 있다. 성곽 안 오른쪽 편에 국군사사직(國君死社稷)이 있다.

② 구관(口關)에 있는 승추(承樞) 위에 수사(修辭), 충신(忠信)이 있다.

③ 백규 옆에는 치찰(致察)을 두고 대사구(大司寇) 옆에는 극치(克治)를 두고 있다.

④ 구관, 목관, 이관의 바깥쪽(성곽 밖)에 대장기(大壯旂)를 세우고 그 옆에 각각 심기(審幾)를 두고 있다.

⑤ 성곽 밖, 그림 맨 위, 왼쪽에 귀(鬼), 오른쪽에 몽(夢)을 두고 있다.

⑥ 그리고 성곽 밖 전체 그림 맨 아래 가운데에 '지(止)'를 두고 그 왼쪽에는 다시 '지(止)'를, 오른쪽에는 '지(至)'를 두고 있다. 가운데 '지(止)' 옆에는 필지(必至)를 두고, 오른쪽 '지(止)'에는 '지지지지(知至至之)'를 두었으며 왼쪽 '지(止)'에는 좌우로 지종종지(知終終之)와 불천(不遷)을 두고 있다.

남명은 우주 만물의 중심에 '나'라는 자기 자신이 자리하고 있으며, 자기 자신으로부터 인간과 우주자연과의 관계가 엮어져 하나가 되는 '물아일체적 합일'에 이른다고 간주하였다. 인지를 통하여 사물 현상과 관계를 맺을 때 주체가 되는 것은 자기 자신의 마음이기 때문에 마음을 매개로 하여 우주자연과 내가 '물아일체적 합일'을 이루게 되는 것이다. 이러한 우주관을 바탕으로

「신명사도」의 구성물인 구조물과 벼슬 이름 그리고 개념어 등이 필요에 따라 변형되는 마음이라는 것을 전제하여 이들 모두를 인지적 요소에 귀속시켜 해석하려고 한다.

1) 사물 현상에 대한 일반적 지식과 개념에 의한 인지(認知)

일련의 육체적 정신적 과정을 거쳐 무엇인가를 알게 되는 인지(認知)에는 '개념'을 통해 알 수 있는 것이 있다. 이것에 해당되는 것이 「신명사도」의 구조물이며 이들 구조물의 개념을 해석한다.

(1) 신명사(神明舍)

신명(神明)은 마음을 가리키며, 사(舍)는 에워싸고 있는 집을 말한다. 그러므로 문자 그대로 해석하면 '신명사(神明舍)'는 '마음이 머무는 집'을 의미한다.

'신명사'는 태일군이 정사를 펼치는 곳으로, 갈무리된 마음을 올바르게 활용할 수 있도록 준비해 두는 곳이다.

남명은 갈무리하는 곳을 태허(太虛)[41]라고 하였으니,[42] '신명사'는 태허인 것이다. '신명사'를 무형의 우주 공간인 태허로 정의한 것은 유학의 천인(天人) 관계 정립의 결과다.

이러한 논리의 결과로 남명 선생은 천(天)을 성·정 및 심까

41 태허는 무형의 우주 공간을 말하며, 거기에 충만한 기(氣)의 운동에 의하여 만물이 형성되며 소멸하면 다시 태허로 돌아간다.

42 조식, 『교감 국역 남명집』, 「한훤당 화병 발문」, 경상대 남명학 연구소, 1995, 192쪽.

지 소유한 의인화된 인격체로 간주하여 천과 인을 합일시키고 나아가 우주만물과 합일시키고 있기 때문에 남명의 천인합일은 '물아일체적 천인합일'경지로 나아간 것이다.[43]

(2) 태일군(太一君)

태일군은 '정신의 집'을 다스리는 군주로서 인간이 태어나면서부터 가지고 있는 본성(本性)은 물론이고 '신명사'에 열거된 각 기관과 개념어의 활동을 관리 감독하는 역할을 한다. 이때 태일군은 마음에 저장된 지식을 수단으로 정사를 보게 된다. 또한 인지하게 된 모든 새로운 지식·정보와 경험 세계를 전달받아 태허에 갈무리하고, 태허에 갈무리된 것을 빠르게 의사결정을 수행하여 밖으로 송출하는 소통(疏通)을 총괄한다.

이렇게 태일군은 마음을 다스림에 있어서 군주가 나라를 통치할 때처럼 왕도에 따라 천덕(天德)으로 다스려야 한다. 그러므로 「신명사도」의 중심 좌우편에 왕도(王道)와 천덕이 자리하고 있다. 왕도와 천덕 사이에는 진하고 큰 글씨체로 경(敬)이 적혀 있다. 이것은 왕도와 천덕은 경에 기초하여야 한다는 것을 말해 주고 있는 것이다.

왕도에 균열이 생기고 천덕에 흠집이 생기면 사악함이 몰려들어 '마음의 성'을 점령할 것이므로 이때에는 「신명사도」의 성곽 내 오른편 하단에 있는 국군사사직(國君死社稷)의 글자 의미대

---

43 윤사순, 『남명 조식선생의 생애와 사상』, 「천인관계에 대한 남명의 사상」, 남명학회 제1회 학술대회, 131쪽 참조, 2001년 11월 16일.

로 태일군은 죽을 각오로 싸워 '마음의 성'을 지켜야 하는 것이다.

그렇게 하여 태일군은 마음을 보존하고, 존양하며, 성찰하고, 극기하는 수양론을 구현함으로써 왕도와 천덕, 그 중앙에 자리하고 있는 경(敬)의 기반 위에서 '마음'을 다스려 요순시대(堯舜日月)[44]와 같은 평화로운 마음을 간직할 수 있게 만드는 것이다.

• 왕도(王道): 통치방법

왕도란 인덕(仁德)을 근본으로 천하를 다스리는 도리를 말하는 것으로, 경의 왼편에 자리하고 있다. 태일군이 정사를 펼칠 때 인덕(仁德)을 근본으로 삼아야 한다는 의미이다. 힘에 의한 정치를 패도 정치, 인과 덕에 의한 정치를 왕도 정치라고 하는 바, 선비들이 지향하는 통치방법이었다.

• 천덕(天德): 품성

태일군이 함양하여야 할 덕을 말하는 것이다. 세상을 다스림에 있어서 우주 만물의 마음을 촉발시키는 하늘의 덕인 천덕(天德)이 있어야 갖추어져 있어야 한다. 천덕은 곧 권력의 정점에 있는 태일군의 덕을 의미하지만 천인합일 사상의 관점에서 보면 천덕은 사람이 지녀야 할 덕(德)으로서 온 천하가 인정하는 덕인 달덕(達德)과 같은 의미이다.

---

44 같은 책, 127쪽.

• 경(敬): 마음의 상태

경은 태일군이 정사를 펼치는 바로 전면에 자리하고 있다. 경은 태일군의 앞자리에 위치하여 태일군이 출납하는 마음이 훼손되지 않고 깨끗하고 밝은 상태이게 하는 것을 의미한다.

경(敬)은 신명사 내부의 상태이고 신명사 밖은 의(義)가 펼쳐진 공간이다. 그러므로 남명 선생은 "경과 의를 아울러 가지면 아무리 써도 다함이 없다. 우리 집안에 이 두 글자 경과 의가 있는 것은 마치 하늘에 해와 달이 떠 있는 것과 같으니 오래도록 세월이 흘러도 바뀌지 않을 것이다. 성현의 모든 말씀이 그 요점과 결론이 여기에서 벗어나지 않는다."[45]라고 하였다.

2) 기억을 통한 인지

• 구관(口關)

구관이 소통을 담당하는 때에 이관이 청자가 되고 구관은 화자(話者)의 기능을 맡게 된다. 이때 소통의 매개는 말이다. 그러므로 구관이 소통 기능을 담당하려면 마음에 저장된 지식·정보에 의하여 소통의 주제와 목적 등을 인지하여야 하는 것이다. 이 때 소통의 자료를 정선할 필요가 있다.

그러므로 구관의 통로에 소통의 도구인 말을 출납하는 '충신(忠信)'과 '수사(修辭)' 둘을 따로 설치해 두고 있다.

---

45 『남명집』, 부록, 6, '편년(編年)', "敬義夾持, 用之不窮, 吳家有此二字, 如天之有日月, 亘萬古而不易, 聖賢千言萬語, 其要歸不出於此".

• 충신(忠信)

성리대전에 충신이라는 용어는 대화를 나누는 상태에 대하여 이름 붙여진 것이라고 설명하고 있다. "충과 신은 사람들이 공부하는 것에 대해 한 말이다. 인간의 본성 중에 인·의·예·지의 4가지에서 모든 착함이 나온다. 충과 신은 오상의 실질적인 이치가 발현되는 것으로, 대상과 접촉하고 말할 때의 상태를 통해 그 이름을 얻는 것이다."[46]라고 적고 있다. 그러므로 충신은 청자(聽者)를 대하여 말을 할 때 그 말에 진실 되고 미더움이 담겨 있어야 하고 털끝만큼의 거짓이 담겨 있어서는 안 된다는 의미이다.

• 수사(修辭)

수(修)는 몸을 닦는다고 할 때의 수이고, 사(辭)는 주제에서 벗어나지 않고 힘써 실천하며(固執力行) 도리에 어긋남이 없도록 옛 성현의 말씀에 따라(途轍) 사소한 것도 계속 들추어(洞洞流轉)서 말하는 것을 의미한다.

태일군이 '마음의 성'을 천덕과 왕도로서 다스려야 하며 이 모든 통치의 저변에는 마음을 관리하고 통제하는 경(敬)이 자리하고 있어야 하듯이 소통의 관문인 구관에 있는 승추에서는 충신과 수사가 경(敬)에 기초하여 자기의 소임을 다하여야 하는 것이다.

46 조식 엮음, 『학기유편』, 경상대학교 남명학연구소 역주, 한길사, 1976, 188쪽.

3) 판단에 의한 인지

사물을 인식하여 논리나 기준 등에 따라 판정을 내리는 판단을 통해 인지를 수행하는 인지 요소의 역할에 대하여 설명한다.

(1) 총재(冢宰)

총재는 신명사의 안을 관장하며, 모든 지식·정보 그리고 사물과 현상을 논리나 기준 등에 따라 판정을 내려 판단을 하여 인지하는 역할을 담당한다. 총재는 인지한 것을 하나도 빠짐없이 태일군에게 보고하고 그것에 대한 태일군의 반응(답)에 따라 조처를 취하는 역할을 한다.

총재는 '신명사' 중앙에 위치한 경(敬)에 기초하여야 하며, 동시에 총재 바로 아래 적혀 있는 '깨어 있는(惺惺)' 상태를 유지하여야 한다.

(2) 승추(承樞)

왕명의 비밀스런 출납을 맡아보는 막강한 곳으로 태일군의 지시를 총재가 받아 직접 승추로 내려 보낸다. 승추에서는 내면세계의 변화나 외부세계에서 들어오는 것을 인지할 때 선한 것인지 혹은 악한 것인지를 판단한다. 이렇게 판단한 것을 구관(口關)으로 보내 말을 매개체로 하여 외부로 송출한다.

말은 사람됨과 인품과 인격을 드러내는 것이기 때문에 "시동(尸童)처럼 가만히 머물다가 용(龍)처럼 뚜렷하게 드러나고, 못처럼 잠잠하여도 우레처럼 큰 소리를 내어야 한다."[47]라고 남명 선생은 「신언명(愼言銘)」에 적어 놓았다.

(3) 백규(百揆)

외백규성(外百揆省)이라고 하여 마음과 내부를 총재가 주관하는 것에 비해 마음의 밖을 백규가 주관하여 살피면서(致察), 배우고(學) 묻고(問) 생각해 보고(思) 분별하는(辨) 학문사변(學問思辨)을 담당한다.

백규는 밖에서 얻어지는 것들을 살핀 후에 출입을 허락하기도 하고 통제하기도 한다. 그러면서 궁구(窮究)를 통해 명덕(明德)을 밝히는 일을 함께한다. 궁구(窮究)는 명덕(明德)을 밝히는 학문적 인식으로서 경(敬)의 실천이며 의(義)의 근원이 된다.

(4) 대사구(大司寇)

대사구는 치안과 군사업무를 담당하는 군·경(軍警)의 총수를 일컫는 용어인데, 외부에서 도입되는 지식·정보에 사악함의 유무를 확인하고, 외부에서 밀어닥치는 사악함을 물리치고 그릇된 생각을 눌러 이기는 극치(克治)의 일을 한다. 인지한 사물 현상이나 지식·정보에 사악함의 낌새를 발견하지 못할 경우 그것을 승추로, 승추는 총재로, 총재는 태일군에게 보고하고, 태일군은 그것을 접수하여 마음에 담는다. 이러한 기능을 통하여 태일군과 총재 그리고 승추의 대사구와 백규가 상호간 총체(總體)를 이루게 된다.

---

47 『교감국역 남명집』, 「신언명」, "尸龍淵雷, 修辭立誠, 守口如甁, 在庸在忽, 主忠信成".

(5) 대장기(大壯旂)

세 관문에 대장기가 세워져 있다. 대장(大壯)은 『주역』의 뇌천(雷天) 대장괘(大壯卦)에 "우레가 하늘 위에 있는 것이 대장이다. 군자는 이로써 예법이 아니면 행하지 않는다."[48]라고 한 문장에 나오는 용어로서, 각 관문에 다 지휘하는 기를 세워 대장기라고 명명하였다.

관문은 지식·정보가 유익하고 선한 것인지 혹은 사욕(私慾)에서 나온 사악한 것인지 낌새를 보고 사악한 것이면 우레가 진동을 하여 바로잡는다.

이 깃발이 휘날리면 사악한 적군이 미리 알아서 관문으로 들어가는 것을 포기하고 물러가게 하는 기능을 가진다.

(6) 지(止)

'마음의 집' 남쪽 하단 중앙에 있는 지(止)는 『대학』의 삼강령(三綱領)인 명명덕(明明德), 신민(新民), 지어지선(止於至善)에서 지(止)를 따온 것으로, 마음이 최고 수준의 선(善)에 이르러 선에서 물러남이 없이 그 상태를 지속하는 것을 의미한다.

지(止)자 곁에 필지(必至)가 있는 것은 마음이 지고한 선에 꼭 도달하여 지고한 선에 머물러야 한다는 의미를 가진다.

오른쪽의 지(至)는 이를 곳을 알아 이르는 것을 의미한다. 지(至) 곁에 지지지지(知至至之)는 『주역』 건괘(건괘)의 문언(文言)[49]

---

48 『주역』, 대장괘(大壯卦)의 象曰, "雷在天上, 大壯, 君子以非禮不履".

49 『주역』, 건괘의 문언, "知至至之, 可與幾也. 知終終之, 可與存義也".

에 있는 것을 인용한 것으로 '이를 곳을 알아 이른다는 것에서 따온 글자다.

왼쪽의 지(止)는 마칠 곳을 알아 마치는 것을 의미한다. 곁에 적힌 지종종지(知終終之)의 의미인 것이다.

4) 지각에 의한 인지

「신명사도」의 성곽에 자리하고 있는 목관(目關), 이관(耳關), 구관(口關)은 인간의 감각 기관과 대비되어 있다. 이 감각 기관을 통하여 사물 현상을 지각하여 인지(認知)하게 되는 것이다.

(1) 목관(目關)

감각 기관 중에서 외부의 지식·정보를 가장 많이 습득하는 곳으로, 우리가 습득하는 지식과 정보의 85% 이상을 눈을 통해 받아들인다고 한다. 그러므로 명덕(明德)을 밝히고 신민(新民)하며 지어지선(止於至善)하기 위해서는 감각 기관 중에서 목관의 역할이 가장 크기 때문에 밝은 태양(日)을 목관 입구에 배치해 놓았다.

(2) 이관(耳關)

지식과 정보를 청각을 통해 받아들인다. 귀는 지식·정보를 습득하는 목관 다음으로 큰 역할을 하는 관문이다. 따라서 밝음을 제공하는 달(月)을 이관 입구에 배치하고 있다.

이관은 구관이 송출하는 내면세계(사단칠정)뿐만 아니라, 현상과 사물에서 얻어진 경험세계와 지식·정보를 수신하는 기능을 맡는다. 그 내용을 총재에게 전달하고 총재는 태일군에게 상달한다.

(3) 구궁지사(九竅之邪)

'구궁지사는 아홉 구멍의 사악함'이란 뜻으로, 사악함이란 감각기관을 통하여 일어나는 사사로운 욕심을 일컫고 있다. 남명은 사악한 것이 구궁을 통하여 '마음의 성'에 유입된다고 간주하였다.

구궁(九竅)에서 인지한 선(善)한 것은 계통을 거쳐 태일군에게 보고되는 것에 반하여, 사악(邪惡)한 것은 관(關: 이관, 목관, 구관)에서 드러나거나 그곳을 통과하였을 때는 총재에게서 드러나거나 그곳을 무사히 통과하였다면 태일군에서 드러나게 되어 걸러지는 것이다.

(4) 삼요시발(三要始發)

사사로운 욕심인 사악함이 그 모습을 드러내는 데, 보고, 듣고, 말하는 것에서 처음으로 자기의 모습을 드러낸다. 이 3가지 감각이 사악함을 접하는 시발점이 되므로 보고, 듣고, 말하는 것을 삼요시발이라고 하는 것이다.

사사로운 욕심을 막는 첫 관문은 목관, 이관, 구관이다. 그다음이 승추, 백규, 대사구이며, 그다음은 총재, 그다음은 태일군이다. 이와 같이 인지의 단계에 따라 내면의 일관성을 추구할 수 있게 되어 있다.

5) 상상(想像)에 의한 인지

실제로 경험하지 않은 현상이나 사물을 마음속으로 그려 보는 상상(想像)을 통한 인지하는 몽(夢)에 대하여 설명하고자 한다.

• 몽(夢)

몽이라고 하면 일반적으로 정신을 항상 맑고 또렷이 하여 깨어 있는 각성의 상태에 있지 아니하고 흐리멍덩한 정신 상태에 있거나 혹은 잠자는 상태에서 현실을 투영해 보는 것을 몽이라고 간주하여 왔다.

그러나 사전(辭典)적 의미로 꿈은 '실현하고 싶은 희망이나 이상'이다.

인지론에서는 실제로 경험하지 않은 현상이나 사물을 마음 속으로 그려 보는 상상을 통해 인지가 가능하다고 한다. 남명 선생은 그것을 몽(夢)이라고 하고 몽을 「신명사도」의 성 밖에 위치시켜 놓았다.

몽(夢)은 「신명사도」 외에도 『학기유편』의 「성도(誠圖)」에 등장하는데, 그곳에서는 몽(夢)이 각(覺)과 합쳐진 합성어 몽각관(夢覺關)[50]이 등장한다. 여기서 몽(夢)과 각(覺)은 사물에 나아가 이치를 궁구하여 알게 되는 격물지지(格物知至)의 과정에서 인지(認知) 요소로 기능한다.

마음을 논리적이고 이성적인 존재론적 관점에서 파악하여

---

50 「신명사도」에 이관(耳關), 목관(目關), 구관(口關) 등이 나오는데, 이때 관(關)은 인지구조의 통로를 의미하고 있다. 그러므로 『학기유편』의 「성도」에 나오는 몽각관(夢覺關)과 인귀관(人鬼關)은 인지구조의 통로로 해석할 수 있는 것이다.

이·기(理氣)와 결합시켰던 당대의 학자들과는 달리 남명은 비논리적이고 비이성적이어서 객관성을 담보할 수 없는 마음을 희망과 이상으로 간주하여 이것을 몽(夢)이라고 하였던 것이다.

이러한 이론은 '자기 자신'이 우주의 중심이며 '자기 자신'의 주체는 심(心)이라는 이치를 우주자연의 이치와 결합시킨 것에서 나온 것으로 사료된다. 몽(夢)은 우주 자연의 이치에 따라 유행(流行)하면서 사사(私事)로운 욕심(慾心)이나 그릇된 생각을 눌러 다스릴(克治) 때 널리 이치를 따져 확실한 자기의 지식으로 탈바꿈한다. 이것은 인류에게 도움이 되는 새로운 이론 개발이나 신상품 개발의 모태가 되기에 지선(至善)에 이르는 방편이기도 하다.

6) 추리에 의한 인지

알고 있는 것을 바탕으로 알지 못하는 것을 미루어 생각하는 추리에 의한 인지를 통해 역할을 수행하는 귀(鬼)에 대하여 설명하고자 한다.

• 귀(鬼)

귀(鬼)는 신명사(마음의 집)의 바깥 위쪽 몽(夢)의 맞은편에 자리하고 있다. 귀(鬼)는 '영적 세계와 교통하는 심령'이다

귀(鬼)라는 용어는 『학기유편』의 「성도(誠圖)」에 등장하는바, 의성(意誠)으로 나아가는 관문인 인귀관(人鬼關)에 귀(鬼)가 합성어로 등장한다. 뜻을 성실하게 하여 알게 되는 성의(誠意)의 과정에서 작동하는 인귀(人鬼)는 마음의 주체인 인(人)과 영적인 존재

와 교통하는 심령의 주체인 귀(鬼)가 합쳐져 만들어진 용어다.

마음의 존재양식과 기능의 관점에서 보면 인귀관은 정성을 다함으로써 사람이 확실하게 인지할 수 있는 인관(人關)과 뜻을 성실히 하여 정성을 다해 영적인 존재와 교통하는 귀관(鬼關)을 합쳐 인귀관으로 명명하여 놓은 것이다. 뜻을 성실하게 하여 정성을 다하면 영적인 영역을 잘 인지할 수 있다는 의미가 귀관에 담겨 있다고 하겠다.

이러한 의미의 귀는 영적인 존재와 교통하여 인지하는 마음을 의미하는 것이므로 귀는 알고 있는 것을 바탕으로 알지 못하는 것을 미루어 생각하는 추리에 의한 인지를 수행한다.

'영적 세계와 교감하는 심령'을 귀로 명명하여 신명사도에 포함시키고 있는 것은 남명 선생은 귀를 귀신과 차별화하고 있는 것이 분명하다.

이상에서 수행한 남명 선생의 「신명사도」 해석은 「신명사도」에 등장하는 구조물이나 벼슬 이름 그리고 개념어(槪念語) 등이 옛 성현들의 말씀과 맞닿아 있어서 훈고(訓詁)학적 연구 방법론이 필수적이었다.

그래서 역사에 학문적 족적을 남긴 성현들의 말씀을 들추어 보면 '어떠한 학문이 정착하면 그 학문이 이념을 생성시키고 이념은 모든 사람이 추구하는 가치를 표방하여 문화변동을 일으키고 문화변동은 사회변화를 가져온다는 것'을 알게 된다.

남명 선생도 조선에 정착한 성리학에서 이념을 추출하고 그 이념이 표방하는 가치를 추구하기 위해 벼슬을 마다하고 가치 실현에 매진하는 실천유학자가 되어 세계 최초로 마음을 도식화해 놓았다.

그의 「신명사도」에는 경(敬)과 의(義)가 도성의 안과 밖을 차지하고 있으면서 상호 인과적 관계를 맺고 있다. 경(敬)은 마음을 갈고 닦아 내면세계를 티 없이 깨끗하고 밝게 유지하는 것이며, 의(義)는 외부 세계의 제반사를 올바르게 처리하는 것으로서 정의로운 의사결정을 하는 역할을 한다. 남명 선생은 경과 의를 수단으로 유학의 이념이 표방하는 가치를 추구하며 말과 행동이 지식과 실천이 일치하는 지행합일(知行合一)을 추구하였다. 지행합일을 통해 명분을 사람이 지켜야 할 으뜸 가치로 자리매김시켰으며, 으뜸 가치를 지탱하는 하위 가치로 '의리', '기개', '지조', '청렴'을 자리매김시켰다.

지행합일은 실천을 전제로 하는 행위규범이므로 남명을 실천 유학자로 일컫게 되었으며 그가 표방한 선비정신을 실천선비정신이라고 일컫게 되었다.

실천 유학자로서 남명 선생은 마음을 형이상학적인 존재론적 관점에서 논구하지 않고 현실에 접목되는 마음의 수양 방법과 외부 세계의 제반사를 올바르게 처리하는 정의로운 행위의 방식을 「신명사도」에 그려 놓은 것이다.

그러한 그의 실용적인 학문 방법은 전국 각지에서 사람들이 배움을 청하러 몰려들게 하였으며 이들은 남명학파를 구성하여 실천선비정신을 전승해 나가면서 그의 행적을 기렸다.

남명 선생이 세상을 떠난 지 200년 후에 영조는 "지금 세상에 독서하는 선비 중 어찌 옛날 조식 같은 자를 얻을 수 있겠는가? 단지 그런 사람이 없음을 한스럽게 여긴다."[51]라고 하였다. 영조는 출사한 선비들이 '붓으로 권력을 장악하는 중앙집권적 문치주의'에 집착하여 사화(士禍)와 옥사(獄事)를 일으키곤 하는데, 조식은 그들과는 달리 "군자는 긍지를 가지고 있지만 다투지 아니하고, 여럿이 함께 어울리기는 하나 당파를 만들지는 않는다."[52]라는 공자의 말을 실천하며 글공부에만 열중한 선비로서 오로지 올곧은 제자 양성에만 몰두한 교육자였다는 것을 칭송한 것이다.

정조는 남명 선생이 세상을 떠난 지 224년이 지난 1796년 9월 25일(음력)에 자신이 직접 제문을 지어 예조정랑 민광로를 보내 조식 영전에 제사를 지내게 함으로써 조식과 함께 국정을 운영할 수 없는 것을 안타까워하며 "남명이 우리 동쪽 나라에 태어났으니, 깔끔하고 산뜻하고 위엄 있고 우뚝하였소."[53]라고 하면서 선비의 모범으로 추앙하였다.

IV. 나가며

학자는 학문을 연구하여 학문에 내재한 이념을 추출하고 그 이념이 표방하는 가치를 목숨 바쳐 따라야 한다는 것이 이 '어중잡

51 조일규, 『남명 조식 언어의 분석』, 역락출판사, 2019, 465쪽.

52 『논어』, 「위령공」 21.

53 조일규, 『남명 조식 언어의 분석』, 역락출판사, 2019, 465쪽.

이'가 정년퇴임 후 남명의 12대 손으로서 '한국선비문화연구원'에서 익히게 된 전통 문학을 탐구하는 학문의 방식이다.

두경부외과학과
세계를 향한 나의 도전

김광현

서울대학교 의과대학
이비인후과 명예교수

I. 유년 시절과 학창 시절

1. 유년 시절과 초등학교 시절

나는 1947년에 서울에서 태어났다. 해방이 된 지 2년밖에 되지 않았지만 아버지가 작은 무역회사의 중견 간부로 있어서 집안은 비교적 윤택한 편이었다. 1950년에 6·25가 터지고 1·4후퇴 때 우리 집은 제주도로 피란을 가게 되었다. 제주도에서 어린 시절을 보내며 유치원을 2년 다녔기에 나에게 남아 있는 어릴 적 기억은 제주도뿐이고 제주도가 내 고향처럼 여겨졌다. 유치원을 다니던 6살 때 고열과 숨이 찬 증상으로 병원에 갔는데 폐 사진을 찍어 보니 소아결핵이라고 하는 일차성 폐결핵으로 진단이 되었다. 당시에는 사망률이 꽤 높은 병이었는데 다행히 우리 집과 가깝게 지내던 소아과의사가 계셔서 열심히 치료해 준 덕분에 1년 뒤에 완치가 되었다. 그 후 서울에 올라와서 국민학교에 입학하였는데 왼쪽다리를 저는 것이 발견되어서 여러 병원을 다니면서 진찰을 받았는데 무릎에 결핵성관절염이 발생한 것으로 진단되었다. 아마도 폐결핵을 앓고 나서 그 후에 관절염으로 이어진 것으로 여겨진다. 결핵성관절염을 앓게 되면 많은 경우에 절름발이가 되는 것으로 되어 있어서 부모님들의 걱정이 이만저만이 아니었다. 무릎에 기브스를 6개월 동안 하고 있었고 결핵약으로 파스, 아이나, 스트렙토마이신 주사를 장기간 사용하였다. 거의 2년 동안 결핵과 싸워야 했지만 다행히 관절염은 완치가 되었고 별다른 후유증 없이 건강하게 학교를 다닐 수 있었다.

어려서부터 노래 부르는 것과 운동하기를 좋아했기에 초등학교 4학년 때 피구선수로 반 대항 시합에 나가기도 했고 아버지께서 집에 탁구대를 사 주셔서 탁구를 열심히 쳐서 중고등학교 때는 대표선수로 활동하기도 했다. 우리 어머니는 일제 강점기 때 일본여자대학을 나오시고 평양 정의여고에서 교편을 잡은 적도 있어서 교육열이 대단하셨기에 우리 오형제의 교육에 온힘을 기울이셨다. 나보다 두 살 터울인 누나는 경기여중에 입학했고 나는 경기중학교에 들어갈 수 있었다. 나의 두 여동생은 이화여중에 입학하였는데 막내는 중앙고등학교를 졸업하였다.

2. 중고등학교 시절

1960년에 중학교에 들어가서 노래를 좋아하던 나는 합창반에 들어가서 6년 동안 합창을 하였고 탁구반에도 들었고 송구나 농구 같은 운동도 열심히 하였다.

우리가 중학교에 입학하였을 때는 고등학교 입시가 없었으나 1963년 고등학교에 입학할 때부터 고교입시제도가 생겨서 다시 한 번 고등학교진학을 위한 시험공부를 하게 되었고 대부분의 학생이 진학에 성공하였지만 10% 정도는 떨어져서 재수를 하거나 다른 2차 고등학교를 가게 되었다.

비교적 우수한 성적으로 합격을 하였고 반에서 담임 선생님이 모범생으로 인정한 탓인지 기율반으로 차출이 되어서 2년 동안 기율부원으로 일하였고 학교 기율반장으로 선출되었으며 고3 때는 학생회의 간부로서 지도부장의 역할을 맡았다. 당초에 대학진학의 목표는 공대를 생각했었기에 이과를 선택하였고 성적도 우수한 편이어서 서울공대를 가려고 하였는데 부모님께서는 내가 의과대학에 가기를 원하셨다. 당시는 서울공대의 합격선이 가장 높았고 의대는 좀 낮은 편이었는데 고3 여름방학 때 친구들과 부산에 놀러갔다가 온 후 성적이 좀 떨어져서 안전한 의대를 가기로 결정하였다. 사실 내가 어릴 때 여러 가지 병으로 고생을 많이 하였기에 의대에도 관심이 있기는 하였다.

합창반을 하면서 좋아하는 노래를 부르기는 하였지만 제대로 음악을 공부해 본 적은 없었다. 중학교 1학년 때 학교 강당에서 영화를 보게 되었는데 푸치니의 오페라 『토스카』를 영화로 만든 것이었다. 영화의 마지막 장면에 주인공이 부르는 아리아 「별은 빛나건만(E luce van le Stelle)」을 듣고 무척 감동을 받게 되었고 그 후로 틈만 나면 오페라 판을 사서 집에 있는 축음기로 듣곤 하였다. 누나도 노래를 좋아하였는데 경기여고 음악선생님으로 계시던 성악가 양천종 선생님께 레슨을 받게 되었다. 양천종 선생님은 바리톤 가수로서 서울음대 성악과를 졸업하시고 국립오페라단의 단원이었고 매년 독창회를 열고 활발하게 활동하시는 분이었다. 양 선생님께서 경기여고를 떠나서 경기고등학교 음악

<그림 1> 1966년 고교졸업식에서
성악 스승 양천종 선생님과 함께

선생님으로 오시게 되어서 나도 선생님께 1년 동안 개인 레슨을 받게 되었다. 그 덕택에 고3 때 경기고등학교가 KBS TV에 소개된 적이 있었는데 같은 반이던 피아니스트 이대욱 군의 반주로 텔레비전에 나가서 노래할 기회를 가질 수 있었다. 그때 부른 노래는 이태리 가곡으로 루찌(Luzzi)가 작곡한 「아베 마리아(Ave Maria)」였다. 양 선생님은 당시로는 매우 드물게 스키를 타시는 분이었는데 대한 스키협회의 임원으로 당시 한국일보에서 매년 겨울 대관령에서 개최하던 스키강습회의 강사로 스키지도를 하시기도 하였다. 때로는 집에서 레슨할 때 스키복을 입고 오시기도 했다(〈그림 1〉).

3. 대학 시절

의예과는 정원이 100명이었는데 합격명부를 성적순으로 적어 놓았기에 자기가 몇 등으로 합격했는지 순위를 알 수 있었는데 나는 8등으로 합격하였다. 의예과는 문리대 소속이었지만 당시 의대와 문리대가 있던 동숭동이 아니고 청량리에 있던 사범대학 자리에 교실이 있어서 1년 동안은 청량리에서 수업을 받게 되었다. 수업이 끝나면 술을 좋아하던 친구들은 광화문이나 무교동에 있는 막걸리 집으로 술을 먹으러 가곤 하였다. 예과 첫 학기 시험이 끝난 후 예과서무과장을 하시던 분이 나를 찾아와서 내가 시험성적이 1등이라 기성회비 면제가 되었으니까 받으러 오라고 했는데 당시 기성회비가 1,500원이었고 이 돈으로 서무과장과 막걸리를 한 잔 하였다. 이후에는 공부보다 다른 활동에 더 집중하게 되어서 성적을 높게 유지하지는 못하였고 다만 예과 마지막 시험에서 다시 한 번 1등을 한 것으로 기억한다.

1966년 예과에 입학하자마자 의대합창단에서 단원을 모집하러 와서 합창단에 가입하였는데 첫 번째 공연이 베토벤『9번 합창 교향곡』이었고 공연 장소는 지금 세종문화회관의 전신인 광화문에 있는 시민회관이었다. 내가 가장 좋아하던『9번 합창 교향곡』을 노래할 수 있었던 것은 정말 큰 행운이었다고 할 수 있다. 시민회관은 그때 한국에서 가장 큰 공연장이었고 1972년에 화재로 소실되어서 그 자리에 세종문화회관이 들어서게 된 것이다. 의대 다니던 6년 동안 합창반을 하면서 해마다 정기공연을 하였고 독창자로 하이든의 천지창조를 공연할 때 테너를 맡아서 노래하기도 하였으며 합창반장으로 연습지휘를 하기도 하였다.

고등학교 동기이며 의대에 같이 입학하였고 후에 하버드 의대 교수까지 되었던 최인섭 군과 같은 동네에 살면서 친하게 지냈는데 이 친구가 경기고 테니스반에 있었고 예과에 들어가서 테니스반을 만들어서 나에게도 테니스를 가르쳐 주어서 테니스를 시작하게 되었다. 테니스반으로 6년 동안 지내는 동안 많은 교수님들과 전공의들 그리고 선후배들과 친하게 지내게 되었고 이것이 후일 나의 장래를 결정하는 데 많은 도움이 되었다.

의예과 1학년 가을에 서울대 스키부에서 부원을 모집하러 왔는데 성악을 가르치시던 양천종 선생님 때문에 스키에 관심이 있었기에 스키부에도 합류를 하게 되었다. 스키부는 겨울방학기간인 2달 동안 대관령스키장에서 합숙을 하면서 훈련을 하게 되는데 새로 산 스키 장비를 들고 10여 명의 부원들과 함께 1967년 1월 3일에 대관령행 시외버스에 몸을 실었다. 새벽 5시에 신설동에서 출발한 버스는 10시간 이상을 달려서 횡계마을에 도착하여 숙소인 횡계 하숙에 짐을 풀었는데 이때 대관령의 기온이 영하 25도로 처음 겪어 보는 혹독한 추위였다. 아직 불도 안 땐 냉방에서 대관령 머루주를 적지 않게 먹고서 잠이 들었는데 새벽에 누가 밖에서 "야, 공산당 나와라" 하면서 소리를 치는 것이었다. 이는 먼저 합숙을 들어온 한양대 스키부 주장인 전영욱 선배가 같이 아침운동 하자고 깨우는 것이었는데 공산당이란 국립서울대학교의 첫 자인 ㄱㅅㄷ이 공산당과 같다고 하여 타 대학에서 서울대를 부르는 이름이었다.

아침새벽 영하 28도에서 트레이닝복을 입고 나와서 4km 정도를 달리고 온몸에 서리가 덮인 상태에서 서울대 교기 앞에서 교가를 부르고 아침식사를 한 후 점심에 먹을 김밥을 말아 가지고 스키장으로 가는 것이 매일의 일과였다. 당시 대관령스키장은 스키장이라고 부를 수도 없는 열악한 상황이었는데 리프트가 없어서 스키를 신고 걸어 올라가야 했다. 목욕탕도 없어서 운동 후에 땀이 범벅이 된 상태로 더운물 한 대야에 세수를 하고 손과 발을 씻는 정도로 두 달 동안 지내야 했다. 눈이 오지 않으면 목야지라고 불리는 목장언덕에 눈이 좀 있는 곳을 찾아서 스키를 타곤 했다. 대관령에 온 첫날에도 스키장에는 눈이 별로 없어서 목야지에서 처음 스키를 신었는데 처음 스키를 신고 겨우 꼭대기에 올라가서 기본적인 것을 좀 배운 뒤에 처음으로 활강을 하라고 해서 내려가는데 출발하자마자 뒤로 넘어지곤 해서 길지 않은 슬로프를 몇 번이나 넘어진 후에 겨우 내려올 수 있었다. 당시에 스키부 주장은 치과대학의 김중기 선배였는데 훈련을 아주 혹독하게 시키고 마음에 들지 않으면 숙소에서 장작개비로 엉덩이에 소위 빳다를 때리기도 하였다. 그해에 신입부원이 8명 정도 들어왔는데 다음해에는 나와 의대동기인 박인철 군만 남고 다른 사람들은 스키부를 탈퇴하였다. 나는 졸업할 때까지 매년 합숙에 참여하였고 그 덕택에 튼튼한 체력을 가지게 되었으며 이 6년 동안의 스키부 훈련을 통하여 단체생활을 통한 사회훈련과 끝까지 포기하지 않는 정신력을 갖추게 되었다. 스키에는 비탈진 경사를 내려오는 알파인 스키와 평지와 산야를 달리는 마라톤 격인 노르딕 스키가 있는데 첫해에는 알파인 스키를 배웠고 둘째 해에는 노르딕 스키를 타게 되었다. 노르딕경기는 스키를 신고 15km와 30km를 달리는 개인경주가 있고 4인이 10km씩 40km를 달리는 계주가 있는데 당시 전국동계체전에 출전하여 계주에서 금메달을 따고 개인종목 30km에서 동메달을 획득하였다. 이것은 내가 스키를 잘 타서가 아니고 대학부에 출전선수가 적었고 끝까지 포기하지 않고 뛴 덕분에 얻어진 성과였다. 익숙하지 않은 노르딕 스키를 신고 30km의 눈길을 4시간 반 만에 완주를 한 것인데 중간에 몇 번이나 포기하고 싶은 생각이 들었다. 하지만 서울대 스키부 정신인 '포기란 없다'를 되새기며 제일 꼴찌로 들어온 것인데 대학부에 5명이 뛰어서 2명이 기권하고 내 뒤에서 주로심판들이 같이 들어오면서 격려해 준 덕택에 무사히 완주를 하고 동메달을 목에 걸게 된 것이다.

김중기 선배는 운동 시에는 열심히 하지 않으면 매를 때릴 정도로 엄격하지만 매우 인간적이어서 사람이 살아가는 데 있어서 필요할 좋은 말을 많이 들려주었고 스키부를 마친 뒤에도 자주 만나고 매우 가까운 사이로 지내게 되었다.

의예과 때 잠시 연극반에도 있었는데 연극과는 별로 맞지 않는 것 같아서 본과에 올라와서는 연극은 하지 않게 되었다. 이때 같이 연극반에 있던 동기생인 이경희는 후에 나와 결혼하여 가정을 이루었고 산부인과를 전공하여 산부인과 의사가 되었다.

4학년이 되어서 전공과목을 택하여야 할 때 내과보다는 수술을 하는 과에 더 관심이 있었는데 이비인후과 전공의 선생님들과 테니스를 같이 하면서 친하게 되어 수술도 할 수 있고 테니스도 자주 할 수 있는 이비인후과를 선택하게 되었다.

II. 연구의 길

1. 전공의 시절

인턴시절을 보내고 이비인후과교실에 전공의로 입국을 하였을 때 전 교수들과 동문들이 참여하여 성대하게 입국식을 열어 새로운 식구를 환영하는 행사를 하였고 이때 술을 많이 먹은 후에 게곤노다키라는 독특한 세리모니를 하였다. 게곤노다키라는 것은 일본의 닛코에 있는 유명한 폭포의 이름이다. 입국하는 교실원은 과장 앞에 무릎을 꿇고 큰 대접에 교수들과 동문들이 함께 부어 주는 정종을 단숨에 들이키는 것인데 대개 술을 마신 후에 바로 토하게 되고 이 토하는 모양이 마치 폭포가 쏟아지는 것과 같다고 해서 붙여진 것이다. 이비인후과에서 옛날부터 내려오는 전통행사로 보통 이렇게 술을 먹고 나면 자기의 본성이 그대로 드러나게 되어서 그 인간성을 파악할 수가 있다. 다행히 나는 큰 사고 없이 입국식을 마치고 이비인후과의사로서의 길을 시작하게 되었다. 이비인후과에는 연차별로 2명의 전공의가 있었는데 당시에는 chief resident를 포함해서 결혼하지 않은 전공의들은 퇴근하지 않고 병원 당직실이나 연구실에서 지내는 것이 보통이었다. 따라서 근무시간이 끝나면 매일같이 테니스코트에 나가서 운동을 같이하고 저녁을 같이 먹는 기회가 많았는데 서울대학병원 테니스코트에는 야간조명시설이 있어서 어두워져도 늦게까지 운동을 할 수가 있었다. 이비인후과를 영어로 간단하게 ENT라고 부르는데 이는 Ear, Nose, Throat의 첫 자를 딴 것인데 우리가 매일 저녁 테니스를 한다고 Every Night Tennis과라고 부르기도 했다. ENT를 라틴어로는 OtoRhinoLaryngology라고 하고 줄여서 ORL이라고도 한다.

내가 전공의를 하던 1970년대에는 귀, 코, 목으로 세부전공 분야가 나누어져 있지는 않았으나 이후에는 교수들이 이 세 분야를 각각 전문으로 나누게 되었다. 전공의 시절 내가 특히 관심을 가졌던 분야는 귀나 코질환보다는 머리와 목에 발생하는 암의 치료와 기도협착으로 기관 절개술을 하고 살아가는 환자에 대한 치료였는데 이 분야를 두경부외과(HNS, Head and Neck Surgery)라고 하였다. 두경부에는 매우 다양한 종류의 암이 발생하고 암마다 진행정도에 따라 치료법이 다양하고 수술 외에 방사선치료와 항암제를 이용한 약물요법도 사용되고 있어서 여러 과가 협력하여 최선의 치료방법을 추구할 필요가 있다. 암 이외에도 후두 및 음성을 포함하여 기관 식도에 발생하는 다양한 종류의 질환이 두경부 분야에 포함된다.

미국이비인후과학회는 이미 이 분야에 대한 저명한 교수들이 많이 있었고 학회명도 이비인후-두경부외과학회(AAO-HNS, American Academy of Otolaryngology-Head and Neck Surgery)으로 변경하였다. 우리 교실에서는 그때까지 두경부외과분야를 전담하는 교수는 없었기에 수술을 배우는 데 한계가 있어서 기회가 되면 내가 이 분야를 전공해야겠다는 생각을 하게 되었다. 전공의 시절 대학원과정에 들어가 석사학위를 끝낸 후 박사학위는 지도교수이신 백만기 교수께서 생화학교실 김승원 교수의 지도를 받아서 논문을 쓰라고 하셔서 흰쥐의 간을 가지고 하는 엔자임 연구로 학위논문을 완성하여 1980년에 박사학위를 받게 되었다. 1977년 수련의과정을 마치고 전문의 자격을 얻은 후에 군에 입대하였는데 해군에 지원하였고 3년 뒤에 제대한 후 과장이신 백만기 교수께서 나에게 박찬일 교수 혼자 계신 충남의대 의비인후과로 가도록 말씀하셔서 그곳의 전임강사로 발령을 받게 되었다.

2. 충남의대 시절

박찬일 교수께서는 서울대학교에서 전공의가 끝나 후 충남대학교로 가셔서 주로 이과를 하고 계셨는데 내가 두경부외과를 하고 싶다고 하자 전적으로 동의를 하시고 이때부터 나는 주로 두경부외과 환자를 보게 되었다. 당시 이비인후과분야에서 가장 흔한 암은 후두암이었는데 초기 환자에 대해서는 방사선요법으로 치료하였고 진행암인 경우는 후두를 제거하는 후두전적출술을 시행하였다. 후두를 제거하게 되면 환자는 말을 못하게 되고 목에 숨구멍을 뚫고서 평생 살아야 하는 불구자가 되는 것이었다. 후두암환자를 내가 전담해서 보게 되자 이와 같은 수술을 많이 하게 되었는데 당시 이비인후과 전공의들이 내 별명을 후암선생이라고 부르곤 하였다.

해군에 있을 때도 테니스를 많이 해서 내가 있던 해군병원이 의사단체테니스대회에 출전해서 우승을 할 때가 여러 번 있었는데 충남의대에 와서도 테니스를 많이 치게 되었고 충남의대 교수 중에 테니스를 잘 치는 사람들이 많아서 대회에 나가면 입상을 하곤 하였다. 마침 국무총리가 주관하던 전국교수테니스에 충남대학교는 의과대학 교수들로만 구성된 선수들로만 출전해서 부산대학교 및 서울대학교를 꺾고 우승을 차지하였고 나는 생화학교실의 백문기 교수와 한 조가 되어서 결승전까지 진출하였는데 체육대학교수팀에게 져서 준우승을 차지하였다.

충남대학교에 가서 2년이 지났을 때 미국으로 연수를 가려고 준비 중이었는데 백만기 교수께서 서울대에 자리가 났으니까 들어와서 두경부 분야를 담당하라고 하셨다. 그리하여 미네소타대학으로 가려고 하였던 미국연수를 포기하고 서울대학으로 옮기게 되었는데 아무래도 단기간이라도 해외연수를 다녀오는 것이 필요할 것 같아서 일본 게이오대학의 후두미세수술로 유명한 사이토 시게지 교수에게 연락하여 한 달간 연수를 받게 되었다. 이 연수를 통하여 일본의 많은 교수들과 친분을 쌓게 되었고 후두미세수술과 레이저수술, 두경부재건을 위한 피판수술 등 두경부외과 분야의 좋은 임상경험을 얻을 수 있었다. 특히 나에게 대흉근피판술을 가르쳐 준 무라카미 교수가 일본에서 1985년에 도쿄에서 국제두경부외과 컨퍼런스를 열면서 나를 초청해서 참석했을 때 미국두경부외과학회 창립멤버이며 회장을 지낸 씨슨(George Sisson) 교수를 알게 되어 이분을 통해 전 세계의 저명한 교수들과 친분을 맺을 수가 있었다.

3. 서울의대교수가 되어서

충남의대에서 2년 반이 되었을 때 조교수로 승진이 되었고 1982년 말에 서울의대의 조교수로 발령을 받고 교실에 들어와서 다시 한 번 입국식을 하고 게곤노다키도 한 번 더 하였다. 이비인후과는 귀, 코, 두경부의 세 전문분야로 나누어져서 귀는 김종선 교수가 전담하고 코는 민양기 교수가 맡고 두경부는 내가 전담하게 되었다. 충남대병원에서의 경험과 일본연수의 경험이 나에게는 큰 도움이 되어서 후두미세수술과 두경부암 수술에 있어서 많은 연구 발표를 할 수 있었다. 기도협착환자에 대해서도 연골이식술을 통하여 성공적인 기관재건술을 시행할 수 있었다.

두경부종양의 치료는 당시 미국에서 두경부암수술로 유명한 뉴욕의 Memorial Sloan-Kettering Cancer Center에서 연수를 받고 한국에서 선교사로 일하시면서 전주예수병원에서 의사로 근무하던 씰(David Seel, 한국명: 설대위) 박사가 두경부암 수술을 많이 하였고 또 이분께 배운 외과 의사들이 중심이 되어 1984년 방사선 치료와 항암화학요법을 전문하는 교수들과 함께 두경부종양학회를 만들고 씰 박사를 초대회장으로 추대하였다. 이때 이비인후과도 같이 참여하였고 부산의대의 이비인후과 조진규 교수가 2대회장을 역임하였다.

서울대병원은 최신의 의료지식을 배우기 위해서 신규로 발령받은 젊은 교수들이 2년이 지나면 외국에 나가서 1년이나 2년 동안 연수를 할 수 있는 기회를 부여하였는데 나에게는 1985년에 기회가 왔다. 1984년 10월에 한국에서는 처음으로 대규모의 이비인후과 국제학회인 아태이비인후과학회가 서울에서 열려서 외국의 저명교수들을 초청하였다. 이 중에 독일 함부르크대학 이비인후과 과장인 허버홀트(Herberhold) 교수가 우리 교실의 초청으로 오게 되었는데 이분은 독일에서 두경부외과 수술을 많이 하는 분이었다. 마침 내가 수술한 환자가 경부식도의 천공과 피부의 결손이 발생하여 재건수술이 필요하였는데 허버홀트 교수에게 재건수술을 부탁하자 기꺼이 해 주기로 하였다. 수술은 양쪽의 대흉근피판을 이용한 재건술로 식도와 피부를 재건하는 방법이었는데 내가 조수로 들어가서 수술하는 것을 보면서 빠르고 정확한 테크닉에 감탄을 하였다. 대부분의 교수들이 연수를 미국으로 가고 있었는데 백만기 주임교수께서는 유럽 쪽에도 길을 열어 보는 것이 좋겠다고 하시며 나에게 독일로 가도록 권하셔서 허버홀트 교수에게 의향을 물어 보자 좋다고 하여서 독일로 가기로 하였다. 1985년 5월에 떠나기로 결정되었는데 허버홀트 교수가 함부르크대학에서 본(Bonn)대학으로 옮기게 되어서 본으로 가게 되었다. 독일연수의 문제점은 언어가 통하지 않아서 독일어를 따로 배워야 하는 것이었다. 독일어로 책을 읽는 것은 대학원과정에서 독일어 시험을 보았기 때문에 어느 정도 가능했지만 말을 하는 것은 어려워서 서울에 있는 독일문화원인 괴테기관(Goethe Institute)에 등록하여 6개월 동안 독일어 회화를 배워야 했다. 연수를 준비하고 있는데 일본연수 갔을 때 알게 된 게이오대학의 무라카미(Murakami) 교수로부터 4월에 도쿄에서 International Head and Neck Surgery Workshop이 있으니 참석하면 좋겠다고 연락와서 독일에 가는 길에 가족과 함께 일본에 들려서 일주일 동안 이 미팅에 참석하였다. 이 미팅에 세계적으로 유명한 교수들이 많이 참석하여서 배울 것도 많았고 친분을 쌓을 기회도 많았는데, 특히 시카고 노스웨스턴대학의 씨슨 교수와 친하게 되어서 후에 그가 주관하는 콜로라도의 스키장

<그림 2> 씨슨 교수 부부와 함께

에서 해마다 열리는 Sisson Head and neck Workshop의 faculty member로 참석하게 되었다(〈그림 2〉).

4. 독일연수 시절

1985년 5월부터 2년간 서독의 본대학 이비인후과교실에서 허버홀트 교수의 지도하에 두경부외과 연수를 받게 되었다. 독일어를 능숙하게 하지는 못했기 때문에 주로 영어를 써야 했는데 의사들과는 영어가 가능했지만 간호사나 환자들과는 영어로 소통이 불가능한 경우가 많아서 꾸준히 독일어 회화를 연습한 결과 일 년이 지나서는 어느 정도 대화가 가능하게 되었다. 가족과 같이 갔는데 국민학교(지금의 초등학교) 2학년이던 딸아이는 독일어를 전혀 못하던 상태에서 독일 학교에 들어갔고 산부인과를 전공한 집사람은 아이 때문에 연수를 받을 수 없었다. 아이는 6개월 정도 지나자 어느 정도 독일 말을 배워서 독일친구들을 집에 데리고 와서 놀기도 하였다.

허버홀트 교수가 본대학으로 온 지 얼마 되지 않아서 교실을 재정비하는 상태였으므로 바로 병원에 나가지는 않아도 되는 상태였기에 자동차를 구입해서 유럽여행을 다녔는데 벨기에의 수도 브뤼셀과 네덜란드의 수도 암스테르담 같은 곳을 보고 튤립 정원으로 유명한 코이켄호프(Keukenhof)라는 곳에 가서 광대하게 펼쳐져 있는 아름다운 튤립 들판을 관광하기도 하였다. 병원에 나가기 시작하여 처음에는 주로 교수의 수술을 따라 들어가서 조수를 하면서 수술에 대해서 배우게 되었는데 내가 들어갔던 수술을 모두 수술 장부를 만들어서 기록하고 그림으로 그려서 주의할 점을 명시하여 두었다. 허버홀트 교수는 두경부 수술뿐만 아니라 귀 수술, 코 수술에도 매우 명망이 높아서 다른 나라에서도 환자들이 많이 오곤 했는데 주로 중동지역의 돈이 많은 사람들이었다. 본대학 이비인후과에는 교수 말고는 두경부 수술에 경험이 많은 사람이 없어서 1년이 지난 후에는 두경부 수술을 나에게 맡기는 경우가 많아서 직접 수술을 할 수 있는 기회가 많아졌다. 독일에서는 한국의 의사면허증을 일시적으로 대학병원 내에서만 인정해 주는 제도가 있어서 수술하는 데 법적인 문제는 없었다. 여기서 배운 가장 중요한 수술은 기도협착에 대한 수술인데 허버홀트 교수가 기도수술에 일가견이 있고 전 세계에서 별로 보고된 바 없는 기도이식수술도 시행한 바 있으며 기관협착에 대한 중요한 수술법인 기도를 잘라내고 절단면끼리 이어 주는 기관절제 단단문합술에 대하여 많은 경험이 있었기에 기도협착의 치료에 대하여 특별히 관심이 많았던 나에게는 절호의 기회가 되었다. 또한 두경부암환자의 수술과 재건술에 대해서도 많은 경험을 쌓을 수가 있었는데 두경부암수술의 가장 중요한 술식인 경부청소술에 대하여 직접해 볼 수 있는 기회를 100례 정도 가질 수 있었다. 레이저 수술에 대해서도 많이 배울 수 있었는데 Kiel 대학 이비인후과에서 주관하는 CO_2 레이저 International Workshop에 참석할 기회가 있어서 레이저를 이용한 후두미세수술과 후두암수술에 대한 많은 지견을 얻을 수 있었다.

유럽에서 열리는 여러 학술모임에도 참석할 기회가 있었는데 프랑스의 보르도(Bordeux)에서 국제 Voice Prosthesis Workshop이 열려서 참석하였다. Voice prosthesis란 후두암으로 후두를 제거한 환자에게 말을 할 수 있도록 인공성대를 기도에 장착하는 방법인데 미국에서 제작한 Blom-Singer voice prosthesis를 한국에서도 사용해 본 경험이 있었다. 이 워크숍에 이 장치를 만든 블롬(Eric Blom)과 싱거(Marc Singer) 교수도 참석해서 친하게 지낼 수 있었다. 이 워크숍을 통하여 후두전적출술 후에 음성재활을 위한 여러 가지 방법에 대하여 배울 수 있었는데 한국에서 그때까지 주로 사용하던 방식은 발성장치 없이 식도에 들어간 공기를 이용하는 식도발성법이며 그 외에 일본에서 개발된 아사히 술식이나 아마츠 술식같이 장치를 착용하지 않고 기관식도루를 만들어서 발성하는 방법, Tokyo type artifical larynx라고 하는 장치를 입에 물고 하는 방식 등이다. 또 미국에서 개발한 Servox는 전자식 발성장치를 목에 대고서 하는 방식인데 이

<그림 3> 알프스 스키장에서 딸과 함께

방법이 사용되기도 하였다. 이 Workshop에서는 Blom-Singer voice prosthesis 외에도 네덜란드에서 새로 개발된 Provox voice prosthesis라는 다른 방식의 Prosthesis도 소개되었다.

독일 이비인후과학회에도 참여하였는데 Heidelberg성의 황제의 방에서 열렸던 학회만찬에서 내가 노래를 잘하는 것을 알고 있던 허버홀트 교수의 소개로 무대에 올라가서 이태리 가곡인 "O Sole Mio"를 불렀는데 앙코르와 함께 교수 부인들이 테이블에 있던 꽃을 던져 주던 기억은 잊을 수가 없다.

독일에서 잊을 수 없던 것 중의 하나는 알프스 스키장에서 스키를 타던 것이었다. 서울대 스키부 출신인 나에게는 천금 같은 기회였다. 크리스마스 때에는 2주일 휴가를 갈 수 있어서 알프스 스키장에서 가족과 함께 스키를 즐길 수 있었다. 당시 7살이던 딸아이에게 스키를 가르쳐 주고 스키를 잘 탈 수 있게 되었을 때 이태리의 유명한 Dolomite 스키장에서 Sella라고 하는 말안장같이 생긴 큰 산을 스키를 타고 한 바퀴 도는 Sella Ronda라는 것을 했던 것은 정말 꿈같은 일이었다(〈그림 3〉).

III. 연구 교류

1. 두경부외과학회의 설립

1987년 5월 독일 연수가 끝나고 귀국하여 본격적으로 두경부외과의로서 활동하게 되었다. 이비인후과 학회 내에 두경부외과 분야는 아직도 시작단계에 있었기에 우선 당시에 두경부외과를 주로 하던 여러 교수들과 두경부외과연구회를 결성하기로 하였다. 또 한편으로는 국제학술대회에 가능한 한 많이 참석하여 교류를 넓히고 새로운 지식을 배우기 위하여 노력하였다.

1988년에 미국 보스턴에서 미국두경부외과학회가 4년마다 개최하는 International Conference on Head and Neck Cancer에 참석하였는데 여기서 지난번 일본에서 만났던 씨슨 교수를 다시 만나게 되었다. 그는 나에게 자기가 콜로라도의 스키장에서 매년 국제두경부외과 Workshop을 하는데 내가 스키를 좋아한다는 얘기를 듣고 이 미팅에 참가하기를 권하였다. 1989년에 Rocky 산맥에 있는 Steamboat Springs라는 곳에서 열리는 이 미팅에 처음으로 참석하였는데 세계적으로 유명한 두경부외과분야의 교수들이 많이 참석하여서 아침저녁으로는 2시간씩 학술토의를 하고 10시부터 오후 4시까지는 스키를 즐기는 시간을 가

<그림 4> 1989년 처음 참가한 Sisson Ski Meeting, 콜로라도 Steamboat Springs 스키장

졌다(〈그림 4〉).

이 무렵에 국내에서 두경부외과분야의 교수들이 모이는 기회가 잦아지고 또 스키를 좋아하는 사람도 많아서 같이 용평으로 스키를 타러 가기도 하였는데 두경부외과의 발전을 위하여 두경부연구회를 만들자고 하는 데 의견이 모아졌다. 1990년 4월에 강남에 있는 대원이라는 음식점에서 27명이 모여서 두경부외과 연구회의 발기인모임을 가지게 되었고 1990년 6월 1일 창립총회를 개최하여 초대회장에는 연세의대 홍원표 교수를 추대하였고 내가 총무를 맡게 되었다. 공식명칭을 대한두경부외과연구회라고 하였고 몇 번의 준비모임을 거쳐서 1991년 2월 23일에 제1회 학술대회를 연세의대에서 개최하여 16개의 연제를 발표하였다. 2회 학술대회는 부산의대 왕수건 교수의 제안으로 부산에서 개최되었는데 3회부터는 회원 간의 친목과 화합을 위하여 미국 Sisson Workshop처럼 가족을 동반하여 스키장에서 열기로 하였고 1992년 2월 29일에 용평스키장에서 학회를 하고 그 후 정기 학술대회는 계속 스키장에서 열기로 하였다.

1992년에 7월에 3rd International Conference on Head and Neck Cancer가 샌프란시스코에서 열렸을 때 두경부 연구 회원들이 모두 회원으로 가입되어 있는 두경부종양학회에서 대거 참여하기로 하여 두경부암을 치료하는 각 분야의 교수들이 여행사를 선정하여 단체로 참가하였고 학회가 끝난 후 유명한 요세미테 국립공원을 관광하면서 회원들 간의 우의를 더욱 돈독히 하였다.

연구회의 임원임기는 2년으로 정했으나 설립초기에 기반을 더 단단하게 하기 위하여 초대회장과 총무의 임기를 한 번 더 연임하는 것으로 하여 1994년까지 하는 것으로 하였다.

1994년 2월에는 호주 시드니에서 제2차 세계후두암학회가 열려서 연구회원 대부분이 참석하였다.

2. 세계적인 대가들과의 교류

1985년 도쿄에서 무라카미 교수가 주관하는 두경부외과 워크숍에서 만난 씨슨 교수를 통해서 세계적인 대가들과 콜로라도의 스키장에서 열리는 두경부 워크숍에서 매년 만나서 학문적 교류를 나누고 개인적으로도 가까워질 수 있었는데 이 중에는 우리가 두경부 수술을 배우기 위해서 열심히 공부하던 *Atlas of*

<그림 5> 1988년 싱가포르에서 처음 만난 샤(Shah) 박사 가족

*Head and Neck Surgery*의 저자인 로레(John Lore) 교수도 있었다. 후일 그가 일하는 버팔로의 병원으로 찾아가 수술을 직접 보고 배울 수 있었다. 또한 두경부외과의 세계적인 리더인 뉴욕 Sloan-Kettering Memorial Cancer Center의 자틴 샤(Jatin Shah) 박사와는 1988년 11월 싱가포르에서 열린 제3회 Advanced Course in Head and Neck Cancer Surgery에서 만나서 친하게 되어서(〈그림 5〉) 1994년 뉴욕을 방문하여 직접 수술지도를 받았고 그가 설립한 International Federation of Head and Neck Oncologic Societies(IFHNOS)라는 국제학회의 한국대표가 되어서 2010년에 이 학회가 4년마다 개최하는 두경부암 세계학술대회를 한국에 유치할 수 있었고 학술대회장으로 학회를 성공적으로 개최할 수 있었다.

나에게 가장 큰 영향을 준 사람은 피츠버그대학의 마이어스(Eugene N. Myers) 교수인데 그는 39세의 나이인 1972년에 피츠

<그림 6> 마이어스 교수의 첫 한국방문

버그대학 이비인후과의 주임교수가 되신 분으로 미국 이비인후과학회에서 두경부외과분야의 ambassador라고 불릴 정도로 세계 각국을 방문하며 두경부외과의 발전에 기여해 오신 분이다. 그는 1990년 10월에 부인과 함께 한국을 처음 방문하였다. 당시 한국에 별로 아는 사람이 없었기에 피츠버그대학의 이비인후과 분야 연구교수로 있는 일본인 산도(Isamu Sando) 교수를 통하여 우리교실의 김종선 교수에게 한국에 방문 중에 도움을 주기를 요청하였다. 김종선 교수는 두경부외과를 담당하고 있는 나에게 마이어스 교수의 한국방문 일정을 맡아 달라고 하여서 서울대병원에서 두경부외과에 대한 특강을 준비하였고 당시에 두경부 전임의 과정에 있던 성명훈 선생을 마이어스 교수 부부와 함께 경주 관광을 가도록 하였다(〈그림 6〉).

마이어스 교수는 한국의 두경부외과학의 수준이 상당히 높은 편이라고 하시면서 국제학술대회에 활발하게 참여하도록 권유하였고 나를 미국 이비인후과학회 및 두경부외과학회 회원으로 추천하겠다고 하셨다. 그리하여 1991년에 내가 미국이비인후과학회 정기 학술대회에 참석하였을 때 Corresponding member로 되었고 1992년에 미국두경부외과학회 주최로 열리는 International Conference on Head and neck Cancer가 샌프란시스코에서 열렸을 때 미국 두경부외과학회의 Corresponding member 자격을 얻게 되었다. 성명훈 선생이 교실의 두경부 스태프로 1992년에 발령을 받았고 1994년에 해외연수를 가게 되었을 때 피츠버그의대로 가서 이비인후과 암연구소에서 2년 동안 연수를 하게 되었고 나도 이때 한 달간 단기연수를 가서 마이어스 교수를 비롯한 피츠버그의대 이비인후과의 모든 스태프들과 친하게 되었다.

1991년에 하버드대학의 몽고메리(William Montgomery) 교수가 한국을 방문하였는데 그는 *Surgery of the Upper Respiratory System*이라는 수술교과서의 저자이며 기도수술의 대가로 알려진 분이다. 6·25 때 군의관으로 한국전에 참전하였는데 판문점 근처에서 포격을 당하여 부상을 입고 미국으로 후송되었다고 했다. 한국에 왔을 때 그 판문점을 가 보고 싶다고 하여 내가 모시고 방문하였었다. 피츠버그 연수가 끝날 무렵 성명훈 교수와 함께 보스턴의 하버드대학 안 이비인후과 병원을 방문하여 몽고메리 교수를 만나 수술실에 들어가서 그의 수술하는 것을 직접 볼 수가 있었고 기도수술에 대한 많은 지식을 전수받았다(〈그림 7〉).

1992년 샌프란시스코에서 열린 3rd International Cancer on Head and Neck Cancer의 학술대회장은 유명한 미국이비인후과 교과서인 Otolaryngology-Head and Neck Surgery의 주 편

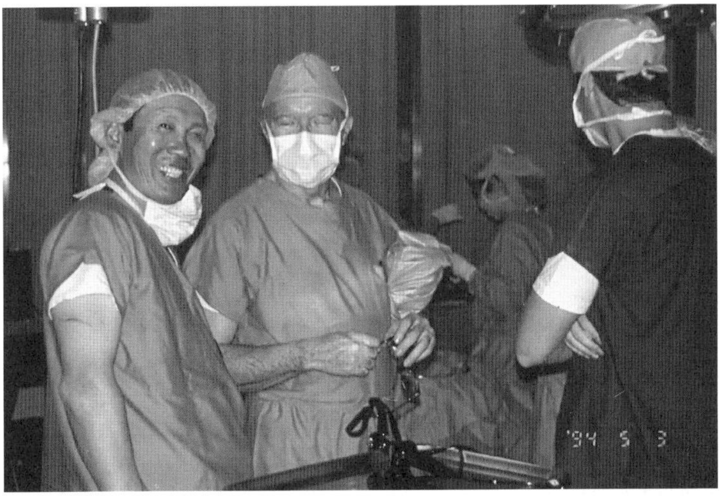

<그림 7> 몽고메리 교수와 함께 하버드대학 수술실에서

집인인 존스홉킨스대학의 커밍스(Charles Cummings) 교수인데 이 학회에서 연제를 발표하였고 학회 Social Program인 배를 타고 하는 Cruise Dinner에서 노래를 불러서 커밍스 교수와도 친하게 되었다. 후일에 내가 Johns Hopkins 병원 이비인후과의 초청을 받아서 특강을 하기도 하였다.

1993년에 두경부종양학회 창립10주년기념 학술대회에 홍콩대학의 웨이(William Wei) 교수가 특강연자로 초청되었는데 그는 아시아권에서는 가장 많이 알려진 두경부외과의 선구자였는데 마이어스(Myers) 박사나 샤(Shah) 박사와도 가까운 사이였다. 국제학회에 참석할 때마다 만나게 되어서 무척 가까운 친구가 되었고 나를 많은 외국 유명교수들에게 소개해 주었으며 한국에서 하는 학회에도 자주 초청을 받아서 참석하였다.

이 외에도 영국의 브래드리(Parick Bradley) 교수, 제2회 후두암학회를 개최한 호주의 브리저(Patrick Bridger) 교수, 사람에서 최초의 후두이식술을 성공한 미국의 스트롬(Marshal Strome) 교수 등이 Sisson International Workshop을 통해서 친구가 되었고 국제적인 학술대회에서 많은 교류를 가지게 되었다.

IV. 학문적 업적과 학술활동

1. 학문 업적

이비인후과에서 두경부외과를 본격적으로 시작한 것은 내가 교수가 될 무렵부터라서 초창기에 해야 할 일과 새로운 수술들이 무척 많았다. 두경부 종양학회 내에서 이비인후과의 입지를 높이고 학회를 국제사회에서 인정받도록 해야 했으며 이비인후과 내에서 두경부외과 연구회를 설립하고 이를 발전시켜 나가는 데 힘을 기울였고 동시에 두경부외과와 관련이 있는 후두음성언어학회와 대한기관식도과학회의 발전을 위해서도 많을 일을 해야 했다.

1982년에 일본 게이오대학에서 한 달간 연수를 다녀온 후에 다양한 후두미세수술법에 대한 새로운 증례를 발표하였고 독일연수를 다녀온 1987년 이후부터는 기도협착으로 기관캐뉼라를 끼고 살았던 많은 환자들에서 기관재건술을 시행하여 캐뉼라를 빼고 정상적인 삶을 살 수 있도록 하였다. 또한 후두신경마비로 발성을 잘 못하거나 호흡곤란이 있는 환자들에게 일본 게이오대학 이시키(Ishiki) 교수가 발표한 갑상연골 성형술 및 피열연골 회전술로 음성의 개선을 얻도록 하였고 레이저를 이용한 피열연골 절제술로 기관절개술 없이 호흡이 가능하도록 하였다. 당시에는 후두암으로 후두전적출술을 한 환자가 많았는데 이들의 음성재활을 위하여 식도발성을 배우게 하고 후적자단체를 결성하여 식도발성교실을 열어서 새로이 후두를 절제한 환자들이 쉽게 식도발성을 배우도록 하였다. 또한 독일 연수 시에 프랑스 보르도에서 열렸던 voice prosthesis workshop에서 경험하였던 여러 종류의 인공성대삽입술을 시술하여 발성이 가능하게 하였다. 또한 광범위한 암절제수술 후에 새긴 결손부위에 대하여 Deltopectoral flap, Pectoralis major myocutaneus flap, Latissimus dorsi flap 등을 이용하여 구강저, 하인두, 경부식도 등을 재건할 수 있었다.

진행된 두경부암에 대해서 수술을 하지 않고 항암화학요법과 방사선요법을 병합하여 조직을 보존하는 암치료법이 미국 미시간의대의 울프(Gregory Wolf) 교수 등에 의하여 개발되어서 한국에서도 이와 같은 방법을 최초로 도입하여 후두나 구강, 하인두에 발생한 암을 수술하지 않고 치료하는 길을 열었다.

갑상선암은 당시 주로 일반 외과 의사들이 수술하는 질환이었으나 갑상선은 경부에 속하는 기관이며 성대신경이나 부갑상선, 기도 등 중요한 기관과 접촉되어 있고 이들을 침범하거나 경부림프절전이가 흔해서 경부림프절 청소술을 해야 하는 경우가 많은 수술이었기에 두경부외과 의사가 해야 하는 수술이라고 생각되어 두경부 회원들에게 이를 적극적으로 시도하도록 하였다.

이렇게 주위 조직을 광범위하게 침범한 갑상선암의 수술은 매우 어려워서 두경부 수술의 경험이 충분하지 않은 경우에는 불가능하다. 이러한 케이스가 우리과로 많이 의뢰되었고 풍부한 수술경험을 바탕으로 해서 적절한 치료가 가능하였으며 이렇게 쌓여진 경험을 여러 학회에서 발표하였다. 특히 대한갑상선 학회에서 범산학술상을 수상하였을 때 어려운 갑상선암의 수술이라는 제목으로 발표하여 두경부 외과에서 고난도의 갑상선암수술이 필요한 환자를 이비인후과에서 치료한다는 공감을 얻었다.

2. 국내 및 국제사회에서의 학술활동

두경부 외과 분야의 새로운 지식을 얻고 국제사회에서 한국의 위상을 높이기 위하여 수많은 국내 및 국제 학술대회에 참석하였다.

1987년에 2년간의 독일연수에서 돌아온 후 여러 국내학회에서 새롭게 시도하고 있는 다양한 두경부 수술에 대한 강의와 논문을 발표하였고 또 이 분야의 새로운 지식을 얻고 국제사회에서 한국을 알리기 위하여 가능한 한 많은 해외 학술대회나 워크숍에 참석하려고 하였다.

1989년 9월에 스페인의 마드리드에서 제14차 세계이비인후과 학술대회가 열려서 이비인후과학회 회원이 다수 참석하였고 나는 여기서 성인의 후두유두종이라는 논문을 발표하였다. 1989년 10월에는 교토에서 Kyoto Symposium on Laryngeal

Problem이라는 미팅에 참석하여 재발후두암의 치료라는 제목으로 발표하였고 이어서 도쿄에서 열린 제6차 World Congress of Bronchoesophagology에서 성문하협착의 수술적 치료에 대하여 발표하였다. 1990년 10월에 일본 가고시마에서 열린 제42차 일본기관식도과학회에 초청연자로 참석하여 '한국에서의 기도이물'이라는 제목으로 특강을 하였다.

1991년에 미국 클리블랜드에서 제1회 후두기관재건술 심포지엄이 열려서 늑연골을 이용한 성문하협착증의 치료에 대하여 발표하였고 기도협착에 대한 많은 새로운 지식을 얻을 수 있었다.

1992년에 제63차 독일이비인후과학회 학술대회에 참석하여 쥐의 타액선 방사선손상에서 pilocarpine의 예방효과에 대한 실험결과를 발표하였고 이때도 학회간친회에서 허버홀트 교수의 소개로 "Time to say good bye"라는 노래를 불러서 많은 박수를 받았다. 1993년 미국두경부외과학회에서 선낭포성암(Adenoid cystic carcinoma)이라고 하는 침샘암에 대한 기초연구를 발표하였고 1994년에는 호주 시드니에서 브리저(Patric Bridger) 교수가 개최한 제2차 세계 후두암학회에 참석하여 다양한 후두암 치료법에 대한 연제를 발표하였다.

1995년에 이집트의 카이로에서 열린 국제음성언어학회에 서울대에 갓 입학한 딸과 함께 참석하여 연제를 발표하고 아부심벨을 비롯한 이집트 나일강의 여러 유적지를 관광하였다.

1996년에 대만에서 열린 제9차 세계기관식도과학회에 참석하여 후두암과 기도협착에 대한 연제를 발표하고 자유연제세션의 좌장을 맡아서 진행하였다.

1992년 샌프란시스코에 이어 4년 뒤인 1996년에 캐나다의 토론토에서 열린 4th International Conference on Head and Neck Cancer에서는 타액선종양에 대한 심포지엄연자 및 진행성 하인두암에 대한 유도항암화학요법치료 같은 최신의 치료방법에 대하여 발표하였다. 이 학회에도 역시 두경부종양학회 회원이 다수 참석하였고 학회가 끝나 후 단체로 Canadian Rocky산맥을 관광하여 Lake Louise나 Banff National Park 같은 세계적인 관광명소를 구경하였다.

1990년부터 1996년까지 6년 동안 대한두경부종양학회의 학술이사를 맡아서 각종 학술대회의 프로그램을 만들었는데 1996년에는 제13차 학술대회를 국제학술대회로 만들어서 마이어스 박사, 샤 박사, 무라카미 박사 같은 가까운 교수들을 초청하여 특강 및 Panel Discussion을 하도록 하여 학회의 수준을 향상시켰다.

1997년 12월 인도 뭄바이에서 제1회 IFHNOS World Congress가 열렸다. 이 학회는 샤 박사가 설립한 IFHNOS에서 주관하는 학술대회로서 미국두경부외과학회가 주관하는 International Conference on Head and Neck Cancer가 4년마다 미국에서만 열리게 되어 있는 것에 반해서 미국 외의 다른 국가에서 4년마다 열리는 것으로 결정되었다. 제1회 학술대회를 인도에서 개최하게 된 것은 샤 박사가 원래 인도 사람이었기에 첫 번째 학술대회를 인도로 정한 것으로 여겨진다. 대한두경부종양학회도 IFHNOS 회원국으로 가입되어 있고 내가 한국대표를 맡고 있어서 회원들이 많이 참여하도록 권유하였고 나는 타액선종양에 대한 심포지엄의 moderator로 세션을 담당하였다. 학회 후에 유명한 타지마할 등을 관광하였는데 인도가 더운 나라여서 얇은 옷만 가지고 갔는데 뜻밖의 추운 날씨로 감기에 걸려서 고생하였던 기억이 난다.

해마다 겨울에는 가족과 함께 Sisson International Head and Neck Ski Meeting에 참석하여 세계적인 대가들로부터 새로운 지식을 얻고 또 이들과 스키를 같이 타면서 가깝게 지낼 수 있었고 미국이비인후과학회의 봄학회인 Combined Otolaryngology Spring Meeting(COSM)과 가을에 하는 정기학술대회에도 매년 참석하였다. COSM은 미국 이비인후과학회의 분과학회들이 각각 독립적으로 참여하여 학회를 여는 것으로 나는 미국두경부외과학회와 미국후두과학회 및 기관식도과학회에 참석하였는데 마이어스 박사가 1999년에 Palm Desert에서 열린 COSM에서 나를 미국후두과학회(American Laryngological Association, ALA)의 회원으로 추천하여서 Corresonding Fellow의 자격을 얻었다. 미국후두과학회는 회원자격이 까다로워서 회원이 되기 매우 힘든 학회이기도 하다

2000년 7월에 5th International Conference가 다시 샌프란시스코에서 열렸고 많은 한국회원들이 참석하였으며 발표논문도 무척 많아서 한국의 위상이 점점 높아지게 되었다. 이와 같은 국제학회에서의 활동이 활발해지자 2001년 COSM에 참석하였을 때 마이어스 박사가 나를 2002년 미국이비인후과 정기학술대회에서 자기가 주관하는 Eugene N. Myers International Guest

Lecturer on Head and Neck Cancer의 연자로 선정하였다고 알려 주었다.

이 특별 강연은 1991년에 미국두경부외과의 Ambassador라고 할 수 있는 마이어스 박사가 개인적인 후원금으로 세계적으로 두경부외과분야의 유명한 교수를 초청하여 해마다 미국이비인후과 정기학술대회에서 1시간의 강의를 하는 프로그램으로 초대 연자는 미국두경부외과의 선구자라고 할 수 있는 콘리(John Conley) 교수였고 홍콩의 웨이(William Wei) 교수가 3번째 연자였다.

2001년 미국이비인후과 학회가 덴버에서 열렸을 때 뉴욕에서 끔직한 9·11테러가 발생하였고 이로 인해 귀국항공편이 모두 취소되어 고생하였던 기억도 있다. 2002년 미국이비인후과 학술대회는 샌디에이고에서 열렸고 대회장은 리(K. J. Lee) 교수였는데 그는 미국국적의 말레이시아인이었다. 이 학회에서 Myers 특강연자로 한 시간 강의를 하게 되었는데 처음에 연제를 정하기가 쉽지가 않았다. 그 당시 한국의 두경부암치료수준은 세계적이 아니었고 새로운 치료방법을 사용한 것도 아니었기에 서울대학병원에서 내가 독창적으로 개발하여 여러 해외학회에서 발표하였던 두경부질환의 경화요법을 가지고 준비를 하였다. 미국이비인후과학회에서 재미교포인 오하이오주립대학의 David Lim(임정재) 교수나 미네소타대학의 Steve Juhn(전성균) 교수 같은 분이 강의를 한 적은 있지만 한국사람으로 한 시간짜리 강의를 하는 것은 내가 처음이었기에 1년 동안 준비에 만전을 기울였다. 그동안 학회에서 영어로 발표한 경우는 많았지만 한 시간 동안 1,000명이 넘는 청중 앞에서 강의하는 것은 보통일이 아니

<그림 8> 2002년 Myers Guest Lecture 후 학회장인 리(K. J. Lee) 교수와 함께

었다. 강의가 끝나고 마이어스 박사를 비롯한 많은 사람들이 잘 했다고 평가해 주었는데, 특히 임종재 교수님은 오셔서 자기는 귀전문이기 때문에 강의 내용은 잘 모르겠지만 영어를 잘한다고 칭찬해 주어서 무척 기뻤다. 이 강의 이후로는 영어로 강의하는 것을 겁내지 않게 되었다(〈그림 8〉).

마이어스 교수는 이 International Guest Lecture의 연자들과 국제적으로 가까운 친구들을 초청하여 학회가 열릴 때마다 만찬을 같이하면서 국제적인 교류의 장을 만들었는데 나는 마이어스 연자가 되고 난 후 매년 빠지지 않고 이 만찬 모임에 참석하였고 식사가 끝난 후에 노래를 부르곤 하여서 그것이 이 모임의 중요한 프로그램이 되었다. 노래를 한 곡 부르고 나서 앙코르곡으로 아일랜드 민요인 "Oh, Danny Boy"를 부르곤 해서 나중에는 마이어스 교수까지 합창으로 이 노래를 부르곤 했다.

2005년 6월에 이태리 로마에서 IFOS(International Federation of Otorhinolaryngological Societies, 국제이비인후과협의회)주관으로 4년마다 열리는 World Congress에 참석하였는데 이때 특별한

Social Program으로 음악경연대회가 열려서 신청을 하였고 이태리 가곡인 "Santa Lucia"를 불러서 2등을 하는 영광을 얻었다. 학회가 끝난 후에 시실리 섬으로 관광을 갔었는데 이때 인터넷으로 며칠 전에 태어난 손녀딸의 모습을 볼 수가 있었다.

국내적으로는 1999년부터 2000년까지 대한두경부외과연구회 회장을 맡게 되어서 2000년도에 연구회 창립10주년기념 국제심포지엄을 계획하여 해외에서 많은 연자들을 초청하였으나 2000년도에 정부의 의약분업방침에 반대하는 의료계의 대규모 파업사태로 인하여 취소하게 된 것이 가슴 아픈 일이었다. 그리하여 2005년 11월에 재차 창립15주년 기념 국제심포지엄을 준비하였고 마이어스 교수를 비롯한 많은 해외의 저명한 교수들을 초청하여 성공적으로 학술 행사를 개최하였다. 2006년에는 대한두경부외과연구회의 공식명칭을 대한두경부외과학회로 변경하였고 2009년에 정식으로 대한의학회 소속 학회로 인정을 받게 되었다.

제2회 IFHNOS World Congress는 브라질의 리오에서 열렸다. 이때도 많은 두경부종양학회 회원을 이끌고 가서 다수의 연제를 발표하였다. 학회 후에는 유명한 이과수 폭포와 페루의 마추픽추를 관광하였는데 정말 평생 잊을 수 없는 기억에 남는 여행이었다. 이 Rio World Congress에서 제3차 대회를 체코의 Prague에서 여는 것으로 총회에서 의결되었다. IFHNOS World Congress는 미국 이외의 나라에서 하기로 하였기에 IFHNOS의 의장인 샤(Shah) 박사와 논의한 결과 4차 학술대회를 아시아 국가에서 열기로 되어서 어느 나라에서 할 것인가를 아시아 국가들이 상의하도록 하였다. 그래서 나와 홍콩의 웨이 교수, 일본 대표인 하야시(Hayashi) 교수, 그리고 대만의 하오(Sheng-Po Hao) 교수가 상의한 결과 학회회원 수가 가장 많고 국제학회에서 가장 활발하게 활동하고 있는 나에게 하도록 추천하여 2010년 제4차 World Congress를 서울에서 하기로 합의하였다. 이 결정에 대하여 귀국 후에 대한두경부종양학회 총회에서 정식으로 인준을 받았고 나를 학술대회장으로 정하였다. 2004년 8월에 Washington에서 제6차 International Conference on Head and Neck Cancer가 열렸을 때 IFHNOS의 Governing Council Meeting이 열렸고 여기서 제4차대회를 서울에서 개최하는 데 대한 토의가 있었는데 이때 호주의 유명한 오브라이언(Christopher O'Brien) 교수가 호주에서 개최할 것을 제의하였으나 샤 박사가 이미 한국에서 하기로 얘기가 된 것이라고 하여 호주는 철회하고 만장일치로 한국에서 하는 것으로 통과되었으며 오브라이언 교수도 호주에서 적극적으로 지원해 주겠다고 약속하였다. 2006년 프라하에서 열린 제3차 World Congress에 회원들이 대거 참여하여 차기 학술대회 개최국으로서의 성의를 표하였으며 학회업무를 담당할 PCO로 Meci International이라는 회사를 선정하였고 프라하 학회 때 전시 부스를 열어서 서울 학회에 대해서 홍보활동을 하였고 여기서 열린 IFHNOS 총회에서 한국개최가 만장일치로 통과되었다.

그 후 학회를 성공적으로 개최하기 위하여 엄선된 인원으로 조직위원회를 구성하였는데 2010년은 마침 내가 두경부종양학회 회장을 맡고 있어서 조직구성이 용이하였다. 총무로는 서울대 스키부로 같이 활동하면서 서울대병원 이비인후과에서 두경부 외과를 전공하고 삼성서울병원에서 근무하고 있는 백정환 교수를 선임하여 찰떡궁합을 이루었고 중요한 학술위원장으로는 서울대병원의 성명훈 교수와 내가 두경부연구회 회장할 때 총무를 맡았던 한림대 노영수 교수를 선임하였다. 부회장으로는 연세의대 종양내과 노재경 교수, 아주의대 외과 소의영 교수, 연세의대 방사선종양학과 소의영 교수를 선임하여 각 분야의 회원들이 적극 참여하도록 하였다. 그 후 4년 동안은 서울 학술대회를 홍보하기 위하여 전 세계에서 열리는 거의 대부분의 큰 규모의 국제학술대회에 참석하였으며 세계적으로 널리 알려진 마이어스 교수를 학술대회의 Guest of Honor로 초청하였다. 학술대회의 주제로는 쟈틴 샤 박사와 상의하여 "Shifting Paradimes in Head and Neck Oncology"로 정하였다.

개회식에는 당시 서울시장이었던 오세훈 시장을 비롯하여 많은 국내, 국제 저명인사들이 축사를 하였고 저명한 오페라가수들을 초빙하여 개회식에서 축가를 부르도록 하였다(〈그림 9〉).

총 참가국 수는 57개국이며 등록인원은 938명으로 역대 최다수를 기록하였고 이 중 600여 명이 외국인으로 국내 참가자 수를 훨씬 능가하였다. 학술 프로그램은 총 118세션으로 특강이 12개, Panel/Symposium이 20개, 자유연제 38세션, 포스터 181개, Instruction Course 40개, Luncheon Symposium 3개, 그리고 외국 society symposium 2개 등으로 총 680개의 초록이 접수되었다. 학회는 모든 참가자들이 감탄할 정도로 시간을 엄수하며 원만하게 진행되었는데, 특히 audio-visual system이 완벽하여

<그림 9> IFHNOS World Congress 개회식과 건배하는 마이어스 교수

전혀 문제가 없었다. 모든 일정이 끝난 후 마이어스 교수가 나에게 자기가 여태까지 참석한 어떤 학회보다 훌륭했다는 평을 하였고(You received so many justifiable accolades for having what everybody agreed was the best meeting ever anywhere and anytime), 샤 박사는 5차 학술대회를 자기가 주관하는데 한국이 너무 잘해서 더 잘 할 수 있을지 걱정이 된다고 하였다(In my entire career, I am yet to see a well organized, well excuted and scientifically and socially rich congress which can compete with the congress in Seoul. We know that our Korean collegues are not only superstars in surgery but they are also superstars in conference planning and conference organization). 이는 국제학회를 개최해 본 경험이 많지 않은 우리에게는 최고의 찬사이며 크나큰 보상으로 여겨진다. 이 4차 IFHNOS World Congress를 통해서 우리 학회와 의학의 수준이 세계적으로 인정을 받았다. 또한 수많은 세계적인 대가들과 친분을 쌓음으로써 우리가 국제사회에서 인정받고 더 좋은 환경 속에서 활동할 수 있는 기틀을 마련하였다고 자부하면서 학회를 이와 같이 성공적으로 치룰 수 있도록 도와준 모든 분들께 감사를 드렸다(〈그림 10〉).

<그림 10> 폐회식에서 참가한 교수들과 함께

이 World Congress를 계기로 두경부외과에서의 한국의 위상은 국제적인 수준으로 올라가게 되었고 일본을 제치고 아시아의 리더로 자리 잡게 되었다.

한편 대만의 하오 교수가 아시아권의 두경부종양학회인 ASHNO(Asian Society of Head and Neck Oncology)를 결성할 것을 제안하였기에 우리 두경부종양학회가 적극 후원하여 2008년에 결성이 되었고 한국에서는 이미 IFHNOS라는 세계적인 학회를 개최하였기에 제1회 ASHNO 학술대회는 2009년 대만에서 열도록 하였다 이후 일본, 인도네시아를 거쳐서 2019년에 한국에서 하면서 연세의대의 최은창 교수가 학술대회장을 맡기로 하였다.

국내에서 두경부외과와 관련이 있는 2개의 학회가 창립되었는데 하나는 대한갑상선학회이고 하나는 대한연하장애학회이다. 둘 다 다학제 학회로서 갑상선학회는 내분비 내과 및 외과, 이비인후과, 핵의학과, 병리과, 영상의학과 같은 갑상선 질환의 진단과 치료를 담당하는 여러 과가 참여하여 2008년 2월 16일 482명이 모여서 창립총회와 기념학술대회를 성대하게 치렀다. 이비인후과는 갑상선암 치료에 있어서 비교적 후발주자이기는 하나 두경부외과학회를 통해서 많은 회원들이 갑상선수술을 배우고 수술의 기량이 뛰어나서 급속히 성장하였으며 회원 수도 갑상선학회에서 가장 많은 편이었다.

나는 2011년에 대한갑상선학회 회장으로 선출되었고 같은 해에 갑상선학회에서 학문적인 업적이 큰 사람에게 수여하는 범산 학술상을 수상하였다. 범산은 초창기에 갑상선연구에 큰 업적을 남기신 서울의대 내과 고창순 교수의 호이며 나는 이 상의 네 번째 수상자가 되었다.

대한연하장애학회는 음식물을 삼키기 어려운 환자들을 치료하는 분야의 전문가들이 모여서 만든 다학제 학회로서 2009년 11월 14일 창립총회 및 기념심포지엄을 개최하였다. 연하장애를 주로 치료하는 재활의학과가 주축이 되어 두경부외과학회, 치과분야인 대한구강악안면학회, 대한소화기학회, 한국재활간호학회, 대한작업치료학회, 대한영양사협회 등이 참여하였고 나는 초창기부터 고문으로 이사회에 참석하였다.

2010년 서울에서 열린 IFHNOS World Congress 후 최근 10년간 국제사회에서 두경부외과분야의 활약이 활발하게 이루어졌는데, 2010년에 연세의대 최홍식 교수를 대회장으로 하는 제4차 World Voice Congress가 서울에서 열려서 후두음성외과 분야에서도 한국의 높아진 위상을 보여 주었다.

2012년 3월 7일 일본 기타사토(Kitasato)대학의 나카야마(Nakayama) 교수가 요코하마에서 열리는 제25회 일본 후두과학회 정기학술대회에 초청하여 성대마비가 온 테너가수의 부활(Ressurection of Tenor Voice)이라는 특별세션에 연자로 참가하였다. 이 세션은 한국의 세계적인 테너가수인 배재철 씨가 독일에서 갑상선암으로 성대마비가 와서 갑상선제거수술을 받았는데 수술 후 노래를 할 수 없게 된 것을 일본에서 성대마비 수술로 세계적인 권위자인 이시키(Nobuhiko Ishiki) 교수에게 수술을 받고 다시 성악가로 활동하게 된 것을 주제로 한 세션이었다. 여기에는 배재철 본인과 수술했던 이시키 교수, 음성외과로 유명한 히라노(Hirano) 교수와 내가 참여하여 강의와 배재철 테너의 회고담을 듣고 직접 노래도 하는 매우 흥미 있는 프로그램이었다. 히라노 교수도 오페라 가수급의 성악실력을 가진 분으로 노래를 잘 하기로 유명했다. 배재철 테너는 유명한 성가곡인 "Amazing Grace"를 불렀고 히라노 교수는 이태리 가곡을 불렀으며 나는 배재철 테너의 음반에 들어 있는 일본가요 하쓰코이(초연, First Love)이라는 노래를 불러서 많은 박수를 받았다(〈그림 11〉).

나카야마 교수는 2013년 나의 정년퇴임식에 초청을 받아서 한국에 왔다.

2013년에는 IFOS가 주관하는 이비인후과 World Congress가 서울에서 열렸는데 이때도 두경부외과 분야의 세계적인 대가들이 많이 참석하였고 특히 나와 가까운 사람들이 많이 와서 2010년 IFHNOS 세계학회 이후 다시 서울에서 뜻깊은 재회를 할 수 있었다.

<그림 11> 좌로부터 필자, 이시키 교수, 배재철 테너, 히라노 교수, 반주자

두경부 분야의 로봇수술은 전 세계에서 한국이 최첨단을 달리고 있고 연세의대가 주관이 되어서 해마다 International Robotic Surgery Symposium(IRSS)을 서울에서 개최하고 있는데 여기에는 로봇수술의 세계적인 대가들이 대거 참가해서 시체실습과 강의 및 실제수술 시연을 보여 주고 있는데 나도 역시 이 심포지엄의 주요 참가자로서 로봇수술을 알리는 데 기여해 왔다. 로봇수술은 주로 갑상선수술에 적용되고 있는데 한양의대의 태경 교수가 일본의 기타노(Kitano) 교수와 함께 Asia-Pacific Society of Thyroid Surgery(APTS)라는 국제학회를 창설하여 아시아에서 한국의 위상을 드높이고 있으며 나 또한 이 학회의 고문(Advisory Committee Member)으로서 중요한 역할을 하고 있다

이외에도 내 제자들의 활약도 눈부신데 단국의대 정필상 교수는 세계적인 레이저연구소를 운영하고 있으며 삼성병원의 백

정환 교수는 3D Printing을 이용하여 두경부의 각종 실험모델의 제작을 시도하여 주목을 받고 있다.

V. 나가며: 정년퇴임 후의 활동

2013년 2월에 정년퇴임을 맞이하여 교실에서 기념심포지엄을 준비하였는데 이 행사에 가까운 외국교수들을 초청하였다. 우선 미국에서는 마이어스 교수 부부가 참석하였고 대만에서 하오 교수 부부, 창궁병원의 젠(Chien) 교수와 딸, 일본의 가와바타(Kawabata) 교수와 나카야마 교수 등이 참석해서 자리를 빛내 주었다(〈그림 12〉).

이비인후과 교실은 다양한 음악적 재주가 있는 동문들이 많이 있는데 이들이 ENT band를 조직하여 활동하고 있고 심포지엄이 끝난 뒤 간친회에서 공연을 하여 흥겨운 자리를 만들었다.

정년 후의 진로에 대해서 고민하던 중 마침 서울대병원이 운영하는 시립보라매병원의 정영호 교수가 미국으로 장기연수를 가게 되어서 3월부터 내가 보라매병원으로 가서 두경부를 맡기로 하였다. 보라매병원은 분당서울대병원과 함께 서울대병원의 자매병원으로서 중요한 역할을 하고 있으며 여기 스태프들도 서울대교수의 자격으로 일하는 것으로 서울대병원에서 일하는 것과 큰 차이는 없었다. 정년 후에도 국제학회에는 계속 참석을 하였고 외국학회나 워크숍에 초청되는 경우가 많았으며 심지어는 박사학위 논문심사에 대한 요청도 있었다.

<그림 12> 송공연에 참석한 외국 교수들과 축사를 하는 마이어스 교수

2013년에 특히 해외학회의 초청이 많았는데 3월 20일에 필리핀의 세부에서 폰테요스(Alfredo Pontejos) 교수를 학술대회장으로 제3회 ASHNO Congress가 열려서 참석하였고 5월 13일 그리스의 로도스 섬(Rhodes Island)에서 열린 제4차 World Congress of International Academy of Oral Oncology(IAOO)의 좌장으로 초청을 받았다. 이 학술대회의 대회장은 라피디스(Alexis Rapidis)라는 그리스의 치과대학 교수인데 주로 구강암을 치료하고 있어 샤 박사와 가까워서 나하고도 친하게 되었다. 곧 이어서 5월 27일 모스크바에서 열린 1st International Interdisciplinary Oncological Congress on Head and Neck Tumors에서 IFHNOS 서울 학회에 참석하였던 러시아의 레쉬토프(Igor Reshetov) 교수가 학술이사여서 나를 특강연자로 초청하였고 역시 러시아의 상트페테르부르크에서 7월 25일 열린 Eurasian Federation of Oncology가 주관하는 두경부암 학술대회에 EAFO의 의장인 수브라마니안(Somasundaram Subramanian) 교수의 초청을 받았는데 이 사람도 나와 친하고 서울 IFHNOS Congress에 참석한 사람이었다.

2013년 10월에 체코의 프라하에서 2007년에 Myers Lecturer였던 벳카(Jan Betka) 교수가 주관하는 Czech ORL Forum에 나를 초청하여 특강을 하고 체코 이비인후과학회의 명예회원으로 추대하였으며 학위증을 수여하였다. 이 여행에는 우리 집사람이 동반하였으며 프라하에서 벳카 교수 부부와 골프도 같이 한 라운드를 돌았다. 곧 이어서 이틀 뒤에 체코 리베레츠(Liberec)에서 열린 독일-체코 이비인후과학회에 역시 2011년 Myers Lecturer이었던 독일 마인츠대학의 회르만(Karl Hoermann) 교수가 나를 특강연자로 초청하여 여기서도 강의를 하였다.

11월 22일에는 대만의 가오슝에 있는 창궁기념병원 이비인후과 과장인 젠(Chien) 교수가 창궁병원에 와서 강의를 해 줄 것을 요청하여 방문하게 되었다. 젠 교수는 대만 두경부종양학회 회장을 맡고 있어서 나와는 무척 가까운 사이인데 와인을 무척 좋아하여 대만에 가면 최고급 와인을 대접하곤 하였고 한국에 올 때는 나에게 선물로 유명한 프랑스와인인 무똥 로실드를 가져다주곤 하였고 나의 정년퇴임 심포지엄에도 참석하였다. 창궁기념병원에서 강의가 끝난 후 저녁식사를 가오슝의 와인을 좋아하는 의사들과 같이하였는데 이때 세계 최고의 와인이라고 할 수 있는 프랑스와인인 샤또 페트루스를 맛볼 수 있었다. 이 모임을 Wine Brothers 모임이라고 부르고 나도 회원으로 가입하였다.

2014년에는 미국 뉴욕에서 제5차 IFHNOS World Congress가 열려서 전차대회장으로 참석하였다. 원래는 이 Congress는 미국이 아닌 다른 나라에서 열리는 것인데 IFHNOS 의장인 샤 박사가 2014년이 그가 몸담아 온 Memorial Sloan Kettering

Cancer Center에서 Head and Neck Service가 시작된 지 100주년을 기념하기 위해서 이번만은 미국에서 하겠다고 하여 뉴욕으로 결정된 것이다. 이때 샤 박사는 전 세계에서 100년 동안에 두경부암 치료에 공로가 큰 100인을 선정하여 그가 집필한 *A Century of Progress in Head and Neck Cancer*라는 책의 표지에 실었는데 영광스럽게도 나를 그 명단에 포함시켰다(〈그림 13〉).

그리고 2018년에 예정된 6차대회는 아르헨티나의 부에노스아이레스에서 하는 것으로 정해졌고 2022년에는 이태리 로마에서 하기로 하였다. 뉴욕에는 서울의대 동기들이 많아서 동기회 모임을 가질 수 있어서 친구들과 아주 좋은 시간을 보낼 수 있었다.

2014년 가을 올랜도(Orlando)에서 열린 미국이비인후과학회에서 대만의 하오 교수도 Myers Guest Lecturer로 선정되어

<그림 13> *A Century of Progress in Head and Neck Cancer* 책의 표지

서 같이 참석하여 축하를 하였다.

2015년에도 많은 국제학회에 참석하였는데 3월 19일에 대만의 타이페이에서 하오 교수가 학회장으로 제13회 아시아 대양주 이비인후과 학회를 주최하였고 나는 이 학회의 Executive Board Member를 맡고 있었는데 하오 교수가 나를 Keynote speaker로 지명하였다. 여기에 마이어스 교수가 Guest of Honor로 참석하여 학회가 끝난 후 대만의 하오 교수, 왕(Chen-Chi Wang) 교수 필리핀의 폰테요스 교수 그리고 나, 백정환 교수가 같이 타이중 근처의 일월호(Sun-Moon Lake)로 여행을 하였다.

5월 12일에는 우즈베키스탄의 타시켄트에서 열린 우즈베키스탄 이비인후과학회의 초청을 받아서 특강을 하였고 6월 13일에는 일본 고베에서 고베대학의 니부(Ken-ichi Nibu) 교수가 조직한 대회장으로 2년마다 개최되는 제4회 ASHNO Congress가 열렸는데, 두경부외과의 교육이라는 주제로 열린 심포지엄에 이스라엘의 플리스(Dan Fliss) 교수와 함께 좌장을 맡아서 진행하였고 연자로는 나와 막역한 미국 클리블랜드의대의 버키(Brian Burky) 교수, 일본 국가암병원의 요시모토(Seiichi Yoshimoto) 박사, 미국의 샤(Shah) 박사, 그리고 한국에서는 백정환 교수가 각각 자국의 두경부외과 교육의 실태에 관해서 발표하고 토론하였다.

6월 7일 체코의 프라하에서 벳카 교수를 대회장으로 하는 3rd Congress of European ORL-HNS에 참석하여 Korean Society Round Table 토론회에서 갑상선암의 최신치료와 문제점이라는 주제로 토의를 하였다. 저녁에 벳카 교수초청 만찬이 유서 깊은 프라하 성에서 열렸고 식사 후에 여러 참석자의 요청에 따라 노래도 불렀다.

2015년 미국이비인후과학회는 9월 27일에 댈러스에서 열렸고 이때 Myers Dinner에서는 오페라 토스카의 유명한 아리아인 「별은 빛나건만(E Luce van Le Stelle)」을 불렀다.

10월 29일 UAE(United Arab Emirates)의 두바이에서 열린 4th Head and Neck Master Course연자로 초청되어 두경부종양 치료의 여러 가지 논쟁을 중심으로 Panel discussion을 하였는데, 신경종양의 치료에 대한 문제점을 제목으로 토의를 하였고 또한 두경부암 치료에서 수술적 치료에 대하여 토론하였다. 이때 진행은 인도의 샤투르베디(Pankaj Chaturvedi) 교수가 하였다.

2016년 3월에 일본 구마모토에서 구마모토대학 유모토(Eiji Yumoto) 교수의 주관으로 한국, 대만, 일본이 주축을 이루는 동아시아음성외과학회가 열렸는데, 여기 참석하며 구마모토성을 관광하였다. 유모토 교수는 음성외과분야의 대가로 한국에서 하는 후두음성학회에 여러 번 초청되어 온 적이 있어서 나하고도 가까운 사이였다. 나는 이 학회에서는 특별한 Mission 없이 Honorary Board Member로서 이사회에만 참석하였다.

2016년 6월 2일 샤(Shah) 박사가 과장직에서 내려오는 것을 기념하는 특별한 의식(Festschrift)이 있어서 뉴욕을 가게 되었는데 샤 박사는 Festschrift 기념책자에 나에게도 글을 써 달라고 해서 미리 샤 박사가 한국 두경부외과의 발전에 크게 기여한 점과 나를 국제학회에서 인정받도록 도와준 것에 대한 감사의 글을 보내서 기념책자에 실리도록 했다. 이 기념식에는 샤 박사와 가까운 전 세계 두경부외과 의사들이 대거 참석하여 샤 박사의 업적을 기리는 강연과 성대한 만찬을 가졌다.

7월 16일 다시 미국을 가서 시애틀에서 열리는 제9차 International Conference on Head and Neck Cancer에 참석하였다. 2개월 후인 2016년 9월 19일에 샌디에이고에서 미국이비인후과 학회가 다시 열렸는데, 이곳은 내가 2002년에 Myers Guest Lecturer였던 곳이기도 하고 친한 고등학교 동창도 있으며 마침 교실의 권성근 교수가 장기연수를 가 있어서 참석하기로 하였다. 집사람도 같이 갔는데 먼저 로스앤젤레스로 가서 그곳에 살고 있는 조카들을 만나 보고 동기들과 골프도 하면서 즐거운 시간을 보냈다.

자동차를 렌트하여서 샌디에이고에 내려가서 KASS 회원들과 같이 유명한 Torrey Pine 골프장에서 골프를 즐기고 다음날 KASS 심포지엄에 참석하였다. 역시 Myers Dinner에서 많은 친구들을 만나고 노래도 하였다. 이제 여기 참가한 사람들은 내가 노래하지 않으면 모임을 하지 않은 것 같다고 하였다.

2016년 10월 18일에 서울에서 IFHNOS가 주관하고 전 세계를 돌면서 시행하는 교육프로그램이 서울에서 열리게 되어 샤 박사를 비롯한 저명한 교수 여러 명이 다시 서울을 방문하게 되었다. 장소는 백정환 교수가 일하고 있는 삼성병원 암센터에서 열렸고 다수의 두경부 회원들이 참석하였다. 19일에 일정이 끝나고 그날이 마침 내 생일이어서 생일파티를 겸한 저녁식사를 나의 단골 이태리 식당에 가서 강의를 위해 함께 온 외국교수들과 부부동반으로 나눴는데 이날이 또 백정환 교수의 결혼기념일이어서 매우 뜻깊은 행사가 되었다.

2017년 2월에 우즈베키스탄 타시켄트 이비인후과 과장이 자기 박사지도학생의 학위논문심사를 위해서 나를 초청하였고 타시켄트에 가서 논문심사를 마치고 그곳 한국 사람이 운영하는 골프장인 레이크사이드골프장에서 골프를 즐기고 돌아왔다. 그 후에도 자주 논문심사의뢰가 와서 온라인으로 하기도 하고 직접 가서 하기도 하였다. 또한 이곳에서는 이비인후과에서 두경부수술을 하지 않고 있어서 몇 명을 서울대병원에 오도록 해서 두경부 연수를 받도록 하였다.

2017년 3월 23일 인도네시아의 Bali에서 제5회 ASHNO Congress가 열렸고 여의사인 아드함(Marlinda Adham) 교수가 학회장이었다. 세계적으로 유명한 아름다운 발리에서 하는 미팅이라 많은 회원들이 부부동반으로 참석하였고 같이 참석한 샤 박사를 비롯한 IFHNOS 임원들과도 어울려서 즐거운 시간을 가졌다.

2017년 6월 24일에 IFOS World Congress가 2013년 서울에 이어서 4년 만에 프랑스 파리에서 열리게 되어 많은 이비인후과학회 회원들이 참가하였다. 이때는 학회 Banquet가 루브르 박물관입구인 피라미드 건축물 안에서 열렸는데 여러 참가자들의 요청에 의해서 독창을 하게 되었고 토스카의 아리아 「별은 빛나건만」을 부른 후에 마이어스 교수의 앙코르 요청으로 다시 "Oh, Danny Boy"를 불렀는데, 루브르박물관에서 노래한 것은 잊을 수 없는 기억이었다.

보라매병원에서 일한 지가 4년이 지났는데 만 70세가 되면 정년이라고 해서 끝나고 어디로 갈까를 생각 중이었는데 분당제생병원에서 이비인후과의 두경부 전문의가 없어서 나를 초빙하고 싶다고 하였다. 분당제생병원은 640병상 규모의 대형병원이고 전공의도 있는 수련병원이어서 서울에서 좀 떨어져 있기는 하지만 계속 내가 하고 싶은 일, 즉 국제학회에 참석하고 수술이나 전공의교육 같은 일들을 할 수 있을 것으로 생각하여 옮기기로 결정하고 2017년 9월부터 분당제생병원에서 근무하게 되었다.

2017년 9월에 미국이비인후과학회가 시카고에서 열렸는데 스페인의 가빌란(Javier Gavilan) 교수가 Myers Lecturer로 선정되었다. 이때 마이어스 교수가 나를 시카고에서 제일 유명한 Alinea라는 식당으로 초대해서 맛있는 저녁을 사 주었다.

10월 8일부터 일주일 동안 서울의대 26회 동기들은 졸업45주년을 기념하는 여행을 하와이로 다녀왔다. 모처럼 한국과 미국의 동기들이 대거 참석해서 학생시절로 돌아간 듯이 옛이야기를 나누고 같이 술을 마시며 노래도 하는 즐거운 시간을 가졌으며 골프도 즐기면서 아름답고 신비한 하와이 섬을 관광한 것은 역시 잊을 수 없는 추억이었다.

2017년 11월 30일에 스위스의 로잔에서 2nd IGREHNS가 열려서 참석하였을 때에는 Session Moderator를 하였고 하루 시간을 내어서 알프스 산 3,000m 높이에 위치한 곳 Glacier 3000이라는 스키장에 기차를 타고 가서 혼자서 스키를 타고 돌아왔다.

2018년 1월 11일에 Taiwan-Korean 두경부외과학회가 결성되고 창립기념학술대회모임을 대만에서 가졌다. 4월 3일에 분당제생병원 국제진료소에서 해외환자를 유치하기 위한 홍보차

카자흐스탄을 방문하였고 내가 동행하여 갑상선암에 대한 강의를 하고 환자도 진료하는 행사를 가졌다.

2018년 9월 1일에 제6차 IFHNOS World congress가 부에노스아이레스에서 열렸는데 이 직전에 브라질의 상파울로에서 3rd International Guild of Robotic and Endoscopic Head and Neck Surgery(IGREHNS)가 Camago Cancer Center의 코왈스키(Luiz Kowalski) 교수를 회장으로 해서 열려서 가는 길에 상파울로에 들려서 친한 브라질 교수들과 즐거운 시간을 가졌다. IGREHNS는 한국이 매우 중요한 역할을 하고 있으며 최은창 교수가 주도해서 만든 학회이다. 부에노스아이레스는 세계 3대 미항이라고 불리는 아름다운 항구도시다. 학회는 매우 짜임새 있게 조직되었으며 많은 한국 사람들이 파넬, 심포지엄, 자유연제의 연자로 활동하였다. 나는 IFHNOS의 board member로서 회의에 참석하여 중요한 의사결정에 참여하였다.

2018년 10월에 아틀랜타에서 미국이비인후과 학회가 열렸을 때 연세의대의 최은창 교수가 한국에서는 나 다음으로 Eugene Myers International Guest Lecturer로 선정되었다. 미국이비인후과학회 전날에 한국에서 참석한 회원들과 재미한국인 이비인후과의사들이 공동으로 하는 Korean-American Satelite Symposium이 열리는데 오전에는 골프모임으로 친목을 다지고 오후에 심포지엄과 만찬을 하는 것으로 이는 수년 전부터 대한이비인후과학회 이사장과 임원들이 대거 참여하여 미국에서 일하고 있는 한인교포 이비인후과 의사들과 교류함으로써 유대를 강화하는 의미 있는 모임이다. 최은창 교수 강의 전날 Myers

Lecturer Dinner에서 함께 참석한 내 제자인 문수진 교수와 함께 이중창으로 "The Prayers(기도)"를 불렀다. 이 노래는 캐나다 작곡가인 포스터(David Foster)가 곡을 쓰고 보첼리(Andrea Bocelli)와 셀린디온(Celin Dion)이 같이 불러서 유명한 곡인데 내가 무척 좋아하는 노래였다. 문수진 교수는 부산의대 학생 때부터 노래에 재능이 뛰어났다. 서울대 이비인후과 전공의로 들어와서 수련을 받았고 비과 분야를 전공해서 부산대 양산병원에 재직 중인데 마이어스 교수가 한국에 왔을 때 전임의로 일하고 있었으며 관광안내를 해서 친하게 되어 Myers Dinner에도 같이 참석을 하고 이후에도 나와 함께 이 dinner에서 몇 번 노래를 같이 불렀다.

2018년 12월 7일 대만의 가오슝에서 3rd APTS Congress가 열려서 갑상선수술에 대한 Panel discussion의 moderator를 맡아서 진행하였고 따뜻한 대만 골프장에서 골프를 즐길 수 있었다. 그리고 저녁마다 젠(Chien) 교수와 함께 최고급 와인을 마셨는데 와인을 좋아하는 두경부외과학회 회장인 정필상 교수가 동참하였고 그는 젠 교수를 학회 명예회원으로 추대하였다.

2019년 1월 10일 인도의 하이데라바드(Hyderabad)에서 열린 14th Asia-Oceania ORL-HNS Congress에 참가하였고 7월 11일에는 모스크바에서 열린 6th Eurasian Head and Neck Cancer Forum에 참가하여 후두암 세션의 좌장을 맡아서 진행하였다.

2019년 3월 27일에 6th ASHNO Congress는 서울 롯데호텔에서 열렸고 연세의대의 최은창 교수가 학술대회장을 맡아서 성공적인 학회를 개최하였다. 나는 이때 전 학술대회장이며 현 ASHNO 회장인 말린다(Marlinda Adham) 교수로부터 Life Time

<그림 14> 말린다 교수와 상패

Achievement Award를 수상하였다(〈그림 14〉).

그전에 이상을 수상한 사람은 마이어스(Myers) 박사, 샤(Shah) 박사, 웨이(Wei) 박사이다. 그리고 내가 네 번째로 받게 된 것이다.

2019년 4월 29일에 우즈베키스탄의 부하라에서 열린 1st International Scientific Conference에 초청을 받아서 특강을 하였다. 같은 해 9월 14일 뉴올리언스에서 열린 미국이비인후과학회의 Myers Lecturers Dinner에 참석하였는데 이때 Myers Lecturer는 나하고 매우 친한 영국의 메하나(Hisham Mehanna) 교수였다. Dinner 때에 문수진 교수와 함께 이중창으로 뮤지컬 Phantom of Opera에서 라울(Raul)과 크리스틴(Christine)이 부르는 "All I ask of you"를 불렀다.

이 학회를 끝으로 2020년부터 세계적으로 대유행을 일으킨 COVID 19로 인하여 더 이상의 해외학회 참석을 못하고 있으며 언제까지 이러한 상황이 계속될지가 걱정되며 이 상황이 하루빨리 종료되어서 다시 예전처럼 전 세계의 친구들을 만날 수 있는 날이 오기를 기다리고 있다.

학자의 생애

오석홍

서울대학교 행정대학원
행정학과 명예교수

나는 2021년 여름에 내 생애의 회고담을 쓴다. 지금까지 살아온 내 행적을 요약하는 자전적 행적기(自傳的 行跡記)를 앞에 적고, 이어서 나와 학문에 관한 이야기를 하려고 한다. 나와 학문의 이야기로 넘어가서는 먼저 내 전공분야인 행정학을 공부하기 시작한 대학원시절을 회고하고, 모교의 교수로 산 역정(歷程)을 돌아보려 한다. 그리고 내가 공부해 온 행정학은 어떤 학문인가에 대한 내 생각을 적고 이 글을 마무리할 것이다.

I. 내 생애의 행적

1. 태어나고 자라고

나는 동복 오씨(同福吳氏) 시조 휘 녕(諱 寧)의 28세손이며 소윤공파 휘 련(少尹公派 諱 璉)의 22세손이다. 내가 태어난 해는 1936년이다. 내가 태어난 곳은 외가인 전라남도 곡성군 곡성읍 읍내리 377번지이다. 곡성은 동복보다는 더 도회적이었고 산후수발의 편의가 있었기 때문에 어머니는 시댁에서 잠시 출산휴가를 얻어

친정에 가셨을 터이다. 내가 어린 시절을 보낸 고향(본적지)은 전라남도 화순군 동복면이다. 동복면은 동복 오씨 집성촌이라 할 수 있을 정도로 우리 가문이 고을의 중추를 이루고 있었다. 우리 집안 성씨의 본관(本貫)은 동복이다. 우리 조상은 고려조(高麗朝)의 관원으로 나라의 천제(天祭)를 주관하기 위해 동복에 부임하여 정착했다고 한다. 그것이 우리 가문의 전설이다. 비석 등 우리 조상들의 행적에 관련된 유물들이 고을 한복판에 전시되어 있다.

생가(生家) 할아버지(吳啓春)는 보통수준의 지주(地主)이셨으며 동시대의 반가에서 대개 그러했듯 한학(漢學)을 익혀 문화생활을 영위하셨다. 자손들을 도시로 보내 공부하도록 하신 거나 중국, 일본 등지로 유학을 보내신 것으로 미루어 할아버지의 재력을 짐작할 수 있다. 왜정치하에서 할아버지의 셋째 아드님과 장손이 전남 광주에서 변호사로 활동했으므로 다소간의 의지는 되었으리라 짐작된다. 그러나 왜정에 대항하여 요시찰인물로 감시를 받고 국외로 망명한 차남(나의 아버지) 때문에 겪은 어려움이 크셨을 것이다. 나라 잃은 시대의 지식인으로서 할아버지가 품으셨을 고독감을 이제야 조금 가늠한다.

내 아버지는 장성하신 뒤에 둘째 할아버지(吳啓浹) 댁으로 출계(出繼)하셨다. 그 댁에 남자 손이 없었기 때문이다. 양할아버지는 서울 출입이 빈번하셨던 분으로 기억한다. 양할아버지는 미두(米斗: 지금의 주식투자와 비슷한 것), 광산개발 등 모험적인 사업을 여럿 시도하셨다는 이야기를 들었다. 그 어른이 사 오셨던 박래품(舶來品: 해외에서 수입한 물품) 가운데 몇 가지는 아직도 집에 남아 있다. 양할아버지가 낙척(落拓)한 노인으로 고향에 내려와 별세하셨을 때 나는 일곱 살이나 여덟 살 쯤의 어린이였다. 하지만 아버지가 국내에 안 계셨기 때문에 내가 대신 굴건제복(屈巾祭服)하고 상주노릇을 했다.

아버지(吳南基)는 광주고등보통학교와 중국 북경민국대학(北京民國大學) 경제학부를 졸업하시고 왜인들이 폐간시킬 때까지 동아일보사 기자로 근무하셨다. 일본 동경(東京: 도쿄) 특파원으로 활동하기도 하셨다. 북경(北京: 베이징)유학 시절 아나키즘에 입문하신 이래 내쳐 일제와 마찰을 빚으셨다. 동아일보사 재직 중에도 걸핏하면 종로경찰서에 잡혀가 물고문 등 심한 고문을 당했던 이야기를 자주 하셨다. 동아일보 폐간 후 중국으로 망명하신 때로부터 중국에서 활동하던 아나키스트 서클과 더불어 항일투쟁을 본격화하셨다고 한다. 그런 세월이 10여 년에 이른다.

나는 왜정하에서 창씨개명을 하지 않았다. 아버지의 뜻에 따라 할아버지께서 그리 하신 것 같다. 주재소(駐在所: 경찰관 파출소)의 순사(巡査)가 주기적으로 집에 찾아와서 아버지와 서신왕래가 있느냐고 묻는 등 아버지의 동태를 조사해 갔다. 어린 나는 그것이 무슨 뜻인지 몰랐다.

아버지는 광복 후에 대한민국 임시정부 비상국민회의 대의원, 독립노동당 상임위원, 한중문화협회 주간, 민주사회당 사무장 등의 책무를 맡아 활동하신 일이 있다. 아나키스트 그룹과의 유대는 오래도록 유지하셨으며 이런저런 정치적 사건에 간여하셨다고 들었다. 그러나 아버지는 끝내 야인의 생애를 사시다가 75세에 타계하셨다. 돌아가실 때까지 아버지와 교류하시고 나의 성장에도 관심을 가져 주신 아버지의 동지들 가운데 대표적인 인물로 내가 기억하는 이는 정화암(鄭華岩) 선생이다.

외할아버지(丁洙泰)는 일본 명치대학(明治大學) 법학과를 졸업하시고 젊은 시절 호남은행(창립지원, 取締役), 조선일보(자금지원, 常務取締役), 신간회(新幹會: 창립발기인, 중앙위원, 전라남도 지회장)에 관여하시고 상해 임시정부에 자금을 지원하는 등 여러 사회활동을 하셨다. 노년에는 향리에 중학교를 설립하여 운영하셨다.

외할아버지의 둘째 따님인 어머니(丁小錦)는 한학자인 집안 어른이 가르치는 일종의 서당공부로 한문과 한글(당시 말로는 언문)을 터득하셨다. 그때가 1910년대였던 것을 생각하면 외할아버지가 개화(開化)한 분이라 따님들에게도 기초적인 한학을 익히게 하셨을 거라 할 수 있다. 어머니의 '옛날이야기식' 가르침은 지금까지 내가 후진들에게 들려주는 훈화의 원본이 되고 있다. 어머니는 인고와 헌신의 일생을 사셨다. 나는 지금도 어려운 일이 있으면 어머니를 부른다. 어머니는 내가 직업적으로 안정되어 가는 것을 보시고 69세의 아쉬운 연세에 총총히 하늘나라로 가셨다. 병수발 할 시간도 주시지 않았다. 내 불효가 하늘에 닿는구나. 내 인생 최대의 좌절이었다. 어머니가 돌아가셨을 때 아버지는 너무 크게 그리고 오래 애통해하셨다. 격랑의 시대에 청장년시절을 보내면서 아내를 제대로 돌보지 않은 회한이었을 것이다.

나는 고산 윤선도(孤山 尹善道)의 14세손인 윤선명(尹先明)과 혼인하여 아들 둘(周洋, 知洋)과 딸 하나(承美)를 두었다. 장인(尹泳麟)은 일본 명치대학(明治大學)을 졸업하셨고, 장모(洪性玉)는 숙명

여전(淑明女專)을 졸업하셨다. 장모는 서울태생으로 유치원부터 시작해 대학까지 졸업하셨으니 당시로서는 드문 교육혜택을 받은 분이다. 아내는 한 여인으로서, 주부로서 그 소임(所任)을 다하며 살아왔다. 아내는 가정(家庭)을 관리하고 전통적 범절을 행함에 있어서 흐트러짐이 없는 사람이다. 자식들은 선하게 자라 각자 제 할 일들을 하고 있다.

열 살 되던 해인 1945년까지 산자수명한 고을 동복에서 살았다. 아버지는 젊은 시절 객지생활을 많이 하셨다. 학업을 위해 또는 직업활동 등을 위해 활동무대를 중국, 서울, 동경 등지로 옮겨 다니셨지만 나라의 광복이 있을 때까지 솔권(率眷)하신 일이 없었다. 어머니와 우리 남매(누님과 나)는 고향에서 살았다. 1946년에 중국에서 귀국하신 아버지를 따라 서울로 이주하였다. 아버지는 오랜 세월 동안 부모(내게는 조부모) 슬하에 맡겨 두었던 식솔들과 함께 사시게 되었다.

서울에서의 내 초등학교 시절은 용산구 후암동에서 보냈다. 추운 겨울 새벽에 멀리서 들려오던 기차의 기적소리, 눈이 많이 온 날 동화 속의 그림 같던 등굣길 풍경은 내 아련한 추억이다. 내 중학교 시절의 집은 성북구 돈암동에 있었다. 전차 타고 통학하던 일, 차편이 마땅치 않으면 서대문 근방에 있던 학교에서 집까지 걷던 일, 학교에서 당수(唐手: 지금 말로는 태권도)라고 하던 운동을 열심히 했던 일, 2차대전 후 여러 역병이 퍼졌으므로 예방주사를 자주 맞던 일 등등의 기억이 생생하다.

한국전쟁이 발발했을 때 우리 식구는 피란을 가지 못하고 석 달간 서울에 남아 기막힌 고난을 겪었다. 부모님 특히 어머니의 고초는 이루 말할 수 없었는데 철없던 나는 이를 헤아리지 못했다. 이른바 1·4후퇴 때는 우리 가족도 어찌어찌 피란길에 오를 수 있었다. 전라북도 이리(지금의 익산)를 거쳐 전라남도 광주에 머물렀던 피란생활은 내가 고등학교를 졸업할 때까지 4년간 이어졌다. 그 기간에도 아버지는 부산에 머물면서 재야 정치활동을 하셨다고 한다. 내가 대학에 진학하면서 아버지와 함께 서울로 이사해 성북구 성북동에 살기 시작했다. 그 후 젊은 시절 내내 성북구에 살게 되었다.

1950년대 전후의 내 청소년 시절은 경제적으로 어려운 세월이었다. 시대의 탓도 있고 집안형편 탓도 있다. 나는 지주(地主)의 손자로 태어나서 무정부주의자의 아들로 자랐다는 말로 청소년기의 내 형편을 요약해 표현하기도 했다. 내 성격 때문인지, 자란 환경 때문인지 요즘 말로 아르바이트라고 하는 것 한 번을 안 하고 어려운 시절을 넘겼다. 요컨대 나는 영악하지 못한 청소년이었다. 이재(理財)에 어둡고 소홀한 것은 내 일생에 마찬가지였다.

서울대학교가 관악산으로 옮긴 1974년에 동작구 상도동으로 이사하여 30여 년을 살았다. 단독주택만을 고집하다가 근년에 아파트 생활을 하게 되었다. 주거에 관한 한 나는 아주 시대에 뒤처진 사람이다. 학군 따라서, 투자가치를 노려서 이사 다니는 것이 국민적 시류였던 모양이지만 내게는 그런 데 합류할 아이디어 자체가 없었다. 지금에 와서야 처자식에게 미안하다는 생각을 많이 하지만 그저 때늦은 후회일 뿐이다. 2011년에는 인천 송도에 생긴 국제도시의 국제업무단지 내 아파트로 이사했다. 집에서 멀리 바다가 보이니 전망이 일품이며 공기 좋고 햇빛 좋다. 공원이 가까이 있어 산책하기도 좋다. 낙향한 것 같은 분위기도 즐길 수 있다. 노년을 보내기 아주 좋은 집을 마련하는 재주를 부린 아내의 공이 크다.

2. 공부하고 학자가 되고

고향에서 동복국민학교에 입학한 것이 내 학교교육의 출발이었다. 내가 취학하던 시절에는 지금으로 치면 초등학교인 국민학교에 입학할 때도 면접시험이라는 절차를 거쳤다.

국민학교 입시면접에서 선생님은 아버님이 담배 피우시느냐고 물어 그렇다고 답했고, 아버님이 어디 계시냐고 물어 중국 북경에 계신다고 답했더니 면접을 끝내고 내 이름이 있는 서류에 삼각표를 써넣는 것을 보고 나왔다. 집에 와서 그 이야기를 했더니 결국 할아버지까지 아시게 되었다. 할아버지는 크게 화를 내셨다고 한다. 그 소문이 학교에까지 알려졌는지 아니면 불러서 왔는지 사랑채로 찾아온 교장선생님에게 할아버지는 왜 동그라미표가 아니고 삼각표냐고 추궁하셨다고 한다. 교장선생님은 삼각표가 더 좋은 것이라는 말로 얼버무리며 빠져나갔다고 한다. 그때는 동복면의 주요기관 책임자들이 대개 우리 문중 사람들이었다. 교장선생님도 우리 집안 손아랫사람이니 우리 집에까지 찾아와 할아버지의 꾸중을 고스란히 들을 수밖에 없었을 것이다. 면접관이 아마도 일본인이었을 것이며, 내 아버지가 요시찰인물이라는 것을 알았거나 적어도 이를 짐작했기 때문에 그 소동의 빌미를 만든 게 아닌가 추정해 본다. 80년 가까이 지난 지금도 이 에피소드가 뚜렷하게 생각난다. 내 생애의 첫 번째 바깥세상 나들이에서 겪은 일이라 기억에서 지워지지 않는 것 같다.

국민학교 3학년 때 광복을 맞았다. 당시 시골 학교의 형편은 여러 달 동안 수업이 정상화되기 어려웠을 것이다. 이듬해 서울 후암동의 삼광국민학교 4학년에 편입하여 그 학교를 졸업하였다. 준비 없는 시골 아이가 서울의 학교생활에 어떻게 적응할 수 있었는지 생각나지 않는다. 삼광국민학교 시절의 학교공부에 관한 추억은 별로 없다. 큰 애로가 없었던 것 같다. 졸업할 때 담임선생님이 초등학교 졸업 후 바로 취업해야 할 사람들을 위해 성적표에 모두 후한 점수를 주었다고 말씀했던 것은 뚜렷하게 떠오른다. 학교 운동장 한편에 수영장이 있었는데 나는 거기서 많이 놀았다. 그때 스스로 터득한 '무원칙 수영'(일명 개헤엄)의 기법을 평생 버리지 못했다.

국민학생 때 나는 분명 책을 좋아하는 아이였다. 내 책읽기는 만화책에서부터 시작되었다. 서점(책방)에 나온 만화책은 모두 샀다. 새로 나온 만화책이 있는지 보려고 책방들을 자주 찾아다녔다. 새로 나온 책을 발견했을 때의 기쁨, 여러 책방을 둘러보고도 새 책을 못 만났을 때의 낙담을 회상한다. 이후 동화책, 잡지 등 어린이용 도서는 보이는 대로 사들였다. 어린이 잡지에 내가 만든 이야기를 투고하기도 했다. 1940년대의 출판사정은 한 어린이의 독서의욕을 따라가기 어려웠다. 그러니 새 책 출간을 기다렸다는 말을 하는 것이다. 출판물 폭증시대에 사는 요즘 사람들은 책이 나오는 족족 모두 샀다는 옛날이야기를 이해하기 어려울 것이다.

국민학교 졸업 후 서울중학교에 진학했다. 중학교는 내가 혼자 알아서 선택했다. 서울 사는 사람이니 서울이라는 이름이 붙은 중학교를 선택했다고 말한 것 같다. 학교 선택뿐만 아니라 원서를 작성해 제출하는 일, 학교위치를 확인해서 시험 치르러 가는 일, 합격자발표를 보러 가는 일까지 모두 혼자 했다. 그때 내 생각에는 그렇게 하는 것이 당연한 일이었다.

그런 독립적 행동방식은 평생 같았다. 내 부모님은 학비를 주신 것 말고는 내 학업이나 직업선택의 진로에 관해 간섭을 하시는 일이 없었다. 심지어는 조언을 들은 기억조차도 없다. 우리 집에서 내 학업문제는 당초에 대화의 주제가 아니었다. 아버지는 학업이나 사회활동에 관해 철저한 자기결정을 하면서 일생을 사셨던 분이라 그러신 것도 같다. 남자가 국사(國事)와 천하대사를 걱정해야지 처자식 문제에 얽매이면 졸장부라고 여기던 그 시절 지사(志士)들의 관념을 공유하신 때문이 아닌가도 생각해 보았다. 어머니는 내가 어렸을 때부터 제 일 저 알아서 하는 사람이라고 믿어 왔다는 말씀을 늘 하셨다. 나도 내 자식들의 학업이나 직업상의 진로선택에 대해 말을 보탠 적이 없다. 내 자식들도 제 자식들과 친구처럼 지내는 것으로 보아 자식들의 진로에 간섭할 사람들 같지는 않다. 제 일 저 알아서 하는 행동방식은 우리 집 가풍이라고 소개할 만하다.

서울중학교에 진학하여 다니던 중 2학년 때 한국전쟁이 일어났다. 한국전쟁의 와중에서 서울에 잔류하거나 피란민으로 떠돌다가 광주(光州)의 광주동중학교 2학년에 편입하였다. '전시남

하피란학생임시수강자'의 자격으로 편입하였다. 2학년은 동중에서 마치고 3학년은 광주서중학교에서 마쳤다.

내가 중학교 3학년이 되던 해에 학제가 바뀌어 6년제이던 중학교가 각각 3년제인 중학교와 고등학교로 분리되었다. 광주에 있던 동중과 서중을 합쳐 광주서중학교와 광주고등학교를 만들었다. 내가 동중이 아니라 서중에서 중학교 공부를 마친 것은 두 학교가 합쳐졌기 때문이지 전학을 해서 그리 된 것은 아니다. 나는 고등학교가 만들어지고 처음 실시된 입학시험을 거쳐 광주고등학교에 입학하고 3년 후 이 학교를 졸업하였다. 뒤에 광주고등학교 밑에 동중(東中)이 생기고 서중(西中) 위에 일고(一高)가 생겨 과거 동중과 서중이 병립하던 때와 모양이 같아졌다.

나는 1955년 4월 1일 서울대학교 법과대학 법학과에 입학하였으며 1959년 3월 28일에 졸업하면서 법학사 학위를 받았다. 내가 법과대학을 졸업하던 해의 4월 1일에 창설된 서울대학교 행정대학원에 입학하여 1961년 3월 28일 졸업하면서 행정학석사 학위를 받았다. 1963년 3월에는 연세대학교 대학원 박사학위과정 행정학과에 입학하였다. 행정법학이 아니라 행정학의 박사학위과정이 생긴 것은 국내에서 그곳이 처음이었다. 연세대에서 1965년 8월에 박사학위과정을 수료했으나 미국유학길에 오르느라 학위논문은 제출하지 못했다. 미국유학 후에 논문을 제출할 수 있도록 5년간 학위논문 제출을 유예해 달라는 연기원(延期願)을 학교에 낸 바 있으나 지금 와서 그것이 무슨 소용이겠는가.

내가 미국유학을 결심하고 준비하던 시기는 1965년경이다. 그 시기의 내 삶을 잠시 회상해 본다. 당시 나는 서울대학교 행정대학원 조교이면서 강사였다. 연세대학교 박사과정 학생이었다. 연세대에서 박사학위논문제출자격고사인 종합시험에 응시하였다. 서울대와 연세대를 포함한 몇몇 대학의 시간강의를 맡은 것이 20여 시간에 달했다. 유학을 위한 어학시험 준비를 하고, 미국정부 또는 대학이 주는 장학금을 신청하고, 미국 대학의 입학허가를 받기 위해 동분서주했다. 유학에 필요한 시험에는 닥치는 대로 응시할 기세로 움직였다. 그 와중에 치과치료를 받고 치질수술을 받았다. 미개한 방법을 써서인지 치질수술 후 달포 가까이 고통을 겪었다. 후유증도 오래 갔다. 딱 한 번인가, 연세대에 강의하러 들어가다가 학교 앞 빵집에서 빵 하나로 급히 점심을 때우면서 너무 바쁜 것이 서글플 수도 있구나 하는 생각을 잠깐 했던 기억이 난다. 그러나 바빠서 힘들다는 생각을 길게 할 경황이 없이 그 시절을 살아 넘겼다. 열심히 산 건 확실한 것 같다. 1960년대 우리나라 사람들은 대개 그렇게 살지 않았나 싶기도 하다.

나의 미국유학을 가능하게 해 준 것은 미국 동서문화교류센터(East-West Center)가 준 장학금(International Development Fellowship)이다. 주한미국교육위원회(United States Educational Commission in Korea)가 1965년 10월에 장학생후보자를 선발하고 동서문화교류센터가 1966년 4월에 합격자를 최종 결정하였다.

미국사람들이 주는 장학금을 받아 출국할 때 겪은 절차적 문제들도 지금 사람들이 이해하기 어려운 진풍경이었다. 우리 정부에서 요구하는 서류도 많고 절차는 오래 걸렸다. 나는 부지런히 관청 문턱을 넘나들어야 했다. 정부가 내 귀국을 담보하기 위해 보증인의 보증을 받아오라고 하는 것이 가장 힘들었다. 내가 학업을 마치고 귀국하지 않으면 손해배상의 책임을 질 두 사람의 재력가를 찾아 보증을 간청하는 일은 정말 어렵고 하기 싫은 일이었다. 아버지의 인맥을 동원하지 않았다면 불가능한 일이었을 것이다. 여권유효기간은 2년이어서 유학 중에 영사관을 통해 여권연장을 하는 것도 여간 번거로운 게 아니었다.

미국대사관에서 비자를 받기 위해서는 신체검사(건강검진)를 받아야 했다. 흉부를 촬영한 커다란 X-ray사진을 들고 가서 미국공항의 입국심사에서 제시해야 했다. 후진국에서 입국하는 사람들이 폐결핵을 전파하지 않을까 하는 우려 때문에 그리 했던 모양이지만 후진국 백성의 비애라 할까.

여기서 잠깐 미국유학 준비과정의 한 에피소드를 이야기하고 지나가려 한다. 내가 제출한 장학금 신청서나 입학신청서에 첨부한 추천서는 연세대 총장과 서울대 총장이 써 주었다. 연세대에서는 박사학위과정을 마쳤고 행정학과의 강사였으므로 당연한 것처럼 총장의 추천서를 받았다. 서울대에서는 내가 전에 미국 하버드 Yenching Institute의 교환교수를 위한 Scholarship Program에 선발되었으나 총장의 부탁으로 다른 사람에게 양보하고 그 대신 미국 대학의 학위과정에 지원할 때는 총장이 추천서를 써 주기로 약조가 되어 있었다. 그러니 뒤에 빚 받아내듯 총장의 추천서를 받았다.

내가 미국유학을 위해 출국한 때는 1966년 6월이다. 미국 하와이에 있는 East-West Center에서 두 달 남짓 체류하면서 오전에 잠깐씩 하는 '국제발전 세미나'에 참석하고 미국 풍물을 구경하는 등 적응기간을 가졌다. 처음 접했던 하와이 섬의 풍광은 내게 잊을 수 없는 추억을 남겼다. 9월부터 미국 펜실베이니아 주 피츠버그시에 있는 피츠버그대학교(University of Pittsburgh)의 Graduate School of Public and International Affairs(GSPIA)에서 공부하기 시작했다. 이 학교에서 행정학을 전공하고 1969년 8월 14일자로 박사학위를 받았다. 내가 받은 학위는 Ph.D.(Doctor of Philosophy)이다. 행정학 전공으로 받은 학위이니 우리말로 행정학박사라 표기해 왔다.

내 미국유학경비는 East-West Center가 2년간, 피츠버그대학교의 GSPIA가 1년간 부담하였다. GSPIA에서는 내가 신청하기 전에 후한 장학금을 학교경비로 마련해 주었다.

2008년에는 설립 50주년을 맞은 GSPIA(Dean: John T.S. Keeler)가 주는 International Public Service Award를 받았다. 한국의 행정학 발전에 기여한 공로를 인정한 것이라 하였다. 원장이 우리나라에 와서 전해 준 이 표창장을 받으면서 40여 년 전의 유학생활을 회상하고 깊은 감회에 젖었다.

내 본격적인 직업생활이 시작되기 전 잠시 정부기관에 근무한 경험이 있다. 법제처 산하 법제조사위원회의 참사(參事)를 지내기도 했고, 법제처의 사무관 공채시험에 합격한 경력도 있다. 그러나 내 생애의 직업은 1963년 4월 5일 서울대학교 행정대학원의 조교가 된 때부터 시작되었다. 행정대학원 창설 후 처음으로 유급조교를 모집하는 데 지원해 보라는 지도교수의 연락을 받고 선뜻 응한 것이 나를 교수가 되는 길로 이끌어 가는 상황적 조건을 설정한 셈이 되었다. 개별적인 교수를 돕는 것이 아니라 학교 전체의 교무행정을 보조하는 이른바 교무조교의 업무는 많은 것이 아니어서 개인적 발전을 위해 시간을 할애할 수 있었다.

미국유학에서 돌아와 서울대학교 교수가 되었다. 미국유학 중 내 신분은 미국 대학에 파견근무하는 공무원(국립대 교원이라 별정직 공무원)이었으므로 귀국 후 교수 발령은 자연스러운 일이었는지 모른다. 1969년 10월 15일 서울대학교 행정대학원 조교수, 1974년 1월 1일 부교수, 1979년 7월 19일 교수의 발령을 받았다.

그렇게 나는 교수라는 직책을 맡아 학자로 일생을 살았다. 교수는 내게 가장 적합한 직업이라 생각하고 그에 만족하고 살았다. 학자의 경력통로는 하나의 직업에 일생 동안 종사하는 안정적 경력통로이며, 하나의 전문분야에 계속 종사하는 선형적 경력통로(linear career path)이다. 학자는 일생 동안 한 우물을 파는 직업인이다. 나는 그렇게 믿고 살아왔다. 그런 직업이 내 천성에 맞는다.

내게 맞는 학자의 직업을 선택하고 그에 정착하는 데는 많은 운명적 요인들이 작용했을 것이다. 내 자신의 의도와 노력만으로 이루어진 결정이라 보기 어렵다. 내가 선택했다기보다 내가 선택되었다는 표현이 적합할지도 모른다. 사람이 밟아 가는 생애의 궤적은 사람의 의식적인 결단만으로 정해지는 것이 아니다. 일생의 행로는 당사자 개인의 의식적·잠재의식적 결정과 허다한 외재적 조건이 함께 얽혀 버무려낸다. 그와 같이 복잡한 영향요인의 덩어리를 보이지 않는 손이니 운명이니 하는 말로 설명하는 경우가 많다. 어떤 사람의 직업선택에 관한 운명은 그 사람에게 적합한 것일 확률이 매우 높다고 나는 생각해 왔다. 자기의 능력신장을 위해 열심히 노력했더니 결국 자기에게 적합한 직업에 정착하게 되었다는 내 경험담을 젊은이들에게 들려주고 싶다.

사실 운명과 사람의 관계는 모호하다. 그래서 어느 쪽이 독립변수인가에 대해 이론(異論)이 분분하다. 사람이 운명을 만든다는 주장도 있고 운명이 사람을 만든다는 주장도 있다. 젊은이들에게는 인위적인 노력으로 운명을 개척하고 만들어 가야 한다는 교훈이 유용하다. 그러나 사람이 늙어 갈수록 운명 쪽에 더 많은 가중치를 주게 되는 경향은 어쩔 수 없다.

직업선택의 결정과정에서 자기의 목표가 언제 어느 정도나 의식적으로 구체화되고 분명해지는가 하는 것은 사람에 따라 다를 수 있다. 어려서부터 어떤 직업인이 되겠다는 것을 일찍 정하고 그 목표를 꾸준히 추구하는 사람들도 있다. 내 경우는 의식적 계획이 늦은 편이었다. 직업선택에 관한 생각이 석사학위를 받을 때까지도, 심지어는 모교의 조교가 될 때까지도 열려 있었다고 말할 수 있다. 보다 많은 공부를 하고 학위취득 등 자격을 높여 직업현장에 나가리라는 일념을 가지고 열심히 노력하자는 것이 나를 이끌었던 의식적 원동력이었던 것 같다. 그러나 시간이 지나갈수록 잠재의식적으로는 나 자신을 교수가 되는 길로 점점 밀어 가지 않았나 생각한다. 내가 처한 여건이 또 나를 그렇게 만들기도 했다. 나중에는 선택의 폭이 좁아지고, 당연히 교수가 되어야 하는 것처럼 나를 만들어 가는 내 운명에 순응했다. 그때그때 눈앞에 닥친 일에 전념하다 보니 어느 날 교수가 되어 있더

라. 이런 표현도 해 볼 수 있지 않을까.

교수로 재임하는 동안 교내의 소소한 보직들을 맡은 바 있다. 교수도 조금은 조직구성원이므로 학사행정의 잡무를 맡는 보직을 완전히 피할 수는 없다. 학내 보직을 맡을 때도 학자의 본분에 손상이 갈 만한 일은 극력 피했다.

한국방송통신대학이 1972년 서울대 부설로 창설될 때 행정학과장을 겸직해 여러 가지 경험을 하고 통신대 교재를 교내에서 가장 많이 썼던 일은 지금도 이야깃거리로 삼을 때가 있다. 처음으로 생긴 개방형 통신대학이라 세인의 관심이 컸던 것 같다. 몇 만 명씩 입학지원자들이 몰려들었다. 입학허가를 호소하는 혈서를 원서에 첨부한 사람도 있었고, 입학시켜 달라는 탄원서를 청와대에 제출한 사람도 있었다. 서류심사만으로 입학을 결정하기 때문에 학장은 친지들의 청탁도 더러 받았다고 했다. 청탁을 물리칠 때 컴퓨터 핑계를 댔다고 한다. 컴퓨터가 알아서 하기 때문에 사람이 어찌 할 수 없다고 말하면 대개 납득했다고 한다. 당시 우리나라에서는 컴퓨터가 그만큼 신비의 기계였다. 그 뒤 한국방송통신대학은 서울대로부터 독립했다.

통신대학 행정학과장을 하면서 행정대학원 학생과장(지금의 학생부원장)의 보직도 맡았었다. 학생과장은 하는 일이 거의 없는 자리였다. 이로써 젊은 교수들이 통과의례처럼 맡아야 하는 보직은 졸업하였다. 잡무가 많아 보이는 교무과장(교무부원장)의 보직은 피할 수 있었다. 40대 후반부터 몇 년간 중견직업인들을 위한 강습과정인 '국가정책과정'의 주임교수로 일한 경험도 있다.

1990년 12월부터 1992년 12월까지 서울대학교 행정대학원

원장의 직책을 수행하였다. 그것도 흥미로운 경험이었다. 원장으로 재임하는 동안 교수들의 자율권 신장을 각별히 강조했다. 그것은 교수들의 자율적 책임, 자율규제를 강조하는 것이기도 했다. 교수들의 권위를 향상시키려면 그렇게 해야 한다고 믿었다. 나는 교수회의석상에서 "교수의 자율권은 천부의 특권"이라고 소리 지르기도 했다. 맞는 말인지는 모르겠으나 교수의 자율을 강조한다는 의미는 전달되었을 것이다. 학생들과 가까이 있는 원장이 되기 위해 수학여행과 같은 학생들의 행사에 열심히 참여했다. 이런 일들은 무형적이지만 내가 강조하고 싶었던 것이므로 여기에 적는다. 동창회의 도움을 받아 도서실 등 학생들이 이용하는 시설들을 개·보수했던 일, 정부(정보통신부)의 자금 지원을 받아 행정대학원 전용건물을 새로 짓는 약정을 마무리한 일도 생각난다.

1997년 4월 19일부터 1999년 4월 18일까지 서울대학교 평의원회의 위원직을 맡았을 때 서울대학교 교수윤리위원회 설립 준비책임(위원장)을 위촉받았다. 위원회가 발족하면서 자칫 하면 위원장을 맡을 뻔했다. 다른 교수들을 위원장, 부위원장으로 천거하고 나는 그 자리를 모면하였다. 그러나 위원의 자리에는 남아 문제된 교수들을 심문하는 달갑지 않은 일을 치르기도 했다.

학회활동으로는 1987년도 한국행정학회 회장을 맡았던 전력을 들 수 있다. 그 뒤로 한국행정학회 고문, 한국인사행정학회 고문, 한국조직학회 고문, 한국거버넌스학회 고문 등을 역임하였다. 내가 한국행정학회의 회장이 된 것은 단일후보를 추대하는 형식을 거쳐서였다. 극성스런 동년배들이 회장을 했기 때문에 가까운 후진들이 나도 해야 한다고 생각한 듯하다. 내가 안 하고 있으니 자기들 차례가 늦어진다고 생각한 듯도 하고. 한 1, 2년 사양하다가 천거 반 내 뜻 반으로 회장을 맡게 되었다. 회장을 맡는 일은 어정쩡했지만 당시의 형편에서는 학회 일을 열심히 했다고 믿는다. 학회살림을 늘렸다. 몇 가지 학회사업을 확충하거나 업그레이드했다. 마침 정부보조금 등 연구활동비 지원이 늘어 학회활동을 원활하게 이끌 수 있었다. 후임회장에게 학회 잉여금을 넉넉하게 넘겨줄 수도 있었다.

나는 평생 동안 정치적(정당적·정파적) 결사체의 활동을 철저히 멀리해 왔다. 사회개혁을 표방하는 사회단체들에 눈길을 준 일도 없다. 그게 옳은 일을 하는 단체들이라도 거기에 헌신하려면 대학에서 차지하고 있는 자리는 내놓아야 한다고 생각했다. 연구목적 이외의 관청출입도 자제했다. 학자라는 이름을 달고 무엇인가 이끗을 노리면서 관청주변을 맴돌아서는 안 된다고 생각했다.

그럼에도 불구하고 내가 정부의 행정을 연구하는 학문을 하다 보니 내 이름이 정부기관의 자문역 명단에 오른 일이 종종 있었다. 시간도 많이 빼앗기지 않고 대수롭지 않은 일이라 자문위원이니 하는 것에 위촉하겠다는 연락이 오면 그대로 놓아 두었던 것이 대부분이다. 정부에서 만드는 위원회들 가운데는 부실하거나 이름뿐인 것들도 있다. 정부시책평가위원, 정책자문위원, 자문위원, 연구위원과 같은 여러 가지 호칭으로 국무총리실, 총무처, 내무부, 법무부, 경제기획원, 보건사회부, 서울특별시 등에서 내 이름이 기록된 일이 있다.

1984년에는 한국정신문화연구원이 추진했던 '한국민족문화 대백과사전 편찬사업'의 정치·법제(법·행)분과 편집위원회 위원으로 위촉되었다. 그때는 위원이라는 이름에 어울리게 상당한 기여를 했던 것으로 기억한다. 사전에 실릴 글도 여러 편 썼다.

1996년에 국회공직자윤리위원회 위원을 맡았던 일은 후회스럽다. 위원회 운영이 별로 윤리적이라고 생각되지 않아 두어 달 만에 사임하는 소동을 벌였으니 내 마음 상하고 국회에도 미안하게 되었다. 1998년에는 기획예산위원회가 정부 전체의 행정개혁안을 입안하기 위해 만든 경영진단조정위원회의 위원장을 맡은 바 있는데 정부에 도움을 주었다고 할 것도 없고 보람도 없는 일이었다. 그나마 3개월 정도로 일이 끝난 것은 다행한 일이었다.

정부 내에서 공직후보자로 내 이름이 거론된다느니 임용결정이 되었다느니 하는 언론보도를 본 일도 있으나 그런 소문은 나와 아무 상관이 없다. 나는 그런 말이 나오는 곳 주변을 얼쩡거린 일이 없다. 먼 훗날 혹시라도 누가 예전 신문기사를 보고 오해할지 모른다 싶어 이 말을 여기 적어 둔다.

나는 관청출입을 절제했을 뿐만 아니라 언론노출, 해외여행, 외부강의 등에서도 조심하고 절제하였다. 완전히 배척할 수는 없는 일들이지만 지나치면 본업이 의심스러워지고 사람이 건달처럼 되어 간다. 외부대학 시간강의는 원칙적으로 맡지 않았다. 신문에 칼럼도 쓰고 젊은 시절 방송매체에 간혹 짧게 얼굴을 비치기도 했지만 스스로 정한 기준을 넘지 않았다. 단기간의 학술회의 참석이나 시찰목적의 해외여행 경험이 꽤 있으나 우리 분야 사람들의 평균보다는 적은 횟수였을 거라고 생각한다. 해외여행이 어렵던 시대에는 학술회의참석 등 외국방문의 경험도 경력사항으로 적는 수가 있었다. 지금 생각하면 촌스러운 일이다.

유학시절을 빼고는 1976년 겨울방학 중 미국 인디애나대학교(Indiana University)에 3개월가량 가 있었던 것이 가장 긴 외국 체류였다. 그 대학의 William Siffin 교수가 책임자로 있던 국제발전연구소에서 연구실을 얻어 공부하다 왔다. 공부하다 왔다고 했지만 무슨 연구에만 전념했던 것은 아니다. 소득이 있었다면 도서관 자료조사를 꼽을 수 있다. Siffin 교수의 각별한 호의는 고마운 일이었다. 그는 내가 몇몇 대학교를 순방하면서 행정학 분야의 저명한 교수들을 면담할 수 있도록 주선해 주었다. 그의 소개로 만났던 교수들은 나를 환대해 주었다. 끼리끼리의 친분이라는 것, 그리고 친한 사람의 소개라는 것이 미국에서도 중요하구나 하는 생각을 했다. 그때 만난 교수들 중에 Dwight Waldo 교수와 John Montgomery 교수의 이름을 기억한다. 인디애나대학교에 가 있던 때의 비용지원기관은 UN이었던 걸로 짐작하는데 기억이 분명치 않다.

나는 교수생활을 하는 동안 한 학기도 학생들 곁을 떠난 일이 없다. 외국에 가거나 연구교수가 되거나 하는 등의 사유로 강의를 오래 쉰 일이 없는 문자 그대로의 근속을 여기서 자랑하고 싶은 것이다. 교수가 결코 손을 놓을 수 없는 핵심적 임무는 연구(집필)와 강의라고 생각했으며 거기에 애착도 많았다. 1970년대에 한 학기 동안 연구교수를 한 일이 있으나 중요강의, 논문지도 등 교수의 기본적 업무는 계속 수행하였다. 연구교수에게 면제되는 강의부담의 일부를 자청해서 수행한 것이다.

2001년 교수직에서 정년퇴임할 때 국가에서 주는 황조근정훈장을 받았다. 특별히 빼어난 공적이 있어 받은 훈장은 아니다. 대학교수로 오래 근무하면서 학문발전과 후진양성을 위해 애썼을 터이니 국가에 공헌한 것으로 볼 수 있다 하여 연조(年條)에 따라 준 훈장이다. 무슨 자랑거리라 할 수는 없으나 공식적 기록에는 들어가야 할 것 같아 여기에 언급한다.

2001년 10월 18일에는 서울대학교 행정대학원 명예교수로 임명되었다. 그에 따른 영예와 편의를 제공해 준 서울대학교의 조치를 고맙게 생각한다. 명예교수가 된 뒤에도 70세에 이르기까지 소속 학과에서 한 강좌 또는 두 강좌의 강의를 5년간 계속하였다. 학자로서 읽고 쓰는 일은 지금까지 계속하고 있다. 살아있는 동안은 멈추지 말아야 할 일이다. 교수직에서 정년으로 물러나는 것은 직장을 떠나는 것일 뿐 학자로서의 직업은 종생토록 남는다고 나 자신에게도 이르고 후배들에게도 일러 왔다. 앞으로도 학자로서 마땅히 해야 할 일과 처신을 계속하려 한다.

나는 내 생애에 걸쳐 알게 모르게, 직접 혹은 간접으로 나를 도와주고 이끌어 주었던 많은 분들에게 감사하는 마음을 품고 살아왔다. 그러나 무엇이 되기 위해, 어떤 자리를 얻기 위해 내가 자진해서 누구에게 머리 숙여 청탁한 기억은 없다. 교수가 되기 위해, 원장이 되기 위해, 학회장이 되기 위해 등등 사람들에게 청탁이라고 할 만한 행동을 하지 않았고 하지 못했다. 내 천성인 걸 어쩌겠는가. 나 자신뿐만 아니라 내 자식들을 위해서도 청탁에 나서 본 일이 없다. 국민으로서, 직업인으로서 내 앞에

닥친 책임을 모면하려고 비루한 행동을 한 일도 없다. 나는 비타협적인 일생을 산 것 같다. 내가 머리 숙여 타협하는 재간을 타고났더라면 내 주변 사람들이 훨씬 편했으리라. 더 많은 제자들을 도와줄 수 있었으리라.

II. 행정학을 공부한 대학원 시절

나는 대학원에서부터 행정학을 공부했다. 내가 다닌 법과대학에서 배운 법학은 행정학을 공부하는 데 도움이 되는 중요학문들 가운데 하나이다. 그러나 우리가 지금 논의하는 행정학을 법과대학에서 배운 것은 아니다. 당시는 행정학에 관한 교육과정이 대학에 도입되기 전이었다. 여기서는 행정학을 공부한 나의 대학원 시절 이야기를 하려 한다. 대학원에 다녔다고 하면 석사학위과정에 다닌 것으로 이해하는 경우가 더러 있으나 나는 박사학위과정의 수학까지를 포함해 대학원 시절을 회고하려고 한다.

내 대학원 시절은 3개의 대학에 걸친다. 연대순으로 첫째가 서울대학교 행정대학원이며, 둘째가 연세대학교 대학원이고, 셋째가 미국 피츠버그대학교의 Graduate School of Public and International Affairs이다.

1. 서울대학교에서 행정학석사가 되다

내가 서울대학교 법과대학을 졸업하던 해인 1959년에 서울대학교의 행정대학원이 창설되었다. 나는 거기에 입학해 2년간의 수학 끝에 행정학석사학위를 받으면서 제1회 졸업생이 되었다.

내가 행정대학원을 다닌 시기는 이승만 정권 말기, 4·19혁명과 과도정부, 그리고 제2공화국의 출범이 이어지던 격동의 연대였다. 행정대학원을 졸업하자마자 5·16군사쿠데타가 일어났다. 그런 시기의 내 대학원생활 이야기는 그야말로 옛날이야기이다.

서울대학교 행정대학원은 우리나라 최초의 전문대학원(professional school)이었다. 전문대학원이라는 미국식 제도의 출현은 전통적인 색채가 짙었던 우리 아카데미 내외에 적지 않은 충격을 주었을 것이다. 단일학과로 구성된 대학원 하나의 입학정원이 100명이나 되었던 것, 주간부(1부)와 야간부(2부)의 구분이 있었던 것, 학생모집의 지원자격에 출신학부의 전공분야에 대한 제한을 두지 않았던 것, 입학시험에 영어와 선택과목뿐 전공필수과목이 없었던 것, 수료요건에 정부기관 등에서 하는 인턴십이 포함되었던 것, 2년이라는 재학기간(이수기간) 내에 대부분의 입학생이 석사학위를 받았다는 것 등등 이질적인 특성들을 여럿 지니고 있었기 때문이다. 이런 낯선 제도에 대한 대학 커뮤니티의 배척심리 내지 견제심리는 오래 지속되었다고 한다. 오늘날 넘쳐나는 전문대학원들을 보면 격세지감이 든다.

내가 입학했을 때 입학정원은 100명이었으며 1부(주간)와 2부(야간)의 모집비율은 대략 3 대 7이었다. 주간부에는 33명이 입학했다. 내가 지원했던 주간부의 지원자격은 대학졸업이었으며, 야간부의 지원자격에는 대학졸업 후의 일정한 경력요건이 추가되었다. 추가된 경력요건이란 정부의 국장급 이상 공무원, 판사, 검사, 국영기업 임원, 군 장성 등이다. 초기에는 야간부의 경우 기관장의 추천과 경력사항에 대한 서류심사, 그리고 면접만으로 입학심사를 하였다. 그런 방식은 그야말로 미국식이었다. 주간부의 경우 엄격한 필기시험과 면접시험을 거치게 했다. 주간부 1기생 모집의 경쟁률은 10 대 1을 넘었다. 이후 높은 입시경쟁률은 행정대학원의 전통이었으나 근자에 듣건대 지원자들이 현저히 줄었다고 한다. 고위공직자들을 모집대상으로 했던 야간부에 대한 초창기의 인기는 대단히 높았다. 제1회의 모집에 자유당정권(이승만 정권)의 실세라 할까, 유력자들이라 할까 하는 사람들이 다수 입학했다.

내가 다니던 때의 행정대학원 학위수여요건은 24학점 이상의 학과목 수강과 정부기관에서 실시하는 인턴십 이수, 그리고 학위논문 합격이었다. 재학기간의 요건은 2년이었다. 24학점의 이수를 요구했다고 하지만 각 학과목에 배정된 학점은 원칙적으로 2학점씩이었으므로 이수과목이 그리 적지는 않았다. 수업방식은 오늘날 우리가 보는 학부수업의 패턴과 비슷했다. 출석을 부르는 강의를 듣고, 숙제하고, 중간시험과 기말시험 보는 수업방식 때문에 행정대학원을 고등학교 같다고 말하기도 했다. 학과목 이수가 끝나면 주간부 학생들은 약 3개월간 정부기관 등에서 인턴으로 근무하도록 했다.

나는 중앙청에 있던 총무처에 인턴으로 배치되었다. 인턴이라고 했지만 조직적인 현장훈련은 없었다. 그저 정부조직의 분위기를 견학하는 정도였다. 그 당시 인턴십이라는 말 자체가 생소했고 인턴이 어떤 신분인지, 장차 어떤 신분이 주어지는지도 불분명했기 때문에 인턴을 배치 받은 정부기관들은 이 제도를 어떻게 운영해야 할지 몰라 혼란을 겪었던 것 같다.

석사학위논문은 입학생 대부분이 제출했고 또 대부분이 합격했다. 그리하여 한꺼번에 석사학위취득자를 100명 가까이 배출하였다. 이런 거사는 전통적인 상아탑에 불어닥친 새 바람이었다. 신학제(新學制)를 이해하지 못한 대학구성원들에게는 못마땅한 일이기도 했을 것이다. 그때까지 석사학위를 주는 데 매우 인색했던 캠퍼스에서 석사학위를 빨리 주는 것은 쉽게 주는 것으로 비쳤을 것이다.

내가 제출한 석사학위논문의 제목은 「한국정부의 인사행정제도연구」였다. 심사위원은 노융희 교수, 서원우 교수, 그리고 안해균 교수였다. 논문성적은 A였다. 실로 관대한 평가였다. 오늘날의 기준을 생각하면 '호랑이 담배 피우던' 옛적 이야기라 해야 할 것이다.

나는 행정대학원에서 신학문(新學問)을 만났다. 행정대학원에서 내가 공부했던 행정학은 미국에서 수입된 당시의 신학문이었다. 행정학은 그동안 장족의 발전을 거듭해 왔으며, 우리나라에서는 행정학의 한국화수준을 높이는 노력을 계속해 왔다. 그러나 내가 행정대학원 학생으로서 접한 행정학은 미국에서 직수입한 전통적 행정학 모습 그대로였다. 직수입했다는 것은 우리의 필요에 맞추기 위해 여과하거나 적응시키는 과정을 거치지 않고 그대로 들여왔다는 뜻이다. 60여 년 전 우리나라에 도입된 행정학이 신학문이었다고 말하는 까닭은 우리나라에 새로 도입되었기 때문이다. 행정학 자체의 역사가 그리 길지 않다는 점에서도 신학문이라는 말을 할 수 있을 것 같다.

법과대학을 다니면서 이른바 대륙법계의 전통적인 법학을 공부했던 내게 행정대학원의 학생생활은 상당히 색다른 경험이었다. 학문내용도 그렇고 학제나 물적 시설, 사람들의 행태와 학교의 분위기도 그러했다.

예컨대 법학을 공부할 때는 공무원이 국가에 대해 지는 '무정량의 복무의무'를 생각했었는데, 행정대학원에서 배운 '일에 맞는 보수'라는 관념을 거기에 결합시키기가 어색했다. 공무원이 어떻게 보수만큼만 일해야 한다고 할 수 있는가? 공무원의 '적극적 모집'이라는 개념도 낯설었다. 공직에 진출하는 것을 등용문(登龍門)이라 할 정도로 공직지망자가 크게 넘치는 형편에 지망자들을 더 많이 모아들이기 위해 적극적으로 노력해야 한다는 말의 설득력은 약했다. 이런 이야기는 물론 행정학을 처음 접한 청년에게 스쳐 가는 느낌이었다. 지금도 그런 생각을 하는 것은 아니다.

그 시절 행정대학원을 다녔던 사람들에게는 미국식 기준에 맞게 꾸며진 건물 내부와 시설, 미국에서 원조 받은 교수용 기자재, 미국에서 출간된 도서(일명 원서) 등에 대한 깊은 인상이 남아 있을 것이다. 교수진은 미국에서 석사과정 또는 박사과정을 마치고 돌아온 30대 초·중반의 젊은 분들로 구성되었다. 젊고 교수경력이 길지 않은 교수들만 있기 때문이었는지 원장과 교무과장은 법과대학 교수가 겸임했다. 사람들이 고문(advisor)이라고 불렀던 미국인 교수들이 여러 명 와 있었다. 그들이 강의하는 것을 본 기억은 없으나 오늘날 널리 행해지고 있는 외국인 교수 활용의 선도적인 예라 할 수 있다.

교수와 학생의 교류, 학생들끼리의 어울림은 빈번했다. 학생회(원우회)의 주장은 드센 편이었다. 나는 고등학교와 대학교에서 못해 본 학창생활을 실컷 해 본 셈이다. 주간부학생들은 전체로도 자주 만났지만 삼삼오오 끼리끼리의 만남은 더 빈번했다. 학생들끼리의 술자리도 흔했다. 그때는 너나없이 경제적으로 어려웠으므로 푼돈들을 모아 막걸리파티를 하는 것이 고작이었으나 청춘들은 마냥 즐거웠다.

나는 학과공부 이외에 그에 연관된 과외활동에도 제법 적극적으로 참여했다. 학교 조사연구실에서 조교 비슷한 역할을 수행하면서 사회조사 프로젝트에 참여한 경험이 있다. 여기서 조교 비슷한 역할이라는 표현을 썼는데, 내가 재학했던 때에는 행정대학원에 유급조교제도가 도입되기 전이었기 때문에 그리 말한 것이다. 행정대학원 학생회가 주관하여 명동에 있던 시공관(市公館)에서 개최한 전국대학생 행정문제토론회에서 "공무원제도개혁의 방향"이라는 제목으로 찬조강연을 한 일도 있다. 대학원 2학년 학생의 발표에 '찬조강연'이라는 표현을 쓴 것은 조금 과분해 보인다. 수필, 논설 등을 대학신문이나 일간지에 기고한 일도 있다.

지금 와서 돌이켜 보면 행정대학원 진학은 내 직업생애의 행로를 향한 첫 번째 문을 열어 준 것이었다. 행정대학원은 내가 우리나라에 도입되기 시작한 행정학에 입문할 수 있게 해 주었으며, 훗날 내가 행정학자로 일생을 살아가는 데 초기의 도약대가 되어 주기도 했다.

여러 가지 요인이 나를 행정대학원 진학으로 이끌었을 것이다. 대학 이후의 학위과정에서 공부할 수 있는 기회와 석사학위취득에 대한 동경, 졸업생들에게 제공한다고 알려진 좋은 취업기회(관리직 공무원 임용)에 대한 기대, 선진국의 기술원조로 설립된 신제도에 대한 매력적 홍보 등이 내 진학결심에 복합적으로 작용했을 것이라고 지금 와서 추정해 본다. 법과대학이 행정대학원 출범의 인큐베이터 구실을 했다는 사실도 진학결심에 영향을 미쳤을 것으로 생각한다. 행정대학원이 법과대학의 대학원같이 느껴질 수도 있었기 때문이다.

행정대학원 시절 회고담에서 빼놓아서는 안 될 한 대목의 이야기가 남아 있다. 내 행정대학원 입학금은 아버지의 옛 동지들이 마련해 주셨다는 이야기이다. 내가 행정대학원 입시에 합격했다는 소식을 들은 몇 분이 내 등록금을 모았고, 그것을 정화암 선생과 박기성 장군이 가지고 집에까지 찾아와 전해 주셨다. 그분들의 생전에 나는 감사하는 인사 한 번 제대로 하지 못했다. 내가 그분들의 빈소를 찾아 조문했던 때는 내 나이 40대였을 것이다. 이 사연은 내 나이 80대가 된 지금도 가슴 저린 회억(回憶)이다.

2. 연세대학교에서 박사학위과정을 수료하다

나는 연세대학교 행정학과 박사학위과정의 첫 입학생이었다. 첫 입학자 중 2년 반의 과정이수를 완료한 사람은 나뿐이었다. 나는 한국행정학 발아기 내지 행정학 도입기에 대학원에서 행정학을 공부했다. 그때는 행정학교육에 관련된 처음 일들이 많았다. 최초, 1기, 창설, 출범 등의 수식어가 자주 쓰였다. 그런 단어들은 어쩐지 그걸 자랑하고 싶은 충동을 일으킨다.

연세대학교의 학부에 행정학과가 창설된 때는 1958년이었고 학생모집은 1959년부터 시작되었다. 행정학과 박사학위과정이 창설된 때는 1963년이었다. 학부의 행정학과 설치에서부터 시작한 연세대는 대학원 석사과정, 박사과정, 행정대학원을 차례로 거느리게 되었다.

서울대학교에서는 행정대학원이라는 전문대학원의 설치로부터 시작해 그 체제를 지금까지 유지하고 있다. 박사학위과정의 설치는 연세대의 경우보다 늦다. 서울대학교의 학부에는 아직도 행정학과가 없다. 국내 유수 대학교들 가운데 학부에 행정학과가 없는 대학은 서울대학교뿐이다.

서울대학교에서 조교가 된 뒤 진학기회를 찾던 중 연세대에 행정학박사학위과정이 신설된다는 소식을 듣고 거기에 지원하여 제1회 입학생이 되었다. 입시합격자는 두 사람이었다. 나와 함께 입학한 연세대 출신은 '본교 출신'이라 하여 면접시험만으로 선발하였다. 나는 '타 대학 출신'이기 때문에 필기시험까지 보아야 했다. 필기시험과목은 영어와 전공과목이었다. 나와 함께 입학했던 사람은 중도에 학업을 그만두었기 때문에 박사학위과정에 나 홀로 남게 되었다. 그러하니 석사과정 학생들과 자주 어울렸다. 강의를 함께 듣기도 했다.

내가 재학 중일 때 행정학과의 교수는 네 분이었지만 그중

두 분만 박사과정 강의에 임했다. 강의를 맡았던 두 분은 미국에서 박사학위를 취득한 교수였는데 한 분은 뒤에 미국으로 이주하였다. 전임교수 이외에 서울대, 고려대 등에서 출강한 강사들이 박사과정 강의를 담당했다. 교수나 학생이나 박사과정의 구성원은 단출했다. 내 지도교수는 노정현 교수였다.

내가 다닐 때 박사과정은 만들어져 가는 과정에 있었다. 강의과목 개설도 개척해 가고 있었다. 강의과목 선정에 관해 나도 의견을 개진한 바 있다. 나는 2년간 13개 과목의 37학점을 이수하였다. 2년 반째의 마지막 학기에는 학점 없는 특별과목을 이수하였다. 이 특별과목은 재학기간요건의 일환이었으며 일종의 자율학습과목인 셈이었다. 박사과정 강의과목은 한국지방행정, 인사행정세미나, 재무행정세미나, 조사방법론특강, 비교지방인사행정, 한국인사행정세미나, 정부관리론, 행정조직세미나, 한국행정세미나, 행정이론세미나, 한국재무행정과 경제발전, 한국관료제연구, 사회입법연구 등이었다.

박사과정 1년을 마치면 학부에 강의를 담당할 수 있게 해주었다. 나도 연세대 행정학과에서 두세 학기 강의를 담당했다. 미국에서 박사학위를 받고 귀국한 1969년에 한 학기동안 연세대 행정학과에서 강의 하나를 담당한 바 있다. 그때는 서울대학교 행정대학원 교수였지만 과거의 인연 때문에 '우정출강'을 했다고 말할 수 있다. 학생데모사태로 휴강해야 하는 기간이 길어 제대로 강의가 될 수는 없었다.

박사과정 재학 중의 일로 생각나는 여담거리가 있다. 우리나라 의과대학 졸업생들이 미국에 유학하거나 수련의로 취업하려면 미국의사협회(AMA) 시험에 합격해야 했다. 이 시험을 연세대에서 위탁받아 실시하였는데, 박사과정 학생들에게 그 시험을 감독하는 기회가 주어졌다. 놀라운 것은 그 시험의 감독수당이었다. 정확한 액수는 지금 기억나지 않으나 뜻밖에 많은 액수였다. 1960년대 초 우리 경제형편에서 미국기준의 감독수당이 나를 놀라게 했을 것이다. 격세지감이 있다. 요즈음 우리 대학원 학생들은 그런 정도의 감독수당에 현혹되지 않을 것이다. 대학원 학생들이 이화여대 학생들과 함께(이른바 조인트로) 야유회를 갔는데 거기 따라가 대취했던 기억도 생생하다.

내가 박사과정에 재학한 기간은 1963년 3월부터 1965년 8월까지이다. 이길상 대학원장 명의로 발급된 재적증명서와 영문 성적증명서에서 확인한 기간이다. 1969년 8월 14일 박대선 총장 명의로 발급한 수료증명서에는 "이 이는 1965년 8월 본 대학교 대학원 박사과정 행정학과 전 과정을 수료하였음을 증명함"이라고 적혀 있다. 학과목을 이수하는 이른바 '과정'을 수료한 다음에는 종합시험을 치러야 했다. 시험분야는 전공과 외국어였는데, 전공시험의 내용과 방법은 지도교수와 내가 상의해서 그야말로 '창설'하였다. 시험방법은 집에서 써 오는 시험(재택시험)으로 정했다. 요즈음 학생들이 들으면 놀랄 것이다.

무서운 것은 외국어시험(영어와 제2외국어)이었다. 당시에는 이른바 '신제박사(新制博士)'와 '구제박사(舊制博士)'의 관행적 구분이 있었다. 신제박사는 오늘날 보는 바와 같은 대학원 박사학위과정을 이수하고 논문을 내서 받는 학위이다. 구제박사는 일정한 경력을 가진 사람들이 논문만 제출해서 받는 학위였다.

어학시험은 구제박사후보들에게 특히 공포의 대상이었다. 구제박사학위 남발을 막는 중요한 제어장치가 어학시험이었기 때문이다. 신제박사후보들도 벼르면서 좀처럼 덤비지 못했다. 나는 시간압박을 받았으므로 전공시험과 함께 어학시험에도 대뜸 응시하였다. 제2외국어시험(내 경우 독일어시험)에서는 단어사전을 볼 수 있게 했다. 나이 많은 구제박사후보들은 돋보기 쓰고 사전 뒤척이다가 시간을 다 보내 낭패를 보는 예가 흔하다는 수군거림이 있었다. 나는 다행히 어학시험에 모두 합격했다. 다른 학과 조교로 있던 동료가 시험점수를 알아보았는지 내가 제2외국어시험에는 턱걸이로 겨우 합격했다고 귀띔해 주었다. 그 말을 듣고도 기분 나쁘지 않았다. 여하간 합격은 합격이니까. 그것도 단번의 합격이니까.

종합시험까지 끝낸 나는 논문을 써서 제출하겠다고 주장했다. 그때부터 썩 마음 내켜 하지 않는 학과의 분위기를 감지하게 되었다. 보충교육기간을 더 거쳐야 한다는 등의 말이 내 귀에 들려왔다. 내 나이 30세에 바로 박사학위를 받겠다고 주장하는 것은 그 시대에 어울리지 않는 파격적인 행동이 아니었나 추측해 보았다. 그 시절 박사학위 소지자가 드물었던 학계의 문화에 비추어 나는 너무 어렸던 것이다. 20대 박사가 수두룩한 오늘날의 학생들은 무슨 말인지 잘 알아듣지 못할 수도 있다.

학과의 분위기를 내가 잘못 짐작했을 수도 있다. 내가 막무가내로 논문을 디밀었으면 끝까지 막지는 않았을 것이다. 그러나 미국유학을 계획하던 나는 다른 길을 택했다. 나는 미국에서 박사학위를 먼저 받고 연세대에 학위논문을 제출하겠다는 내용을 적어 5년간 학위논문제출을 유예해 달라는 연기원을 학교에 제출하고 미국유학길에 나섰다. 그 연기원이 연세대 박사학위과정에 대한 작별인사장이 되고 말았다.

미국유학에서 돌아온 뒤 연세대에 박사학위논문을 제출하겠다는 약속은 피차 유야무야하게 되었다. 행정학과 박사과정 첫 입학생이 학위를 받아 깔끔한 마무리를 하지 못한 점을 미안하게 생각한다. 그러나 2년 반의 연세대 생활은 지금도 청춘의 추억으로 내게 남아 있다. 연세대 대학원 원우회 배지도 하나 지금까지 보관하고 있다. 연세대에서 행정학을 공부했다는 사람들을 만나면 친근감의 표시로 나의 '연세대 인연'을 말해 주곤 한다. 때로는 내가 선배임을 내세워 으스대기도 한다. 그리고 연세대 행정학과 교수님들의 내게 대한 호의를 믿고 고맙게 생각한다. 학과창설 50주년행사에 특별한 초청을 받기도 했다.

3. 피츠버그대학교에서 행정학박사가 되다

내가 1966년 9월학기부터 3년 가까이 다닌 학교는 피츠버그대학교의 Graduate School of Public and International Affairs이다. 이 대학원은 GSPIA라는 약칭으로 불린다. 이 약칭은 '개스피아'로 발음한다. GSPIA에는 4개의 학과와 연구소 등이 있었다. 학기제는 1년 3학기제(trimester system)를 채택하고 있었다.

나는 유학 전에 한국에서 상당한 기간 행정학 공부를 했었다. 미국식 제도를 모방한 전문대학원과 박사학위과정에서 '미국식' 행정학을 공부한 전력이 있었으므로 미국에서 새로운 학업환경에 직면했을 때 충격은 비교적 적었다. 서울대의 행정대학원도 미국식 전문대학원을 모방해 만들었으므로 우리 행정대학원과 GSPIA에는 유사성도 있었다. 그러나 차이점이 더 컸다. 우리보다 월등히 앞서 있었다고 할까. GSPIA는 선진사회의 시대조류와 행정학의 변화추세를 적시성 있게 반영한 선진적 교육프로그램을 운영하고 있었다. 서울대 행정대학원이 1950년대까지의 전통적 행정학에 멈추어 있던 때에, GSPIA는 훨씬 앞선 현대적 면모를 갖추고 있었다.

당시 우리의 경우와 대조되는 GSPIA의 교육 프로그램에서 인상적이었던 특징 몇 가지를 다음과 같이 요약해 볼 수 있다.

첫째, 행정학의 시야 확장을 강조하고 있었다. '매우' 강조했다는 표현이 옳을 것 같다. 우선 연구영역의 대폭적인 확장을 시도했다. 조직 내의 관리적 문제들에 연구의 초점을 두었던 시대의 '행정(public administration)'이라는 개념이 너무 협소한 의미를 지녔기 때문에 공공의 문제 또는 공공업무(public affairs)라는 말로 대체해야 한다는 당시의 인기 있는 주장을 수용하는 것 같았다. 대학원 이름에 public affairs라는 용어를 넣은 것만 보아도 행정학의 영역확장에 대한 열의를 짐작할 수 있었다. 학교 이름에 public뿐만 아니라 international이라는 말까지 넣은 것을 보고 학생들은 거기에 private이라는 말 하나만 보태면 세상사 모두를 포괄하겠다는 농담을 흔히 했다. GSPIA 내에 4개의 학과를 설치한 것도 행정학교육의 영역확장노력을 말해 주는 것이었다.

둘째, 연구대상변수들의 포괄적 연관성을 중시하고 그에 대한 통합적 접근을 강조했다. 여기에는 당시 사회과학 전반에 전파되기 시작한 체제론적 접근방법이 활용되었다. 문제에 대한 통합적 접근은 지식의 포괄적·통합적 적용을 요구했고, 따라서 학제적 연구가 강조되고 있었다. 이런 연구경향은 행정학의 시야를 확장하는 노력의 일환이라고 볼 수도 있다.

셋째, 발전행정학의 연구가 성숙되어 있었다. 행정의 비교연구, 행정의 비교문화적 이해(cross-cultural understanding)를 강조하였다. 그에 연관된 학과목들이 여럿 개설되어 있었다. 권역별 후진국 연구에 관한 프로그램들도 여럿이 작동하고 있었다. GSPIA는 아프리카와 동남아의 여러 나라 현지에서 행정학교육 프로그램을 직접 운영하고 있었다. 거기서 얻은 경험이 GSPIA의 교육프로그램 운영에 많은 영향을 미쳤을 것으로 생각한다.

넷째, 문제해결중심의 연구와 교육을 강조하였다. 정책이슈의 연구에 문제해결적 접근방법을 도입하고 문제해결에 초점을 둔 학습을 독려하였다. 교과목 구성, 학습과제 부여, 시험문제 출제 등을 설계할 때 현실의 문제를 해결하는 능력을 배양하는 데 역점을 두도록 촉구하고 있었다. 이런 방침은 1960년대의 미국 행정학계에 일고 있던 반발적 기류를 반영한 것이라 생각할 수도 있다. 반발적 기류란 미국의 행정학이 '우리의 문제'(미국의 문제)를 해결하는 데 무능했다고 비판하는 논의의 확산을 말한다.

다섯째, 교과목의 구성에서 인간주의적 접근방법이 접목되고 있었다. 발전된 양태의 행태주의적 접근방법이 수용되고 있었다. 행정과학 또는 조직과학에 관한 과목들에서 그런 경향을 가장 뚜렷하게 감지할 수 있었다. 조직이론 강의에서는 인간주의심리학의 동기이론연구에 많은 주의를 기울였다.

위에 예시한 GSPIA 교육프로그램의 주요 특성을 나는 그때 '새롭다'는 생각으로 받아들였지만 그것은 1960년대의 이야기이다. 그런 특성들이 반세기가 지난 지금도 새로운 것은 아니다. 노파심에서 이 말을 부연해 둔다.

GSPIA에 4개의 학과가 있다고 했다. 4개의 학과란 Department of Economic and Social Development(ESD), Department of International Affairs(IA), Department of Public Administration (PA), 그리고 Department of Urban Affairs(UA)이다. 박사학위과정의 학생은 전공과 부전공을 선택하게 되어 있는데, 나는 전공으로 PA에서 행정학을 선택했고, 부전공으로 ESD에서 경제사회발전을 선택했다. 원내에 4개의 학과가 있었으므로 다른 단과대학에 가서 부전공을 찾지 않더라도 원내에서 부전공을 선택할 수가 있었다.

내가 박사학위과정에 입학해서 학위논문을 마칠 때까지 내 지도교수는 Joseph Pois 교수였다. Pois 교수는 원로교수로서 학내에서 상당한 권위를 누리고 있었다. 그는 박사학위과정의 많고 복잡한 절차들을 자상하게 챙겨 주었다. 지도교수의 배려와 보살핌에 대한 고마움을 그때는 미처 몰랐다. 지도교수의 일처리는 꼼꼼한 편이었다. 예컨대 시험지 채점에서 80과 3/4이라는 평점을 주기도 했다. 이분이 시험답안 채점에서 소수점 이하 숫자까지 쓰는 걸 보고 놀랐다. 지도교수와의 면담은 사전에 예약을 해야 가능했다. 비서에게 면담을 신청하면 며칠 후에 언제 오라는 쪽지(메모)가 내 우편함에 들어왔다. 지도교수의 손글씨는 심한 난필이어서 그에게 익숙한 비서가 판독해 주기도 했다.

학교 또는 교수의 메모를 학생용 우편함에서 받는 것은 학교생활의 일상이었다. 여기서 학사행정의 철저한 문서주의를 보았다. 학생들 모두에게 전달하는 공지, 특정 교수와의 통신뿐만 아니라 학생에 관련된 학사행정상의 교신이나 교수 간 교신의 사본(copy)을 해당학생의 우편함에 넣어 주었다. 이 글을 쓰기 위해 옛 서류들을 찾아보니 내 박사과정 공부의 마디마디에 관한 학교 내의 통신문들이 고스란히 들어 있었다. 그 덕분에 내가 잊고 있었던 구체적인 날짜들을 여기에 적을 수 있게 되었다. 젊은 시절 박사과정 학생으로서 내가 할 일들에 관한 교수들의 통신 메모들을 늙은 나이에 보면서 나는 가슴 먹먹한 감회를 느꼈다. 50여 년 전 내 유학생활의 동영상을 보는 느낌이었다.

내가 처음으로 마주했던 미국 대학의 교육 프로그램을 보면서 인상 깊게 느꼈던 것은 제도와 운영방식의 다양성, 적응성, 그리고 개인화의 특성이었다. 개인화의 특성이란 운영방식의 맞춤형 특성을 말한다. 학생 개개인의 능력과 성취도에 적합하도록 프로그램을 운영한다는 생각이 들었다. 학생의 학업성취도에 대한 보다 면밀하고 잦은 심사·평가는 맞춤형 교육과정 운영을 위해서 필요했을 것이다.

박사학위과정에 입학한 학생은 전공별로 정해진 필수과목을 이수하도록 되어 있었다. 선택과목들은 지도교수와 협의하고 지도교수가 학생의 학업진도에 맞게 선정해 준 과목들을 수강하였다. 수강신청을 위한 지도교수와의 협의도 학생에 대한 일종의 평가에 해당한다. 행정학전공자의 박사과정 필수과목은 행정이론과 실제, 조직이론, 정책영역별 이론의 적용 등 세 과목이었다. 각 학과별로 개설된 강의들은 석사과정 학생들을 위한 과목과 박사과정 학생들을 위한 고급과목(advanced classes)으로 나뉘어 있었지만 실천적으로는 그 경계가 거의 무의미한 것이었다. 석사·박사과정 학생들이 함께 듣는 과목들이 많았다. 개인의 성취도와 수강능력이 과목선택의 주요기준이었다. 나는 지도교수의 지시로 사회학과 학부강의를 하나 들었던 일도 있다.

교수방법도 매우 다양하였다. 강의와 세미나가 주축이었지만 세미나의 방식은 교수에 따라 구구하였다. 성적평가도구도 필기시험, 텀페이퍼, 토론기여도, 그룹 스터디, 재택시험(take home exam.) 등 여러 가지였다. 오늘날에는 우리나라 대학들에서도 그런 교수방법들이 일반화되어 있을 것이다.

학과목 수강 이외에 박사학위 수여의 요건으로 규정된 것들은 예비시험(preliminary exam.), 공공문제에 대한 정책이슈 논문심사, 외국어시험, 통계학 및 컴퓨터 사용에 관한 면접시험, 종합시험(comprehensive exam.), 그리고 학위논문이다.

예비시험은 내가 입학해 한 학기가 지났을 때 지도교수를 포함한 3인의 교수로 구성되는 위원회가 내 학력과 지난 학기의 성적 등을 놓고 나와 면접을 하고 박사과정을 계속하게 할 것인지 그리고 장차 수강계획을 어찌할 것인지 등을 논의하고 결정했다. 예비시험 보고서를 보면 박사학위과정을 계속 밟게 하는 데는 이의가 없어 앞으로의 지도계획에 대해 주로 논의했다고 되어 있다. 예비시험위원은 Joseph Pois 교수, Jay Doubleday 교수, 그리고 Saul Katz 교수이다.

정책이슈 논문은 간단한 논설문으로 포지션 페이퍼(position

paper)라 불렀다. 나는 공무원의 정년제도에 관한 문제를 다뤘다. 그에 대한 면접시험위원은 Joseph Pois 교수, Jay Doubleday 교수, Albert Martin 교수, Elwyn Mauck 교수, 그리고 Gaylord Obern 교수였다.

종합시험에서는 행정이론과 행정실행의 과정, 전공과정, 부전공과정에 대한 필기시험을 과했다. 위에서 설명한 공공문제에 대한 정책이슈 논문 구술심사는 종합시험의 한 구성부분으로 규정되어 있는 것이다.

학위논문을 작성하고 심사받는 과정은 아주 자상하고 긴 과정이었다. 내가 논문주제를 선택해 논문작성계획서(제안서: proposal)를 완성해 제출하면 지도교수가 검토하고 교수 3인으로 구성된 예비심사위원회에서 이를 승인해야 논문작성을 진행할 수 있었다. 논문이 완성되면 지도교수가 검토하고, 주제에 관련 있는 몇몇 교수들에게 평가를 의뢰하기도 했다. 그런 과정이 지나면 다시 예비심사위원회를 열어 논문을 본심사에 붙일 것인지의 여부를 결정한다.

내 학위논문의 최종심사는 1969년 6월 6일 학교 강의실(Room 1006 Bruce Hall)에서 열렸다. 논문심사위원은 Joseph Pois 교수, Elwyn A. Mauck 교수, Egbert de Vries 교수, A. B. Martin 교수, Alex Weilenmann 교수였다. 내 박사학위논문 제목은 "Separate Monitoring Agencies in Administrative Control System: A Study on the Board of Audit and Inspection of the Government of the Republic of Korea"이다. 이 논문은 체제론적 접근방법을 적용해 우리나라 감사원의 운영과정을 기술하고

평가한 것이다.

논문심사가 끝나고 내가 심사장 밖에서 대기하는 동안 심사위원들이 결과를 논의해 합격으로 결정한 다음 나를 불러들여 심사위원들과 인사하게 했다. 그때부터 나를 Dr. Oh로 불러주었다. 심사장에 들어갈 때는 Mr.로 불렸는데 나올 때는 Dr.로 불린 감회가 어떤 것이었는지 지금으로서는 설명하기 어렵다. 젊은 교수시절 처음으로 쓴 내 저서가 서점에 꽂혀 있는 것을 보았을 때의 감회와 비슷했다고 할까. 논문심사가 끝난 뒤에 지도교수는 축하 겸 작별인사 겸으로 고급 식당에서 내게 점심대접을 해 주었다.

내가 박사학위를 수여받은(학위기가 발급된) 날짜는 1969년 8월 14일이다. 그러나 실질적인 과정은 6월에 마무리되었다. 박사과정 주임교수가 1969년 6월 12일에 GSPIA 행정실(Student Services)의 Nancy Blackall에게 보낸 메모에는 내가 박사학위를 위한 모든 요건을 충족시켰으니 다음 졸업생 명단에 포함시키라는 내용이 적혀 있다. 졸업식까지 캠퍼스에 머무르지 않고 떠나는 박사학위 취득자들에게 학위취득증명서를 GSPIA 원장이 미리 발급해 주었다. 이런 학생위주의 서비스를 우리나라에서는 아직 들은 바 없다. 정식 학위기는 8월 이후 우편으로 받았다.

그때 쓰던 여권의 기록에는 내가 1969년 6월 24일에 귀국한 것으로 되어 있다. 그야말로 지체 없는 귀국이었다. 내 박사학위취득소식은 우리나라 일간지들에 작은 기사로 보도되었다. 지금 외국에서 취득한 박사가 흘러넘치는 세상에서 사는 사람들은 격세지감을 느낄 것이다.

나는 GSPIA에서 박사학위과정을 비교적 짧은 기간 내에 끝마쳤다는 말을 듣는다. 빨리 학위를 받고 서둘러 귀국해야겠다는 내 의지가 강했다는 것, 학비 걱정 없이 학업에 전념할 수 있었다는 것, 교육과정이 1년 3학기제였다는 것, 학사절차 진행에 장애가 없이 순조로웠다는 것, 유학 전에 국내에서 여러 해 동안 행정학 공부를 했다는 것 등이 복합적으로 작용해서 그게 가능했을 것이다.

지도교수, 박사과정 주임교수 등 여러 교수들의 각별한 보살핌이 큰 도움을 주었던 것은 물론이다. 학사일정 진행이 순조로웠다고 했는데 그것은 교수들이 그렇게 잘 보살펴 주었기 때문이다. 지도교수는 내가 재학하는 동안 한 번도 학교를 비운 일이 없었다. 이런 일도 있었다. 학위논문 예비심사위원 한 분이 여행을 떠나게 되어 다른 분으로 교체하느라 심사일정이 조금 지연되었다. 그때 지도교수가 내게 보냈던 메모를 이번에 찾았다. 예비심사가 지연되더라도 내 제안이 무리 없이 채택될 듯싶으니 논문 쓰기를 계속하라는 내용이 메모에 적혀 있었다. 학생을 위한 자상한 배려였다. 나는 지도교수와 주임교수를 잘 만난 것이다. 이런 걸 사람들은 운이 좋다고 말한다.

공부를 마치고 귀국할 때는 East-West Center에서 귀국편 비행기표를 보내주었으나 학교에서는 거의 억지로 귀국경비를 보태 주었다. 내가 김포공항에 빈주머니로 내리는 걸 바라지 않는다는 것이 주임교수의 설명이었다. 학교에서는 300달러를 주겠다고 했으나 내가 깎아 200달러만 받기로 했다. 더 주겠다, 덜 받겠다고 하는 거래를 한 것이다. 그 시절의 200달러는 유학생의 한 달 생활비로 충분한 액수였다. 고마웠던 분들은 그동안 모두 작고하였으니 안타깝다. 감사의 인사 한 번 제대로 못하고 세월이 흘러 버렸으니 후회막급이다.

미국유학을 마치고 귀국절차를 밟을 때 겪은 두 가지 일이 생각난다.

하나는 세무신고이야기이다. 출국하려면 납세에 관한 신고를 해야 한다고 해서 Federal Building의 담당부서를 찾았다. 담당직원은 내게 돈 버는 일을 했느냐? 세금을 낸 일이 있느냐? 물었다. 둘 다 아니라고 말하자 관계서류에 사인하고 신고업무를 끝내 주었다. 우리나라에서처럼 무슨 서류를 제출하라, 다음에 다시 와라 해서 고생할 각오를 하고 갔었는데 뜻밖이었다. 선진국이라 다르다는 생각을 했다.

또 한 가지는 TV 할부금 이야기이다. 학위논문을 제출하고 심사를 기다리는 동안 백화점에서 흑백 TV를 할부로 구입했었다. 귀국할 날이 다가오자 몇 달치 남아 있는 잔여할부금을 일시불로 내겠다고 했으나 백화점 직원이 안 된다고 했다. 컴퓨터 프로그램에 할부로 받도록 입력되어 있기 때문이라 했다. 당시 컴퓨터라는 것은 그저 발전된 계산기 수준이었고 그 덩치는 방 하나를 그득 채울 만했었다. 그래도 백화점은 초창기의 컴퓨터를 설치해 영업관리에 사용한 것 같다. 외상값을 앞당겨 다 갚겠다는데 못 받겠다니 기가 찰 노릇이었다. 재차 방문해 담당직원에게 출국해야 하는 사정을 말하니 그 직원이 돈을 맡아 두고 매달 할부금을 입금해 주겠다고 했다. 그때로서는 참 문화적 충격이었다.

6·25전쟁이 끝난 지 10여 년밖에 지나지 않은 1960년대의 한국청년에게는 그런 일들이 새롭고 낯설었지만 요즈음 사람들은 그게 왜 신기한지 이해하기 어려울 수도 있다.

III. 교수라는 학자의 생애

1969년 미국유학에서 돌아와 모교인 서울대학교 행정대학원의 조교수로 부임하여 학자의 일생을 살았다. 학내에서는 나의 교수발령을 당연시하는 분위기였으며 발령절차는 순탄했다. 행정대학원 내에서 절차가 어떻게 진행되었는지 나는 잘 모르고 있었다고 할 정도였다. 창설 후 10여 년이 지난 행정대학원은 교육프로그램을 대폭 확충 개편하고 따라서 교수정원도 많이 늘렸다. 교수임용후보자를 찾고 있던 참이었다. 그런 상황에 내가 가장 적격자로 거기에 있었던 것이다. 당시 원장 등 교수님들의 호의도 큰 몫을 했다. 이렇게 운명의 손이 나를 서울대 교수의 자리로 이끌어 준 것이다.

나는 행정학자로 80평생을 살았다. 앞으로도 천명이 다하는 날까지 학자로 살아갈 것이다. 나는 교수가 되고 학자가 된 것을 가없는 행운이며 보람이고 영예로 알고, 오랜 세월을 학자임을 자처하고 자부해 왔다. 훗날 저승에 가서 염라대왕의 심문을 받을 때 이승에서 무슨 일을 하다 온 사람이냐고 묻는다면 "학자였다"고 서슴없이 답할 것이다. 나는 그런 마음가짐으로 살고 있다.

흔들림 없는 자세로 학자의 길을 걸을 수 있었던 데는 내 천성뿐만 아니라 여건이라고 하는 나의 통제력 밖에 있는 지지적 조건들이 있었다. 그것은 행운이었다. 교수생활의 순탄한 입문부터가 행운이었다. 교수에게 아주 큰 행운은 자기에게 적합한 강의과목의 담당인데 나는 그 행운을 누렸다. 교수가 되면서 처음부터 맡게 된 과목은 인사행정론, 조직이론, 그리고 행정이론이었다. 이런 과목들은 내게 적합했을 뿐만 아니라 행정학과의 핵심적 필수과목이어서 주위의 부러움을 사기도 했다. 이런 과목들이 지금 누리는 위세는 예전만 같지 않으나 핵심과목의 위치는 여전하다. 그 뒤 내가 스스로 개척한 행정개혁론은 시대의 필요에 부응하는 인기과목이 되었다. 전국 유수 대학들이 행정개혁론 또는 행정발전론 강의를 개설하는 데 내가 단초를 제공한 것이 아닌가 하는 생각을 하고 있다.

담당하는 강의과목은 대체로 교수의 연구영역을 인도해 준다. 내가 맡은 강의과목들은 내 연구활동의 관심과 어긋난 일이 없다. 마음에 맞는 강의과목, 마음에 맞는 연구·저술의 영역은 내 학자생활에 줄기참을 불어넣은 기반이었다. 자기실현의 기회를 준 행운이었다.

스스로 정한 학자의 본무에서 벗어나는 일에 시간을 빼앗기는 일은 질색이었는데 여건은 대체로 나의 그러한 생활자세를 용인해 주었다. 나를 딴 길로 끌어내려는 너무 강하거나 불가피하게 느껴지는 유혹에 노출되지 않고 살 수 있었다는 것은 행운이었다. 내가 학자노릇 하는 일 이외에 다른 재주를 타고 나지 않은 것 또한 천행이라 해야 할 것이다.

내 가족들은 학자가 만들어 내는 가족생활의 불이익과 불편을 느끼지 못하거나 불평할 줄 모르는 사람들처럼 살아 주었다. 나를, 내 직업을 위주로 한 삶을 받아들여 준 가족은 나의 행운이었다. 오랜 세월 나는 미안하다는 생각을 하지 못하고 살았다.

학자가 교수라는 직책을 맡았을 때 반드시 소중히 여겨야 할 기본적 임무는 연구와 교수이다. 교수는 학생을 가르치는 임무이다. 저서, 논문 등 저작물들은 연구결과로 얻어지는 산출이며 성과이다. 학자생활의 가장 가시적인 업적은 저작물들이다. 내 저술활동에 대해서는 다음 항에서 적으려 한다. 학생들, 제자들을 가르치고 지도한 내 경험부터 먼저 이야기하려고 한다.

1. 학생들을 가르치고

내가 교수로 재직하는 동안 한 학기도 강의를 쉰 일이 없다는 이야기는 이미 앞에서 했다. 내 강의의 수강생은 늘 많은 편이었다. 학부에 개설했던 강의에는 3~4백 명씩 몰려들었다. 내가 주로 필수과목을 담당했기 때문에 그랬을 수 있지만, 선택과목의 경우에도 수강생이 비교적 많았다. 수강생이 많은 것을 나는 기쁨으로 알았다.

학생들의 학위논문지도 또한 착실히 했다고 자부한다. 젊은 시절 논문지도를 꼼꼼히 했기 때문에 심사과정에서 실격자가 나오지 않았고, 그 소문이 퍼졌는지 차츰 논문지도를 받겠다는 학생이 너무 늘어 감당하기 어려웠다. 그래서 지도신청에 매우 엄격한 규칙을 만들어 신청자들을 줄이기도 했다. 학업성적이 우수할 것, 재학 중 수업에 결석하거나 지각한 일이 전혀 없을 것,

나와 면담하기 전에 논문작성제안서를 충실하게 준비할 것 등 지도요건은 내가 만든 '사설제도(私設制度)'였다.

나는 사회관계 또는 대인관계의 중심을 학생·제자와의 관계에 두었다. 교과과정상의 공식적 관계 밖에서 이루어지는 '인간적 과정'에도 열심히 간여했다. 재학생·졸업생의 결혼식에 주례도 많이 했고 학생들의 수학여행에도 많이 따라다녔다. 술 한 잔 기울이는 대화모임도 많이 했다. 학생들과 그리 자주 어울린 것이다. 조금 더 각별히 지냈던 제자들은 수십 년이 지나도록 내 가까이에 남아 왕래하고 있다. 명절이나 누구의 기념일 등에 적게 또는 많게 모여 회식도 하고, 자유방임적인 지방여행도 함께 하고 있다. 그러고 보니 내가 가까운 지인(知人)이라고 손꼽는 사람들은 대부분 옛 제자들이다. 나와 왕래가 잦아 내가 '술친구들'이라고 즐겨 부르는 옛 제자들의 모임에는 벽오회(碧梧會)라는 이름을 붙여 주었다. 벽오는 내 당호(堂號)이다. 그런 제자들이 있다는 것은 학자의 호사(豪奢)이며 노년의 홍복(洪福)이다.

나는 교수노릇을 하면서, 강의할 때나, 달리 학생들을 만날 때, 후진들에게 삶의 도리 또는 신언서판(身言書判)의 수련덕목이 되어야 한다고 생각하는 여러 가지 이야기들을 해 왔다. 쉽고 널리 알려진 이야기들이지만, 여기서 굳이 되뇌려 하는 까닭은 내가 그런 인생훈을 특별히 강조해 왔다는 사실을 밝혀 두기 위해서이다.

인간은 일하고 책임지기 위해서 태어난 것이다. 사람은 일에서 생애의 보람을 찾아야 한다. 일은 사람의 궁극적 의존처이며 위로를 받을 수 있는 마지막 보루이다. 살아 있는 동안 은퇴를 생각하지 마라. 사람은 삶과 일에서 권리보다 책임을 우선 생각해야 한다. 책임만 지기로 마음먹은 사람의 생애는 아름답다. 권리만 챙기는 자들의 삶은 추하다.

사람은 살고 일하는 데 유능해야 한다. 무능한 사람은 도덕적이기도 어렵다. 능력의 탁월성에 가까이 가기 위해 끊임없이 노력해야 한다. 능력신장의 과정에는 사회적 학습과 비교가 포함된다. 그러나 나에게나 남에게나 득이 되지 않는 소아병적 비교, 남에 대한 부정적 관심은 인생을 좀먹는다. 남에 대한 부정적 관심만 그득하고 자기발전에는 소홀한 사람들은 남을 끌어내리는 모사에 급급하고, 남보다 더 탁월하게 되어 앞서야 한다는 생각을 하지 못한다. 그런 사람들은 자기정체성을 잃고 결국에는 인생의 허무함을 슬퍼하게 된다. 이런 참상에 주목하는 사람들은 "자기 독자의 길을 가고 나와 남을 비교하지 말라"고 충고한다.

사소한 승패에 너무 많은 것을 걸지 마라. 승자의 저주(winner's curse)라는 경구를 명심해야 한다. 사회생활에서 거래상의 지위격상이 출세·성공의 잣대로 쓰이기도 한다. 그러나 지위 격상을 위해 모든 자원을 탐식(貪食)·독식(獨食)하려고 하면 자멸의 길을 걷게 된다. "아무개 앉았던 자리에는 풀도 안 난다"는 말은 듣지 말아야 한다. 모든 관계에서 이기기만 한 인생의 합계는 실패다.

"나쁜 것도 선생이다"는 말이 있다. 우리가 실패로부터의 학습을 통해 무실패의 교훈을 얻을 수 있다면 그 말은 맞다. 우리는 선(善)을 보고 선을 깨우칠 때보다 악(惡)을 보고 반대로 강렬하게 선을 깨우칠 때가 더 많다. 나와 남의 실책에서 그와 다른 길을 찾는 감수성을 지녀야 한다. 기뻐할 줄 알고, 슬퍼할 줄 알고, 고마운 줄 알고, 미안한 줄 알고, 부끄러운 줄 아는 감수성의 장치가 온전해야 실패에서 배우는 일이 가능하다. 나는 학생들에게 내 강의와 저서에서 틀린 것이 무엇인지를 알아내는 데 관심을 가지라는 말을 자주 했다. 내가 많은 과오를 저지를 것이라고 경고하기도 했다. 내 강의를 들으면서 무엇을 달리해야 하겠는가를 생각해 보라고도 했다. 내 강의나 저서에서 틀린 것을 잡아내면 학점을 격상시켜 주겠다는 말도 했다.

사람은 본업의 요구에 충실해야 한다. 화가는 그림 그리는 데 주된 관심을 가져야 한다. 농부는 농사에 충실해야 한다. 마찬가지로 학자는 학문의 길에 충실해야 한다. 곁가지의 일은 곁가지의 위치에 머물러야 한다. 생애의 본업에 충실한 사람이 최후의 승리자가 된다. 본업의 고삐를 놓고, 염불보다 잿밥에 홀리고, 곁눈질·갈지자걸음으로 생애를 흘려 버린다면 그 아니 재앙이겠는가.

공무원 임용시험철이 되어 스트레스를 받고 합격여부에 따라 웃고 우는 학생들에게 해 준 말이 있다. "시험에 합격하면 좋은 일이고 합격되지 않으면 더 좋은 일"이라는 이야기이다. 오래 고생해 준비한 시험에 합격하면 축하를 받아 마땅하다. 그런가 하면 시험불합격이 실패의 불운이기만 한 것은 아니다. 앞으로 아주 많은 기회와 가능성이 그대로 열려 있으니 이 또한 다행일 수 있다. 시험에 합격하면 그 굴레가 장래의 진로를 묶어 버릴 수 있고, 따라서 다른 많은 가능성을 봉쇄해 버릴 수도 있다고 생각하면 불합격의 다행함을 말할 수 있다.

학자가 되겠다는 후진들에게도 여러 이야기를 들려주었다. 그 가운데 생각나는 것은 인도주의적 연구, 한가로운 마음가짐, 학자의 준거적 권력, 그리고 인간사의 복잡성이다.

학문과 학자는 인도주의적이어야 한다. 학문의 출발과 그 소산(所産)의 활용은 인간애를 바탕으로 삼아야 한다. 학문활동은 인간의 가치향상에 지향되어야 한다. 가치중립적인 것처럼 보이는 지식도 어떻게 쓰이느냐에 따라 선악이 갈릴 수 있다. 학자는 지식이라는 도구를 인간적·인도적으로 사용해야 한다는 도덕적 책임을 저야 한다. 권력의 그늘에서 악을 선으로 둔갑시키기 위해 지식을 왜곡시켜서는 안 된다. 하물며 곡학아세, 견강부회에 발을 들여놓아서는 안 된다. 곡학아세를 생업으로 삼는 자들이 지식인임을 자처할 때는 실로 역겹다.

직업으로서의 학문은 유한(有閑)의 직업이라고 말할 수 있다. 여기서 내가 유한이라고 하는 것은 하는 일 없이 빈둥거린다는 뜻이 아니다. 마음에 여유가 있어야 한다는 뜻으로 그 말을 쓰고 있다. 학문은 마음이 한가로워야 할 수 있는 일이다. 학문에 전념하려면 그 밖의 일에는 어느 정도 초연하여 한가로움을 보전해야 한다. 학자라는 사람이 스스로 유한함을 포기하고 온갖 잡동사니 일에 끼어들어 일신을 경황없이 만들면 안 된다. 한가로움의 특전을 누릴 준비가 안 된 사람은 학자의 길로 접어들지 않는 것이 좋다.

어떤 활동영역에서나 "바쁘다", "바빠서 정신이 없다"는 말을 입에 달고 사는 사람에게는 대개 심각한 문제가 있다. 일을 잘못 맡았거나, 무능하거나, 정서적으로 불안정한 예가 아주 많다. 그런 사람들은 학자가 유한해야 한다는 요건에 따라 가능한다면 실격자들이라 해야 할 것이다.

마음의 한가로움에 관한 이야기는 어느 직업분야에서나 본업에 충실해야 한다는 이야기와 궤를 같이한다. 학자인지 정치인인지 구별이 되지 않는 사람들도 있고, 내놓고 정치인이면서 학자라는 명함을 쓰는 사람들도 있다. 도덕성향상을 위한 사회개혁운동에 매몰되어 교수의 본업은 내팽개치다시피 하는 사람들도 있다. 그런 교수들을 어찌 도덕적인 사람이라 말할 수 있겠는가. 바깥세상의 온갖 감투나 영예의 간판을 얻으려고 도처에서 나대느라 영일이 없는 이른바 학자라는 사람들도 있다. 이렇게 직업적 정체성이 교란된 삶을 산 사람들은 말년에 인생은 허무하다는 말을 그 누구보다도 많이 하게 될 것이다. 그런 사람들이 아카데미 내의 이웃에게 끼치는 폐는 막대하다. 자기 직업의 소중함을 생각할 줄 모르는 사람이 교수가 된 것 자체가 실수라 해야 할 것이다.

학자들이 갖추어야 할 권력은 지식기반적 권력이며 준거적 권력(準據的 權力: referent power)이다. 준거적 권력은 상대방이 권력주체를 좋아해서 그에게 동화되고 그를 본받으려고 하는 데 기초를 둔 권력이다. 이런 권력을 우리는 고급의 권력이라고 믿는다. 그러나 다른 권력들을 업신여길 수만은 없다. 강압적 권력, 경제적(보상적) 권력, 법에 정한 권한 등과의 연계를 아주 끊고 지날 수도 없다. 학문 외적 권력과의 협력이 필요한 때도 있다. 그렇지만 서로 다른 권력들은 각기 주된 무대의 경계를 이탈

하지 말아야 한다. 법에 정한 직위나 돈에 기반을 둔 권력들이 아카데미의 중심부에까지 침투해 상석(上席)을 차지하는 것은 일탈이다. 아카데미에서 산견되는 비학문적 권력의 득세는 학계에 수택(手澤)도 남기기 전부터 감투 쪽을 흘금거리는 일부 젊은 학자들의 행동성향을 부추길 수 있다.

상아탑의 생존과 발전을 위해서는 상업주의적 활동도 필요하다. 그러나 상아탑의 '딸깍발이 정신'을 아주 버려서는 안 된다. 산업화 이후 날이 갈수록 아카데미 구성원들이 상업주의에 더 많이 빨려들어 가고 있다. 선비들의 딸깍발이 정신을 너무 도외시하지 않았으면 하는 바람이 있다.

사회과학자는 열린 마음을 가지고 인간과 인간사의 복잡성 앞에 겸손해야 한다. 인간은 복잡하고 잘 알 수 없는 존재이다. 인간사에 관한 만고불변의 법칙을 처방하는 것은 거의 불가능하다. 인간사는 상황에 따라 이럴 수도 있고 저럴 수도 있는 것이다. 인간사에서의 일관성 또는 보편성이란 변화무쌍함 속에 있는 것이다. 일도양단의 결론은 실천의 세계에서 정책결정을 하는 사람들의 몫이다. 해답 또는 정답을 제시하는 일보다 좋은 질문을 잘하는 학자가 좋은 학자라는 말을 할 수 있다. 어떤 학파 또는 접근방법에 매몰되어 균형감각을 잃은 학자는 좋은 학자가 아니다. 더구나 어떤 이념이나 사상에 깊이 빠진 사상가는 위험한 학자이다. 특히 교수로서는 더욱 부적합하다. 인간의, 인간사의 복잡성을 강조한 내 강의 탓인지 내게 '복잡한 교수'라는 별호를 붙여 준 녀석들도 있었다.

연구대상의 복잡성에 대한 학습자세에 연관해서 나는 "명

강의는 횡설수설하는 강의다"라는 말을 하기도 했다. 정답을 향해 조리정연하게 직진하는 강의는 학생들의 시야를 좁게 하고 스스로 생각하는 능력을 저하시킨다. 주제에 대한 설명을 이해하는 데 필요한 설명을 다시 하고 이리저리 흩어진 연관성에 대해 이른바 옆길로 새는 논의도 거침없이 해서 학생들이 문제와 해결책을 넓게 보도록 유도하려 했다. 그런 강의방식을 나는 횡설수설하는 강의라 이름붙인 것이다. 그걸 '단독식' 세미나라 부르기도 했다. 혼자 말하되 여럿이 토론에 참여하는 효과를 낸다는 뜻이다.

2. 글을 쓰고 책을 만들고

내가 학자생활을 하면서 쓴 글들은 다양하다. 그 가운데 대표적인 것은 내 전공분야에 관한 저서들이다. 그게 내 업적의 핵심이다. 학술논문들도 적지 않게 썼다. 신문·잡지 등에 실린 전문분야의 논설, 시평, 생활수필들도 있다. 시(詩)라고 분류되는 글들도 몇 편 썼다. 근자에는 인쇄매체뿐만 아니라 온라인매체들을 통해서도 글을 발표하고 있다. 온라인매체를 점점 더 많이 활용하고 있다.

나이 들어가면서 내가 '행정수필'이라고 이름 지은 글을 쓰는 빈도가 높아지고 있다. 행정수필이란 내 전공분야인 행정학의 관심사에 포함되는 이야기이지만 내 생각을, 형식의 구애 없이, 누구나 쉽게 읽을 수 있게 쓴 글을 말한다. 이것은 참고문헌과 각주의 표기로 범벅이 된 난삽한 '학술논문'과 대조된다. 노년의 학자가 글쓰기 방법론의 굴레에서 벗어나 자기생각을 붓 가는 대로 쓰는 행정수필에 치중하는 것은 자연스러운 진전이라고 생각한다.

여러 가지 저작물 중에서 저서의 목록만을 여기에 적는다. 내가 쓴 저서들은 내 학자생애의 소중한 산물이라고 생각하기 때문에 여기에 그 흔적을 남기고 싶다. 주저(主著)라고 할 수 있는 책들은 행정과 행정학의 변화추세에 따라 끊임없이 개정을 되풀이해 왔다. 앞으로도 그럴 것이다. 이런 개정작업 때문인지 오래된 책들도 계속 현역(現役)의 위치를 유지해 왔다.

1) 저서

- 『통치하기 어려운 나라: 국정관리의 현안과 쟁점』, 법문사, 2019; 개정판, 2021.
- 『행정학』, 나남출판, 1998; 제2판, 2001; 신판, 박영사, 2004; 신제2판, 2006; 제3판, 2007; 제4판, 2008; 제5판, 2011; 제6판, 2013; 제7판, 2016.
- 『전환시대의 한국행정』, 나남출판, 1998.
- 『한국의 행정』, 경세원, 1996; 제2판, 법문사, 2002; 제3판, 2008; 제4판, 2010.
- 『행정개혁론』, 박영사, 1995; 보정판, 1997; 개정판, 1999; 제4판, 2003; 제5판, 2006; 제6판, 2008; 제7판, 2012; 제8판, 2014; 제9판, 2018; 제10판, 2020.
- 『조직이론』, 박영사, 1980; 전정판, 1990; 제3판, 1999; 제4판, 2003; 제5판, 2005; 제6판, 2009; 제7판, 2011; 제8판, 2014; 제

9판, 2018; 제10판, 2020.

- 『인사행정론』, 박영사, 1975; 전정판, 1983; 신정판, 1993; 제4판, 2000; 제5판, 2005; 제6판, 2009; 제7판, 2013; 제8판, 2016.

2) 편저

- 『행정개혁 실천론』, 법문사, 2008.
- 『정책학의 주요이론』, 경세원. 1993; 제2판(공편), 법문사, 2000 (중국어판: 金東日 譯, 政策學的 主要理論, 復旦大學 出版社, 2005).
- 『행정학의 주요이론』, 법문사, 1992; 개정판, 경세원, 1996; 제2판(공편), 법문사, 2000; 제3판, 2005.
- 『조직학의 주요이론』, 경세원, 1991; 제2판, 법문사(공편), 2000; 제3판, 2008; 제4판, 2011; 제5판, 2019.

※ 위의 〈주요이론〉 시리즈에는 다수의 교수들이 집필자로 참여했다. 조직학의 주요이론은 52명, 행정학의 주요이론은 56명, 정책학의 주요이론은 36명이 집필하였다.

3) 한국방송통신대학 교과서

앞에서 30대의 젊은 교수시절 통신대학 교재를 많이 썼다는 이야기를 했다. 집필하면서 대단한 시간압박 때문에 크게 고생했던 일을 잊을 수 없다. 그 기념으로 내가 집필에 참여했던 교재들의 목록을 여기에 적는다. 습작수준의 미흡한 책자들이지만 단지 젊은 시절의 추억을 위해 기록해 둔다.

- 『한국행정사』(공저), 통신대출판부. 1983; 개정판, 1996.

- 『조직행태론』(공저), 통신대출판부, 1982; 개정판, 1996.
- 『인사행정론』(공저), 통신대출판부, 1982.
- 『행정학 영어강독』(공편), 통신대출판부, 1982.
- 『행정학개론』(공저), 통신대출판부, 1982.
- 『인사행정론Ⅰ』(공저), 서울대출판부, 1976.
- 『인사행정론Ⅱ』(공저), 서울대출판부, 1976.
- 『행정학 영어강독Ⅰ』(편저), 서울대출판부, 1976.
- 『행정학 영어강독Ⅱ』(편저), 서울대출판부, 1976.
- 『발전행정론』(공저), 서울대출판부, 1976.
- 『행정학개론Ⅱ』, 서울대출판부, 1975.
- 『국가발전론』(공저), 서울대출판부, 1973.
- 『원서강독Ⅰ』(편저), 서울대출판부, 1973.
- 『원서강독Ⅱ』(편저), 서울대출판부, 1973.
- 『인사행정 I』(공저), 서울대출판부, 1973.
- 『인사행정Ⅱ』(공저), 서울대출판부, 1973.
- 『행정학입문Ⅱ』, 서울대출판부, 1972.

4) 공저

- 『다시 읽고 싶은 한국행정학 좋은 논문 14선』, 박영사, 2015.
- 『한국행정학의 한국화론』(김현구 편집), 법문사, 2013.
- 『나의 대학원시절』(서울대학교 대학원동창회 편집), 관악문화사, 2012.
- 『관악의 웅지 하늘을 날다』, 서울대학교출판문화원, 2010.
- 『진리 찾아 50년, 진솔한 삶의 향기』, 삶과 꿈, 2005.

- 『다섯 수레의 책』, 서울대출판부, 2004.
- 『행정관리 실증연구』, 학림사, 2001.
- 『신문 명칼럼 컬렉션 4』, 문이당, 1997.
- 『'97 한국의 논점』, 문화일보, 1997.
- 『'96 한국의 논점』, 문화일보, 1996.
- 『일터에서의 보람과 자아실현: 직업윤리』, 한울터, 1996.
- 『행정과 나라 만들기』, 박영사, 1996.
- 『하늘이 무너져도 정의는 세워라』, 경세원, 1994.
- *Asian Civil Service Systems: Improving Efficiency and Productivity*, Singapore: Times Academic Press, 1994.
- 『행정개혁론: 이론과 실제』, 나남출판, 1994.
- 『행정개혁의 신화와 논리』(김영평·최병선 편집), 나남출판, 1993.
- 『나와 영혼의 팡새』(민병수 편집), 우석, 1988.
- 『한국행정의 역사적 분석』, 서울대출판부, 1987.
- 『국가발전과 공공행정』, 박영사, 1987
- 『한국사회의 변화와 문제』, 법문사, 1986.
- 『2000년대 지방행정의 좌표』, 한국지방행정연구소, 1985.
- 『한국정치행정의 체계』, 박영사, 1984.
- 『정부투자기관 경영조직개편방향』, 한국개발연구원, 1984.
- 『경제학의 현대적 과제』, 법문사, 1982.
- 『한국사회와 행정』, 서울대출판부, 1981.
- 『발전행정론』, 법문사, 1973; 개정판, 1980.

IV. 나와 함께한 행정학

이 책의 제목에 '나의 학문'이라는 주제가 걸려 있다. 이제 내가 학자의 생애에 함께해 온 행정학 이야기를 할 차례가 되었다. 현대의 행정학은 어떤 학문인가에 대해 간략하게 설명하고 이어서 우리나라 행정발전의 방향에 대한 관견(管見)을 적으려 한다. 행정연구의 목적은 결국 행정을 보다 낫게 만들려는 것, 즉 행정을 발전시키려는 것이므로 행정학을 공부한 사람으로서 행정발전을 위한 나의 처방, 나의 의견을 개진하려는 것이다.

1. 행정학은 어떤 학문인가?

행정학은 행정을 연구하는 학문이다. 나는 행정학의 연구대상인 행정의 의미를 이렇게 정의한다.

"행정은 국민의지의 표출로 형성되는 국가목표의 성취를 위해, 수임받은 권력을 기초로, 봉사·이익배분·조정·규제 등에 관한 정책의 형성에 참여하고 이를 집행하는 활동이다. 공공적·정치적 상황에서 작용하는 행정은 정치과정에 긴밀히 연계되어 있다. 행정은 필요한 여러 가지 자원을 동원·조직화하고, 행정체제를 구성하는 인간의 협동적 노력을 관리하며, 국민의 요구·지지 등 투입을 받아 이를 처리해 산출로 내보내는 체제를 가지고 있다."

나는 행정학과 함께 긴 세월을 살아왔다. 그동안에 행정학은 많이 변했고 그에 따라 내 공부도 변해 왔다. 여기서 논의하려는 것은 지금 우리가 보는 현대적 행정학의 특성이지만 설명의 편의를 위해 전통적 행정학에 대해 먼저 잠깐 언급하려 한다. 그에 대조되는 현대행정학을 이해하는 데 도움을 주기 위해서이다.

1900년을 전후한, 그 근방의 시기에 산업혁명과 함께 출범한 행정학의 발전과정은 크게 두 단계로 구분해 볼 수 있다. 두 단계란 전통적 행정학과 현대적 행정학을 구분하는 것이다. 전통적 행정학은 다시 고전적 행정학과 신고전적 행정학으로 구분할 수 있다. 내가 우리나라에서 처음 접했던 행정학은 고전적 행정학에 신고전적 행정학이 가미된 전통적 행정학이었다. 미국에 유학 가서야 당시 세력확산 중에 있던 현대적 행정학을 만나게 되었다.

고전적 행정학은 산업화시대의 행정학, 행정국가의 행정학, 제도중심의 행정학 등의 별칭으로 부를 수도 있다. 나는 고전적 행정학의 배경이 되었던 시대상을 '먹기 위해 사는 사회'라고 설명하기도 한다. 궁핍하던 농경사회에서는 사람들이 먹기 위해 살았다. 사람들은 먹기 위해, 먹는 문제를 해결하기 위해 일했으며, 먹는 것은 삶의 목적이었다. 여기서 먹는다는 말은 넓은 뜻으로 의식주 등 인간의 기본적 필요·욕구의 충족에 관한 것들을 포괄한다. 물질생활의 풍요를 추구하고 이를 가속적으로 이룩한 산업화시대에도 인간사회가 주로 관심을 가졌던 것은 먹는 문제, 호의호식하는 문제였다. 산업화사회에서는 먹기 위해 사는 사람들에게 더 많이 먹고 소비하고 쾌락을 누릴 수 있는 기회를 넓혀 주기 위해 경제성장에 사회전체의 에너지투입을 집중한다. 이러한 사회상이 고전적 행정학에 투영되었다.

고전적 행정학의 기본전제가 되었던 인간관은 합리적·경제적 인간모형이었다. 인간은 기초적 욕구의 충족과 쾌락을 추구하는 존재이며 이를 위해 돈을 벌려고 하는 이기적이고 타산적인 존재이다. 이런 인간들에게 일을 시키고 그들을 다스리려면 돈이라는 경제적 유인을 주고 돈값만큼 일을 하는지 감시하고 통제해야 한다. 이런 인간이해가 조직관리의 모든 전략을 처방하는 데 가이드라인을 제공했다.

고전적 행정학이 가장 중요시했던 가치기준은 절약과 능률이었다. 다른 가치기준들은 도외시하거나 소홀히 다루었기 때문에 단일가치기준적이라거나 몰가치적이라는 평가를 받기도 한다. 고전적 행정학은 정치 따로 행정 따로의 영역이 있어서 서로 간섭하면 안 된다는 정치·행정 이원론에 입각해 있었다. 그리고 행정체제 내부의 공식적인 구조와 관리과정을 주된 연구대상으로 삼았다. 고전기의 이런 접근방법을 폐쇄체제적이라고 평한다.

산업화·행정국가화의 연장선상에서도 양적 변동에 따라 고전이론으로는 설명하거나 해결할 수 없는 문제들이 늘어났다. 산업화에 수반하는 폐단, 조직의 비대화, 복잡성이 높아지는 행정환경, 행정의 정책기능 확대, 조직 내의 인간문제 부각 등에 대응해 등장한 것이 신고전적 행정학이다.

신고전적 행정학은 고전기의 능률주의를 비판하면서 인간의 사회적 욕구를 조명하였다. 사회적 욕구의 충족을 의미하는 사회적 능률의 중요성을 부각시켰다. 행정의 환경에 대한 연구에도 관심을 보였으며, 정치·행정 일원론을 주장하기 시작했다. 이런 일련의 변화된 강조점들이 고전적 행정학에 영향을 미치면서 전통적 행정학이 성립하게 되었다. 신고전적 연구가 고전적 연구에 반발하고 대안을 제시기도 했지만, 양자는 닮은 점도 많기 때문에 우리는 고전과 신고전을 한 범주로 묶어 전통적 행정학이라 부르는 것이다.

현대행정학의 시대적 배경인 현대사회는 격동적이다. 그 안에서 초고속의 변동이 일어나고, 사회적 분화와 다양화는 고도화되고, 분화된 부분간의 교호작용은 매우 복잡해지고 있다. 현대사회는 정보화·세계화의 수준이 높은 사회이다. 고도의 경제발전에 따라 물질적 풍요화를 누리게 된 사회이며 동시에 삶의 질 향상 그리고 마음의 풍요화를 찾는 탈물질적·정신적 가치의 중요성도 커지고 있는 사회이다. 공·사부문의 조직들은 현저히 복잡해졌으며, 관료화의 폐단을 시정하고 조직을 인간주의적으로 운영해야 한다는 요청이 커지고 있다. 국가의 행정체제는 재창조적 개혁을 요구받고 있다.

현대행정학의 배경이 되는 시대상을 사람들은 여러 가지로 부르고 있다. 고도산업화사회, 산업화이후사회, 정보화사회, 지식기반사회, 행정국가 이후의 사회 등이 그것이다. 이런 사회를 나는 '살기 위해 먹는 사회'라고 부르기도 한다.

살기 위해 먹는 사회는 사는 것이 목적이며, 먹는 것은 살기 위한 수단으로 되는 사회이다. 여기서 '산다'는 것은 사람에게 질적 충족을 주는 보람 있는 삶을 말한다. 이런 사회는 먹는 것이 인간의 목적이었던 지난날의 사회와 대조된다. 살기 위해 먹는다는 것은 먹어야 산다는 필요의 양적 충족은 어느 정도 달성되어 있다는 전제 위에서 하는 말이다. 먹는 것은 필요 없다는 뜻이 아니다. 내가 말하는 살기 위해 먹는 사람은 자기실현적이며 생애의 의미와 일의 보람을 찾는 사람이다. 살기 위해 먹는 사회에서도 모든 사람이 그렇게 사는 것은 아니다. 여기서 하는 설명은 변화에 앞장서고, 앞서가는 선도부문(先導部門)을 준거로 하는 것이다.

현대행정학의 연구영역은 확장되고 접근방법의 분화와 통합은 고도화되어 있다. 그러한 발전추세는 계속되고 있다. 학제적 연구활동의 수준도 높아지고 있다. 연구기술의 발달에 따라 실증주의적 연구가 발전하고 있으며 다른 한편으로는 현상학적 연구 등 대안적 방법들도 활발하게 개척되고 있다.

현대행정학의 전체적·일반적 접근방법은 포괄적이며 통합적인 관점에 입각해 있는 것이다. 그 틀 안에서 분화된 접근방법들을 개발해 적용하고 있다. 현대적 상황에 적합하다고 하는 접근방법과 처방들에서 현대행정학의 현대적 편향을 읽을 수 있다. 현대적 편향 또는 강조점이 나타나 있는 접근방법들은 여러 가지이다. 그 가운데서 중요한 예를 보기로 한다.

첫째, 인간주의적 연구가 큰 세력을 떨치고 있다. 제도나 구조보다 인간에 초점을 맞춘 연구들이 많은데, 자기실현적 욕구 등 인간의 고급욕구에 착안한 동기이론의 연구는 그 대표적인 예이다. 그런 동기이론은 인간을 피동화하고 인간적 성장을 방해하는 관료적 구조의 타파 등을 통한 조직의 인간화를 촉구한다.

둘째, 국민중심주의적 연구의 증대를 들 수 있다. 국민의 입장에서 문제를 보는 연구, 국민의 편의를 위한 연구를 강조하게 된 것은 국민중심주의적(소비자중심주의적) 행정서비스에 대한 갈망을 반영하는 것이다.

셋째, 현대행정학은 성과주의를 중시한다. 기대된 또는 기회로서의 산출과 성과보다는 실현된 산출과 성과를 강조한다.

넷째, 정보화에 관한 연구가 활발하다. 행정학자들은 무엇을 연구하든 대개 정보화의 진전을 전제하고 있다. 그리고 정보화를 주제로 하는 연구들도 많다. 사회 전체의 정보화를 촉진하고 선도하는 방안, 전자정부를 발전시키는 방안, 인간의 필요에 부응하는 정보화를 촉진하고 정보화에 따라오는 병폐를 막는 방안 등에 대한 연구가 양산되고 있다.

다섯째, 행정국가시대에 누증시킨 행정팽창과 국민생활에 대한 국가간여가 빚은 폐단을 시정하려는 연구가 활발하다. 나는 이러한 연구경향을 탈국가화 지향의 연구라고 부른다. 그런 연구경향은 작은 정부 연구, 민간화 연구, 감축관리 연구, 정부규제감축 연구 등에 잘 나타나 있다.

탈국가화와 연관된 탈관료화도 현대행정학의 중요한 지향성이다. 조직의 변동대응능력 신장, 자율적 협동성 증진, 능동적 학습 촉진 등 탈관료화 지향적 연구들이 많다.

여섯째, 차별철폐주의는 현대행정학의 매우 중요한 가치기준이다. 차별철폐주의는 오늘날 핵심적 정치이념들 가운데 하나이기도 하다. 차별문제는 지나치다 싶으리만큼 도처에서 시끄럽다. 이런 세태를 반영하듯 행정학은 행정상의 차별문제를 연구하는 데 박차를 가하고 있다. 불리한 차별의 주된 피해자들은 여성이라는 사실을 중시하고, 여성의 시각에서 차별문제를 규명하고 해결책을 찾으려는 여성주의행정학도 세력을 키워 가고 있다.

2. 행정발전의 구상

우리나라의 행정체제를 보다 좋게 만들기 위해 어떤 방향의 개혁노력을 해야 할 것인가? 그에 대한 나의 지론(持論)을 여기에 적어 보려 한다. 이 주제는 내 저서『행정개혁론』에서 자세히 논의하였다. 여기서는 내 구상의 주요 항목들을 열거하는 정도에 그치려 한다.

첫째, 행정민주화를 촉진해야 한다. 행정체제가 스스로 민주적 역량을 키우고 국민생활의 민주화에 기여할 수 있도록 개혁해야 한다. 행정체제가 민주적 방법으로 역량을 강화해야 국민중심주의적 행정서비스를 충실화할 수 있다. 다원화되어 가는 권력중추들과 행정체제의 파트너십 발전도 민주화의 과정을 통해야 한다. 행정을 민주화한다는 것은 인간화한다는 말이기도 하다. 행정은 개인의 존엄성을 옹호하고 창의성 개발을 촉진해야 하며, 개인의 가치와 창의력을 행정발전의 원동력으로 삼아야 한다.

둘째, 행정체제의 통합성을 향상시켜야 한다. 통합화는 행정조직의 모든 활동이 궁극적으로 조직의 목표와 국가의 목표에 귀일되게 하는 것을 말한다. 분화와 통합은 체제설계의 두 가지 축이다. 산업화의 오랜 과정에서 분화가 강조되어 왔으며 사회와 행정의 복잡성이 높아질수록 행정의 분화와 분립화의 추세는 강화되고 있다. 그와 균형을 이룰 수 있도록 통합화를 촉진해야 한다.

셋째, 성과주의적 제도와 행동을 발전시켜야 한다. 행정개혁에서 구현해야 할 성과주의는 건강해야 한다. '건강한 성과주의'는 다른 개혁원리들과 조화를 이루고 실천상의 실책과 폐해를 최소화한 성과주의다.

넷째, 행정개혁은 정보화를 촉진하는 개혁이라야 한다. 행정은 스스로 그리고 국민이 정보기술발전의 혜택을 누릴 수 있도록 정보화에 앞장서야 한다. 행정개혁에서 추구하는 정보화는 인간의 필요를 우선시하고 그에 부합되게 실현하는 '인간적' 정보화라야 한다.

다섯째, 행정개혁에서 부패통제는 빼놓을 수 없는 기초적 과제다. 부패 없는 행정을 실현하는 것은 행정의 정당성과 신뢰성을 확립하고 행정발전을 추구하는 데 가장 기초적인 필요조건이다.

여섯째, 행정체제의 경성체질(硬性體質)을 연성체질(軟性體質)로 바꿔 나가야 한다. 기계적 경직성을 완화하고 유기체적 유연성을 높여야 한다. 연성행정체제는 적응성·대응성이 높은 체제이며 변동에 능한 창의적 체제다.

일곱째, 작은 정부 구현을 위한 노력을 계속해야 한다. 행정개혁은 작고 유능한 행정의 구현에 주력하여야 한다. 작은 정부를 불필요한 일을 하지 않는 정부라고 규정한다면, 작은 정부의 구현은 언제나 필요한 것이다.

여덟째, 정치의 중요성 확대와 거버넌스의 발전에 발맞추어 정치친화적(政治親和的)인, 정치와 협동하는 행정을 발전시켜야 한다. 거버넌스는 공공목표의 추구에 관련된 정부부문과 민간부문의 행동주체들이 형성하는 네트워크 내지 결합체를 포괄하는 개념이다. 정치친화적 행정이란 확대된 정치의 역할에 적응하고 스스로의 정치적(정책적) 역량 또한 발전시킨 행정이며 정치와 행정의 협동체제를 강화한 행정이다.

아홉째, 지방화에 대한 시대적 요청을 전제하고 행정발전을 구상해야 한다. 지방화시대를 열어 가면서 전통적으로 국가행정이 차지했던 많은 부분을 지방에 내주어야 하며 행정의 지방부문에 힘을 실어 주어야 한다. 그리고 지방자치행정의 원리로부터 중앙행정은 여러 가지를 배워야 한다. 행정의 인간화, 현지화, 시민결정주의 등이 지방자치로부터 배울 만한 주요 덕목이다.

열째, 심화되어 가는 세계화추세에 따라 행정체제의 세계화 대응능력을 강화해야 한다. 행정의 세계화 대응능력을 키우려면 국제적인 협력관계를 넓히고, 세계 속에서 국익을 보호하며, 국가경쟁력의 향상을 지원하는 행정능력을 발전시켜 나가야 한다. 행정관리의 안목을 세계화해야 하며, 행정체제의 국제적 연계부문을 강화하고, 선진행정의 문물을 신속히 응용할 수 있는 적응력을 향상시켜야 한다.

V. 맺는 말

지난날을 돌이켜 보면서 내세우고 싶었던 일, 잘 했던 일, 보람 있었던 일을 쓰려고 하는 것은 자전적 기록을 남기는 사람들의 본능이며 잠재의식이라고 할 수 있다. 나도 그런 잠재의식이 이끄는 대로 내 생애의 발자취를 회상하는 글을 썼다. 좌절이나 실패의 경험에는 별로 주의를 기울이지 못했다. 특별히 각오한 참회록이 아닌 한 다른 사람들도 그리 하리라 생각한다.

사회과학자의 직업은 성공·실패의 기복이나 굴곡이 심한 직업이 아니다. 다른 이들에게 교훈을 줄 만한 극적 실패담이 있기도 어렵다. 그래서 실패담이 뒤로 밀렸기도 하다. 그러나 의도적으로 그런 이야기를 하지 않기로 작정한 까닭도 있다.

학자라고 해서 공부하는 일 말고 인간살이의 모든 관계를 단절하고 살 수는 없다. 개인으로서, 아카데미의 구성원으로서 실책이나 좌절의 경험이 왜 없겠는가. 아카데미도 인간세상의 축소판이다. 온갖 사람들과 함께 활동하는 과정에서 내 실책들도 있었겠지. 사람들의 몰염치나 병적 열등의식과 마주칠 때 경험하는 좌절감인들 왜 없었겠는가. 그러나 그런 지엽적이고 말초적인 경험들을 이 글에서 꾸역꾸역 말한들 나만 볼품없어질 뿐이다.

다만 내가 가진 불만 한 가지는 여기서 토로하려 한다. 그것은 내 학문적 성취도에 대한 불만이다. 2001년 내가 서울대학교에서 정년퇴임하던 때 학교 주관으로 기념행사를 열었다. 그 자리에서 나는 나의 학문적 성취도에 59점이라는 자기평정점을 준다고 말했다. 이것은 100점 만점에 합격선이 60점인 경우의 평점이다. 나머지 한 점만 보태면 합격선을 통과할 수 있다는 생각, 그리고 그 한 점을 보탤 희망이 보인다는 생각이 나를 들뜨고 설레게 한다는 말도 했다. 그 후 20년의 세월이 흐른 뒤에도 아직 59점이라는 평점을 그대로 두고 있다. 조만간 60점을 넘기는 후한 자기평정을 할 생각이다.

내가 썼던 시의 한 구절을 여기에 옮기고 이 글을 마치려 한다.

티끌이 모였다가 다시 티끌로 흩어지는 것이 인생인데
그 어간의 세월에 사람으로 산다는 것이 무엇인가
어떻게 살아야 하는가
어떻게 살았어야 하는가
물음을 곱씹는다
어찌 이리 회한(悔恨)인가

저자 소개

박성현(朴聖炫)

(현) 서울대학교 자연과학대학 명예교수
(현) 사회적책임경영품질원 회장
(현) 대한민국학술원 회원
서울대학교 자연과학대학 통계학과 교수
서울대학교 자연과학대학 학장
한국과학기술한림원 원장
한국통계학회 회장
근정훈장홍조장(산업통상자원부), 과학기술훈장혁신장(과학기술정보통신부), 서울특별시문화상(서울시), 품질관리문헌상(산업통상자원부) 등 수상

김병동(金昞東)

(현) 서울대학교 농업생명과학대학 명예교수
서울대학교 농업생명과학대학 식물생산과학부 교수
미국 University of Rhode Island 교수
한국유전체학회장
한국과학기술한림원 감사, 이사, 종신회원
한국시니어과학기술인협회 이사
국민훈장석류장(과학기술부), 상록연구대상, 상록인명예의 전당 등 수상

이순종(李舜鍾)

(현) 서울대학교 미술대학 명예교수
(현) 한국미래디자인연구원 대표
서울대학교 미술대학 디자인학부 교수
서울대학교 미술대학 학장
제1회 광주디자인비엔날레 총감독
한국디자인학회 회장
한국디자인단체 총연합회 회장
휴렛패커드논문상, 산업포장, 종로구민상 등 수상

조창섭(曺昌燮)

(현) 서울대학교 사범대학 명예교수
(현) 지행포럼 상임대표
서울대학교 사범대학 독어교육과 교수
서울대학교 사범대학 학장
서울대학교 교육종합연구원 원장
독어독문학교육학회 회장
한국선비문화연구원 부원장
홍조근정훈장(교육부) 등 수상

김광현(金光顯)

(현) 서울대학교 의과대학 명예교수
(현) 대한민국 의학한림원 정회원
서울대학교 의과대학 이비인후과 교수
대한두경부종양학회 회장
대한갑상선학회 회장
대한이비인후과학회 회장
제4차국제두경부종양학회협의회 세계학술대회장
대한이비인후과학회 학술상, 대한갑상선학회 범산학술상,
ASHNO Life Time Achievement Award 등 수상

오석홍(吳錫泓)

(현) 서울대학교 행정대학원 명예교수
서울대학교 행정대학원 교수
서울대학교 행정대학원 원장
한국행정학회 회장
한국인사행정학회 고문
한국조직학회 고문
한국거버넌스학회 고문
황조근정훈장(교육부) 등 수상